D0775579

ECONOMÍA

**Joseph E. Stiglitz,** premio Nobel de Economía en 2001, es actualmente catedrático de Economía en la Universidad de Columbia tras una intensa carrera académica como profesor en prestigiosas universidades como Yale, Oxford y Stanford. Además, ha sido asesor económico del gobierno de Bill Clinton y economista jefe y vicepresidente senior del Banco Mundial. Autor del best seller internacional *El malestar en la globalización*, también ha publicado *Los felices noventa*, *Cómo hacer que funcione la globalización*, *Comercio justo para todos*, *La guerra de los tres billones de dólares*, *Caída libre* y *El precio de la desigualdad*.

Joseph E. Stiglitz

# Caída libre

El libre mercado y el hundimiento
de la economía mundial

Traducción de
**Alejandro Pradera y Núria Petit**

**DEBOLS!LLO**

**Caída libre**

Título original: *Freefall. America, Free Markets,
and Sinking of the World Economy*

Primera edición en España: abril de 2015
Primera edición en México: abril de 2018

D. R. © 2010, Joseph E. Stiglitz
publicado por W.W. Norton & Company, Inc.

D. R. © 2015, de la presente edición en castellano:
Penguin Random House Grupo Editorial, S. A. U.
Travessera de Gràcia, 47-49. 08021 Barcelona

D. R. © 2018, derechos de edición mundiales en lengua castellana:
Penguin Random House Grupo Editorial, S. A. de C. V.
Blvd. Miguel de Cervantes Saavedra núm. 301, 1er piso,
colonia Granada, delegación Miguel Hidalgo, C. P. 11520,
Ciudad de México

www.megustaleer.com.mx

D. R. © Alejandro Pradera y Núria Petit, por la traducción

ISBN: 978-607-316-375-0

Impreso en México – *Printed in Mexico*

El papel utilizado para la impresión de este libro ha sido fabricado a partir de madera procedente
de bosques y plantaciones gestionadas con los más altos estándares ambientales, garantizando
una explotación de los recursos sostenible con el medio ambiente y beneficiosa para las personas.

Penguin
Random House
Grupo Editorial

*A mis alumnos, de los que tanto he aprendido, en la esperanza de que aprendan de nuestros errores.*

# Índice

# Prefacio

En la gran recesión que comenzó en 2008, millones de personas en Estados Unidos y en todo el mundo perdieron sus hogares y sus empleos. Muchos otros padecieron la angustia y el miedo de que les ocurriera lo mismo, y casi todos los que habían ahorrado dinero para su jubilación o para la educación de un hijo vieron cómo esas inversiones menguaban hasta reducirse a una fracción de su valor. Una crisis que comenzó en Estados Unidos muy pronto se hizo global, a medida que decenas de millones de personas en todo el mundo perdían sus empleos —20 millones sólo en China— y decenas de millones caían en la pobreza[1].

No es eso lo que cabía esperar. La teoría económica moderna, con su fe en el libre mercado y en la globalización, había prometido prosperidad para todos. Se suponía que la tan cacareada Nueva Economía —las sorprendentes innovaciones que marcaron la segunda mitad del siglo XX, incluyendo la desregulación y la ingeniería financiera— iba a hacer posible una mejor gestión de los riesgos, y que traería consigo el final de los ciclos económicos. Si la combinación de la Nueva Economía y de la teoría económica moderna no había eliminado las fluctuaciones económicas, por lo menos las estaba moderando. O eso nos decían.

La Gran Recesión —a todas luces la peor crisis económica desde la Gran Depresión de hace setenta y cinco años— ha hecho añicos esas ilusiones. Nos está obligando a replantearnos unas ideas muy asentadas. Durante un cuarto de siglo han prevalecido determinadas doctrinas sobre el mercado libre: los mercados libres y sin trabas son eficientes; si cometen errores, los corrigen rápidamente. El mejor gobierno es un gobierno pequeño, y la regulación lo único que hace es obstaculizar la innovación. Los bancos centrales deberían ser independientes y concentrarse únicamente en mantener baja la inflación. Hoy, incluso el gurú de esa ideología, Alan Greenspan, presidente de la Junta de la Reserva Federal durante el periodo en que prevalecieron esas ideas, ha admitido que había un fallo en su razonamiento; pero su confesión llegaba demasiado tarde para los muchos que han sufrido a consecuencia de ello.

Este libro trata sobre una batalla de ideas, sobre las ideas que condujeron a las políticas fracasadas que precipitaron la crisis, y sobre las lecciones que extraemos de ella. Con el tiempo, toda crisis se acaba. Pero ninguna crisis, sobre todo una de esta gravedad, pasa sin dejar un legado. El legado de 2008 incluirá nuevas perspectivas acerca del inveterado conflicto sobre el tipo de sistema económico que con mayor probabilidad proporciona los máximos beneficios. Puede que la batalla entre el capitalismo y el comunismo haya terminado, pero las economías de mercado tienen muchas modalidades, y la competición entre ellas sigue siendo feroz.

Yo creo que los mercados son la base de cualquier economía próspera, pero que no funcionan bien por sí solos. En ese sentido, estoy en la tradición del celebrado economista británico John Maynard Keynes, cuya influencia domina el estudio de la teoría económica moderna. Es necesario que el gobierno desempeñe un papel, y no sólo rescatando la economía cuando los mercados fallan y regulándolos para evitar el tipo de fracasos que acabamos de experimentar. Las economías necesitan un equilibrio entre el papel de los mercados y el papel del gobierno, con importantes contribuciones por parte de las instituciones privadas y no gubernamentales. En los últimos veinticinco años, Estados Unidos ha perdido ese equilibrio, y ha impuesto su perspectiva desequilibrada en países de todo el mundo.

Este libro explica cómo las perspectivas erróneas condujeron a la crisis, dificultaron que los principales responsables de la toma de decisiones en el sector privado y los responsables de la política del sector público pudieran ver los acuciantes problemas, y cómo contribuyeron al fracaso de los responsables de la política a la hora de gestionar eficazmente las catastróficas consecuencias. La duración de la crisis dependerá de las políticas que se apliquen. De hecho, los errores ya cometidos tendrán como consecuencia que la crisis económica sea más prolongada y profunda de lo que habría sido en otras circunstancias. Pero gestionarla es sólo mi primera preocupación; también me preocupa el mundo que surgirá después de la crisis. No volveremos ni podemos volver al mundo tal y como era anteriormente.

Antes de la crisis, Estados Unidos, y el mundo en general, afrontaban muchos problemas, de los que la adaptación al cambio climático no era precisamente el menor. El ritmo de la globalización estaba imponiendo rápidos cambios en la estructura económica, forzando al máximo la capacidad de adaptación de muchas economías. Esos desafíos permanecerán, aumentados, después de la crisis, pero los recursos de que dispondremos para afrontarlos se verán enormemente reducidos.

La crisis llevará, espero, a cambios en el ámbito de las políticas y en el ámbito de las ideas. Si tomamos las decisiones adecuadas, no únicamente las convenientes desde el punto de vista político o social, no sólo haremos más improbable otra crisis, sino que tal vez incluso consigamos acelerar el tipo de innovaciones reales que mejorarían la vida de la gente en todo el mundo. Si tomamos las decisiones equivocadas, saldremos con una sociedad más dividida y con una economía más vulnerable a otra crisis, y peor equipada para afrontar los desafíos del siglo XXI. Uno de los cometidos de este libro es ayudarnos a comprender mejor el orden mundial posterior a la crisis que finalmente surgirá, y que lo que hagamos hoy ayudará a darle forma para bien o para mal.

\* \* \*

Cabría pensar que con la crisis de 2008 el debate sobre el fundamentalismo de mercado —la noción de que los mercados sin trabas pueden por sí solos asegurar la prosperidad y el crecimiento económico— se habría terminado. Cabría pensar que nadie, nunca más —o por lo menos hasta que los recuerdos de esta crisis se hayan perdido en un pasado remoto— argumentaría que los mercados se corrigen por sí mismos y que podemos confiar en el comportamiento en interés propio de los participantes en el mercado para asegurarnos de que todo funciona bien.

Aquéllos a quienes les ha ido bien con el fundamentalismo de mercado ofrecen una interpretación diferente. Algunos dicen que nuestra economía ha sufrido un «accidente», y los accidentes suceden. A nadie se le ocurriría sugerir que dejemos de utilizar el coche sólo porque de vez en cuando se produzca una colisión. Quienes sostienen esa posición desean que volvamos al mundo anterior a 2008 lo más rápidamente posible. Los banqueros no hicieron nada malo, afirman[2]. Démosles a los bancos el dinero que piden, afinemos un poco la normativa, démosles a los reguladores unas cuantas charlas severas para que no permitan que personas como Bernie Madoff vuelvan a cometer fraudes impunemente, añádanse unos cuantos cursos más sobre ética en las escuelas de negocios, y saldremos de ésta en buena forma.

Este libro argumenta que los problemas están más profundamente asentados. A lo largo de los últimos veinticinco años, este instrumento supuestamente autorregulador, nuestro sistema financiero, ha sido rescatado en repetidas ocasiones por el gobierno. De la supervivencia del sistema extrajimos la lección equivocada: que funcionaba por sí solo. De hecho, nuestro sistema económico no había estado funcionando demasiado bien para la mayoría de estadounidenses antes de la crisis. A algunos les iba bien, pero no al estadounidense medio.

Un economista examina una crisis de la misma manera que un médico enfoca una patología infecciosa: ambos aprenden cómo funcionan las cosas normalmente observando lo que ocurre cuando las cosas no son normales. Cuando me centré en la crisis de 2008, sentía que tenía una clara ventaja sobre otros observadores. Yo era, en cierto sentido, un «veterano de las crisis», un «crisisólogo». Ésta no era la primera crisis importante en los últimos años. Las crisis en los países en vías de desarrollo se han producido con una regularidad alarmante —de acuerdo con un recuento, ha habido 124 entre 1970 y 2007[3]—. Yo era el economista jefe del Banco Mundial en la época de la última crisis financiera global, en 1997-1998. Fui testigo de cómo una crisis que comenzó en Tailandia se extendía a otros países de Asia oriental y posteriormente a Latinoamérica y a Rusia. Fue un ejemplo clásico de contagio —el fallo de una parte del sistema económico mundial que se extiende a otras partes—. Puede que las consecuencias plenas de una crisis económica tarden años en manifestarse. En el caso de Argentina, la crisis comenzó en 1995, como parte de las repercusiones de la crisis de México, y se vio exacerbada por la de Asia oriental en 1997 y por la brasileña de 1998, pero el colapso completo no se produjo hasta finales de 2001.

Tal vez los economistas se sientan orgullosos por los avances de las ciencias económicas a lo largo de las siete décadas transcurridas desde la Gran Depresión, pero eso no significa que haya habido unanimidad respecto a cómo gestionar las crisis. En 1997 contemplé con pavor cómo respondían el Tesoro estadounidense y el Fondo Monetario Internacional (FMI) a la crisis de Asia oriental, al proponer un conjunto de políticas que se inspiraban en las desencaminadas políticas asociadas con el presidente Herbert Hoover durante la Gran Depresión, y que estaban abocadas al fracaso.

Así pues, había una sensación de *déjà-vu* cuando vi que el mundo se deslizaba de nuevo hacia una crisis en 2007.

Las semejanzas entre lo que vi entonces y lo que había visto hacía una década eran increíbles. Para mencionar sólo una, la negación pública inicial de la crisis: diez años atrás, el Tesoro estadounidense y el FMI habían negado en un primer momento que hubiera una recesión/depresión en Asia oriental. Larry Summers, a la sazón subsecretario del Tesoro, y actualmente el principal asesor económico del presidente Obama, se puso furioso cuando Jean-Michael Severino, entonces vicepresidente del Banco Mundial para Asia, utilizó la palabra con R (Recesión) y la palabra con D (Depresión) para describir lo que estaba ocurriendo. Pero ¿de qué otra forma podía describirse un desplome que dejó en el paro al 40 por ciento de los trabajadores de Java, la isla central de Indonesia?

De modo que también en 2008 la administración Bush negó al principio que hubiera un problema serio. Simplemente habíamos construido unas cuantas casas de más, sugirió el presidente[4]. En los primeros meses de la crisis, el Tesoro y la Reserva Federal viraban de un rumbo a otro como conductores ebrios, salvando a algunos bancos mientras dejaban que otros se hundieran. Era imposible discernir los principios que había detrás de su toma de decisiones. Los funcionarios de la administración Bush argumentaban que estaban siendo pragmáticos, y a decir verdad, estaban pisando territorio desconocido.

A medida que los nubarrones de la recesión empezaron a cernerse sobre la economía estadounidense en 2007 y principios de 2008, a menudo se preguntaba a los economistas si era posible otra depresión, o incluso una recesión profunda. La mayoría respondía instintivamente: ¡NO! Los avances en las ciencias económicas —como los

17

conocimientos sobre cómo gestionar la economía global—suponían que una catástrofe así parecía inconcebible a juicio de muchos expertos. Sin embargo, hace diez años, cuando se produjo la crisis de Asia oriental, habíamos fallado, y habíamos fallado estrepitosamente.

No es de extrañar que las teorías económicas incorrectas conduzcan a políticas incorrectas, pero, obviamente, quienes las defendían pensaban que iban a funcionar. Estaban equivocados. Las políticas erróneas no sólo habían fomentado la crisis de Asia oriental de hace una década, sino que también exacerbaron su profundidad y su duración, y dejaron un legado de economías debilitadas y montañas de deuda.

El fracaso de hace diez años fue en parte también un fracaso de la política mundial. La crisis golpeó a los países en vías de desarrollo, a veces denominados la «periferia» del sistema económico global. Quienes gobiernan el sistema económico global no estaban preocupados tanto por proteger las vidas y los ingresos de la población de las naciones afectadas como por preservar a los bancos occidentales que habían prestado dinero a esos países. Actualmente, cuando Estados Unidos y el resto del mundo se afanan por devolver a sus economías a un crecimiento sólido, vuelve a haber un fracaso de las políticas *y* de la política.

## CAÍDA LIBRE

Cuando la economía mundial entró en caída libre en 2008, también lo hicieron nuestras creencias. Las inveteradas ideas sobre teoría económica, sobre Estados Unidos y sobre nuestros héroes también han entrado en caída libre. Tras las repercusiones de la última gran crisis financiera, la revista *Time* publicó, el 15 de febrero de 1999, una cubierta con la imagen del presidente de la Reserva Federal, Alan Greenspan, y del secretario del Tesoro, Robert Rubin, a los que durante mucho tiempo se les atribuyó el mérito del auge de los años noventa, junto con su protegido, Larry Summers. Se les etiquetaba como el «Comité para salvar el mundo», y en la mentalidad popular se les veía como superdioses. En 2000, el periodista de investigación y autor de *best sellers* Bob Woodward escribió una hagiografía de Greenspan titulada *Maestro*[5].

Tras presenciar directamente la gestión de la crisis de Asia oriental, yo estaba menos impresionado que la revista *Time* o que Bob Woodward. Para mí, y para la mayoría de la gente de Asia oriental, las políticas que les habían endosado el FMI y el Tesoro estadounidense a instancias del «Comité para salvar el mundo» habían provocado que las crisis fueran mucho peores de lo que habrían sido en otras circunstancias. Las políticas mostraban una falta de comprensión de los fundamentos de la macroeconomía moderna, que recomiendan unas políticas monetarias y fiscales expansionistas ante un desplome de la economía[6].

Como sociedad, ya hemos perdido el respeto por nuestros tradicionales gurús de la economía. En los últimos años habíamos recurrido a Wall Street en su conjunto —no sólo a los semidioses como Rubin y Greenspan— para que nos aconsejara sobre cómo gestionar el complejo sistema que es nuestra economía. Ahora, ¿a quién podemos recurrir? En su mayoría, los economistas no han sido de más ayuda. Muchos de ellos han proporcionado el blindaje intelectual que invocaban los responsables de la política en el movimiento hacia la desregulación.

Desgraciadamente, a menudo la atención se desvía de la batalla de las ideas hacia el papel de los individuos: los villanos que crearon la crisis, y los héroes que nos salvaron. Otros escribirán libros (y de hecho ya los han escrito) que señalan con el dedo a este o a aquel responsable político, a este o a aquel directivo financiero, que contribuyeron a encauzarnos hacia la crisis actual. Este libro tiene una intención distinta. Su punto de vista es que esencialmente todas las políticas cruciales, como las relacionadas con la desregulación, fueron una consecuencia de «fuerzas» políticas y económicas —intereses, ideas e ideologías— que van más allá de cualquier individuo en particular.

Cuando el presidente Ronald Reagan nombró a Greenspan presidente de la Reserva Federal en 1987, buscaba a una persona comprometida con la desregulación. Paul Volcker, que había sido el anterior presidente de la Reserva Federal, se había ganado una buena reputación como responsable del banco central por haber reducido la tasa de inflación de Estados Unidos desde el 11,3 por ciento en 1979 hasta el 3,6 por ciento en 1987[7]. Normalmente, una hazaña semejante le habría supuesto automáticamente la renovación de su mandato. Pero Volcker comprendía la importancia de la normativa, y Reagan quería a alguien que trabajara para desmontarla. Si Greenspan no hubiera estado disponible para el cargo, habría habido muchos otros capaces y dispuestos a asumir la tarea de la desregulación. El problema no fue tanto Greenspan como la ideología desreguladora que había acabado imponiéndose.

Aunque este libro trata sobre todo de las creencias económicas y de cómo afectan a las políticas, para apreciar la relación entre la crisis y dichas creencias es preciso desentrañar lo que ha ocurrido. Este libro no es una novela policiaca, pero hay importantes elementos de la historia que son parecidos a un buen misterio: ¿cómo entró en caída libre la mayor economía del mundo? ¿Qué políticas y qué acontecimientos desencadenaron el gran desplome de 2008? Si no podemos ponernos de acuerdo sobre las respuestas a estas preguntas, no podemos ponernos de acuerdo sobre qué hacer, bien para salir de esta crisis, bien para evitar la próxima. Describir el papel relativo de la mala conducta de los bancos, de los fallos de los reguladores, o de la errática política monetaria de la Reserva Federal no resulta fácil, pero yo explicaré por qué atribuyo la carga de la responsabilidad a los mercados y a las instituciones financieras.

Encontrar las causas profundas es como pelar una cebolla. Cada explicación suscita ulteriores preguntas a un nivel más profundo: puede que los incentivos perversos hayan fomentado las conductas miopes y arriesgadas entre los banqueros, pero ¿por qué tenían esos incentivos perversos? Hay una respuesta inmediata: los problemas en el gobierno de las empresas, la forma en que se establecen los incentivos y las remuneraciones. ¿Pero por qué no ejerció el mercado una mayor disciplina en el mal gobierno de las empresas y en las malas estructuras de incentivos? Se supone que la selección natural implica la supervivencia del más fuerte; las empresas que tenían las estructuras de gobierno y de incentivos mejor diseñadas para los buenos resultados a largo plazo deberían haber prosperado.

Esa teoría es otra víctima de esta crisis. Cuando uno piensa en los problemas que esta crisis ha puesto en evidencia en el sector financiero, resulta obvio que son más generales, y que hay problemas similares en otros ámbitos.

Lo que también resulta sorprendente es que cuando uno mira por debajo de la superficie, más allá de los nuevos productos financieros, de las hipotecas de alto riesgo, y de los instrumentos de deuda con garantía, esta crisis resulta muy similar a muchas otras que la han precedido, tanto en Estados Unidos como en el extranjero. Había una burbuja, y se rompió, trayendo la devastación tras de sí. La burbuja estaba apoyada en una mala práctica crediticia de los bancos, que utilizaba como garantía unos activos que habían sido inflados por la burbuja. Las recientes innovaciones habían permitido a los bancos ocultar gran parte de sus malos créditos, hacerlos desaparecer de sus balances, incrementar su endeudamiento efectivo —provocando que la burbuja fuera mucho mayor, y que los estragos que causó su estallido fueran mucho peores—. Nuevos instrumentos (los *credit default swaps*, o cobertura por riesgos crediticios), supuestamente creados para gestionar el riesgo, pero en realidad igualmente diseñados para engañar a los reguladores, eran tan complejos que amplificaban el riesgo. La gran pregunta, a la que se dedica buena parte de este libro, es cómo y por qué permitimos que ocurriera esto *otra vez*, y a semejante escala.

Aunque resulta difícil encontrar las explicaciones más profundas, hay algunas interpretaciones simples que pueden rechazarse fácilmente. Como he mencionado, quienes trabajaban en Wall Street querían creer que ellos individualmente no habían hecho nada malo, y querían creer que el *sistema* en sí era fundamentalmente bueno. Creían ser las desafortunadas víctimas de una tormenta que se da una vez cada mil años. Pero la crisis no fue algo que simplemente ocurrió en los mercados financieros; fue creada por el hombre; fue algo que Wall Street se hizo a sí misma y al resto de nuestra sociedad.

Para quienes no se tragan el argumento del «simplemente ocurrió», los defensores de Wall Street tienen otros: el gobierno nos obligó a hacerlo, a través de su fomento de la adquisición de viviendas y de los préstamos a los pobres. O bien: el gobierno debería habernos impedido hacerlo; fue culpa de los reguladores. Hay algo particularmente indecoroso en estos intentos del sistema financiero estadounidense de trasladar la responsabilidad de esta crisis, y los capítulos sucesivos explicarán por qué esos argumentos no son convincentes.

Quienes creen en el sistema también plantean una tercera línea defensiva, la misma que emplearon unos años atrás en la época de los escándalos de Enron y World-Com. Todo sistema tiene sus manzanas podridas, y, de alguna forma, nuestro «sistema» —incluidos los reguladores y los inversores— no hizo bien el trabajo de protegerse contra ellas. A los Ken Lay (alto directivo de Enron) y los Bernie Ebbers (alto directivo de WorldCom) de los primeros años de la década, ahora tenemos que añadir a Bernie Madoff y a otros muchos (como Allen Stanford y Raj Rajaratnam), que tienen pendientes causas penales. Pero lo que se hizo mal —entonces y ahora— no involucraba sólo a unas cuantas personas. Los defensores del sector financiero no comprendieron que lo que estaba podrido era su cesto[8].

Siempre que se ven problemas tan persistentes y generalizados como los que han aquejado al sistema financiero estadounidense, sólo se puede llegar a una conclusión: los problemas son sistémicos. Puede que las altas remuneraciones de Wall Street y su dedicación exclusiva a ganar dinero atraigan a más personas de ética dudosa de lo que se puede permitir, pero la universalidad del problema sugiere que hay defectos fundamentales en el sistema.

## DIFICULTADES EN LA INTERPRETACIÓN

En el ámbito de las políticas, determinar el éxito o el fracaso plantea un reto incluso más difícil que averiguar a quién o a qué atribuirle el mérito (y a quién o a qué echarle la culpa). ¿Pero qué es el éxito o el fracaso? Para los observadores en Estados Unidos y en Europa, los rescates de los bancos en Asia oriental en 1997 fueron un éxito porque Estados Unidos y Europa no habían salido perjudicados. Para los habitantes de la región, que vieron sus economías arruinadas, sus sueños destruidos, sus compañías en quiebra, y sus países lastrados con miles de millones de dólares de deuda, planes de rescate fueron un fracaso catastrófico. Para los críticos, las políticas del FMI y del Tesoro estadounidense habían empeorado las cosas. Para sus partidarios, habían evitado el desastre. Ése es el quid de la cuestión. Las preguntas son: ¿cómo habrían ido las cosas si se hubieran aplicado otras políticas? ¿Las actuaciones del FMI y del Tesoro estadounidense prolongaron y agravaron la crisis, o la acortaron y la aliviaron? Para mí hay una respuesta clara: los altos tipos de interés y los recortes en el gasto que impusieron el FMI y el Tesoro —justo lo contrario de las políticas que han seguido Estados Unidos y Europa en la crisis actual— empeoraron las cosas[9]. Los países de Asia oriental finalmente se recuperaron, pero fue a pesar de esas políticas, no gracias a ellas.

Análogamente, muchos de quienes observaban la prolongada expansión de la economía mundial durante la época de la desregulación llegaron a la conclusión de que los mercados sin trabas funcionaban, que la desregulación había hecho posible este elevado crecimiento, que sería sostenido. La realidad era bastante diferente. El crecimiento se basaba en una acumulación de endeudamiento; los cimientos de este crecimiento eran, como mínimo, endebles. Los bancos occidentales se salvaron reiteradamente de sus prácticas crediticias imprudentes mediante rescates, no sólo en Tailandia, en Corea y en Indonesia, sino también en México, en Brasil, en Argentina, en Rusia... la lista es casi interminable[10]. Después de cada episodio, el mundo seguía adelante, casi igual que antes, y muchos concluían que los mercados funcionaban muy bien por sí solos. Pero era el gobierno el que reiteradamente salvaba a los mercados de sus propios errores. Quienes habían llegado a la conclusión de que la economía de mercado iba bien habían hecho una inferencia equivocada, pero el error sólo se hizo «obvio» cuando se produjo *aquí* una crisis tan grande que no podía ser ignorada.

Estos debates sobre los efectos de determinadas políticas ayudan a explicar cómo pueden persistir las malas ideas durante tanto tiempo. A mí, la Gran Recesión de 2008 me parecía la consecuencia inevitable de unas políticas que habían sido aplicadas a lo largo de los años precedentes.

Resulta obvio que esas políticas habían sido conformadas por intereses particulares —de los mercados financieros—. Más complejo es el papel de la teoría económica. Entre la larga lista de los responsables de la crisis, yo incluiría a la profesión de los economistas, ya que proporcionó a los grupos de interés argumentos sobre los mercados eficientes y autorreguladores —aunque los avances en la teoría económica durante las dos décadas anteriores habían demostrado las limitadas condiciones en las que esa teoría era válida—. Como consecuencia de la crisis, la economía (tanto la teórica como la política) cambiará casi tanto como la economía real, y en el penúltimo capítulo analizo algunos de esos cambios.

A menudo me preguntan cómo es posible que los economistas profesionales se equivocaran tanto. Siempre hay economistas «agoreros», los que ven los problemas con anticipación, esos que han predicho nueve de las últimas cinco recesiones. Pero había un pequeño grupo de economistas que no sólo eran agoreros sino que también compartían un conjunto de ideas sobre *por qué* la economía se enfrentaba a esos inevitables problemas. Cuando nos reuníamos en distintos encuentros anuales, como el Foro Económico Mundial en Davos todos los inviernos, compartíamos nuestros diagnósticos e intentábamos explicar por qué el día del ajuste de cuentas que todos nosotros veíamos aproximarse todavía no había llegado.

Los economistas somos buenos identificando fuerzas subyacentes; no somos buenos prediciendo cronologías exactas. En la reunión de Davos de 2007, me encontraba en una posición incómoda. Yo había predicho problemas inminentes, cada vez más enérgicamente, durante las reuniones anuales precedentes. Sin embargo, la expansión económica mundial proseguía vertiginosamente. La tasa de crecimiento mundial del 7 por ciento casi no tenía precedentes, e incluso suponía buenas noticias para África y Latinoamérica. Como expliqué al público, eso significaba que o bien mis teorías subyacentes estaban equivocadas, o bien que la crisis, cuando golpeara, sería más dura y más prolongada que en otras circunstancias. Obviamente yo optaba por la segunda interpretación.

* * *

La crisis actual ha descubierto defectos fundamentales en el sistema capitalista, o por lo menos en la peculiar versión del capitalismo que surgió en la última parte del siglo xx en Estados Unidos (a veces denominada capitalismo al estilo americano). No es sólo una cuestión de individuos equivocados o de errores específicos, ni tampoco es cuestión de arreglar unos pocos problemas menores o de afinar unas cuantas políticas.

Ver esos defectos ha resultado tan difícil porque los estadounidenses queríamos creer a toda costa en nuestro sistema económico. «Nuestro equipo» había hecho las cosas muchísimo mejor que nuestro archienemigo, el bloque soviético. La fuerza de nuestro sistema nos permitía triunfar sobre las debilidades del de ellos. Aclamábamos a nuestro equipo en todas las competiciones: Estados Unidos contra Europa, Estados Unidos contra Japón. Cuando Donald Rumsfeld, secretario de Defensa de Estados Unidos, denigró a la «vieja Europa» por su oposición a nuestra guerra en Irak, la competición que tenía en mente —entre el esclerótico modelo social europeo y el dinamismo estadounidense— estaba clara. Durante los años ochenta, los éxitos de Japón nos habían suscitado algunas dudas. ¿Era nuestro sistema realmente mejor que «Japón, S.A.»? Esa inquietud fue una de las razones por las que algunos se sintieron tan aliviados con el fracaso de Asia oriental en 1997, donde muchos países habían adoptado aspectos del modelo japonés[11]. No nos regocijamos públicamente de las dificultades de Japón durante una década, la de los noventa, pero sí instamos a los japoneses a adoptar nuestro estilo de capitalismo.

Las cifras reforzaban nuestro autoengaño. Al fin y al cabo, nuestra economía estaba creciendo mucho más deprisa que casi todos los demás países, salvo China, y, dados lo problemas que creíamos ver en el sistema bancario chino, era sólo cuestión de tiempo que también se desmoronara[12]. O eso creíamos.

No es la primera vez que las apreciaciones (incluidas las muy falibles de Wall Street) se han basado en una interpretación desencaminada de las cifras. En los años noventa, Argentina fue aclamada como el gran éxito de Latinoamérica, el triunfo del «fundamentalismo de mercado» en el Sur. Sus estadísticas de crecimiento parecieron buenas durante unos años. Pero al igual que Estados Unidos, su crecimiento se basaba en una acumulación de deuda que alimentaba unos niveles de consumo insostenibles. Al final, en diciembre de 2001, las deudas se hicieron abrumadoras, y la economía se desmoronó[13].

Incluso hoy, muchos niegan la magnitud de los problemas que afronta nuestra economía de mercado. Una vez que hayamos dejado atrás nuestras actuales dificultades

—y toda recesión llega a su fin— ellos están deseosos de reanudar un crecimiento sólido. Pero un examen más detallado de la economía estadounidense sugiere que hay algunos problemas más profundos: una sociedad en la que incluso los miembros de la clase media han visto cómo se estancaban sus ingresos durante una década, una sociedad marcada por una desigualdad en aumento; un país donde, aunque con espectaculares excepciones, las probabilidades estadísticas de que un estadounidense pobre llegue a lo más alto son menores que en la «vieja Europa»[14], y donde los resultados medios en los test estandarizados de educación son como mucho mediocres[15]. En todos los sentidos, muchos de los sectores económicos cruciales en Estados Unidos, *aparte del financiero*, tienen graves problemas, incluidos los de la salud, la energía y la industria manufacturera.

Pero los problemas que hay que afrontar no están sólo dentro de las fronteras de Estados Unidos. Los desequilibrios en el comercio mundial que caracterizaban al mundo antes de la crisis no desaparecerán por sí solos. En una economía globalizada, no se pueden afrontar los problemas de Estados Unidos sin contemplar esos problemas en sentido amplio. Lo que determinará el crecimiento mundial es la demanda *mundial*, y a Estados Unidos le resultará difícil tener una sólida recuperación —en vez de deslizarse hacia unas dificultades al estilo japonés— a menos que la economía mundial sea fuerte. Y puede que resulte difícil tener una economía global fuerte mientras parte del mundo siga produciendo mucho más de lo que consume, y otra parte —una parte que debería estar ahorrando para cubrir las necesidades de su población que va envejeciendo— siga consumiendo mucho más de lo que produce.

* * *

Cuando empecé a escribir este libro había un espíritu de esperanza: el nuevo presidente, Barack Obama, iba a corregir las políticas erróneas de la administración Bush, y por tanto íbamos a progresar no sólo en la inmediata recuperación, sino también en afrontar los desafíos a más largo plazo. El déficit fiscal del país iba a aumentar temporalmente, pero el dinero iba a estar bien empleado: para ayudar a las familias a conservar sus hogares, en inversiones que aumentarían la productividad a largo plazo del país y conservarían el medio ambiente, y, a cambio del dinero que se daba a los bancos, habría un derecho sobre los rendimientos futuros que compensaran al público por el riesgo que había corrido.

Escribir este libro ha resultado doloroso: mis esperanzas se han cumplido sólo parcialmente. Naturalmente deberíamos celebrar el hecho de que hemos dejado de estar al borde del desastre, algo que mucha gente auguraba en otoño de 2008. Pero algunos de los donativos que se han hecho a los bancos han sido tan negativos como cualquier otro de la época del presidente Bush; la ayuda a los propietarios de viviendas ha sido mucho menor de lo que yo habría esperado. El sistema financiero que está surgiendo es menos competitivo, donde los bancos «demasiado grandes para quebrar» plantean un problema aún mayor. El dinero que podría haberse gastado para reestructurar la economía y para crear empresas nuevas y dinámicas se ha donado para salvar a firmas viejas y fracasadas. Otros aspectos de la política económica de Obama han sido decididamente movimientos en la dirección correcta. Pero estaría mal que yo haya criticado a Bush por determinadas políticas y que no hiciera oír mi voz cuando su sucesor prosigue con esas mismas políticas.

Escribir este libro ha sido difícil por otra razón. Yo critico —algunos podrían decir que denigro— a los bancos, a los banqueros y a otros responsables del mercado financiero. Tengo muchos, muchos amigos en ese sector, hombres y mujeres inteligentes y dedicados, buenos ciudadanos que piensan cuidadosamente en cómo contribuir a una sociedad que les ha recompensado tan ampliamente. No sólo dan generosamente sino que también trabajan duro en favor de las causas en las que creen. No reconocerían las caricaturas que describo aquí, y yo no reconozco en ellos esas caricaturas. De hecho, muchas personas que trabajan en el sector sienten que son tan víctimas como quienes no pertenecen a él. Han perdido gran parte de sus ahorros de toda una vida. Dentro del sector, la mayoría de los economistas que intentaron pronosticar hacia dónde iba la economía, los financieros que intentaban hacer más eficiente nuestro sector empresarial, y los analistas que intentaron emplear las técnicas más sofisticadas para predecir la rentabilidad y para asegurar que los inversores obtuvieran los rendimientos más altos posibles no participaron en las malas prácticas que le han granjeado al sector financiero una reputación tan negativa.

Como al parecer sucede tan a menudo en nuestra sociedad moderna y compleja, «son cosas que pasan». Hay malos resultados que no son culpa de un individuo en concreto. Pero esta crisis ha sido el resultado de actos, decisiones y razonamientos de los responsables del sector financiero. El sistema que fracasó tan estrepitosamente no se materializó simplemente por sí solo. Fue creado. De hecho, muchos trabajaron muy duro —y gastaron mucho dinero— para asegurarse de que adoptara la forma que adoptó. Quienes desempeñaron un papel en crear el sistema y en gestionarlo —incluidos aquellos que fueron tan bien recompensados por él— deben considerarse responsables.

\* \* \*

Si conseguimos comprender lo que produjo la crisis de 2008 y por qué algunas de las respuestas políticas iniciales fracasaron tan claramente, podemos hacer que las futuras crisis sean menos probables, más cortas y con menos víctimas inocentes. Podemos incluso preparar el camino para un crecimiento continuado basado en cimientos sólidos, no el crecimiento efímero, basado en el endeudamiento, de los años recientes; e incluso podemos ser capaces de garantizar que los frutos de ese crecimiento se compartan entre la inmensa mayoría de los ciudadanos.

La memoria es limitada, y dentro de treinta años surgirá una nueva generación, confiada en que no será presa de los problemas del pasado. El ingenio del hombre no conoce límites, y cualquiera que sea el sistema que diseñemos, siempre habrá quienes idearán cómo eludir las regulaciones y las normas establecidas para protegernos. El mundo, además, cambiará, y la normativa diseñada para hoy funcionará de forma imperfecta en la economía de mediados del siglo XXI. Pero tras la Gran Depresión sí que logramos crear una estructura reguladora que nos ha sido de gran utilidad durante medio siglo, y que ha promovido el crecimiento y la estabilidad. Este libro se ha escrito con la esperanza de que podamos volver a hacerlo.

# Agradecimientos

Durante los últimos años me he visto absorbido por la crisis, mientras veía cómo se creaba y posteriormente cómo se gestionaba mal. Miles de conversaciones con cientos de personas en países de todo el mundo me ayudaron a dar forma a mis ideas y a mi comprensión de lo que ha ocurrido. La lista de las personas con las que estoy en deuda llenaría un libro de este mismo tamaño. Al mencionar a algunas de ellas, no es mi intención ofender a las demás, y las personas a las que menciono no deberían relacionarse con las conclusiones a las que llego: sus conclusiones pueden perfectamente ser distintas. En los años anteriores a la crisis, las discusiones con Steven Roach, Nouriel Roubini, George Soros, Robert Shiller, Paul Krugman y Rob Wescott —que compartían todos ellos mi pesimismo acerca de lo que estaba por venir— fueron inestimables. Pasamos largas jornadas conversando sobre la crisis económica global y lo que debería hacerse al respecto, con los miembros de la Comisión de Expertos del Presidente de la Asamblea General de Naciones Unidas sobre Reformas del Sistema Monetario y Financiero Internacional, que yo presidía[1]. Estoy profundamente agradecido por las ideas que manifestaron, y por la comprensión que me aportaron sobre cómo estaba afectando la crisis a todos los lugares del mundo.

Además, me encontré en la afortunada posición de no sólo ver directamente cómo estaba afectando la crisis a los países de todos los continentes, sino también de discutir los impactos con los presidentes, con los primeros ministros, con los ministros de finanzas y de economía, y/o con los gobernadores de los bancos centrales y sus asesores económicos en muchos países, grandes y pequeños, desarrollados y en vías de desarrollo (como Reino Unido, Estados Unidos, Islandia, Francia, Alemania, Suráfrica, Portugal, España, Australia, India, China, Argentina, Malasia, Tailandia, Grecia, Italia, Nigeria, Tanzania y Ecuador).

Llevo escribiendo sobre el tema de la regulación financiera desde la debacle de las cajas de ahorros en Estados Unidos a finales de los años ochenta, y la influencia de mis colaboradores en esta área, tanto en la Universidad de Stanford como en el Banco Mundial, debería quedar clara: Kevin Murdock, Thomas Hellmann, Gerry Caprio (actualmente en el Williams College), Marilou Uy y Patrick Honohan (actualmente gobernador del Banco Central de Irlanda).

Estoy en deuda con Michael Greenberger, actualmente profesor de derecho en la Universidad de Maryland y director de la Division of Trading and Markets of the Commodity Futures Trading Commission [División de comercio y mercados de la Comisión de transacciones de futuros de materias primas], durante el periodo crítico en que hubo un intento de regular los derivados, y con Randall Dodd, actualmente en el FMI, pero anteriormente en el Financial Policy Forum and Derivatives Study Center [Foro de política financiera y Centro de estudios de los derivados], por mejorar mi comprensión de lo que estaba ocurriendo en el mercado de los derivados. Quisiera mencionar a algunos otros que han contribuido a dar forma a mis ideas: Andrew Sheng, anteriormente en el Banco Mundial, y antiguo director de la Hong Kong Securities and Futures Commission [Comisión de títulos y futuros de Hong Kong]; Dr. Y. V. Reddy, antiguo gobernador del Reserve Bank of India; Arthur Levitt, antiguo presidente de la U.S. Securities and Exchange Commission [Comisión de títulos y transacciones de Estados Unidos]; Leif Pagrotsky, que desempeñó un importante papel para resolver la crisis bancaria sueca; el gobernador Zeti Aziz del Banco Central de Malasia, que jugó un importante papel a la hora de gestionar la economía de Malasia durante su crisis financiera; Howard Davies, antiguo director de la U.K. Financial Services Administration [Administración de servicios financieros del Reino Unido], y actualmente en la London School of Economics; Jamie Galbraith, de la Universidad de Texas, Austin; Richard Parker y Kenneth Rogoff, de Harvard; Andrew Crockett y Bill White, ambos anteriormente en el Bank for International Settlements; Mar Gudmundsson, que como economista jefe del Banco Central de Islandia me llevó por primera vez a aquel país, y que ahora es su gobernador; Luigi Zingales, de la Universidad de Chicago; Robert Skidelsky, de la Universidad de Warwick; Yu Yongding, del Instituto de Economía y Política Mundial de Pekín; David Moss, del proyecto Tobin y de la Facultad de Derecho de Harvard; Elizabeth Warren y David Kennedy, también de la Facultad de Derecho de Harvard; Damon Silver, director de política de la AFL-CIO; Ngaire Woods, de Oxford; José

Antonio Ocampo, Perry Merhing, Stephany Griffith-Jones, Patrick Bolton y Charles Calomiris, todos ellos de la Universidad de Columbia; y Keith Leffler, de la Universidad de Washington.

Afortunadamente, hay algunos periodistas excelentes, y valientes, que han contribuido a indagar en lo que estaba ocurriendo en el sector financiero y a sacarlo a la luz. Me han sido particularmente útiles los escritos de Gretchen Morgenson, Lloyd Norris, Martin Wolf, Joe Nocera, David Wessel, Gillian Tett y Mark Pittman, y en algunos casos mis prolongadas conversaciones con ellos.

Aunque soy crítico con el Congreso de Estados Unidos, hay que hacer mención de la congresista Carolyn Maloney, copresidenta del Comité Económico Conjunto, por sus esfuerzos, y le estoy agradecido por las discusiones sobre muchos de los temas de este libro. Cualquier legislación que se apruebe llevará el sello del congresista Barney Frank, presidente del Comité de Servicios Financieros de la Cámara de Representantes, y he apreciado las muchas conversaciones que mantuve con él y con su economista jefe, David Smith, así como las oportunidades de testificar ante su comité. Y aunque este libro es crítico con algunos de los enfoques de la administración Obama, estoy agradecido a su equipo económico (incluyendo a Timothy Geithner, Larry Summers, Jason Furman, Austan Goolsbee y Peter Orszag) por haber compartido conmigo sus puntos de vista y por ayudarme a comprender su estrategia. También quisiera dar las gracias a Dominique Strauss-Kahn, director ejecutivo del FMI, no sólo por las numerosas conversaciones a lo largo de los años, sino también por sus esfuerzos por remodelar esa institución.

Tengo que destacar a dos personas por su influencia a la hora de dar forma a mis ideas sobre el tema en cuestión: Rob Johnson, un antiguo estudiante de Princeton, aportó sus nítidos puntos de vista sobre la crisis, al haber estado a caballo entre los sectores privado y público, prestando servicio como economista jefe del Comité Bancario del Senado durante la crisis de las cajas de ahorros, así como trabajando en Wall Street. Y Bruce Geenwald, mi coautor durante un cuarto de siglo, y profesor de finanzas en la Universidad de Columbia, que, como siempre, me proporcionó ideas profundas y creativas sobre todos los temas que abordo en este libro, desde el sector bancario y las reservas mundiales, hasta la historia de la Gran Depresión.

Se han publicado versiones anteriores de partes de este libro en *Vanity Fair*, y estoy especialmente agradecido a mi editor de allí, Cullen Murphy, por su papel a la hora de ayudar a dar forma y editar esos artículos («Wall Street's Toxic Message», *Vanity Fair*, julio de 2009, y «Reversal of Fortune», *Vanity Fair*, octubre de 2008).

En la producción de este libro he tenido la particular suerte de gozar de la ayuda de un equipo de asistentes de investigación de primer orden: Jonathan Dingel, Izzet Yildiz, Sebastian Rondeau y Dan Choate; y de asistentes editoriales, Deidre Sheehan, Sheri Prasso y Jesse Berlin. Jill Blackford no sólo supervisó todo el proceso, sino que también realizó inestimables contribuciones en todas las fases, desde la investigación hasta la edición.

Una vez más, he tenido la suerte de trabajar con W. W. Norton y Penguin: los detallados comentarios y la edición por parte de Brendan Curry, Drake McFeely y Stuart Profitt fueron de inestimable valor. Mary Babcock realizó un soberbio trabajo de copiado-edición en unos plazos extraordinariamente apremiantes.

Por último, como siempre, mi mayor deuda es con Anya Schiffrin, desde la discusión de las ideas en la etapa de formación hasta la edición del manuscrito. Este libro no habría sido posible sin ella.

# Capítulo 1

## La gestación de una crisis

La única sorpresa respecto a la crisis económica de 2008 fue que resultara una sorpresa para tanta gente. Para unos cuantos observadores se trataba de un caso de libro que no sólo era predecible, sino que había sido previsto. Un mercado desregulado, inundado de liquidez y con unos tipos de interés bajos, una burbuja inmobiliaria mundial, y unos créditos de alto riesgo en vertiginoso aumento eran una combinación peligrosa. Añádase el déficit público y comercial de Estados Unidos, y la correspondiente acumulación en China de ingentes reservas de dólares —una economía global desequilibrada— y resultaba claro que las cosas estaban terriblemente torcidas.

Lo que *era* distinto en esta crisis respecto a las numerosas que la habían precedido durante el último cuarto de siglo era que esta crisis llevaba la etiqueta *«made in USA»*. Y mientras que las anteriores crisis habían sido contenidas, esta crisis «hecha en Estados Unidos» se extendió rápidamente por todo el mundo. Nos gustaba pensar en nuestro país como una de las locomotoras del crecimiento económico mundial, como un exportador de políticas económicas sensatas (no de recesiones). La última vez que Estados

Unidos había exportado una crisis importante fue durante la Gran Depresión de los años treinta[1].

Los rasgos básicos de la historia son bien conocidos y han sido repetidos a menudo. Estados Unidos tenía una burbuja inmobiliaria. Cuando la burbuja se rompió, y los precios de las viviendas cayeron desde sus niveles estratosféricos, cada vez más propietarios se encontraron «sumergidos». Debían más por sus hipotecas de lo que se valoraban sus casas. Al tiempo que perdían sus hogares, muchos también perdían los ahorros de su vida y sus sueños de futuro (una educación universitaria para sus hijos, una cómoda jubilación). En cierto sentido, los estadounidenses habían estado viviendo en un sueño.

El país más rico del mundo estaba viviendo por encima de sus posibilidades, y la fuerza de la economía estadounidense, y la del mundo, dependían de ello. La economía global necesitaba un consumo en aumento permanente para crecer; pero ¿cómo podía seguir siendo así cuando los ingresos de muchos estadounidenses llevaban tanto tiempo estancados?[2] Los estadounidenses encontraron una ingeniosa solución: pedir prestado y consumir como si sus ingresos *estuvieran* aumentando. Y vaya si pidieron prestado. Las tasas medias de ahorro cayeron a cero y, como muchos estadounidenses ricos estaban ahorrando cantidades sustanciales, los pobres tenían una alta tasa de ahorro negativo. En otras palabras, se estaban endeudando profundamente. Tanto ellos como sus prestamistas podían estar satisfechos con lo que ocurría: podían proseguir con su orgía de consumo, ya que no tenían que hacer frente a la realidad de unos ingresos estancados o en declive, y los prestamistas podían disfrutar de unos beneficios récord basados en unas comisiones cada vez mayores.

Unos bajos tipos de interés y una regulación laxa alimentaron la burbuja inmobiliaria. A medida que subían los precios de la vivienda, los propietarios podían hacer dinero con sus casas. Estos créditos con garantía hipotecaria —que en un año alcanzaron los 975.000 millones de dólares, es decir más del 7 por ciento del PIB[3] (producto interior bruto, la medida estándar de la suma de todos los bienes y servicios producidos en la economía)— permitía que los prestatarios pagaran la entrada de un coche nuevo y todavía les quedara algo de capital para la jubilación. Pero todo ese crédito se basaba en el arriesgado supuesto de que los precios de la vivienda seguirían subiendo, o por lo menos de que no bajarían.

La economía estaba desajustada: entre dos tercios y tres cuartos de la economía (del PIB) estaban relacionados con la vivienda: con la construcción de nuevas casas o la compra de contenidos para equiparlas, o con préstamos sobre viviendas de segunda mano para financiar el consumo. Era algo insostenible; y no se sostuvo. La explosión de la burbuja primero afectó a las peores hipotecas (las hipotecas de alto riesgo, concedidas a individuos de bajos ingresos), pero muy pronto afectó a toda la propiedad inmobiliaria residencial.

Cuando la burbuja estalló, los efectos se vieron amplificados porque los bancos habían creado productos complejos que se apoyaban en las hipotecas. Y lo que es peor, se habían comprometido en apuestas de miles de millones de dólares entre ellos y con otros bancos de todo el mundo. Esta complejidad, combinada con la rapidez con la que la situación iba deteriorándose y con el alto apalancamiento de los bancos (ellos, al igual que las economías domésticas, habían financiado sus inversiones con un fuerte endeudamiento), significaba que los bancos no sabían si lo que debían a sus depositantes y a sus obligacionistas excedía del valor de sus activos. Y por consiguiente, se dieron cuenta de que no podían conocer la situación de otros bancos. La seguridad y la confianza en que se basa el sistema bancario se evaporaron. Los bancos se negaron a prestarse unos a otros, o exigían elevados tipos de interés como compensación por asumir el riesgo. Los mercados mundiales de crédito empezaron a desmoronarse.

En ese momento, Estados Unidos y el mundo afrontaban tanto una crisis financiera como una crisis económica. La crisis económica tenía varios componentes: se estaba desarrollando una crisis del sector inmobiliario residencial, seguida poco después por problemas en el sector inmobiliario comercial. La demanda cayó, a medida que las economías domésticas veían cómo se desplomaba el valor de sus casas (y, si poseían acciones, también el valor de éstas) y a medida que disminuía su capacidad de pedir dinero prestado y su disposición a hacerlo. Hubo un ciclo de inventario: a medida que se congelaban los mercados crediticios y caía la demanda, las compañías redujeron sus inventarios lo más rápidamente posible. Y se produjo el colapso de la industria manufacturera estadounidense.

También surgieron preguntas más profundas: ¿qué iba a sustituir el consumo desbocado de los estadounidenses, que había sostenido la economía en los años anteriores a que se rompiera la burbuja? ¿Cómo iban a gestionar Estados Unidos y Europa su reestructuración, por ejemplo, la transición hacia una economía del sector servicios, que ya había resultado bastante difícil durante el periodo de auge económico? La reestructuración era inevitable —la globalización y el rápido progreso de la tecnología lo exigían— pero no iba a ser fácil.

## La historia en pocas palabras

Mientras que los desafíos que tenemos por delante están claros, la pregunta sigue siendo: ¿como ocurrió todo esto? Ésta no es la forma en que *se supone* que funcionan las economías de mercado. Algo había ido mal, muy mal.

No se puede detener el tiempo para comprender la historia. En aras de la brevedad, empezaré con la ruptura de la burbuja tecnológica (o «puntocom») en la primavera de 2000 (una burbuja que Alan Greenspan, a la sazón presidente de la Reserva Federal, había permitido que se desarrollara, y que había sostenido un fuerte crecimiento a finales de la década de los noventa)[4]. Los precios de las acciones de las empresas tecnológicas cayeron un 78 por ciento entre marzo de 2000 y octubre de 2002[5]. Se esperaba que esas pérdidas no afectaran al resto de la economía, pero sí lo hicieron. Gran parte de las inversiones se habían realizado en el sector de la alta tecnología, y con la ruptura de la burbuja de las acciones tecnológicas éstas se detuvieron. En marzo de 2001, Estados Unidos entró en recesión.

La administración del presidente George W. Bush utilizó la breve recesión que siguió al hundimiento de la burbuja tecnológica como excusa para forzar su agenda de bajadas de impuestos a los ricos, que el presidente afirmaba que eran la panacea para cualquier dolencia económica. No obstante las bajadas de impuestos no estaban diseñadas para estimular la economía, y sólo lo hicieron en una medida limitada. Ello trasladó a la política monetaria la carga de devolver la economía al nivel de pleno empleo. Por consiguiente, Greenspan bajó los tipos de interés, inundando de liquidez el mercado. No es de extrañar que con tanto exceso de capacidad en la economía, los tipos de interés más bajos no condujeran a más inversiones en maquinaria y equipos. Funcionaron, pero sólo para reemplazar la burbuja tecnológica con una burbuja de la vivienda, que fomentó un auge del consumo y del sector inmobiliario.

La carga sobre la política monetaria se vio incrementada cuando los precios del petróleo empezaron a subir tras la invasión de Irak en 2003. Estados Unidos gastaba cientos de miles de millones de dólares importando petróleo (un dinero que en otras circunstancias habría ido a sostener la economía estadounidense). Los precios del petróleo subieron de 32 dólares por barril en marzo de 2003, cuando empezó la guerra de Irak, hasta 137 dólares por barril en julio de 2008. Eso significaba que los estadounidenses estaban gastando 1.400 millones de dólares diarios para importar petróleo (desde 292 millones diarios antes del comienzo de la guerra), en vez de gastar ese dinero en el país[6]. Greenspan creía que podía mantener bajos los tipos de interés porque había poca presión inflacionista[7], y sin la burbuja inmobiliaria basada en los bajos tipos de interés, y sin el auge del consumo sostenido por la burbuja inmobiliaria, la economía estadounidense se habría debilitado.

En todos esos años desaforados del dinero barato, Wall Street no consiguió dar con un buen producto hipotecario. Un buen producto hipotecario habría tenido unos bajos costes de transición y bajos tipos de interés, y habría ayudado a la gente a gestionar el riesgo de adquirir una vivienda, incluyendo una protección en el caso de que sus casas perdieran valor o de que los prestatarios perdieran su empleo. Además, los propietarios de viviendas quieren unas cuotas mensuales que sean predecibles, que no se disparen sin previo aviso, y que no tengan costes ocultos. Los mercados financieros estadounidenses no procuraron crear esos mejores productos, aunque se utilizan en otros países. Por el contrario, las firmas de Wall Street, centradas en maximizar sus beneficios, crearon unas hipotecas que tenían unos elevados costes operativos y tipos de interés variable, con cuotas que podían aumentar repentinamente, pero sin protección contra el riesgo de una disminución del valor de las viviendas ni contra el riesgo de pérdida de empleo.

Si los diseñadores de estas hipotecas se hubieran concentrando en los fines —lo que realmente deseábamos de nuestro mercado hipotecario— en vez de en cómo maximizar *sus* beneficios, podrían haber concebido productos que incrementaran *permanentemente* la adquisición de viviendas. Podrían «haber hecho buenos negocios haciendo el bien». En cambio, sus esfuerzos dieron lugar a toda una gama de complicadas hipotecas que les hicieron ganar mucho dinero a corto plazo y que condujeron a un leve aumento *temporal* de la adquisición de viviendas, pero con un gran coste para la sociedad en su conjunto.

Los defectos en el mercado hipotecario eran sintomáticos de los fallos más generales en todo el sistema financiero, incluso, y sobre todo, en los bancos. El sistema bancario tiene dos funciones esenciales. La primera es proporcionar un mecanismo de pagos eficiente, en el que el banco facilita las transacciones, transfiriendo el dinero de sus depositantes a aquéllos a quienes compran bienes y servicios. La segunda función esencial es evaluar y gestionar el riesgo, y conceder créditos. Esto se relaciona con la primera función esencial, porque si un banco realiza una mala evaluación del crédito, si apuesta de forma imprudente, o si pone demasiado dinero en iniciativas arriesgadas que resultan insolventes, ya no puede cumplir su promesa de devolver el dinero de los depositantes. Si un banco hace bien su trabajo, proporciona dinero para crear nuevas empresas y expandir viejas empresas, la economía crece, se crean empleos, y al mismo tiempo el banco consigue una alta rentabilidad (suficiente para pagar intereses a los depositantes y para generar una rentabilidad competitiva a quienes han invertido su dinero en el banco).

El señuelo del beneficio fácil de los costes de transacción desvió la atención de muchos grandes bancos de sus funciones esenciales. El sistema bancario en Estados Unidos y en muchos otros países no se centró en prestar dinero a las pequeñas y medianas empresas, que son la base de la creación de empleo en cualquier economía, sino que por el contrario se concentró en promover la titulización, especialmente en el mercado hipotecario.

Fue esta dedicación a la titulización de las hipotecas lo que resultó letal. En la Edad Media los alquimistas intentaban transformar los metales base en oro. La alquimia moderna implicaba la transformación de las hipotecas de alto riesgo en productos con calificación AAA, de una solvencia suficiente como para ser adquiridos por los fondos de pensiones. Y las agencias de calificación bendijeron lo que habían hecho los bancos. Por último, los bancos se implicaron directamente en una apuesta, que incluía no sólo hacer de intermediarios para los activos de riesgo que estaban creando, sino teniendo efectivamente en su poder los activos. Ellos, y sus reguladores, podían pensar que habían trasladado a terceros los indeseables riesgos que habían creado, pero cuando llegó el día del ajuste de cuentas —cuando los mercados se hundieron— resultó que también a ellos les pilló desprevenidos[8].

## ANÁLISIS DE LA RESPONSABILIDAD

A medida que se iba comprendiendo mejor la profundidad de la crisis —para abril de 2009 ya era la recesión más prolongada desde la Gran Depresión— resultaba natural buscar a los responsables, y había muchas culpas que repartir. Saber quién, o por lo menos qué, tiene la culpa es esencial si queremos reducir la probabilidad de que vuelva a ocurrir y si queremos corregir los aspectos obviamente disfuncionales de los mercados financieros actuales. Debemos ser precavidos ante las explicaciones demasiado fáciles: muchas de ellas comienzan por la excesiva codicia de los banqueros. Puede que sea cierto, pero ello no proporciona una buena base para las reformas. Los banqueros actuaron codiciosamente porque tenían incentivos y oportunidades para hacerlo, y eso es lo que hay que cambiar. Además, la base del capitalismo es la búsqueda del beneficio: ¿tenemos que reprochar a los banqueros que hagan (puede que un poco mejor) lo que se supone que hace todo el mundo en la economía de mercado?

En la larga lista de responsables, lo natural es empezar desde abajo, por los originadores de las hipotecas. Las empresas hipotecarias habían colocado exóticas hipotecas a millones de personas, muchas de las cuales no sabían dónde se estaban metiendo. Pero las empresas hipotecarias no habrían podido cometer sus desaguisados sin la ayuda y la complicidad de los bancos y de las agencias de calificación. Los bancos compraban las hipotecas y las revendían en paquetes a inversores incautos. Los bancos y las instituciones financieras estadounidenses se vanagloriaban de sus inteligentes nuevos instrumentos de inversión. Habían creado nuevos productos que, aunque se pregonaban como instrumentos para gestionar el riesgo, eran tan peligrosos que amenazaban con echar abajo el sistema financiero estadounidense. Las agencias de calificación, que deberían haber puesto coto al crecimiento de estos activos tóxicos, por el contrario les dieron su sello de aprobación, lo que animó a otros —como los fondos de pensiones que buscaban lugares seguros donde invertir el dinero que los trabajadores habían ahorrado para su jubilación—, en Estados Unidos y en el extranjero, a comprarlos.

En resumidas cuentas, los mercados financieros estadounidenses habían omitido cumplir con sus esenciales funciones societarias de gestionar el riesgo, asignar el capital y movilizar los ahorros, manteniendo al mismo tiempo unos bajos costes de transacción. Por el contrario, habían creado riesgo, habían asignado mal el capital, y fomentado el endeudamiento excesivo, al mismo tiempo que imponían unos elevados costes de transacción. En su punto álgido, en 2007, los mercados financieros inflados absorbían el 41 por ciento de los beneficios en el sector empresarial[9].

Una de las razones de que el sistema financiero funcionara tan mal a la hora de gestionar el riesgo es que el mercado lo valoró y juzgó mal. El «mercado» valoró muy mal el riesgo de impago de las hipotecas de alto riesgo, y cometió un error aún peor al confiar en las agencias de calificación y en los bancos de inversión cuando éstos las reempaquetaron dándoles una calificación AAA a los nuevos productos. Los bancos (y los inversores de los bancos) también valoraron mal el riesgo asociado a un elevado apalancamiento bancario. Y unos activos de riesgo que normalmente habrían requerido unas rentabilidades sustancialmente más altas para incentivar a la gente a adquirirlos sólo rendían una pequeña prima de riesgo. En algunos casos, la aparentemente errónea apreciación y la mala valoración del riesgo se basaba en una apuesta astuta: los bancos confiaban en que si surgían problemas, la Reserva Federal y el Tesoro les rescatarían, y estaban en lo cierto[10].

La Reserva Federal, dirigida primero por el presidente Alan Greenspan y posteriormente por Ben Bernanke, y los demás reguladores, se inhibieron y dejaron que todo ello ocurriera. No sólo alegaban que no podían saber si existía una burbuja hasta que se rompiera, sino que además decían que incluso si hubieran podido saberlo, no habrían podido hacer nada al respecto. Estaban equivocados en ambos aspectos. Habrían podido, por ejemplo, obligar a unas mayores entradas por las viviendas, o unos requisitos de márgenes de reserva más elevados para la compraventa de acciones, ya que ambas medidas habrían enfriado esos mercados sobrecalentados. Pero decidieron no hacerlo. Y lo que tal vez es peor, Greenspan agravó la situación al permitir a los bancos dedicarse a créditos cada vez más arriesgados, y al animar a la gente a suscribir hipotecas de tipo variable, con unas cuotas que podían fácilmente dispararse —como así lo hicieron—, arrastrando incluso a las familias de ingresos medios al embargo[11].

Quienes argumentaban a favor de la desregulación —y que siguen haciéndolo a pesar de las evidentes consecuencias— aducen que los costes de la regulación exceden a los beneficios. Dado que los costes presupuestarios y reales de esta crisis en todo el mundo ascienden a billones de dólares, resulta difícil entender cómo sus defensores puedan seguir manteniendo esa postura. Sin embargo, ellos argumentan que el coste real de la regulación es el estrangulamiento de la innovación. La triste realidad es que en los mercados financieros estadounidenses, las innovaciones estaban concebidas para eludir la normativa, los estándares contables y la fiscalidad. Crearon unos productos que eran tan complejos que tenían el efecto de aumentar tanto el riesgo como las asimetrías en la información. Así pues, no es de extrañar que sea imposible encontrar un incremento sostenido del crecimiento económico (más allá de la burbuja a la que contribuyeron) asociado a estas innovaciones financieras. Al mismo tiempo, los mercados financieros no innovaron de una forma que ayudara a los ciudadanos corrientes en la sencilla tarea de gestionar el riesgo de adquirir una vivienda. En realidad se resistieron a las innovaciones que habrían ayudado a la gente y a los países a gestionar los otros importantes riesgos a los que hacen frente. Una buena regulación podría haber reorientado las innovaciones de forma que aumentaran la eficiencia de nuestra economía y la seguridad de nuestros ciudadanos.

No es de extrañar que el sector financiero haya intentado trasladar la culpa a otros, cuando todo el mundo hace oídos sordos a su alegación de que sólo fue un «accidente» (una tormenta que se da una vez cada mil años).

Los responsables del sector financiero a menudo culpan a la Reserva Federal por permitir que los tipos de interés permanecieran demasiado bajos durante demasiado tiempo. Pero este intento en particular de trasladar la culpa es peculiar: ¿qué otro sector diría que la razón de que sus beneficios fueran tan bajos y de que su rendimiento fuera tan malo es que los costes de sus *inputs* (acero, salarios) son demasiado bajos? El «*input*» principal del sector bancario es el coste de sus fondos, ¡y sin embargo parece que los banqueros se quejan de que la Reserva Federal pusiera el dinero demasiado barato! Si los fondos de bajo coste se hubieran empleado bien, por ejemplo, si hubieran ido a apoyar la inversión en nuevas tecnologías o la expansión de empresas, habríamos tenido una economía más competitiva y más dinámica.

Puede que una regulación laxa sin dinero barato no hubiera dado lugar a una burbuja. Pero lo que es más importante, el dinero barato, y un sistema bancario que funcionara bien y que estuviera bien regulado podría haber dado lugar a un auge económico, como ha ocurrido en otros momentos y en otros lugares. (Por la misma razón, si las agencias de calificación hubieran hecho bien su trabajo, se habrían vendido menos hipotecas a los fondos de pensiones y a otras instituciones, y la magnitud habría sido de la burbuja podría haber sido sensiblemente menor.

Lo mismo habría sido cierto, incluso haciendo las agencias su trabajo tan mal como lo hicieron, en caso de que los propios inversores hubieran analizado adecuadamente los riesgos). En resumen, fue una combinación de fallos lo que llevó a que la crisis alcanzara la magnitud que alcanzó.

A su vez, Greenspan y otros han intentado descargar la responsabilidad de los bajos tipos de interés en los países asiáticos y en la abundancia de liquidez derivada de su excesivo ahorro[12]. Una vez más, la capacidad de importar capital en mejores términos debería ser una ventaja, una bendición. Pero es una afirmación notable: la Reserva Federal estaba diciendo, en realidad, que ya no es capaz de controlar los tipos de interés en Estados Unidos. Por supuesto que puede: la Reserva Federal *decidió* mantener bajos los tipos de interés, en parte por las razones que ya he explicado[13].

En lo que podría parecer un escandaloso acto de ingratitud hacia quienes les rescataron de su lecho de muerte, muchos banqueros culpan al gobierno, mordiendo la misma mano que les daba de comer. Culpan al gobierno por no haberles parado, como un niño al que sorprenden robando en una tienda de caramelos y que culpa al dueño de la tienda o al policía por mirar hacia otro lado, dejándole creer que podía salir impune de su fechoría. Pero el argumento es aún más hipócrita, porque los mercados financieros habían *pagado* para que los policías hicieran la vista gorda. Consiguieron aplacar los intentos de regular los derivados y de restringir los créditos abusivos. Su victoria sobre Estados Unidos fue total. Cada victoria les daba más dinero con el que influir sobre el proceso político. Incluso tenían un argumento: la desregulación había llevado a que ganaran más dinero, y el dinero era el distintivo del éxito, como se quería demostrar.

A los conservadores no les gusta que se eche la culpa a los mercados; si hay un problema con la economía, en el fondo de sus corazones saben que la verdadera causa debe de ser el gobierno. El gobierno quería aumentar la vivienda en propiedad, y la defensa de los banqueros era que ellos sólo estaban cumpliendo con su parte. Fannie Mae y Freddie Mac, las dos compañías privadas que habían comenzado como organismos del gobierno, han sido particularmente objeto de denigración, igual que el programa gubernamental denominado Community Reinvestment Act (CRA) [Ley de Reinversión en las Comunidades], que incentiva a los bancos a prestar a las comunidades con pocos medios. Si no hubiera sido por estos esfuerzos para prestar dinero a los pobres, así reza el argumento, todo habría ido bien. Esta letanía de defensas es, en su mayoría, un puro sinsentido. El rescate de AIG, de casi 200.000 millones de dólares (eso es mucho dinero, se mire como se mire) se basaba en derivados (*credit default swaps*), es decir, unos bancos apostando contra otros. Los bancos no necesitaban ningún estímulo igualitario en materia de vivienda para asumir riesgos excesivos. Ni tampoco el enorme exceso de inversión en el sector inmobiliario comercial tuvo nada que ver con la política de viviendas del gobierno. Ni tampoco los múltiples casos de malos créditos en todo el mundo, de los que los bancos tuvieron que ser rescatados en repetidas ocasiones. Por añadidura, las tasas de impago de los préstamos del CRA eran en realidad comparables a otras áreas del sector crediticio —lo que demuestra que ese tipo de créditos, si se hace bien, no plantea grandes riesgos[14]—. No obstante, el punto más revelador es que el mandato de Fannie Mae y Freddie Mac era para conceder «créditos con garantía», préstamos a la clase media. Los bancos se lanzaron a hacer hipotecas de alto riesgo —un área donde, a la sazón, Freddie Mac y Fannie Mae no estaban concediendo créditos— sin ningún incentivo por parte del gobierno. Puede que el presidente diera algunos discursos sobre la sociedad de propietarios, pero hay pocas evidencias de que los bancos reaccionen automáticamente cuando el presidente pronuncia un discurso. Una política debe ir acompañada de palos y zanahorias, y no había ninguno. (Si un discurso consiguiera cambiar las cosas, las repetidas veces que Obama ha instado a los bancos a reestructurar más hipotecas y a prestar más dinero a las pequeñas empresas habrían tenido algún efecto). Más en concreto, los defensores de las viviendas en propiedad se referían a una propiedad permanente, o por lo menos a largo plazo. No tenía sentido que una persona tuviera una casa en propiedad durante unos cuantos meses, para después echarla a la calle tras despojarla de los ahorros de su vida. Pero eso era lo que estaban haciendo los bancos. No conozco a ningún funcionario del gobierno que dijera que los prestamistas debían involucrarse en prácticas abusivas, prestar dinero más allá de la capacidad de pago de la gente, con hipotecas que combinaban unos elevados riesgos con unos altos costes de transacción. Más adelante, varios años después de que el sector privado hubiera inventado las hipotecas tóxicas (que examino por extenso en el Capítulo 4), Fannie Mae y Freddie Mac, privatizadas y poco reguladas, decidieron que también ellas deberían apuntarse a la fiesta. Sus directivos pensaron: ¿por qué no podían ellos disfrutar de unas primas parecidas a las de otras empresas de la industria? Irónicamente, al hacerlo, ayudaron a salvar al sector privado de una parte de su propia locura: muchas de las hipotecas titulizadas acabaron en sus balances. Si no las hubieran comprado, probablemente los problemas en el sector privado habrían sido mucho peores, aunque al comprar tantos títulos puede que también contribuyeran a alimentar la burbuja[15].

Como mencionaba en el prefacio, averiguar lo que ocurrió es como «pelar una cebolla»: cada explicación suscita nuevas preguntas. Al pelar la cebolla, necesitamos preguntarnos: ¿por qué fracasó tan estrepitosamente el sector financiero, no sólo a la hora de desempeñar sus funciones sociales cruciales, sino incluso también al prestar un buen servicio a los accionistas y a los obligacionistas?[16] Al parecer, sólo los directivos de las instituciones financieras salieron con los bolsillos llenos (menos llenos que si no hubiera habido una crisis, pero aun así mucho más ricos que, por ejemplo, los pobres accionistas de Citibank, que vieron cómo prácticamente se esfumaban sus inversiones). Las instituciones financieras se quejaron de que los reguladores no les *impidieran* portarse mal. Pero ¿no se supone que las empresas deben portarse bien por sí solas? En capítulos posteriores daré una sencilla explicación: los incentivos defectuosos. Pero en ese caso debemos volver a retroceder: ¿por qué había incentivos defectuosos? ¿Por qué el mercado no «castigó» a las firmas que empleaban estructuras de incentivos defectuosas, tal y como la teoría estándar dice que debería ocurrir? Las respuestas a estas preguntas son complejas, pero incluyen un sistema defectuoso de gobierno empresarial, una aplicación inadecuada de la legislación sobre competencia, y una información imperfecta y una comprensión inadecuada del riesgo por parte de los inversores.

Aunque el sector financiero se lleva la principal carga de la culpa, los reguladores no hicieron su trabajo al no asegurarse de que los bancos no se portaran mal, como suelen. Algunos responsables de la parte menos regulada de los mercados financieros (como los *hedge funds*, o fondos de inversión libre), al observar que los peores problemas se producían en la parte más regulada (los bancos), astutamente concluyen que el problema es la regulación. «Si al menos los bancos no estuvieran regulados, como nosotros, los problemas nunca se habrían producido», argumentan. Pero eso omite la cuestión esencial: la razón de que los bancos estén regulados es que su quiebra puede provocar un daño enorme al resto de la economía. La razón de que se requiera menos regulación en el caso de los *hedge funds*, por lo menos para los de menor cuantía, es que pueden hacer menos daño. La regulación no provocó que los bancos se portaran mal; fueron las deficiencias en la regulación y la aplicación reguladora las responsables de que no se lograra impedir que los bancos impusieran unos costes al resto de la sociedad, como han hecho repetidamente. De hecho, el único periodo en la historia estadounidense en que los bancos no han impuesto esos costes fue en el cuarto de siglo posterior a la II Guerra Mundial, cuando se aplicaba eficazmente una normativa estricta: puede hacerse.

Una vez más, es preciso explicar el fracaso de la normativa del último cuarto de siglo: la historia que cuento más adelante intenta relacionar esos fallos con la influencia política de los intereses particulares, en especial de los responsables del sector financiero que ganaron dinero a través de la desregulación (muchas de sus inversiones económicas se malograron, pero fueron mucho más astutos en sus inversiones políticas), y con las ideologías, las ideas que decían que la regulación no era necesaria.

## FALLOS DE MERCADO

Hoy, tras el colapso, casi todo el mundo dice que hace falta regulación o, por lo menos, hace falta más de la que había antes de la crisis. Carecer de la regulación mínima nos ha costado mucho: las crisis habrían sido menos frecuentes y menos costosas, y el coste de los reguladores y de la normativa habría sido una nimiedad en comparación con esos costes. Los mercados por sí solos fallan de forma evidente, y fallan con mucha frecuencia. Esos fallos tienen muchas causas, pero dos son particularmente relevantes para el sector financiero: la «agencia» —en el mundo actual muchísimas personas manejan dinero y toman decisiones en nombre (es decir, como agentes) de otros— y la creciente importancia de las «externalidades».

El problema de agencia es un problema moderno. Las sociedades anónimas modernas, con su miríada de pequeños accionistas, son radicalmente distintas de las empresas de gestión familiar. Hay una separación entre la propiedad y el control, de modo que los directivos, que poseen muy poco de la compañía, pueden gestionar la empresa en gran medida en su propio beneficio[17]. También hay problemas de agencia en el proceso de inversión:

gran parte de ella se hacía a través de los fondos de pensiones y de otras instituciones. Quienes toman las decisiones de inversión —y evalúan el rendimiento empresarial— no lo hacen en su propio nombre, sino en nombre de quienes les han confiado sus fondos. A lo largo de la cadena de «agencia», la preocupación por el rendimiento se ha traducido en un enfoque hacia *los rendimientos a corto plazo*.

Dado que su remuneración no depende de los rendimientos a largo plazo sino de los precios del mercado de valores, los directivos naturalmente hacen todo lo posible para que suban los precios de las acciones, incluso si eso implica una contabilidad engañosa (o creativa). Su enfoque a corto plazo se ve reforzado por la exigencia de unas elevadas rentabilidades trimestrales por parte de los analistas bursátiles. Ese afán por los rendimientos a corto plazo llevó a los bancos a centrarse en cómo generar más comisiones (y, en algunos casos, en cómo eludir la normativa contable y financiera). El espíritu innovador, del que tan orgullosa estaba Wall Street en última instancia, consistía en concebir nuevos productos que generaran más ingresos a corto plazo para sus empresas. Los problemas que podrían plantear las altas tasas de impago de algunas de tales innovaciones parecían cuestiones para un futuro lejano. Por otra parte, las entidades financieras no estaban interesadas en lo más mínimo en las innovaciones que podrían haber ayudado a la gente a conservar sus viviendas o a protegerla de subidas repentinas en los tipos de interés.

En pocas palabras, había poco o ningún «control de calidad» efectivo. Una vez más, en teoría, se supone que los mercados tienen que proveer esa disciplina. Las empresas que generan productos excesivamente arriesgados perderían su prestigio. Los precios de las acciones bajarían. Pero en el mundo dinámico actual, esa disciplina de mercado se vino abajo. Los magos de las finanzas inventaron productos de alto riesgo que tuvieron unas rentabilidades medias durante un tiempo, sin que los inconvenientes fueran visibles durante años. Miles de gestores financieros presumían de que podían «batir al mercado», y hubo un conjunto de inversores miopes dispuesto a creerles. Pero los magos de las finanzas se dejaron llevar por la euforia; se engañaron a sí mismos, así como engañaban a quienes compraban sus productos. Ello ayuda a explicar por qué, cuando el mercado se hundió, quedaban en su poder activos tóxicos por valor de miles de millones de dólares.

La titulización, el área más caliente de los productos financieros en los años previos al colapso, proporciona un ejemplo de libro de los riesgos generados por las últimas innovaciones, porque significaba que se rompía la relación entre el prestamista y el prestatario. La titulización tenía una gran ventaja, ya que permitía repartir el riesgo; pero tenía una gran desventaja, ya que creaba nuevos problemas de información imperfecta, y éstos eran abrumadoramente más grandes que los beneficios de un aumento en la diversificación. Quienes compran un título con garantía hipotecaria están, en realidad, prestando dinero al dueño de la vivienda, del que no saben nada. Confían en que el banco que les vende el producto lo haya verificado, y el banco confía en el originador de la hipoteca. Los incentivos de los originadores de hipotecas se centraban en la cantidad de hipotecas originadas, no en su calidad. Produjeron ingentes cantidades de hipotecas basura. A los bancos les gusta echarle la culpa a los originadores de las hipotecas, pero un simple vistazo a las hipotecas habría revelado los riesgos inherentes. El hecho es que los banqueros *no querían saber*. Sus incentivos eran transmitir las hipotecas, y los títulos respaldados por hipotecas que estaban creando, lo más rápidamente posible. En los laboratorios de Frankenstein de Wall Street, los bancos crearon nuevos productos de riesgo (instrumentos de deuda con garantía hipotecaria, instrumentos de deuda con garantía hipotecaria al cuadrado, y *credit default swaps*, algunos de los cuales examino en capítulos posteriores) sin mecanismos para controlar al monstruo que habían creado. Se habían metido en el negocio de las mudanzas —tomar las hipotecas de los originadores, reempaquetarlas y trasladarlas a los libros de los fondos de pensiones y otros— porque ahí era donde las comisiones eran más altas, a diferencia del «negocio del almacenamiento», que había sido el modelo de negocio tradicional para los bancos (originar hipotecas y posteriormente conservarlas). O eso pensaban, hasta que se produjo el colapso y descubrieron en sus libros miles de millones de dólares de activos de mala calidad.

## Externalidades

Los banqueros no le dieron importancia al peligro de algunos instrumentos financieros para el resto de la gente, a las grandes externalidades que se estaban creando. En economía, el término técnico *externalidad* se refiere a las situaciones donde un intercambio de mercado impone costes o beneficios a terceros que no participan en el intercambio. Si uno está haciendo transacciones por su propia cuenta y pierde su dinero, en realidad eso no afecta a nadie más. Sin embargo, actualmente el sistema financiero está tan interconectado y es tan importante en la economía que una quiebra en una gran institución puede echar abajo todo el sistema. La quiebra actual ha afectado a todo el mundo: millones de propietarios de viviendas han perdido sus hogares, y algunos millones más han visto desaparecer el valor de lo pagado por ellos; comunidades enteras se han visto devastadas; los contribuyentes han tenido que hacerse cargo de la factura de las pérdidas de los bancos; y los trabajadores han perdido sus empleos. Los costes han sido soportados no sólo en Estados Unidos sino también en todo el mundo, por millones de personas que no obtenían ningún beneficio de la conducta imprudente de los bancos.

Cuando hay problemas de agencia y externalidades importantes, habitualmente los mercados no consiguen producir resultados eficientes (contrariamente a la fe generalizada en la eficacia de los mercados). Ésa es una de las justificaciones de una regulación del mercado financiero. Los organismos reguladores eran la última línea de defensa contra un comportamiento excesivamente arriesgado y poco escrupuloso de los bancos, pero tras años de denodados esfuerzos de presión política por parte del sector bancario, el gobierno no sólo había desmontado la regulación existente, sino que también había omitido adoptar nuevas normas en respuesta al cambiante panorama financiero. Personas que no comprendían por qué era necesaria una regulación —y que por consiguiente creían que era innecesaria— se convirtieron en reguladores. La derogación en 1999 de la Ley Glass-Steagall, que había mantenido separados los bancos de inversión de los bancos comerciales, creó bancos cada vez más grandes, que eran demasiado grandes como para que se permitiera su quiebra. Saber que eran demasiado grandes para quebrar proporcionó incentivos para la asunción de riesgos excesivos.

Al final, a los bancos su propio artefacto les estalló en las manos: los instrumentos financieros que habían utilizado para explotar a los pobres se volvieron contra los mercados financieros y los echaron abajo. Cuando se rompió la burbuja, la mayoría de los bancos tenían en su poder suficientes títulos de alto riesgo como para amenazar su misma supervivencia —evidentemente, no habían hecho un trabajo tan bueno como habían pensado a la hora de trasladar el riesgo a otros—. Ésta es sólo una de las muchas ironías que han caracterizado la crisis; en el intento por parte de Greenspan y de Bush de minimizar el papel del gobierno en la economía, éste ha asumido un papel sin precedentes en un campo muy amplio, convirtiéndose en el dueño de la mayor compañía automovilística del mundo, de la mayor compañía aseguradora y (si hubiera recibido algo a cambio de lo que ha dado a los bancos) de algunos de los mayores bancos. Un país donde el socialismo a menudo se ve como un anatema ha socializado el riesgo e intervenido en los mercados de una forma que no tiene precedentes.

Estas ironías tienen su réplica en las aparentes incoherencias de los argumentos del Fondo Monetario Internacional (FMI) y del Tesoro estadounidense antes, durante y después de la crisis en Asia oriental, y en las incoherencias entre las políticas de entonces y las de ahora. Puede que el FMI afirme que cree en el fundamentalismo de mercado —que los mercados son eficientes, que se corrigen por sí solos, y que por consiguiente lo mejor es dejarlos a su aire si lo que se pretende es maximizar el crecimiento y la eficiencia—, pero en el momento que se produce una crisis, invoca a una ingente ayuda del gobierno, preocupado por el «contagio», por la extensión de la enfermedad de un país a otro. Pero el contagio es una externalidad paradigmática, y si hay externalidades, uno (lógicamente) no puede creer en el fundamentalismo de mercado. Incluso tras los rescates de varios miles de millones de dólares, el FMI y el Tesoro estadounidense se resistían a imponer medidas (regulaciones) que pudieran haber hecho que los «accidentes» fueran menos probables y menos costosos (porque creían que los mercados básicamente funcionan bien por sí solos, incluso aunque acabaran de experimentar numerosos casos en que no había sido así).

Los rescates suponen un ejemplo de un conjunto de políticas incoherentes, con potenciales consecuencias a largo plazo. A los economistas les preocupan los incentivos (podría decirse que es su preocupación número uno). Uno de los argumentos aducidos por muchos responsables de los mercados financieros para no ayudar a los dueños de hipotecas que no pueden cumplir con sus pagos es que ello suscita un «riesgo moral», es decir que se debilitan los incentivos para devolver el dinero si los propietarios de hipotecas saben que hay alguna posibilidad de que reciban ayuda si no pueden pagar. La preocupación por el riesgo moral llevó al FMI y al Tesoro estadounidense a argumentar con vehemencia en contra de los rescates en Indonesia y en Tailandia (desencadenando un colapso masivo del sistema bancario, y exacerbando la crisis en aquellos países). La preocupación por el riesgo moral influyó en la decisión de no rescatar a Lehman Brothers. Pero esa decisión, a su vez, condujo a la más gigantesca serie de rescates de la historia. Cuando se trató de los grandes bancos de Estados Unidos, tras las repercusiones de Lehman Brothers, se dejaron a un lado las preocupaciones sobre el riesgo moral, tanto es así que se permitió a los directivos de los bancos disfrutar de enormes primas por unas pérdidas de récord, los dividendos no disminuyeron, y se protegió a los accionistas y a los obligacionistas. Los reiterados rescates (no sólo rescates, sino la rápida provisión de liquidez por la Reserva Federal en momentos de apuro) aportan parte de la explicación de la crisis actual: animaron a los bancos a volverse cada vez más imprudentes, pues éstos sabían que había una alta probabilidad de que si surgía un problema, serían rescatados. (Los mercados financieros llaman a esto la «opción Greenspan/Bernanke»). Los reguladores juzgaban equivocadamente que, dado que la economía había «sobrevivido» tan bien, los mercados funcionaban bien por sí solos y no era necesaria una regulación (sin señalar que habían sobrevivido *debido a* la masiva intervención del gobierno). Hoy en día, el problema del riesgo moral es mayor, con mucho, de lo que ha sido nunca.

Las cuestiones de agencia y de externalidades significan que existe un papel para el gobierno. Si hace bien su trabajo, habrá menos accidentes, y cuando se produzcan los accidentes, serán menos costosos. Cuando haya accidentes, el gobierno tendrá que ayudar a arreglar la situación. Pero la forma en que el gobierno arregle las cosas afecta a la probabilidad de futuras crisis y a la sensación de equidad y justicia de una sociedad. Toda economía de éxito —toda sociedad de éxito— implica tanto al gobierno como a los mercados. Es necesario que haya un papel equilibrado. Es cuestión no sólo de «cuánto» sino también de «qué». Durante las administraciones de Reagan y de ambos Bush, Estados Unidos perdió ese equilibrio. Que se hiciera demasiado poco entonces ha significado hacer demasiado ahora. Hacer las cosas mal ahora puede significar tener que hacer más en el futuro.

## Recesiones

Uno de los aspectos sorprendentes de las revoluciones del «mercado libre» iniciadas por el presidente Ronald Reagan y la primera ministra del Reino Unido, Margaret Thatcher, fue que quedó olvidada la serie de casos tal vez más importante en que los mercados no consiguen proporcionar resultados eficientes: los repetidos episodios en que los recursos no se utilizan plenamente. A menudo la economía funciona por debajo de su capacidad, cuando millones de personas que quisieran encontrar trabajo no lo consiguen, con fluctuaciones esporádicas en las que más de una de cada doce personas no puede encontrar un empleo y con cifras que son mucho peores en el caso de las minorías y los jóvenes. La tasa oficial de desempleo no da una imagen completa: muchos de los que quisieran trabajar a tiempo completo están trabajando a tiempo parcial porque ése ha sido el único empleo que han podido encontrar, y no están incluidos en la tasa de paro. La tasa tampoco incluye a las personas que se suman a la lista de discapacitados, pero que estarían trabajando si tan sólo pudieran conseguir un empleo. Ni tampoco incluye a las personas que están tan desanimadas por su fracaso a la hora de encontrar un empleo que han dejado de buscar. No obstante, esta crisis es peor de lo habitual. Utilizando la medida más amplia del desempleo, en septiembre de 2009 más de uno de cada seis estadounidenses que desearían tener un empleo a tiempo completo no podían encontrarlo, y en octubre las cosas estaban aún peor[18]. Aunque el mercado se está autocorrigiendo —al final la burbuja se rompió— esta crisis demuestra una vez más que la corrección puede ser lenta, y su coste, enorme. El desfase acumulado entre la producción real de la economía y su producción potencial asciende a billones de dólares.

## ¿QUIÉN HABRÍA PODIDO PREVER EL CRAC?

En medio de las repercusiones del crac, tanto los responsables del mercado financiero como sus reguladores alegaban: «¿Quién habría podido prever estos problemas?». De hecho, muchos críticos lo habían hecho, pero sus terribles pronósticos eran una verdad incómoda: demasiada gente estaba ganando demasiado dinero como para que se oyeran tales advertencias.

Desde luego, yo no era la única persona que preveía que la economía estadounidense iba a desplomarse, con consecuencias globales. Nouriel Roubini, economista de la Universidad de Nueva York; el financiero George Soros; Stephen Roach, de la empresa Morgan Stanley; Robert Shiller, experto en el sector de la vivienda de la Universidad de Yale; y Robert Wescott, antiguo miembro del Consejo de Asesores Económicos de Clinton y del Consejo Económico Nacional, advirtieron de ello reiteradamente. Todos ellos eran economistas keynesianos, que compartían la idea de que los mercados no se corrigen por sí solos. A la mayoría de nosotros nos preocupaba la burbuja inmobiliaria; algunos (como Roubini) se centraban en el riesgo planteado por los desequilibrios globales ante un repentino ajuste de los tipos de cambio.

Pero quienes habían inflado la burbuja (Henry Paulson había llevado a Goldman Sachs a nuevos niveles de endeudamiento, y Ben Bernanke había permitido que prosiguiera la emisión de hipotecas de alto riesgo) mantenían su fe en la capacidad autocorrectora de los mercados (hasta que *tuvieron* que enfrentarse a la realidad de un colapso masivo). No hace falta un doctorado en psicología para comprender por qué querían fingir que la economía simplemente estaba pasando por una perturbación menor, una perturbación que podía esquivarse fácilmente. En una fecha tan tardía como marzo de 2007, Bernanke, presidente de la Reserva Federal, afirmaba que «parece probable que el impacto en el conjunto de la economía y en los mercados financieros de los problemas en el mercado de alto riesgo es limitado»[19]. Unos años después, incluso tras el hundimiento de Bear Stearns, con insistentes rumores sobre la inminente caída de Lehman Brothers, la línea oficial (manifestada no sólo públicamente sino también a puerta cerrada con otros responsables de los bancos centrales) era que la economía ya estaba encaminándose hacia una fuerte recuperación tras unos leves baches.

La burbuja inmobiliaria que tenía que estallar era el síntoma más evidente de una «enfermedad económica».

Pero tras este síntoma había problemas más fundamentales. Muchos habían advertido de los riesgos de la desregulación. Ya en 1992, a mí me preocupaba que la titulización de las hipotecas acabaría en desastre, ya que tanto los compradores como los vendedores subestimaban la posibilidad de una bajada en los precios y la extensión de la correlación[20].

De hecho, cualquiera que examinara detenidamente la economía estadounidense habría podido ver con facilidad que había importantes problemas «macro», así como problemas «micro». Como he señalado anteriormente, nuestra economía se había sostenido sobre una burbuja insostenible. Sin la burbuja, la demanda agregada —la suma total de los bienes y servicios demandados por las economías domésticas, por las empresas, por el gobierno y por el extranjero— habría sido baja, en parte debido a la creciente desigualdad en Estados Unidos y en otras partes del mundo, que trasladaba el dinero desde quienes lo habrían gastado hacia quienes no lo hacían[21].

Durante años, Bruce Greenwald, mi colega de Columbia, y yo habíamos llamado la atención sobre el ulterior problema de una falta *global* de demanda agregada (el total de todos los bienes y servicios que desean comprar las personas en todo el mundo). En el mundo de la globalización, la demanda agregada global es lo que cuenta. Si la suma total de lo que la gente de todo el mundo desea comprar es menor que lo que el mundo puede producir, hay un problema: una economía global débil. Una de las razones de una débil demanda agregada global es el creciente nivel de las reservas, el dinero que los países ahorran para cuando haya una «mala racha».

Los países en vías de desarrollo acumulan cientos de miles de millones de dólares en reservas para protegerse del elevado nivel de volatilidad global que ha caracterizado la era de la desregulación, y de la incomodidad que sienten al pedir ayuda al FMI[22]. El primer ministro de uno de los países que habían sido arrastrados por la crisis financiera de 1997 me dijo: «Estábamos en la promoción del 97. Aprendimos lo que ocurre cuando uno no tiene suficientes reservas».

Los países ricos en petróleo también estaban acumulando reservas porque sabían que el elevado precio del crudo no era sostenible. Para algunos países, había otra razón para la acumulación de reservas. El crecimiento basado en las exportaciones había sido aclamado como la mejor forma para que crecieran los países en vías de desarrollo; después de que las nuevas reglas comerciales de la Organización Mundial del Comercio eliminaran muchos de los instrumentos tradicionales que empleaban los países en vías de desarrollo para ayudar a crear nuevas industrias, muchos de ellos recurrieron a la política de mantener sus tipos de cambio a un nivel competitivo. Y eso significaba comprar dólares, vender sus propias divisas y acumular reservas.

Todas ellas eran buenas razones para acumular reservas, pero tenían una mala consecuencia: había una demanda global insuficiente. Medio billón de dólares, o más, se destinaba anualmente a esas reservas en los años anteriores a la crisis. Durante un tiempo, Estados Unidos había acudido al rescate con un consumo irresponsable basado en el endeudamiento, gastando mucho más que sus posibilidades. Se convirtió en el consumidor mundial de último recurso. Pero eso no era sostenible.

*La crisis global*

La crisis rápidamente se volvió global, y no es de extrañar, ya que casi una cuarta parte de las hipotecas estadounidenses había ido a parar al extranjero[23]. Involuntariamente, eso ayudó a Estados Unidos: si las instituciones extranjeras no hubieran comprado una parte tan grande de sus instrumentos y de su endeudamiento tóxicos, la situación aquí podría haber sido mucho peor[24]. Pero antes Estados Unidos había exportado su filosofía desreguladora (y sin eso, puede que los extranjeros no hubieran comprado tal cantidad de sus hipotecas tóxicas)[25]. Al final, Estados Unidos también exportó su recesión. Por supuesto, éste fue sólo uno de los varios canales a través de los que la crisis estadounidense se hizo global: la economía estadounidense sigue siendo la mayor del mundo, y es difícil que un desplome de esta magnitud no tenga un impacto global. Por añadidura, los mercados financieros mundiales están íntimamente interrelacionados, lo que queda de manifiesto por el hecho de que dos de los tres mayores beneficiarios del rescate de AIG por el gobierno estadounidense fueran bancos extranjeros.

Al principio, mucha gente en Europa hablaba de desvinculación, de que allí serían capaces de mantener el crecimiento de sus economías incluso si Estados Unidos entraba en declive: el crecimiento en Asia les salvaría de una recesión. Debería haber resultado evidente que también esto no eran más que buenos deseos. Las economías de Asia siguen siendo todavía demasiado pequeñas (el consumo total de Asia es sólo el 40 por ciento del de Estados Unidos)[26], y su crecimiento depende fuertemente de las exportaciones a Estados Unidos. Incluso después de un estímulo masivo, el crecimiento de China en 2009 ha sido entre un 3 y un 4 por ciento menor que antes de la crisis. El mundo está demasiado interrelacionado; una crisis económica en Estados Unidos no podía sino conducir a un estancamiento global. (Hay una asimetría: debido al inmenso mercado interno de Asia, no plenamente explotado, ésta podría volver a un crecimiento sólido aunque Estados Unidos y Europa sigan débiles, una cuestión sobre la que volveré en el Capítulo 8).

Mientras las instituciones financieras europeas sufrían las consecuencias de comprar hipotecas tóxicas y de las arriesgadas apuestas que habían hecho con los bancos estadounidenses, numerosos países europeos tenían que lidiar con problemas que ellos mismos habían creado. También España había permitido que se desarrollara una enorme burbuja en el sector de la vivienda, y actualmente está padeciendo un hundimiento casi total de su mercado inmobiliario. Sin embargo, a diferencia de Estados Unidos, las fuertes regulaciones bancarias de España han permitido que sus bancos soporten un trauma mucho mayor con mejores resultados (aunque, lo que no es de extrañar, en conjunto su economía ha sufrido un impacto mucho mayor).

También el Reino Unido sucumbió a una burbuja inmobiliaria. Pero, lo que es peor, bajo la influencia del centro financiero de Londres, un importante núcleo financiero, cayó en la trampa de la «carrera hasta el fondo», intentando hacer todo lo posible para atraer negocios financieros. La normativa «flexible» no funcionó en aquel país mejor que en Estados Unidos. Dado que los británicos habían permitido que el sector financiero asumiera un papel mayor en su economía, el coste de los rescates fue (proporcionalmente) aún mayor. Al igual que en Estados Unidos, se desarrolló una cultura de elevados salarios y primas. Pero por lo menos los británicos comprendieron que si uno da dinero de los contribuyentes a los bancos, tiene que hacer todo lo posible para asegurarse que lo emplean para los propósitos a los que se destinan —para más créditos, no para primas y dividendos—. Y por lo menos en el Reino Unido había cierta conciencia de que debían asumirse responsabilidades —se sustituyó a los directores de los bancos rescatados— y el gobierno británico exigió que los contribuyentes recibieran una justa contrapartida a cambio de los rescates, no como los rescates tanto de la administración de Obama como de la de Bush, que fueron regalados[27].

Islandia es un estupendo ejemplo de lo que puede salir mal cuando una economía pequeña y abierta adopta ciegamente el *mantra* de la desregulación. Su población, con un elevado nivel de educación, trabajaba duro y estaba a la vanguardia de la tecnología moderna. Había superado los inconvenientes de una situación geográfica remota, de un clima duro y del agotamiento de las pesquerías —una de sus tradicionales fuentes de ingresos— hasta generar una renta per cápita de 40.000 dólares. Hoy, el imprudente comportamiento de sus bancos ha puesto en peligro el futuro del país.

Yo había visitado Islandia varias veces a principios de esta década, y advertí de los riesgos de sus políticas de liberalización[28]. Este país de 300.000 habitantes tenía tres bancos que recibieron depósitos y compraron activos por un valor total de 176.000 millones de dólares, once veces el PIB del país[29]. Con el espectacular hundimiento del sistema bancario islandés en otoño de 2008, Islandia se convirtió en el primer país desarrollado que solicitaba ayuda al FMI en más de treinta años[30]. Los bancos de Islandia habían asumido, al igual que los bancos de otras partes del mundo, un alto endeudamiento y elevados riesgos. Cuando los mercados financieros se dieron cuenta del riesgo y empezaron a retirar dinero, esos bancos (y sobre todo el Landsbanki) intentaron atraer dinero de los depositantes del Reino Unido y de los Países Bajos ofreciendo cuentas *Icesaver* con altos rendimientos. Los depositantes pensaron insensatamente que se trataba de una «barra libre»: podían conseguir rentabilidades más altas sin riesgo. Tal vez pensaron, también insensatamente, que sus propios gobiernos estaban cumpliendo con su tarea reguladora. Pero, como en todas partes, los reguladores habían asumido en su mayoría que los mercados cuidarían de sí mismos. Tomar dinero prestado de los depositantes sólo pospuso el día del ajuste de cuentas. Islandia no podía permitirse inundar con cientos de miles de millones de dólares sus debilitados bancos. A medida que esta realidad iba siendo evidente para quienes habían aportado fondos al banco, era sólo cuestión de tiempo que hubiera una retirada masiva de fondos del sistema bancario; el revuelo mundial posterior a la quiebra de Lehman Brothers precipitó lo que en cualquier caso habría sido inevitable. A diferencia de Estados Unidos, el gobierno de Islandia sabía que no podía acudir al rescate de los obligacionistas ni de los accionistas. Las únicas cuestiones eran si el gobierno islandés rescataría a la empresa islandesa que había asegurado a los depositantes, y cómo sería de generoso con los depositantes extranjeros. El Reino Unido empleó medidas de fuerza —llegando a congelar activos islandeses utilizando la legislación antiterrorista— y cuando Islandia acudió al FMI y a los países nórdicos para pedir ayuda, éstos insistieron en que los contribuyentes islandeses rescataran a los depositantes británicos y holandeses incluso por encima de las cantidades por las que habían sido asegurados sus depósitos. En una nueva visita que realicé a Islandia en septiembre de 2009, casi un año después, el enfado era palpable. ¿Por qué había que obligar a los contribuyentes de Islandia a pagar la quiebra de un banco privado, sobre todo cuando los reguladores extranjeros no habían hecho bien su trabajo de proteger a sus propios ciudadanos? Una idea ampliamente compartida sobre la fuerte respuesta de los gobiernos europeos era que Islandia había puesto en evidencia un defecto fundamental en la integración europea: «el mercado único» significaba que cualquier banco europeo podía operar en cualquier país. La responsabilidad de la regulación se dejaba en manos del país «de origen». Pero si el país de origen omitía hacer su trabajo, los ciudadanos de otros países podían perder miles de millones de dólares. Europa no quiso pensar en ello y en sus profundas implicaciones; lo mejor era simplemente que Islandia se hiciera cargo de la factura, una cantidad que algunos cifran en hasta el 100 por ciento del PIB del país[31].

A medida que la crisis empeoraba en Estados Unidos y en Europa, otros países de todo el mundo sufrían el colapso de la demanda global. Los países en vías de desarrollo lo padecieron especialmente, ya que las remesas (las transferencias de dinero de familiares en los países desarrollados) disminuyeron, y el capital que había fluido hacia esos países se redujo enormemente —y en algunos casos se invirtió—. Mientras que la crisis de Estados Unidos empezó en el sector financiero y posteriormente se extendió al resto de la economía, en muchos países en vías de desarrollo —incluidos aquéllos donde la regulación financiera es mucho mejor que en Estados Unidos— los problemas de la «economía real» eran tan grandes que acabaron por afectar al sector financiero. La crisis se extendió tan rápidamente en parte debido a las políticas, especialmente de liberalización del mercado de capitales y financiero, que el FMI y el Tesoro estadounidense les habían endosado a esos países —basadas en la misma ideología de libre mercado que había metido en problemas a Estados Unidos[32]—. Pero mientras que incluso Estados Unidos tiene dificultades para afrontar los billones de dólares en rescates y en estímulos, las correspondientes medidas por parte de los países más pobres están mucho más allá de su alcance.

*El cuadro general*

Hay una verdad más importante que subyace a todos estos síntomas de disfunción: la economía mundial está sometida a movimientos sísmicos. La Gran Depresión coincidió con el declive de la agricultura estadounidense; de hecho, los precios agrícolas estaban bajando incluso antes del gran crac de la bolsa en 1929. Los aumentos en la productividad agrícola eran tan grandes que un pequeño porcentaje de la población podía producir todos los alimentos que podía consumir el país. La transición desde una economía basada en la agricultura a una en la que predominaban las manufacturas no fue fácil. De hecho, la economía sólo volvió a crecer cuando el *New Deal* hizo su efecto y la II Guerra Mundial puso a la gente a trabajar en las fábricas.

Actualmente, la tendencia subyacente en Estados Unidos es apartarse de las manufacturas hacia el sector servicios. Como anteriormente, eso en parte se debe al éxito en el aumento de la productividad en el sector industrial, de modo que una pequeña parte de la población puede producir todos los juguetes, coches y televisores que puede comprar incluso la sociedad más materialista y despilfarradora. Pero en Estados Unidos y en Europa, hay una dimensión adicional: la globalización, que ha traído consigo un desplazamiento en la ubicación de la producción, y una ventaja comparativa de China, de India y de otros países en vías de desarrollo.

Acompañando a este ajuste «microeconómico» hay una serie de desequilibrios macroeconómicos: pese a que Estados Unidos debería estar ahorrando para la jubilación de la población nacida durante el *baby boom*, que va envejeciendo, ha estado viviendo por encima de sus posibilidades, lo que ha sido financiado en gran medida por China y otros países en vías de desarrollo, que han producido más de lo que han consumido. Pese a que es normal que unos países presten dinero a otros —unos para tener un déficit comercial, otros para tener superávit— la pauta, en la que los países pobres prestan a los ricos, es peculiar, y la magnitud de los déficits parece insostenible. A medida que los países se van endeudando más y más, los prestamistas pueden perder la confianza en que los prestatarios puedan devolver la deuda —y eso puede ser cierto incluso en el caso de un país rico como Estados Unidos—. Devolver la salud a la economía estadounidense y mundial exigirá la reestructuración de las economías para que reflejen la nueva teoría económica y para corregir estos desequilibrios globales.

No podemos regresar adonde estábamos antes de que se rompiera la burbuja en 2007. Ni deberíamos aspirar a ello. Había multitud de problemas en aquella economía, como acabamos de ver. Por supuesto, existe la posibilidad de que alguna nueva burbuja sustituya a la burbuja de la vivienda, de la misma forma que la burbuja inmobiliaria sustituyó a la burbuja tecnológica. Pero una «solución» de ese tipo sólo pospondría el momento de hacer balance. Cualquier nueva burbuja podría implicar peligros: la burbuja del petróleo contribuyó a llevar a la economía al borde del abismo. Cuanto más tardemos en afrontar los problemas subyacentes, más tiempo pasará antes de que el mundo regrese a un crecimiento sólido.

Hay un sencillo test para saber si Estados Unidos ha dado los pasos suficientes para asegurarse de que no habrá otra crisis: si las reformas propuestas hubieran estado vigentes, ¿habría podido evitarse la crisis actual? ¿Se habría producido de todas formas? Por ejemplo, otorgar más poder a la Reserva Federal es esencial en la reforma reguladora propuesta por Obama. Pero cuando empezó la crisis, la Reserva Federal tenía más poderes que antes. En prácticamente cualquier interpretación de la crisis, la Reserva Federal estaba en el centro de la creación de esta burbuja y de la anterior. Puede que el presidente de la Reserva Federal haya aprendido la lección. Pero vivimos en un país de leyes, no de personas: ¿deberíamos tener un sistema que exija que primero se incendie la Reserva Federal para garantizar que no se prenda otro incendio? ¿Podemos tener confianza en un sistema que depende de una forma tan precaria de la filosofía o de la forma de entender la economía de una persona, o incluso de los siete miembros del Consejo de Gobernadores de la Reserva Federal? En el momento de la impresión de este libro está claro que las reformas no han llegado lo suficientemente lejos.

No podemos esperar hasta *después de la crisis*. De hecho, la forma en que hemos estado enfrentándonos *con* la crisis puede que esté haciendo más difícil encarar todos estos problemas más profundos. El capítulo siguiente esboza lo que deberíamos haber hecho para afrontar la crisis y por qué lo que hemos hecho se ha quedado muy corto.

# Capítulo 2

## La caída libre y sus repercusiones

En octubre de 2008 la economía estadounidense estaba en caída libre, a punto de arrastrar con ella a gran parte de la economía mundial. En Estados Unidos ya habíamos tenido cracs en los mercados bursátiles, restricciones del crédito, desplomes de los precios de la vivienda y ajustes de inventarios. Pero desde la Gran Depresión nunca se habían producido todas estas cosas a la vez. Y nunca antes los nubarrones de tormenta se habían desplazado tan rápidamente a través de los océanos Atlántico y Pacífico, ganando fuerza a medida que avanzaban. Pero mientras que todo parecía derrumbarse al mismo tiempo, había un origen común: la imprudente política crediticia del sector financiero, que había alimentado la burbuja de la vivienda, burbuja que al final estalló. Lo que se estaba desarrollando eran las predecibles y predichas consecuencias de la ruptura de la burbuja. Ese tipo de burbujas y sus repercusiones son tan antiguas como el propio capitalismo y la banca. Sólo que Estados Unidos había estado a salvo de ese tipo de burbujas durante décadas después de la Gran Depresión debido a la normativa que había establecido el gobierno después de aquel trauma. Una vez que se impuso la desregulación, era sólo cuestión de tiempo que regresaran esos horrores del pasado. Las denominadas innovaciones financieras simplemente habían permitido que la burbuja se hiciera más grande antes de estallar, y había hecho más difícil resolver los problemas después de que estallara[1].

La necesidad de medidas drásticas estaba clara en una fecha tan temprana como agosto de 2007. Aquel mes la diferencia entre los tipos de interés interbancario (el tipo de interés al que los bancos se prestan dinero unos a otros) y los bonos del Tesoro (el tipo de interés al que el gobierno puede pedir prestado) se elevó drásticamente. En una economía «normal», los dos tipos de interés difieren poco. Una diferencia grande significa que los bancos no se fiaban unos de otros. Los mercados crediticios corrían el riesgo de congelarse, y con razón. Cada uno de ellos conocía los enormes riesgos que afrontaba en su propio balance, a medida que se malograban las hipotecas que tenían en su poder y que crecía otro tipo de pérdidas. Sabían lo precaria que era su propia situación, y sólo podían adivinar lo precaria que era la posición de los otros bancos.

El colapso de la burbuja y las dificultades de crédito tuvieron consecuencias inevitables. No se iban a sentir de un día para otro; harían falta meses, pero nada podía detener el proceso, por muchos buenos propósitos que tuvieran. La economía se ralentizó. A medida que se ralentizaba la economía, aumentó el número de hipotecas ejecutadas. Los problemas en el sector inmobiliario salieron a flote primero en el mercado de alto riesgo, pero enseguida se manifestaron en otras áreas. Si los estadounidenses no lograban cumplir con los pagos de sus viviendas, también iban a tener problemas para cumplir con los pagos de sus tarjetas de crédito. Con unos precios inmobiliarios en declive, era sólo cuestión de tiempo que aparecieran los problemas en el sector inmobiliario residencial y comercial de alta calidad. A medida que se contraía el gasto de los consumidores, era inevitable que muchas empresas fueran a la quiebra (y eso significaba que también iba a aumentar la tasa de impago de los créditos comerciales).

El presidente Bush había sostenido que sólo había una pequeña sacudida en el mercado de la vivienda, y que pocos propietarios se verían perjudicados. A medida que el mercado de la vivienda alcanzaba su mínimo en catorce años, Bush tranquilizaba a la nación el 17 de octubre de 2007: «Tengo buenas vibraciones sobre muchos de los indicadores económicos aquí en Estados Unidos». El 13 de noviembre, afirmó de forma tranquilizadora: «Los fundamentos de nuestra economía son sólidos, y somos una economía resistente». Pero la situación en los sectores bancario e inmobiliario siguió empeorando. Cuando la economía entró en recesión, en diciembre de 2007, Bush empezó a admitir que podía haber un problema. «Hay indudablemente algunas nubes de tormenta y preocupación, pero el fundamento es bueno»[2].

A medida que aumentaban las llamadas a la acción por parte de los economistas y del sector empresarial, el presidente Bush recurrió a su remedio habitual para todas las dolencias económicas y aprobó una reducción de impuestos de 168.000 millones de dólares en febrero de 2008. La mayoría de los economistas keynesianos predijeron que la medicina no tendría efecto. Los estadounidenses estaban cargados de deudas y padecían una tremenda angustia, así que ¿por qué iban a gastar, en vez de ahorrar, la pequeña bajada de impuestos? De hecho, ahorraron más de la mitad, lo que contribuyó muy poco a estimular una economía ya ralentizada[3].

Sin embargo, aunque el presidente apoyó una bajada de impuestos, se negó a creer que la economía se dirigía hacia una recesión. De hecho, incluso cuando el país ya llevaba un par de meses en recesión, Bush se negó a admitirlo, y declaraba el 28 de febrero de 2008: «No creo que nos dirijamos hacia una recesión». Cuando, poco después, los responsables de la Reserva Federal y del Tesoro promovieron el matrimonio forzoso del gigante de la inversión Bear Stearns con JPMorgan Chase por el módico precio de dos dólares por acción (posteriormente modificado a diez dólares por acción), estaba claro que el estallido de la burbuja había provocado algo más que una sacudida en la economía[4].

Cuando Lehman Brothers tuvo que declararse en quiebra en septiembre de ese mismo año, esos mismos responsables cambiaron abruptamente de rumbo y permitieron que el banco quebrara, poniendo en marcha a su vez una cadena de rescates por valor de varios miles de millones de dólares. Después de eso, ya era imposible ignorar la recesión. Pero la quiebra de Lehman Brothers fue la consecuencia del desplome económico, no su causa; aceleró un proceso que ya iba a toda marcha.

A pesar del aumento en la destrucción de empleo (en los primeros nueve meses de 2008 se perdieron aproximadamente 1,8 millones de empleos, y 6,1 millones de estadounidenses trabajaban a tiempo parcial porque no conseguían encontrar un empleo a tiempo completo) y pese a una disminución del 24 por ciento del índice medio de Dow Jones desde enero de 2008, el presidente Bush y sus asesores insistían en que las cosas no estaban tan mal como parecía. Bush afirmó en un discurso el 10 de octubre de 2008: «Sabemos cuáles son los problemas, tenemos las herramientas que necesitamos para arreglarlos, y estamos trabajando con rapidez para conseguirlo».

Pero, de hecho, la administración Bush recurrió a un abanico limitado de herramientas —e incluso así no consiguieron averiguar cómo hacer que funcionaran—. La administración se negó a ayudar a los propietarios de viviendas, se negó a ayudar a los desempleados, y se negó a estimular la economía a través de medidas estándar (aumentar el gasto, o incluso su «instrumento favorito», más bajadas de impuestos). La administración se centró en inyectar dinero a los bancos, pero fracasó en su esfuerzo de diseñar una forma eficaz de hacerlo, una forma que restableciera rápidamente el crédito.

Después de la caída de Lehman Brothers, de la nacionalización de Fannie Mae y Freddie Mac y del rescate de AIG, Bush se apresuró a ayudar a los bancos con un rescate masivo de 700.000 millones de dólares, bajo un programa eufemísticamente denominado «Troubled Asset Relief Program» (TARP) [Programa de Alivio de Activos Depreciados]. La política de Bush, en otoño de 2008, de ayudar a los bancos pero ignorando a los millones de hogares cuyas hipotecas iban a ejecutarse fue algo parecido a hacer una transfusión masiva de sangre a un paciente que se está muriendo por una hemorragia interna. Debería haber resultado obvio: a menos que se hiciera algo con la economía subyacente, y con el aluvión de hipotecas que se estaban ejecutando, inundar de dinero los bancos puede que no consiguiera salvarlos. Como mucho, la inyección de liquidez sería un paliativo temporal. Un rescate siguió a otro, e incluso un mismo banco (como el Citibank, a la sazón el mayor banco de Estados Unidos) tuvo que ser rescatado más de una vez[5].

## El debate sobre la recuperación y la campaña presidencial

A medida que se aproximaban las elecciones presidenciales de noviembre de 2008, casi todo el mundo tenía claro (salvo, evidentemente, el presidente Bush) que había que hacer más para sacar a la economía de la recesión. La administración esperaba que, aparte de los rescates de los bancos, serían suficientes unos bajos tipos de interés. Si las políticas monetarias erróneas probablemente desempeñaron un papel importante en la aparición de la Gran Recesión, dichas políticas no iban a sacar al país de ella. John Maynard Keynes explicó una vez la impotencia de la política monetaria en una recesión comparándola con empujar una cuerda. Cuando las ventas caen en picado, bajar el tipo de interés del 2 por ciento al 1 por ciento no induce a las empresas a construir una nueva fábrica o a comprar maquinaria nueva. El exceso de capacidad habitualmente aumenta sensiblemente a medida que la recesión cobra fuerza. Dadas estas incertidumbres, incluso una tasa de interés de cero puede que no consiga resucitar la economía. Por añadidura, el banco central puede bajar el tipo de interés que paga el gobierno, pero no establece el tipo de interés que pagan las empresas, y ni siquiera determina si los bancos estarán dispuestos o no a prestar dinero. Lo más que cabría esperar de la política monetaria es que no empeore las cosas (como habían hecho la Reserva Federal y el Tesoro en su mala gestión de la quiebra de Lehman Brothers).

Ambos candidatos presidenciales, Barack Obama y John McCain, estaban de acuerdo en que era necesaria una estrategia de tres frentes: detener la marea de hipotecas basura, estimular la economía y resucitar a la banca. Pero estaban en desacuerdo sobre lo que debía hacerse en cada área. Volvieron a aparecer muchas de las viejas batallas económicas, ideológicas y distributivas que se habían librado a lo largo del último cuarto de siglo. El estímulo propuesto por McCain se centraba en una bajada de impuestos que animara el consumo. El plan de Obama instaba a un aumento del gasto público y especialmente de las inversiones, incluidas las «inversiones verdes» que ayudaran al medio ambiente[6]. McCain tenía una estrategia para afrontar las ejecuciones de hipotecas —el gobierno debía, efectivamente, hacerse cargo de las pérdidas de los bancos debido a una mala política crediticia—. En esta área, McCain era el que estaba dispuesto a gastar más; el programa de Obama era más modesto, pero se centraba en ayudar a los propietarios de viviendas. Ninguno de los candidatos tenía una visión clara de qué hacer con los bancos, y ambos temían «sacar de quicio» a los mercados insinuando siquiera una crítica a los esfuerzos de rescate del presidente Bush.

Curiosamente, a veces McCain adoptaba una postura más populista que Obama, y parecía más dispuesto a criticar la escandalosa conducta de Wall Street. Pudo hacerlo impunemente: los republicanos eran conocidos como el partido de las grandes empresas, y McCain tenía una reputación de iconoclasta. Obama, al igual que anteriormente Bill Clinton, se esforzó por distanciarse de la reputación antiempresarial de los viejos demócratas, aunque durante las elecciones primarias pronunció un enérgico discurso en Cooper Union explicando por qué había llegado la hora de una mejor regulación[7].

Ninguno de los dos candidatos quería arriesgarse a ahondar en las causas más profundas de la crisis. Criticar la codicia de Wall Street podía ser aceptable, pero discutir los problemas del gobierno corporativo que dieron lugar a unas estructuras de incentivos defectuosas, y que a su vez fomentaron los malos comportamientos, habría resultado demasiado técnico. Hablar del sufrimiento de los estadounidenses corrientes era aceptable, pero al relacionarlo con la insuficiencia de la demanda agregada se corría el riesgo de ir más allá del imperativo estándar de las campañas, que recomienda «mantener un discurso simple». Obama propugnaba reforzar el derecho a sindicarse, pero sólo como un derecho básico, no como parte de una estrategia que pudiera estar ligada a la recuperación económica, o incluso al objetivo más modesto de reducir la desigualdad.

Cuando el nuevo presidente asumió el cargo, hubo un suspiro de alivio colectivo. Por fin iba a hacerse *algo*. En los capítulos siguientes examinaré a lo que se enfrentaba la administración Obama cuando llegó al poder, cómo respondió a la crisis, y lo que debería haber hecho para poner en marcha la economía y para evitar que se produjera otra crisis. Intentaré explicar por qué los responsables de la política asumieron determinados enfoques, incluyendo lo que pensaban o esperaban que pudiera ocurrir. En última instancia, el equipo de Obama optó por una estrategia *conservadora*, una estrategia que yo describo como «salir del paso». Se trataba, tal vez contra lo que pudiera intuirse, de una estrategia enormemente arriesgada. Algunos de los riesgos ocultos implícitos en el plan del presidente Obama pueden hacerse evidentes incluso cuando se publique este libro; otros se pondrán de manifiesto sólo a lo largo de los años. Pero la pregunta sigue ahí: ¿por qué Obama y sus asesores optaron por salir del paso?

La evolución de la economía

Determinar lo que hay que hacer en una economía en caída libre no es fácil. Saber que cualquier crisis económica llega a su fin es de poco consuelo.

El estallido de la burbuja de la vivienda a mediados de 2007 condujo —como yo y otros habíamos predicho— a la recesión poco tiempo después. Aunque las condiciones del crédito habían sido malas incluso antes de la quiebra de Lehman Brothers, posteriormente empeoraron. Las empresas, ante unos elevados costes del crédito —si es que conseguían crédito en absoluto— y unos mercados en declive, reaccionaron rápidamente reduciendo sus inventarios. Los pedidos cayeron abruptamente —de forma muy desproporcionada respecto a la caída del PIB— y los países que dependían de bienes de inversión y duraderos, gastos que podían posponerse, recibieron un impacto particularmente fuerte. (Desde mediados de 2008 a mediados de 2009, Japón vio caer sus exportaciones en un 35,7 por ciento, y Alemania en un 22,3 por ciento)[8]. La mejor apuesta era que los «brotes verdes» que se vieron en la primavera de 2009 indicaban una recuperación en las áreas más duramente golpeadas a finales de 2008 y principios de 2009, incluyendo una reposición de algunos de los inventarios que se habían reducido excesivamente.

Una observación detallada de los fundamentos que había heredado Obama al asumir el cargo le habría llevado a ser profundamente pesimista: se estaban ejecutando las hipotecas contra millones de hogares, y en muchas partes del país los precios inmobiliarios seguían bajando. Eso significaba que varios millones de hipotecas de viviendas estaban «sumergidas», es decir que tenían más valor que la vivienda (futuras candidatas para la ejecución). El desempleo iba en aumento, y cientos de miles de personas habían llegado al final de las prestaciones por desempleo, recientemente prorrogadas. Los estados se veían obligados a despedir a trabajadores a medida que caían en picado los ingresos por impuestos[9]. El gasto del gobierno, amparado por el decreto de estímulo, que fue uno de los primeros éxitos de Obama, fue de alguna ayuda, pero sólo para evitar que las cosas empeoraran.

A los bancos se les permitía pedir prestado dinero barato de la Reserva Federal, sobre la base de garantías de escaso valor, y asumir posiciones arriesgadas. Algunos bancos registraron ganancias en la primera mitad de 2009, en su mayoría basadas en beneficios de contabilidad y negociación en bolsa (léase: especulación). Pero ese tipo de especulación no iba a poner en marcha de nuevo la economía rápidamente. Y si las apuestas realizadas no salían bien, el coste para el contribuyente estadounidense sería aún mayor.

Aprovechando esos fondos a bajo coste, y prestándolos a unos tipos de interés mucho más altos —la reducción en la competencia en el sector bancario significaba que tenían más capacidad de elevar los tipos de interés de los créditos— los bancos se recapitalizarían gradualmente, siempre y cuando antes no se vieran desbordados por las pérdidas derivadas de las hipotecas, de la propiedad inmobiliaria comercial, de los créditos a las empresas y de las tarjetas de crédito. Si no ocurría nada problemático, puede que los bancos salieran del apuro sin otra crisis. En unos años (o eso se esperaba), los bancos estarían en mejores condiciones y la economía volvería a la normalidad. Naturalmente, los elevados tipos de interés que cobraban los bancos mientras se esforzaban por recapitalizarse dificultarían la recuperación, pero eso era parte del precio que había que pagar para evitar debates políticos desagradables.

Los bancos (incluidos muchos de los bancos pequeños, de los que dependen para su financiación muchísimas pequeñas y medianas empresas) afrontaban tensiones en casi todas las categorías del crédito —propiedad inmobiliaria comercial y residencial, tarjetas de crédito, créditos al consumo y comerciales—. En la primavera de 2009, la administración sometió a los bancos a una prueba de resistencia (que en realidad no era demasiado estricta) para ver cómo soportarían un periodo con un desempleo más alto y unos precios inmobiliarios en declive[10]. Pero incluso si los bancos gozaban de buena salud, el proceso de desendeudamiento —reducir la deuda omnipresente en la economía— hacía probable que la economía siguiera débil por un periodo prolongado de tiempo. Los bancos habían tomado su pequeña cantidad de fondos propios (su «capital» o «riqueza neta» básicos) y habían pedido prestadas grandes cantidades de dinero con esa garantía, para tener una base de activos más amplia —en ocasiones treinta veces mayor que su capital—. Los propietarios de viviendas también habían pedido prestado mucho dinero con el poco capital que tenían en sus hogares. Estaba claro que había demasiada deuda apoyada en demasiado poco capital, y había que reducir los niveles de endeudamiento. Eso ya iba a ser muy difícil de por sí. Pero mientras eso ocurría, los precios de los activos, que habían sido sostenidos por todo lo que se había pedido en préstamo, probablemente disminuirían. La pérdida de riqueza provocaría tensiones en muchas partes de la economía; habría quiebras, pero incluso las empresas o las personas que no estuvieran en quiebra recortarían sus gastos.

Naturalmente, era posible que los estadounidenses siguieran viviendo como antes, con cero ahorros, pero apostar por ello era una imprudencia, y los datos que mostraban que la tasa de ahorro había subido al 5 por ciento de los ingresos de las economías domésticas sugerían lo contrario[11]. Una economía débil significaba, con mucha probabilidad, más pérdidas de los bancos.

Algunos esperaban que las exportaciones podrían salvar a la economía estadounidense ya que éstas habían ayudado a suavizar el declive durante 2008. Pero en un mundo globalizado, los problemas en una parte del sistema rápidamente repercuten en otras partes. La crisis de 2008 fue un desplome global simultáneo. Eso significaba que era poco probable que Estados Unidos consiguiera salir de ella a través de las exportaciones, como había hecho Asia oriental hacía una década.

Cuando Estados Unidos entró en la primera guerra del Golfo en 1990, el general Colin Powell enunció lo que pasó a llamarse la doctrina Powell, uno de cuyos elementos consistía en atacar con una fuerza decisiva. Debería haber algo análogo en teoría económica, tal vez la doctrina Krugman-Stiglitz. Cuando una economía está débil, muy débil, como parecía estarlo la economía mundial a principios de 2009, hay que atacar con una fuerza arrolladora. Un gobierno siempre puede reservar la munición extra si la tiene lista para gastar, pero no tener lista la munición puede tener efectos a largo plazo. Atacar el problema con insuficiente munición fue una estrategia peligrosa, especialmente a medida que resultaba cada vez más claro que la administración Obama había subestimado la fuerza de la crisis, incluido el aumento del desempleo. Y lo que es peor, mientras la administración proseguía con su apoyo aparentemente ilimitado a los bancos, no parecía tener una visión para el futuro de la economía estadounidense y su maltrecho sector financiero.

## VISIÓN

El *New Deal* de Franklin Roosevelt había dado forma a la vida económica en Estados Unidos durante medio siglo, hasta que olvidamos las lecciones de la Gran Depresión. En 2008, con un sistema financiero hecho jirones y con una economía que estaba experimentado una violenta transformación, necesitábamos una idea clara de qué tipo de mercados financieros y de economía queríamos que surgieran de la crisis. Nuestras acciones podían afectar, o iban a hacerlo, a la situación de nuestra economía en las décadas sucesivas. Necesitábamos una nueva visión no sólo porque nuestro antiguo modelo había fracasado, sino también porque habíamos aprendido con gran dolor que los postulados en que se basaba el antiguo modelo estaban equivocados. El mundo estaba cambiando, y nosotros no manteníamos el paso.

Uno de los grandes méritos de Obama fue generar una sensación de esperanza, un *sentimiento* sobre el futuro y sobre la posibilidad de cambio. Y sin embargo, en un sentido no fundamental, «Obama sin drama»* fue conservador: no ofreció una visión alternativa del capitalismo. Aparte del discurso, merecidamente célebre, en Cooper Union mencionado anteriormente, y de sumar su voz al coro de críticas contra las primas de los rescates, Obama tenía poco que decir sobre el nuevo sistema financiero que podría surgir de las cenizas del desastre, o sobre cómo podría funcionar ese sistema.

Lo que sí ofreció fue un plan más amplio y pragmático para el futuro —ambiciosos programas para arreglar los sectores de la asistencia sanitaria, de la educación y de la energía de Estados Unidos— y un intento al estilo de Reagan de cambiar el estado de ánimo del país desde la desesperación a la esperanza, en unos momentos en que la desesperación era la consecuencia natural de una serie aparentemente interminable de malas noticias económicas. Además, Obama tenía otra visión, la de un país menos

---

* «*No drama Obama*» en el original, expresión acuñada por la prensa durante la campaña presidencial de 2008 *(N. de los T.)*.

dividido de lo que había estado con George W. Bush, y menos polarizado por divisiones ideológicas. Es posible que el nuevo presidente evitara cualquier discusión en profundidad sobre lo que se había hecho mal en la economía estadounidense —en especial los errores cometidos por miembros del sector financiero— porque temía que al hacerlo provocara un conflicto en un momento en que necesitábamos unidad. ¿Una discusión exhaustiva podía conducir a la cohesión social, o exacerbaría el conflicto social? Si, como argumentaban algunos observadores, la economía y la sociedad habían sufrido sólo un rasguño leve, puede que lo mejor fuera dejar que se curaran solos. No obstante, el riesgo era que los problemas fueran más bien como heridas supurantes que sólo podían sanarse exponiéndolas a los efectos antisépticos de la luz del sol.

Aunque los riesgos de formular una visión estaban claros, también lo estaban los riesgos de no tener ninguna. Sin una visión, todo el proceso de «reforma» podría ser absorbido por los responsables del sector financiero, dejando al país con un sistema financiero que sería incluso más frágil que el que había fracasado, y menos capaz de gestionar el riesgo y de aportar fondos de forma eficiente adonde deberían ir. Necesitábamos que fluyera más dinero a los sectores de alta tecnología de Estados Unidos, para crear nuevas empresas y expandir las existentes. Habíamos estado canalizando demasiado dinero hacia la propiedad inmobiliaria, demasiado dinero para personas que no podrían devolverlo. Se suponía que el sector financiero tenía que garantizar que los fondos fueran allí donde la rentabilidad para la sociedad fuera más alta. Había fracasado a todas luces.

El sector financiero tenía su propia visión, centrada en más beneficios, y, en la medida de lo posible, en volver al mundo tal y como era antes de 2007. Las empresas financieras habían llegado a ver su negocio como un fin en sí mismo, y se enorgullecían de su tamaño y de su rentabilidad. Pero un sistema financiero debería ser un medio para un fin, no un fin en sí mismo. Los beneficios de un sector financiero sobredimensionado pueden obtenerse a costa de la prosperidad y de la eficiencia del resto de la economía. Era necesario reducir el tamaño de un sector financiero sobredimensionado, si bien algunas partes de él, como las que prestan dinero a las pequeñas y medianas empresas, pudieran salir fortalecidas.

Además, la administración Obama no tenía (o por lo menos no formuló) un punto de vista claro de por qué había fracasado el sistema financiero estadounidense. Sin una visión de futuro ni una comprensión de los fracasos del pasado, la reacción de la administración fue vacilante. Al principio, ofreció poco más que los habituales tópicos sobre una mejor regulación y una banca más responsable. En vez de rediseñar el sistema, la administración gastó gran parte del dinero en reforzar el sistema existente, fracasado. Las instituciones «demasiado grandes para quebrar» recurrieron reiteradamente al gobierno para que las rescatara, pero el dinero público que fluía hacia los grandes bancos que estaban en el centro de los fracasos en realidad reforzó la parte del sistema que se había metido en problemas en repetidas ocasiones. Al mismo tiempo, el gobierno no estaba gastando proporcionalmente lo mismo para reforzar a aquellas partes del sector financiero que estaban proporcionando capital a las partes dinámicas de la economía, a nuevas iniciativas y a las pequeñas y medianas empresas.

## LA GRAN APUESTA: EL DINERO Y LA EQUIDAD

Algunos podrían calificar el enfoque de la administración Obama de pragmático, un compromiso realista con las fuerzas políticas existentes, incluso un enfoque sensato para arreglar la economía.

Obama se enfrentaba con un dilema en los días posteriores a su elección. Quería apaciguar los ánimos de Wall Street, pero necesitaba afrontar sus fallos fundamentales y abordar las preocupaciones de Estados Unidos. Empezó con buen pie: casi todo el mundo quería que tuviera éxito. Pero debería haber sabido que no se puede contentar a todo el mundo en medio de una importante guerra económica entre Wall Street y la gente de la calle. El presidente estaba entre dos frentes.

Durante los años de Clinton, estas tensiones apenas estaban latentes por debajo de la superficie. Clinton había nombrado diversos asesores económicos, con Robert Reich, su viejo amigo de sus años de Oxford, a la izquierda (como secretario de Trabajo); Robert Rubin y Larry Summers a la derecha; y Alan Blinder, Laura Tyson y yo, en el Consejo de Asesores Económicos, en el centro. Era verdaderamente un gobierno que reflejaba unos conjuntos de ideas antagónicas, y los debates eran intensos, aunque en su mayoría civilizados.

Libramos batallas sobre prioridades —decidir si concentrarnos en la reducción del déficit o en la inversión y en la atención a las necesidades básicas (la reforma de la seguridad social y la reforma de la asistencia sanitaria que ampliara la prestación de atención)—. Aunque yo siempre creí que el corazón de Clinton estaba con la izquierda y el centro, las realidades de la política y del dinero condujeron a diferentes resultados: la derecha ganó en muchos temas, especialmente tras las elecciones al Congreso de 1994, en las que los republicanos se hicieron con el poder en el Congreso.

Uno de los asuntos que más hacían subir la presión sanguínea afectaba al ataque contra el asistencialismo corporativo, los megapagos a las compañías estadounidenses en forma de subvenciones y privilegios fiscales. A Rubin no sólo no le gustaba el concepto de *asistencialismo corporativo*, sino que pensaba que sonaba a lucha de clases. Yo estaba del lado de Reich: no era una cuestión de lucha de clases; era cuestión de economía. Los recursos son escasos, y el papel del gobierno consiste en hacer que la economía sea más eficiente, y en ayudar a los pobres y a aquellos que no pueden abrirse camino por sí mismos. Esos pagos a las empresas hacían menos eficiente a la economía. Las redistribuciones iban en la dirección equivocada, y ello, especialmente en una era de austeridad fiscal, significaba que un dinero que tenía que ir a los estadounidenses pobres o a inversiones de alta rentabilidad en infraestructuras y tecnología iba a parar en cambio a unas sociedades anónimas que ya eran ricas. Para el país en su conjunto, había pocos motivos que justificaran esa sangría de dinero desde Washington.

En la última época de la administración Bush, el asistencialismo corporativo alcanzó nuevos máximos (las cantidades que se gastaban iban más allá de la imaginación de cualquiera en cualquier administración anterior). La red de seguridad corporativa se amplió desde los bancos comerciales a los bancos de inversión, y después a una compañía de seguros —a empresas que no sólo no habían pagado una prima de seguro por el riesgo ante el que le protegía el contribuyente, sino que también habían hecho todo lo posible para evitar pagar impuestos—. Cuando Obama asumió el cargo, la cuestión era si proseguiría con esta política de asistencialismo o si buscaría un nuevo equilibrio. Si daba más dinero a los bancos, ¿insistiría en algún tipo de responsabilidad y garantizaría que el contribuyente consiguiera algo a cambio? Wall Street no habría exigido menos si hubiera acudido al rescate de alguna desafortunada empresa que se enfrentara a la amenaza de quiebra.

La administración Obama decidió, especialmente en el área crucial de la reestructuración bancaria, hacer una gran apuesta manteniendo en gran medida el rumbo fijado por el presidente Bush, evitando, en la medida de lo posible, jugar de acuerdo con las reglas habituales del capitalismo: cuando una empresa no puede pagar sus deudas, va a la quiebra (o a la suspensión de pagos), donde habitualmente los accionistas lo pierden todo y los obligacionistas y acreedores se convierten en los nuevos accionistas. Análogamente, cuando un banco no puede pagar lo que debe, se le obliga a entrar en tutela. Para aplacar a Wall Street —y tal vez para acelerar su recuperación— corrió el riesgo de encolerizar a la gente de la calle. Si la estrategia de Obama funcionaba, significaba que podrían evitarse las profundas batallas ideológicas. Si la economía se recuperaba rápidamente, la gente de la calle podría perdonar la generosidad mostrada con Wall Street. No obstante, mantener el rumbo tenía importantes riesgos: riesgos para la economía a corto plazo, riesgos para la situación fiscal del país a medio plazo y riesgos para nuestra sensación de equidad y de cohesión social a largo plazo. Toda estrategia implica riesgos, pero no estaba claro que ésta los minimizara a largo plazo. Además, la estrategia corría el peligro de enfurecer incluso a muchos agentes de los mercados financieros, ya que verían que las políticas estaban guiadas por los grandes bancos. El campo de juego ya estaba inclinado a favor de esas megainstituciones, y parecía que se estaba inclinando aún más, hacia las partes del sistema financiero que, para empezar, habían causado los problemas.

Repartir dinero a los bancos iba a ser costoso y podría comprometer la agenda con la que Obama se había presentado candidato. No había aspirado a la presidencia para convertirse en el médico de urgencia del sistema bancario. Bill Clinton había sacrificado gran parte de sus ambiciones presidenciales en aras de la reducción del déficit. Obama corrió el riesgo de perder las suyas en el altar menos satisfactorio de la recapitalización bancaria, restableciendo la salud de los bancos para que volvieran a dedicarse al mismo comportamiento imprudente que había metido en problemas a la economía en primer lugar.

La apuesta de Obama de seguir el rumbo de los rescates bancarios establecido por la administración Bush tenía muchas dimensiones. Si la crisis económica resultaba ser más profunda o duraba más de lo que él pensaba, o si los problemas de los bancos eran mayores de lo que éstos afirmaban, el coste de sanearlos sería mayor. Puede que Obama no tuviera suficiente dinero para resolver el problema. Podría necesitarse más dinero para una segunda ronda de estímulos. El descontento por haber despilfarrado el dinero en los bancos podría dificultarle la obtención de fondos del Congreso. E inevitablemente, gastar dinero en los bancos sería a expensas de sus otras prioridades. Podría incluso ponerse en duda su autoridad moral, dado que los rescates parecían estar dedicados a recompensar precisamente a los actores que habían llevado a Estados Unidos y al mundo al borde de la ruina. La indignación pública contra el sector financiero, que había utilizado sus desmedidos beneficios para comprar la influencia política que primero liberó de regulaciones a los mercados financieros, y posteriormente consiguió un rescate de un billón de dólares, probablemente no podía sino aumentar. No estaba claro cuánto tiempo toleraría el público la hipocresía de que estos inveterados defensores de la responsabilidad fiscal y el libre mercado siguieran argumentando en contra de ayudar a los empobrecidos propietarios de viviendas con el argumento del peligro moral —afirmando que ayudarles ahora simplemente conduciría a más rescates en el futuro, y reduciría los incentivos para devolver los créditos— al mismo tiempo que realizaban desaforadas peticiones de dinero para ellos mismos.

Obama pronto descubriría que sus nuevos amigos en las finanzas eran aliados volubles. Aceptaban miles de millones de dólares en ayuda y asistencia, pero si Obama insinuaba que tal vez estaba de acuerdo con las críticas de la mayoría de estadounidenses hacia los desmesurados pagos a los agentes financieros, aquéllos montarían en cólera. Y sin embargo, si Obama no planteaba ningún tipo de críticas, parecería desconectado de lo que sentían los estadounidenses corrientes mientras de mala gana le daban a los banqueros el dinero que reclamaban.

Dados los desmanes cometidos por los banqueros, que habían costado tanto a tantos estadounidenses, no cabría sorprenderse ante algunas exageraciones en las invectivas lanzadas contra el sistema financiero; pero, de hecho, la exageración fue en sentido contrario. El borrador de una ley que pretendía limitar las compensaciones de los directivos de los bancos que recibieran dinero para su rescate recibió el nombre de «las leyes de Nuremberg»[12]. El presidente del consejo de administración de Citigroup afirmaba que todo el mundo comparte una parte de la culpa, pero que «es más facil buscar un chivo expiatorio»[13]. Una «esposa del TARP» argumentaba que la caída en desgracia de los banqueros estadounidenses fue «más rápida y más dura que cualquier otra desde que Mao se llevó a rastras a los intelectuales a las zonas rurales de China»[14]. No cabía duda: los victimarios se sentían víctimas.

Si Obama fue criticado tan rotundamente por manifestar su preocupación por los pagos a los banqueros, no es de extrañar que se cuidara mucho de formular una clara visión del tipo de sector financiero que debería surgir tras la crisis. Los bancos habían crecido hasta hacerse no sólo demasiado grandes para quebrar, sino también demasiado poderosos políticamente como para aceptar imposiciones. Si algunos bancos eran tan grandes que no se podía permitir que quebraran, ¿por qué deberíamos permitir que sean tan grandes? Los estadounidenses deberían tener un sistema electrónico de transferencia de fondos del siglo XXI, con los bajos costes operativos que permite la tecnología moderna, y no había excusas para que los bancos no lo proporcionaran. Estados Unidos debería tener un sistema hipotecario que fuera por lo menos tan bueno como el de Dinamarca o el de cualquier otro país, pero no lo tenía. ¿Por qué habría que permitir que estas instituciones financieras, que han sido salvadas por los contribuyentes estadounidenses, sigan depredándolos con prácticas engañosas en las tarjetas de crédito, y con una política crediticia abusiva? Plantear siquiera estas preguntas sería interpretado por los bancos como un acto de hostilidad.

Antes he señalado que durante la administración Clinton algunos miembros del gobierno, ante el hecho de que algunos de nosotros (Robert Reich y yo mismo, por ejemplo) calificáramos los miles de millones de dólares de subvenciones concedidos a las compañías ricas de Estados Unidos como «asistencialismo corporativo», reaccionaron diciendo que estábamos fomentando la lucha de clases. Si nuestros discretos intentos de corregir lo que desde la perspectiva actual parecen ligeros excesos se acogieron con tal oprobio, ¿qué podríamos esperar de un ataque directo contra la transferencia sin precedentes de dinero al sector financiero estadounidense?

*Empieza a desplegarse una pauta familiar*

A medida que Estados Unidos se deslizaba hacia la crisis, a mí me preocupaba que lo que yo había presenciado tan a menudo en los países en vías de desarrollo ocurriera aquí. Los banqueros, que en gran parte habían precipitado el problema, se aprovecharon del pánico resultante para redistribuir la riqueza —para sacar dinero de las arcas públicas a fin de enriquecerse ellos—. En todos los casos, a los contribuyentes se les decía que el gobierno tenía que recapitalizar los bancos si se pretendía que la economía se recuperase. En estas crisis precedentes, el gobierno dio miles de millones de dólares a los bancos en unos términos muy benévolos, y la economía acabó recuperándose. (Toda recesión llega a su fin, y en muchos de los casos no está claro si los rescates aceleraron o retrasaron la recuperación)[15]. Con la recuperación, un país agradecido daba un suspiro de alivio, pero prestaba poca atención a los problemas latentes. El coste del rescate bancario en México entre 1994 y 1997 se estimó en el 15 por ciento de su PIB, y una parte sustancial de esa cantidad fue parar a los adinerados dueños de los bancos[16]. A pesar de aquella enorme inyección de capital, los bancos realmente no reanudaron el crédito, y la reducción de la oferta de crédito contribuyó al lento crecimiento de México a lo largo de la década siguiente. Una década después, los salarios de los trabajadores mexicanos, descontando la inflación, eran más bajos, mientras que la desigualdad era mayor[17].

Al igual que la crisis mexicana hizo poco para reducir el poder de los banqueros mexicanos, la crisis de Estados Unidos no ha supuesto el final de la influencia del sector financiero. Puede que haya disminuido la riqueza en el sector, pero de alguna forma el capital político ha sobrevivido. Los mercados financieros seguían siendo el factor individual más importante en la política estadounidense, sobre todo en el ámbito de la política económica. Su influencia era tanto directa como indirecta.

Las empresas implicadas en los mercados financieros habían realizado contribuciones de cientos de millones de dólares a las campañas de ambos partidos políticos a lo largo de una década[18]. Habían cosechado buenos rendimientos, unos rendimientos mucho mejores por esas inversiones políticas que los correspondientes a la que supuestamente es su área de especialización, la inversión en los mercados y la concesión de créditos. Consiguieron sus beneficios *iniciales* a través del movimiento de desregulación. Habían cosechado rentabilidades aún mejores a través de los ingentes rescates del gobierno. Y esperan, estoy seguro, seguir cosechando más beneficios de estas «inversiones» dedicadas a evitar una vuelta a la regulación.

Las «puertas giratorias»* en Washington y en Nueva York también alimentó el movimiento para evitar nuevas iniciativas reguladoras. Se convocó a numerosos funcionarios con vínculos directos o indirectos con la industria financiera para formular las normas *para su propio sector.* Cuando los funcionarios que tienen la responsabilidad de diseñar las políticas para el sector financiero proceden del sector financiero, ¿por qué habría que esperar que planteen puntos de vista sensiblemente distintos de los que quiere el sector financiero? En parte, es una cuestión de mentalidades estrechas, pero no se puede descartar totalmente el papel de los intereses personales. Los individuos cuyas fortunas o cuyas perspectivas laborales futuras dependen de las prestaciones de los bancos tienen más

_____

* *Revolving doors* en el original, indica la alternancia de los directivos entre los cargos en la función pública y en la empresa privada *(N. de los T.).*

probabilidad de estar de acuerdo con que lo que es bueno para Wall Street es bueno para Estados Unidos[19].

Si Estados Unidos necesitaba pruebas de la influencia omnímoda de los mercados financieros, dichas pruebas las aportó el contraste entre el trato dado a los bancos y a la industria automovilística.

## El rescate del sector del automóvil

Los bancos no fueron las únicas empresas que tuvieron que ser rescatadas. A finales de 2008, dos de los «Tres Grandes» fabricantes de coches, General Motors y Chrysler, estaban al borde del colapso. Incluso las compañías automovilísticas bien gestionadas afrontaban problemas a consecuencia de la drástica caída de las ventas, y nadie alegaba que cualquiera de esas dos compañías había sido bien gestionada. La preocupación era que hubiera un efecto en cascada: sus proveedores irían a la quiebra, el desempleo aumentaría y el desplome económico empeoraría. Resulta sorprendente que, incluso en público, algunos de los financieros que habían ido corriendo a Washington a pedir ayuda argumentaban que una cosa era rescatar bancos —que eran las arterias de la economía— pero otra cosa era empezar a rescatar compañías que producían cosas reales. Sería el fin del capitalismo tal y como lo conocemos.

El presidente Bush titubeaba y pospuso el problema para su sucesor al prorrogar una línea de ayudas que mantendría con vida a las compañías durante algún tiempo. La condición para concederles más ayudas era que desarrollaran un plan de supervivencia viable. La administración

Obama formuló una vara de medir clara; los contratos de los directivos de AIG eran sacrosantos, pero los contratos de los salarios de los trabajadores de las empresas que recibían ayuda debían ser renegociados. Los trabajadores de bajos ingresos, que habían trabajado toda su vida y que no habían hecho nada malo, tendrían que aceptar una reducción salarial, pero no los financieros con nóminas de más de un millón de dólares que habían llevado al mundo al borde de la ruina financiera. Eran tan valiosos que había que pagarles primas de fidelidad, aunque no hubiera beneficios con que pagarles una prima. Los directivos de los bancos podían seguir con sus elevados ingresos; los directivos de las empresas automovilísticas tenían que mostrarse un poco menos soberbios. No obstante, reducir su soberbia no fue suficiente; la administración Obama obligó a que las dos compañías fueran a la quiebra.

Se aplicaron las normas estándar del capitalismo descritas anteriormente: los accionistas lo perdieron todo, mientras que los obligacionistas y otros acreedores (fondos sindicales de salud y los gobiernos que ayudaron a salvar las compañías) se convirtieron en los nuevos accionistas. Estados Unidos había entrado en una nueva fase de intervención gubernamental en la economía. Puede que fuera algo necesario, pero lo que desconcertaba a muchos era ¿por qué ese doble estándar? ¿Por qué se había tratado a los bancos de una forma tan diferente de las compañías automovilísticas?

Ello ponía ulteriormente de manifiesto el problema más profundo que afrontaba la reestructuración del país: aplicada a toda prisa, había poca confianza en que sirviera de algo la «tirita» de 50.000 millones de dólares que aportó el gobierno en el verano de 2009, poca confianza en que las compañías, en su mayoría con sus antiguos directivos (aunque se sustituyó al director de General Motors), que no habían logrado competir con los fabricantes de automóviles japoneses y europeos durante un cuarto de siglo, consiguieran de repente ser las primeras de la clase. Si el plan no funcionaba, el déficit nacional de Estados Unidos aumentaría en 50.000 millones de dólares, pero la tarea de reestructurar la economía estaría un poco más lejos.

*Resistencia al cambio*

A medida que crecía la tormenta financiera, ni los bancos ni el gobierno querían meterse en discusiones filosóficas sobre cómo debería ser un buen sistema financiero. Los banqueros únicamente querían que se inyectara dinero en el sistema. Cuando se suscitó la discusión sobre la posibilidad de una nueva normativa, los banqueros rápidamente hicieron sonar las voces de alarma. En una reunión de los titanes de los negocios en Davos, cuando la crisis era inminente, en enero de 2007, una de las preocupaciones manifestadas más enérgicamente era el temor a que hubiera una «reacción excesiva», una expresión cifrada que viene a significar más regulación. Sí, admitían, había habido algunos excesos, pero ellos argumentaban que ya habían aprendido la lección. El riesgo forma parte del capitalismo. El verdadero riesgo, razonaban, era que una regulación excesiva ahogara la innovación.

Pero simplemente dar más dinero a los bancos no resultaría suficiente. Éstos habían perdido la confianza del

pueblo estadounidense —y merecidamente—. Sus «innovaciones» ni habían conducido a un mayor crecimiento
sostenido ni habían ayudado a los estadounidenses corrientes a gestionar el riesgo de la adquisición de una vivienda; únicamente habían conducido a la peor recesión
desde la Gran Depresión y a rescates masivos. Dar más
dinero a los bancos, sin cambiar sus incentivos ni sus limitaciones, simplemente les iba a permitir seguir como antes.
Y de hecho, en gran medida, eso fue lo que ocurrió.

La estrategia de los agentes financieros estaba clara:
dejar que hablaran y hablaran los partidarios de un cambio real en el sector bancario; la crisis se acabaría antes de
que se llegara a un acuerdo; y con el final de la crisis, el
incentivo para las reformas desaparecería[20].

## *Movimiento de sillas en el* Titanic

El mayor reto que afronta un nuevo presidente es la
elección de su equipo. Aunque se supone que las personas
designadas deben reflejar e implementar la visión del presidente, en un área de gran complejidad como la economía, en realidad son ellas quienes dan forma al programa.
El nuevo presidente se enfrentaba a un importante dilema: tanto con el personal como con la política, ¿iba a optar por la continuidad o por el cambio? ¿Qué cantidad de
su capital político estaba dispuesto a gastar en superar la
resistencia al cambio?

El equipo de Bush estaba constituido por Ben Bernanke, presidente de la Reserva Federal, nombrado por
el presidente en 2006; Timothy Geithner, director de la

Reserva Federal en Nueva York; y Henry (Hank) Paulson, secretario del Tesoro.

Aunque Ben Bernanke heredó una burbuja que se estaba gestando, hizo poco por desinflarla[21]. Tal vez resultaba comprensible: Wall Street estaba disfrutando de beneficios récord, basados en la burbuja. Sus directivos no se habrían mostrado muy contentos si Bernanke hubiera emprendido acciones para romper la burbuja, o incluso si la hubiera desinflado gradualmente. Incluso si hubiera reconocido que había una burbuja, habría tenido que enfrentarse a un dilema: si daba la alarma —si, por ejemplo, intentaba poner fin a los créditos inmobiliarios imprudentes y a la compleja titulización que se había construido sobre ellos— le culparían de desinflar la burbuja y de deprimir la economía; se harían todo tipo de comparaciones desfavorables entre Bernanke y Alan Greenspan, el maestro que le había precedido, quien (se aduciría) ¡habría sabido cómo desinflar gradualmente la burbuja o cómo mantenerla eternamente!

Pero puede que hubiera otros motivos por los que Bernanke permitió que la burbuja continuara. Tal vez se tomaba en serio la retórica de Greenspan: tal vez creía de verdad que no existía una burbuja, tan sólo un poco de espuma; tal vez creía que, en cualquier caso, uno no podía estar seguro de que hubiera una burbuja hasta después de que estallara[22]. Tal vez creía, con Greenspan, que la Reserva Federal no tenía los instrumentos para desinflar gradualmente la burbuja y que sería más fácil arreglar las cosas después de que se rompiera.

No obstante, es difícil entender cómo cualquier economista serio no estaría preocupado —tan preocupado que se sintiera *obligado* a dar la alarma—. En cualquier caso, no es un cuadro bonito: un gobernador de un banco central que creó una burbuja, y un sucesor que dejó que continuara, hinchándose hasta proporciones desorbitadas.

Tim Geithner había tenido un papel a más largo plazo. Había sido subordinado de Larry Summers y Robert Rubin, dos de los arquitectos del movimiento de desregulación de la era Clinton. Y lo que es más importante, Geithner era el principal regulador de los bancos de Nueva York, incluido el mayor entre los grandes, el Citibank, con unos activos valorados en casi 2,36 billones de dólares en 2007[23]. Había sido su principal regulador desde 2003, cuando fue nombrado presidente de la Reserva Federal en Nueva York. Evidentemente, como su regulador, Geithner no veía nada malo en lo que estaban haciendo los bancos de Nueva York (aunque muy pronto iban a necesitar cientos de miles de millones de dólares en ayudas del gobierno). Por supuesto, pronunciaba discursos advirtiendo de los peligros de asumir excesivos riesgos. Pero se suponía que él era un regulador, no un predicador.

El tercer miembro del equipo de crisis de Bush era Hank Paulson quien, al igual que Robert Rubin, secretario del Tesoro con Clinton, se había trasladado a Washington después de un periodo como presidente de Goldman Sachs. Tras hacer su fortuna, volvía a la función pública.

Sorprendentemente, el presidente Obama, que había hecho campaña con la promesa de un «cambio en el que se puede creer», se limitó a reordenar ligeramente las sillas de cubierta del *Titanic*. Los responsables de Wall Street habían empleado su instrumento habitual —el miedo a «alborotar» los mercados— para conseguir lo que querían, un equipo que ya había mostrado su disposición a dar generosamente dinero a los bancos en unos términos favorables. Geithner sustituyó a Paulson como secretario del Tesoro. Bernanke se quedó donde estaba —su mandato como presidente no concluía hasta comienzos de 2010, pero en agosto de 2009 Obama anunció que le concedería un segundo mandato, hasta 2014—.

Para coordinar el equipo económico, Obama eligió a Larry Summers, el antiguo segundo de Rubin, que proclamó que uno de sus grandes logros como secretario del Tesoro entre 1999 y 2001 fue asegurarse de que los derivados, potencialmente explosivos, siguieran sin estar regulados. Obama eligió a su equipo a pesar de que debía de saber —desde luego le aconsejaron en ese sentido— que sería importante tener alrededor de la mesa caras nuevas que no tuvieran intereses personales en el pasado, ya fuera en el movimiento desregulador que nos metió en el problema o en los titubeantes rescates que habían caracterizado el año 2008, desde Bear Stearns hasta Lehman Brothers y AIG.

Un cuarto miembro del equipo de Obama era otra herencia de Bush, Shelia Bair, directora de la Federal Deposit Insurance Corporation [Corporación Federal de Seguros de Depósitos] (FDIC en sus siglas en inglés), el organismo que asegura los depósitos. Incluso cuando Bush permaneció sin hacer nada a medida que aumentaban las ejecuciones de hipotecas, Bair se había manifestado a favor de hacer algo para ayudar a los propietarios de viviendas a través de la reestructuración de las hipotecas, e irónicamente, a medida que aumentaba la desilusión con algunos miembros del nuevo equipo de Obama, ella parecía ser la única persona del equipo económico con el corazón y la voluntad de plantar cara a los grandes bancos. La mayoría de los intentos mediante «humo y espejos» de financiar a los bancos sin recurrir al Congreso se hicieron con la varita del FDIC, que supuestamente tenía que proteger a los pequeños depositantes, no avalar los bonos de los bancos ni prestar dinero para ayudar a que los *hedge funds* compraran los activos tóxicos de los bancos a unos precios excesivamente inflados.

En palabras del *New York Times*, la cuestión era «si ellos [el equipo económico de Obama] han aprendido algo de sus errores, y si es así, qué»[24]. Obama había escogido a un equipo de honrados servidores públicos, dedicados a prestar un buen servicio a su país. Ése no era el problema. Era cuestión de cómo veían el mundo y de cómo les verían a ellos los estadounidenses. Necesitábamos una nueva visión para los mercados financieros, e iban a hacer falta todas las habilidades políticas y económicas de Obama y de su equipo económico para formalizar, formular y hacer realidad esa visión. ¿Aquellas personas, tan involucradas en los errores del pasado, eran las personas adecuadas para plantear esa nueva visión y tomar las decisiones difíciles? Cuando contemplaran la historia o las experiencias de otros países, ¿sacarían las conclusiones adecuadas? Muchos de los funcionarios encargados de tomar decisiones cruciales sobre la regulación tenían posturas asumidas desde hacía tiempo sobre los temas en cuestión. En psicología, existe un fenómeno denominado compromiso creciente. Una vez que una persona adopta una posición, se siente obligada a defenderla. La teoría económica ofrece una perspectiva muy distinta: lo pasado es pasado. Uno siempre debería mirar hacia adelante, evaluando si una posición anterior ha funcionado, y si no la ha hecho, cambiar a una nueva. No es de extrañar que los psicólogos tengan razón, y los economistas estén equivocados. Los paladines de la desregulación habían tenido un interés personal en asegurarse de que sus ideas prevalecieran —incluso frente a abrumadoras evidencias en sentido contrario—. Ahora bien, cuando todo parecía indicar que probablemente tuvieran que ceder a la exigencia de una regulación, por lo menos en algunos casos, existía la preocupación de que intentaran que esa nueva regulación fuera lo más acorde posible con sus ideas previas. Cuando dijeran que la normativa (por ejemplo, de los explosivos derivados) que ellos proponían eran la regulación «adecuada» —ni demasiado estricta ni demasiado suave, sino la media áurea entre ambas— ¿se considerarían creíbles sus afirmaciones?

Había otro motivo para preocuparse por la continuidad en sus cargos de una gran parte del antiguo equipo. La crisis había demostrado que sus análisis, modelos y valoraciones económicos eran gravemente defectuosos. Sin embargo, inevitablemente, el equipo económico querría creer otra cosa. En vez de darse cuenta rápidamente de que había habido mucho crédito dañino basado en los precios de la burbuja, el equipo económico querría creer que el mercado simplemente estaba temporalmente deprimido, y si tan sólo consiguiera restablecer la «confianza», los precios de la vivienda se recobrarían, y la economía proseguiría como antes. Basar la política económica en esa esperanza era arriesgado y tan imprudente como el crédito de los bancos que precedió a la crisis. Las consecuencias se desarrollarían a lo largo de los meses siguientes.

No obstante, no se trataba sólo de puntos de vista sobre teoría económica. Alguien tendría que cargar con las pérdidas. ¿Iba a ser el contribuyente estadounidense o Wall Street? Cuando los asesores de Obama, tan estrechamente vinculados al sector financiero y a los fracasos del pasado, afirmaban que habían forzado a los bancos todo lo que podían, y que les habían obligado a hacer todos los sacrificios posibles, sin mermar la capacidad de préstamo de los bancos, ¿la gente les creería? ¿Creerían los estadounidenses que el equipo estaba trabajando para ellos, o para Wall Street?

Los principios económicos (que exigen obligar a las empresas a pagar por las consecuencias de sus actos) y la equidad sugerirían que los bancos deberían pagar por lo menos todos los costes directos de reorganizar el sistema financiero, aunque no tuvieran que pagar por todo el daño que habían ocasionado. Pero los bancos alegaban que obligarles a pagar impediría su recuperación. Los bancos que sobrevivieron alegaban que obligarles a pagar por los costes de los bancos que habían quebrado era «injusto» —incluso si su propia supervivencia había dependido en alguna coyuntura crítica de la ayuda del gobierno—. La administración Obama se puso del lado de los bancos. Podía aducir que no lo hacía por que Obama quisiera hacerle un regalo a los bancos, sino que la administración no tenía alternativas si quería salvar la economía. Los estadounidenses desconfiaban con razón: como argumentaré en los capítulos siguientes, *había* alternativas que habrían preservado y fortalecido el sistema financiero, y que habrían hecho más por restablecer el crédito, alternativas que a largo plazo habrían dejado al país con una deuda menor en cientos y cientos de miles de millones de dólares, y con una mayor sensación de juego limpio. Pero esas alternativas habrían dejado más empobrecidos a los accionistas y obligacionistas de los bancos. A los críticos con el paquete de rescate de Obama no les sorprendió que el equipo de Obama, tan estrechamente vinculado a Wall Street, no hubiera presionado a favor de esas alternativas.

Mantener en sus cargos a una parte tan sustancial del antiguo equipo también exponía al presidente al riesgo de que le culparan de las decisiones adoptadas por la Reserva Federal, o por lo menos de que lo pareciera. La Reserva Federal y el Tesoro parecían actuar en tándem en tiempos de Bush, y esa intimidad prosiguió con Obama. Nadie estaba realmente seguro de quién tomaba las decisiones; lo ininterrumpido de la transición sugería que nada había cambiado. El hecho de que Paulson concediera una ayuda de 89.000 millones de dólares a AIG, siendo su antigua empresa, Goldman Sachs, el mayor beneficiario individual, ya era malo de por sí. Pero a continuación esa cifra casi se dobló, hasta 180.000 millones de dólares (parte de la cual se concedió con Obama). Aún peor fue la forma en que se saldaron las obligaciones de AIG —la entrega de 13.000 millones de dólares a Goldman Sachs fue una de las decisiones más desmesuradas—. Si una compañía de seguros decide cancelar una póliza contra incendios suscrita por un estadounidense corriente, a esa persona no le queda otro remedio que buscar otra compañía de seguros dispuesta a ofrecerle cobertura contra ese riesgo. Pero cuando el gobierno decidió cancelar las pólizas de AIG con Goldman Sachs, pagó como si la casa se hubiera quemado completamente. No había justificación para tanta generosidad:

otros *credit default swaps* se habían saldado por trece centavos por dólar[25].

Éste y otros episodios suscitaron preocupación sobre los móviles que había tras otras decisiones —tanto respecto a lo que se hacía como a lo que no se hacía— durante la crisis. ¿Cómo podía decir la administración, por ejemplo, que los bancos son demasiado grandes para quebrar —en realidad tan grandes que las reglas corrientes del capitalismo quedan suspendidas a fin de proteger a sus obligacionistas y accionistas— y al mismo tiempo no proponer fragmentarlos, o gravarlos, o imponerles restricciones adicionales para que dejaran de ser demasiado grandes para quebrar?[26] Análogamente, uno tenía que preguntarse cómo la administración, tras hablar de la importancia de la reestructuración hipotecaria, pudo diseñar un paquete de medidas tan ineficaz. Había una respuesta inquietante, pero evidente (que se analiza ulteriormente en el Capítulo 4): lo que debería haberse hecho habría obligado a los bancos a reconocer pérdidas por sus malos créditos, y no estaban dispuestos a ello.

*Una nueva versión de un viejo conflicto*

Desde hace mucho tiempo Estados Unidos ha sentido una desconfianza hacia los bancos, sobre todo hacia los grandes bancos, que se refleja en las controversias a propósito de las propuestas del que fuera primer secretario del Tesoro, Alexander Hamilton, para el establecimiento de un banco nacional. Las regulaciones sobre la actividad bancaria interestatal (finalmente derogada en tiempos del presidente Clinton) fue diseñada para limitar el poder de los grandes bancos de Nueva York y de otras grandes ciudades. La gente corriente dependía de los bancos para conseguir fondos; los beneficios de los bancos procedían de prestar dinero a la gente corriente. Era una relación simbiótica, pero a menudo había falta de confianza.

La batalla entre Wall Street y la gente de la calle puede ser una caricatura de los complejos conflictos entre los distintos grupos económicos; no obstante, existen conflictos de intereses y perspectivas reales que salieron a relucir con la Gran Recesión de 2008. En esta nueva variante del viejo conflicto entre Wall Street y el resto del país, los bancos tenían una pistola apuntando a la cabeza del pueblo estadounidense: «Si no nos dais más dinero, sufriréis». No había alternativas, o eso decían. Si imponéis limitaciones —si impedís que paguemos dividendos o primas, o si exigís responsabilidades a nuestros directivos (como hizo el gobierno en el caso de General Motors)—, nunca seremos capaces de conseguir capital en el futuro. Puede que tuvieran razón, y si la tenían, ningún político quería asumir la responsabilidad de la defunción de la economía estadounidense. Wall Street utilizó el temor a un colapso económico para sacarles a los contribuyentes estadounidenses enormes cantidades de dinero, rápidamente. Sorprendentemente, las quejas se sucedían en Wall Street. ¿Por qué no les habían dado más dinero? ¿Por qué tenían que calificarlo de rescate? Si tan sólo se les ocurriera un nombre mejor, tal vez un programa de «recuperación» o de «inversión», puede que no hubiera tanta oposición. Los veteranos de otras crisis sabían lo que estaba por venir: se habían producido pérdidas, y habría disputas para decidir quién tendría que pagarlas.

Nadie se sorprendió cuando Bush se puso del lado de Wall Street y cedió a su chantaje. Muchos habían esperado que Obama adoptara un enfoque más equilibrado. Sean cuales sean los sentimientos de Obama, por los menos sus actos parecían alinearse demasiado con los intereses de Wall Street. Un presidente que supuestamente tenía que reunir a todos los grupos bajo un mismo paraguas parecía haber tomado partido, por la elección de su equipo, aun antes de asumir el cargo.

Incluso la forma en que se midió el éxito de los rescates parecía sesgada: a medida que se iban probando sucesivos enfoques para prestar ayuda a los bancos (algunos de los cuales se describen en el Capítulo 5), la atención se centraba en cómo reaccionaba Wall Street y en lo que ocurría con el precio de las acciones de los bancos. Pero un acuerdo más favorable para los bancos, que se reflejaba en unos precios más elevados de sus acciones, habitualmente significaba un acuerdo peor para el contribuyente. Lo que quería la gente de la calle era que se restableciera el crédito, y casi ninguno de los esfuerzos por resucitar a los bancos dio buenos resultados en ese sentido.

Wall Street puso mucho más difícil a Obama su tarea de reconciliación nacional, debido a su insensibilidad política, al pagar miles de millones de dólares en dividendos y primas a medida que los contribuyentes estadounidenses volcaban miles de millones de dólares en los bancos, supuestamente para recapitalizarlos a fin de que pudieran prestar dinero[27].

Cuando el escándalo de las primas llegó a un *crescendo* en febrero de 2009, Obama tuvo que pronunciarse. Pero al criticar las primas, se pilló los dedos: la benevolencia que se había ganado en Wall Street se disipó rápidamente, y sin embargo seguía sin tener un equipo que inspirara confianza a la gente de la calle.

Estos errores tiñeron el ambiente político y realmente puede que hayan condicionado las limitaciones políticas a las que hacía frente la administración Obama mientras intentaba resucitar a los bancos, estabilizar el mercado hipotecario y estimular la economía. Los inversores eran reacios a participar en algunos programas promovidos por el gobierno, temerosos de que si éstos proporcionaban los beneficios para los que habían sido diseñados, el Congreso podría cambiar las reglas del juego y quedarse con ellos, o imponer otras sanciones o restricciones. Aunque era imposible saber cuánto dinero iban a necesitar los bancos, la creciente impopularidad del rescate bancario significaba que si llegaran a hacer falta más fondos, sería muy difícil conseguirlos del Congreso.

Esta situación obligó a una estrategia que implicaba una complejidad y una falta de transparencia cada vez mayores. Se suponía que el Congreso iba a aprobar todos los gastos del gobierno, pero los subterfugios a través de la Reserva Federal y del FDIC se pusieron a la orden del día, suministrando fondos de una forma que estaba libre del tipo de control que los estadounidenses han llegado a esperar como parte esencial de su democracia[28]. La Reserva Federal alegaba que la Ley de Libertad de Información no le afectaba, por lo menos en aspectos cruciales. Bloomberg, una empresa de noticias financieras, recusó esa alegación. En agosto de 2009, un juzgado de distrito estadounidense falló en contra de la Reserva Federal. Aun así, la Reserva Federal se negó a aceptar que estaba sujeta al tipo de transparencia que se espera en nuestra democracia de una institución pública, y recurrió[29].

Los bancos se habían metido en problemas por escamotear «de su balance» una gran parte de lo que hacían —en un intento de engañar a sus inversores y a los reguladores— y ahora esos magos de las finanzas estaban ayudando a la administración a hacer otro tanto, tal vez en un intento de engañar a los contribuyentes y a los votantes[30].

## Perspectivas económicas

Transcurridos nueve meses de su presidencia, todavía no estaba claro si los riesgos que había asumido Obama le iban a salir bien. Puede que la economía haya salido de la unidad de cuidados intensivos y se haya alejado del borde del desastre. Lo mejor que podría decirse en favor de la economía era que en otoño de 2009 parecía estar al final de una *caída libre*, de un declive sin un final a corto plazo. Pero el final de una caída libre no es lo mismo que un retorno a la normalidad.

Para otoño de 2009, la economía había tenido algunos meses de fuerte crecimiento a medida que se reponían los inventarios, que habían quedado excesivamente agotados[31]. Pero incluso ese crecimiento contribuyó poco a reducir el desfase entre la producción real de la economía y su producción potencial, y no significaba que se aproximara una sólida recuperación ni de la economía mundial ni de la estadounidense a corto plazo. De hecho, la mayoría de los pronósticos preveían que el crecimiento se ralentizaría hacia finales de 2009 y principios de 2010, y que habría ulteriores problemas más adelante, en 2011.

La reanudación del crecimiento significaba que en sentido técnico, la recesión había terminado. Los economistas definen una recesión como un periodo de dos o más trimestres de crecimiento negativo, de modo que cuando el crecimiento se hace positivo, por muy anémico que sea, declaran el final de la recesión. Para los trabajadores, la economía sigue en recesión cuando el desempleo es elevado, y sobre todo cuando está aumentando. Para las empresas, la economía está en recesión mientras ellas padezcan un exceso de capacidad, lo que significa que la economía está funcionando por debajo de su potencial. Mientras haya exceso de capacidad, las empresas no invertirán.

En las fechas en que se imprime este libro, las perspectivas de que la economía vuelva a producir a su nivel potencial incluso en el plazo de un año o dos son escasas. Un examen de los fundamentos económicos —dejando de lado los buenos deseos— sugiere que pasará tiempo antes de que el índice de desempleo vuelva a la normalidad. Así pues, el rebote después de tocar fondo no devolverá a la economía a donde debería estar, y es probable que la economía se estabilice en una estrechez al estilo japonés antes de que se restablezca el pleno empleo. (Puede que el crecimiento de Estados Unidos sea ligeramente mayor que el de Japón durante su largo periodo de estancamiento, sencillamente porque la población activa en Japón está estancada, mientras que la de Estados Unidos ha estado creciendo al ritmo de un 1 por ciento anual. Pero no debemos dejar que esta diferencia nos confunda). Puede que haya altibajos por el camino, en caso de que la economía tuviera que hacer frente a alguna que otra conmoción: el repentino colapso de otra institución financiera, problemas en el sector inmobiliario comercial o incluso sencillamente el final del paquete de estímulos en 2011. Como explicaré más adelante, restablecer el desempleo a niveles normales exigirá un crecimiento sostenido superior al 3 por ciento, y eso no es en absoluto previsible.

Es natural que tanto la administración como quienes venden acciones intenten transmitir una sensación de optimismo. Se espera que un restablecimiento de la confianza podría animar el consumo y la inversión; podría incluso restablecer los precios de la vivienda. Y si ello ocurriera, la Gran Recesión de 2008 pasaría rápidamente a la historia, una pesadilla cuyo recuerdo se desvanecería rápidamente.

La recuperación de los precios de las acciones desde sus mínimos a menudo se interpreta como un barómetro del restablecimiento de la salud económica. Desgraciadamente, un aumento de los precios del mercado de acciones puede que no indique necesariamente que todo va bien. Los precios del mercado de acciones pueden subir porque la Reserva Federal está inundando el mundo de liquidez y los tipos de interés están bajos, de modo que las acciones son mucho más atractivas que los bonos. El aluvión de liquidez que se origina en la Reserva Federal encontrará alguna salida, y es de esperar que conduzca a un aumento del crédito a las empresas, pero también podría dar lugar a una miniburbuja de los precios de los activos o del mercado de acciones. O bien, puede que el aumento de los precios en el mercado de acciones refleje el éxito de las empresas a la hora de reducir costes (despidiendo trabajadores y reduciendo los salarios). Si es así, ello supone una serie de problemas para la economía en su conjunto. Si los ingresos de los trabajadores siguen siendo bajos, lo mismo ocurrirá con el consumo, que es responsable del 70 por ciento del PIB.

Como he señalado anteriormente, este desplome es complejo: una crisis financiera que se combina e interactúa con un declive económico. Las recesiones recientes han sido desvíos pequeños y temporales. La mayoría de ellas parecía ser consecuencia de que la Reserva Federal pisaba demasiado el freno —a veces porque primero el gobierno había pisado demasiado el acelerador[32]—. La recuperación resultaba fácil: la Reserva Federal reconocía el error, levantaba el pie del freno, lo ponía sobre el acelerador y se reanudaba el crecimiento. Otras recesiones fueron ocasionadas por acumulaciones excesivas de inventarios. En cuanto se corregían los excesos —normalmente en el plazo de un año— el crecimiento volvía a restablecerse. La Gran Depresión fue distinta: el sistema financiero se desmoronó. La experiencia con otras recesiones asociadas con crisis financieras ha demostrado que en esas circunstancias la recuperación es mucho más difícil y lleva mucho más tiempo.

Deberíamos celebrar que los bancos que estuvieron al borde de la quiebra tal vez no parezcan estar tan al borde del abismo. A pesar del deshielo de los mercados financieros y del fortalecimiento de los balances de los bancos, sigue habiendo una miríada de sombras en el horizonte. Hay, por ejemplo, problemas amenazadores en los mercados financieros debidos al hundimiento del sector inmobiliario comercial y a los persistentes problemas en el residencial, así como en las deudas de las tarjetas de crédito.

Un elevado desempleo persistente planteará nuevos problemas para las hipotecas de las viviendas y las tarjetas de crédito. Las nuevas medidas para permitir que los bancos mantengan en sus libros el valor nominal de unas hipotecas que no están rindiendo plenamente han socavado la capacidad de evaluar la salud del sistema bancario. Los malos créditos pueden renegociarse, posponiendo el día del balance final. Pero muchos de los créditos del sector inmobiliario comercial han sido titulizados, y tendrán que renegociarse en los próximos años. El escenario está listo para una nueva oleada de quiebras y ejecuciones de hipotecas. Los mercados inmobiliarios tanto comerciales como residenciales han sido apuntalados por las medidas habituales adoptadas por la Reserva Federal, que bajó los tipos de interés a largo plazo. ¿Qué ocurrirá cuando la Reserva Federal suspenda las intervenciones extraordinarias en los mercados financieros? ¿Y qué ocurrirá si la Reserva Federal *no* las suspende, como ha prometido, porque es consciente de los riesgos de retirar esas medidas de apoyo vitales?

Pero incluso si se restableciera plenamente la salud del sistema financiero, hay problemas con la *economía real*. Examinando cada uno de los componentes de la demanda agregada, hay pocos motivos para el optimismo. Incluso si los bancos estuvieran totalmente restablecidos, no querrían prestar dinero de una forma tan imprudente como antes; e incluso si estuvieran dispuestos a prestar, muchos estadounidenses no querrían pedir prestado. Han aprendido una lección muy costosa; seguramente ahorrarán más, y probablemente sustancialmente más, que lo que ahorraban cuando los bancos les atiborraban de dinero, lo quisieran o no. Incluso si no existieran incertidumbres sobre el aumento del desempleo, la riqueza de una gran parte de los estadounidenses se ha visto gravemente erosionada; el valor de lo pagado por sus viviendas era su principal activo, e incluso aquellos que no han visto cómo desaparecía totalmente se dan cuenta de que ha disminuido enormemente, y de que no se restablecerá en muchos años, si es que lo hace alguna vez.

Visto de otra manera, el proceso de desapalancamiento —por ejemplo, reducir el nivel anormal de endeudamiento de las economías domésticas que era igual a 1,3 veces la renta disponible— exige un ahorro superior a lo *normal*, lo que significa niveles inferiores de gasto de las economías domésticas.

También parece problemática una sólida recuperación de los otros elementos de la demanda agregada. En un momento en que muchos otros países afrontan sus propios problemas, Estados Unidos no puede contar con un auge de las exportaciones. Desde luego, como he señalado, el mundo en su conjunto no puede llegar al crecimiento a través de las exportaciones. Durante la Gran Depresión, los países intentaron protegerse a expensas de sus vecinos. Se denominaban políticas de «arruina a tu vecino», e incluían el proteccionismo (imponer aranceles y otras barreras al comercio) y las devaluaciones competitivas (haciendo más barata la divisa propia, lo que abarata las exportaciones y hace menos atractivas las importaciones). Estas medidas no tienen más perspectiva de funcionar hoy en día de lo que la tuvieron entonces; lo más probable es que salga el tiro por la culata.

El crecimiento de China ha sido fuerte, pero su consumo sigue siendo tan inferior al consumo de Estados

Unidos que un aumento en el gasto de China no puede compensar las reducciones en Estados Unidos (y sólo una pequeña parte del aumento del gasto de China se reflejará en un aumento de las exportaciones estadounidenses). Y dado lo gravemente que ha afectado la crisis global a mucha gente en el mundo en vías de desarrollo, los países que puedan seguirán apartando grandes sumas para reservas, debilitando con ello la demanda mundial.

Sin una fuerte recuperación del consumo o las exportaciones, es difícil imaginar cómo puede recuperarse la inversión, por lo menos hasta que se extinga el exceso de capacidad de la economía o se disipe en la obsolescencia. Mientras tanto, la futura retirada del gasto para estimular la economía y los recortes en el gasto de las administraciones estatales y locales a consecuencia de una reducción de los ingresos por impuestos probablemente ejercerán ulteriores presiones a la baja en la economía estadounidense.

Lo que había sostenido a la economía estadounidense —y en buena medida a la economía global— antes de la crisis fue una borrachera de consumo financiada mediante el endeudamiento y apoyada en una burbuja de la vivienda. La gente podía vivir por encima de su renta porque creía que los precios de las viviendas seguirían subiendo eternamente. Eso ya no lo cree nadie. El «modelo» en que se basaba el crecimiento estadounidense había llegado a su fin, pero no había nada en el horizonte que lo sustituyera.

En pocas palabras, ha habido cierto alivio en el hecho de que la economía se haya alejado del precipicio en el que parecía estar en otoño de 2008, pero nadie afirmaría que ha recuperado la salud. La deuda creciente estaba poniendo en peligro los otros programas del presidente

Obama. Además, el enfado por los rescates bancarios ha salpicado a otros ámbitos. Pero mientras que los bancos seguían siendo muy conservadores en su política de crédito, sus directivos estaban recibiendo primas casi de récord (un estudio de principios de noviembre de 2009 apuntaba que los operadores, como media, cosecharían unas ganancias de 930.000 dólares)[33], y sus accionistas estaban satisfechos a medida que aumentaba el valor de mercado de sus acciones. Obama había aprendido que no podía complacer a todo el mundo. Pero ¿había complacido a las personas adecuadas?

Lo que podría considerarse una estrategia de bajo riesgo, salir del paso, evitando los conflictos, estaba resultando ser una estrategia de alto riesgo, en lo económico y en lo político: se corría el riesgo de minar la confianza en el gobierno, el conflicto entre los grandes bancos y el resto del país corría el riesgo de hacerse más acusado, la economía afrontaba el riesgo de una recuperación más lenta y los costosos rescates públicos y ocultos ponían en riesgo la situación fiscal del gobierno y en peligro otros programas del gobierno muy necesarios para el futuro de la nación.

Obama podía haber emprendido acciones alternativas, y sigue habiendo muchas opciones disponibles, aunque las decisiones ya adoptadas las han limitado sustancialmente. En los próximos cuatro capítulos describiré cómo el gobierno se ocupó de estimular la economía (Capítulo 3), cómo ayudó o no consiguió salvar a los propietarios de viviendas (Capítulo 4) y cómo intentó resucitar el sistema financiero y volver a regularlo (Capítulos 5 y 6). Lo que me preocupa es que debido a las decisiones que ya se han tomado, no sólo la crisis económica será mucho más larga y profunda de lo necesario, sino que además saldremos de ella con un legado de deuda mucho mayor, con un sistema financiero que será menos competitivo, menos eficiente y más vulnerable a otra crisis, y con una economía menos preparada para afrontar los retos de este siglo.

# Capítulo 3

## Una respuesta fallida

Cuando Barack Obama y sus asesores se pusieron al timón en enero de 2009, se enfrentaban a una crisis de unas dimensiones sin precedentes. Afortunadamente, reconocían que no podían restablecer la salud del sistema bancario sin hacer algo por la economía real. Tenían que volver a insuflarle vida, y tenían que detener la oleada de ejecuciones de hipotecas. Estados Unidos no había tenido una crisis de esta gravedad durante tres cuartos de siglo. Pero en otros lugares, las crisis se habían convertido en algo demasiado frecuente. A partir de la historia y de las experiencias en el extranjero, se disponía de abundante información sobre cómo tratar las crisis económicas, incluidas las creadas por el estallido de burbujas inmobiliarias. El equipo de Obama podía haberse servido de la teoría, de la evidencia empírica y del sentido común para diseñar un paquete de medidas que estimulara la economía a corto plazo y fortaleciera el país para el futuro. Pero la política no siempre es tan analítica.

La idea individual más importante para afrontar las repercusiones de una crisis es una idea sencilla: las crisis no destruyen los activos de una economía. Puede que los bancos estén en quiebra. Puede que muchas empresas y economías domésticas estén arruinadas. Pero los activos *reales* siguen siendo prácticamente los mismos que antes: los mismos edificios, las mismas fábricas y la misma gente; el mismo capital humano, físico y natural. Lo que ocurre en una crisis es que se erosiona la confianza y la seguridad, se debilita el tejido institucional de una sociedad a medida que los bancos y las empresas se aproximan a la quiebra o entran en ella, y la economía de mercado vuelve confusas las reivindicaciones de la propiedad. No siempre está claro quién es el dueño y quién controla determinados activos, cuando la propiedad, por ejemplo, se transfiere de los accionistas a los obligacionistas en el proceso normal de quiebra. En los prolegómenos de una crisis se derrochan los recursos —se dedica dinero a construir casas, por ejemplo, en vez de a usos más productivos—. Pero eso es agua pasada, o, como se dice a veces, lo pasado, pasado. La cuestión esencial es cómo se emplearán los recursos después de que se rompa la burbuja. Habitualmente, en ese momento es cuando se produce la mayoría de las pérdidas, ya que no se consigue utilizar eficaz y plenamente los recursos, y el desempleo sube vertiginosamente. Ése es el verdadero fallo del mercado, un fallo que es evitable si se ponen en práctica las políticas adecuadas. Lo que resulta sorprendente es lo a menudo que no se ponen en práctica las políticas adecuadas, y las pérdidas durante la burbuja se ven agravadas por las pérdidas después de que estalle.

El estímulo

El gran debate en la era de la Depresión se produjo entre los conservadores fiscales, que querían contener el déficit, y los keynesianos, que pensaban que el gobierno debía incurrir en déficits para estimular la economía. En 2008 y 2009, cuando de repente todos se volvieron devotos keynesianos (por el momento), había desacuerdo sobre la forma exacta que debía adoptar la respuesta del gobierno a la crisis. Para cuando Obama asumió el cargo, la inercia descendente estaba tan firmemente asentada que no había nada que él pudiera hacer para invertirla inmediatamente. Pero el diseño del estímulo y su magnitud iban a determinar lo rápidamente que se estabilizaría la economía. Lamentablemente, la administración Obama no presentó un plan claro de lo que había que hacer. Por el contrario, dejó que en gran medida el Congreso diseñara el tamaño y la forma del estímulo. Lo que surgió no era del todo lo que necesitaba la economía.

Un programa de estímulo bien diseñado debería reflejar siete principios:

*1. Debería ser rápido*. El retraso del presidente George W. Bush resultó muy costoso. Las políticas económicas requieren meses para ser plenamente efectivas. Por consiguiente es imprescindible inyectar dinero en la economía rápidamente.

*2. Debería ser eficaz*. La eficacia significa un gran impacto por cada dólar: cada dólar que se gastara debería dar lugar a un gran aumento en el empleo y la producción. La cantidad en la que se ve aumentada la renta nacional por cada dólar gastado se denomina multiplicador: en el análisis keynesiano estándar, un dólar de gasto público da lugar a más de un dólar de aumento en la producción nacional. Si el gobierno gasta dinero en un proyecto de construcción, a continuación los trabajadores gastan su paga en comprar cosas, y a su vez otras personas gastan su dinero. Cada etapa en la cadena aumenta la renta nacional, lo que hace que el incremento en la renta nacional sea mucho mayor que la cantidad inicial gastada por el gobierno.

Como media, el multiplicador a corto plazo para la economía estadounidense está en torno al 1,5[1]. Si el gobierno gasta mil millones de dólares ahora, el PIB de este año aumentará en 1.500 millones de dólares. Los multiplicadores a largo plazo son mayores: algunos de los beneficios del gasto de hoy se dejan sentir el año próximo o incluso el siguiente; dado que la actual recesión probablemente sea una a largo plazo, los responsables de la política también deberían tener en cuenta los beneficios que se produzcan dentro de dos o tres años.

No todo el gasto tiene el mismo multiplicador: gastar en los contratistas extranjeros que trabajan en Irak tiene un multiplicador bajo, porque gran parte de su consumo se produce fuera de Estados Unidos; lo mismo ocurre con las reducciones de impuestos a los ricos —quienes ahorran gran parte de lo que reciben—. Un aumento en las prestaciones por desempleo tiene un alto multiplicador, porque quienes se encuentran repentinamente con una escasez de ingresos van a gastar casi hasta el último dólar que reciban[2].

3. *Debería afrontar los problemas del país a largo plazo.* Un ahorro nacional bajo, unos enormes déficits comerciales, problemas financieros a largo plazo para la Seguridad Social y otros programas para la tercera edad, unas infraestructuras deterioradas, y el calentamiento global enturbian las perspectivas del país a largo plazo. Un estímulo eficaz debería tener estos factores como objetivo, o como mínimo, no empeorarlos.

4. *Debería centrarse en la inversión*. Un paquete de estímulo aumenta inevitablemente el déficit de un país, pero la deuda de un país sólo mide un lado del balance: lo que debe. Los activos son igual de importantes. Si el dinero de estímulo se invierte en activos que aumentan la productividad a largo plazo del país, el país estará en mejores condiciones *a largo plazo* como consecuencia del estímulo —incluso aumentado la producción y el empleo a corto plazo—. Esta preocupación por mejorar el balance es particularmente importante hoy en día, cuando Estados Unidos está pidiendo prestado tanto dinero en el extranjero. Si un país estimula su economía mediante el consumo financiado con deuda, el nivel de vida en el futuro será más bajo cuando llegue el momento de devolver la deuda, o incluso simplemente al pagar intereses por ella. Si un país estimula la economía mediante la inversión, la producción futura será mayor, con buenas inversiones, en una cuantía más que suficiente para pagar los intereses. Esas inversiones no sólo mejoran el nivel de vida actual, sino que también mejoran el de la siguiente generación.

5. *Debería ser justo*. A los estadounidenses de clase media les ha ido mucho peor en los últimos años en comparación con las clases altas[3]. Cualquier estímulo debería diseñarse teniendo esto presente. La equidad significa que las bajadas de impuestos del tipo que George W. Bush aprobó en 2001 y 2003 —que en su mayoría beneficiaban a los ricos— deberían quedar excluidas.

6. *Debería afrontar las exigencias a corto plazo creadas por la crisis*. En una recesión, los estados a menudo se quedan sin dinero, y tienen que empezar a eliminar empleos. Los parados

132

se quedan sin seguro de atención médica. La gente que tiene dificultades para conseguir pagar la hipoteca podría hundirse si pierde su trabajo o si alguien de su familia se pone enfermo. Un estímulo bien diseñado debería abordar tantas de estas cuestiones como sea posible.

7. *El estímulo debería destinarse a las áreas de destrucción de empleo*. Si es probable que la destrucción de empleo sea permanente, el estímulo debería dirigirse a formar a los trabajadores con la cualificación que necesitarán para su futuro empleo.

A veces estos objetivos están en conflicto, y a veces son complementarios. Gran parte del gasto necesario para afrontar las exigencias a corto plazo es muy eficaz —el multiplicador es alto— pero no crea un activo. Gastar dinero para rescatar las compañías automovilísticas puede ser equivalente a tirar el dinero a un pozo, aunque temporalmente salve empleos. Invertir dinero en carreteras puede contribuir al calentamiento global, uno de los problemas a largo plazo más importantes del mundo; sería mucho mejor crear un moderno sistema de transporte público de alta velocidad. Gastar dinero en rescatar a los bancos sin obtener nada a cambio da dinero a los estadounidenses más ricos y casi no tiene efecto multiplicador[4].

Los estabilizadores automáticos —gastos que suben automáticamente cuando la economía se debilita— son una de las formas más eficaces de estímulo porque ajustan el nivel de gasto a las necesidades de la economía, dando más dinero según se necesite. Entre ellos se incluye, por ejemplo, el aumento de las prestaciones por desempleo que se pagan automáticamente a medida que aumentan los índices de paro. Si la economía se recupera más rápidamente de lo esperado, el gasto en prestaciones por desempleo se ve reducido automáticamente.

Estos principios aportan unas directrices considerables respecto al tamaño del estímulo y a cómo debería haberse diseñado. Unos cuantos países, en particular Australia, diseñaron un estímulo coherente con estos principios; su recesión fue modesta, y Australia fue el primero de entre los países industrializados avanzados que reanudó su crecimiento.

Al final, el estímulo de la administración Obama supuso una gran diferencia, pero debería haber sido mayor y mejor diseñado. Era demasiado pequeño, una parte excesiva (aproximadamente un tercio) consistió en bajadas de impuestos, se destinó una parte demasiado pequeña a ayudar a los estados y a las localidades, y a aquellos que estaban cayéndose a través de los huecos de las redes de seguridad, y el programa de inversiones podría haber sido más eficaz.

*Tamaño*

El coste de casi 800.000 millones de dólares del paquete de estímulo parecía mucho dinero al principio. Debía gastarse en el plazo de más de dos años, y en una economía de 14 billones de dólares, la cantidad era menor que el 3 por ciento anual del PIB. Aproximadamente una

134

cuarta parte del dinero se gastaría durante el primer año, pero esos 200.000 millones de dólares apenas eran suficientes para compensar los recortes de los gastos a nivel estatal y local. En resumen, en 2009, restando los recortes de los estados del aumento del paquete federal de «estímulo», el resultado fue que casi no hubo estímulo.

Las propias cifras de la administración subrayan lo inadecuado del estímulo. El presidente y sus asesores dijeron que el estímulo crearía 3,6 millones de nuevos empleos, o impediría la destrucción de otros tantos[5]. (Eran conscientes de que podría no haber ninguna creación *neta* de empleos a lo largo del periodo de dos años del estímulo). Pero esa cifra de 3,6 millones debe ponerse en perspectiva. En un año normal, se incorporan a la población activa aproximadamente 1,5 millones de nuevos trabajadores *netos*, y la economía produce empleos para ellos. Entre el comienzo de la recesión, en diciembre de 2007, y octubre de 2009, la economía perdió 8 millones de empleos[6]. Si se incluyen las nuevas incorporaciones a la población activa, eso significa que para otoño de 2009 el déficit de empleo, el número de puestos de trabajo que haría falta crear para devolver la economía al pleno empleo, había crecido hasta más de 12 millones[7].

En política económica, hace falta correr para quedarse quieto. La dificultad de alcanzar la meta del pleno empleo debería quedar clara. Con una población activa creciendo a su ritmo normal, y con una productividad creciendo a su tasa normal de entre el 2 y el 3 por ciento, a fin de que el desempleo *no* aumente, el PIB debe crecer entre un 3 y un 4 por ciento. Para reducir el desempleo desde los niveles que alcanzó en 2009, la economía necesita crecer *más deprisa* que esa tasa básica. Pero las «predicciones de consenso» —que no representan a los economistas más optimistas ni a los más pesimistas— consideraban que el crecimiento acumulado en 2009 y 2010, *con* el estímulo, iba a ser menor que un 1,5 por ciento[8], y eso es un déficit muy grande.

Un examen más detallado de las cifras proyectaba unas sombras aún más oscuras sobre lo que estaba ocurriendo. Las cifras en las que se fijan el gobierno y los medios están «corregidas estacionalmente». Tienen en cuenta el hecho de que normalmente hay nuevas incorporaciones a la población activa en junio y en julio, cuando los estudiantes salen del sistema educativo, y que las ventas suben en la temporada de Navidad. Sin embargo, estas correcciones «estacionales» no funcionan bien durante las recesiones. Describen los ajustes «normales», pero las recesiones son acontecimientos anormales. Así pues, cuando el gobierno informó de que se habían perdido unos 492.000 empleos entre junio y agosto, hubo un suspiro de alivio colectivo porque se había ralentizado el ritmo de destrucción de empleo. Pero la realidad era otra; la verdadera cifra de empleos destruidos ascendía al triple, a 1,622 millones. Éste era el número de empleos nuevos que había que crear si se quería que la economía volviera a la «normalidad». En dos meses, la economía había destruido la mitad de los empleos que todo el programa de Obama esperaba crear en el plazo de dos años. El programa de estímulo, incluso si tiene tanto éxito como la administración Obama afirma que tendrá, no será capaz de conseguir el milagro de aproximarse siquiera al pleno empleo a finales de 2011.

Naturalmente, quienes intentan gestionar las expectativas, mantener el optimismo sobre la situación, hablan del «desfase» entre el crecimiento del empleo y el crecimiento económico. El empleo se recuperará, admiten, despacio. Estos cálculos demuestran lo difícil que va a resultar crear suficientes empleos *incluso sin desfases*. Si hay un desfase —y es casi seguro que lo habrá, dado que los empleadores vacilan en contratar más trabajadores hasta que tienen confianza en que la recuperación es real— las cosas pueden ir aún peor.

De hecho, la tasa de desempleo «anunciada» —en octubre de 2009 era *sólo* del 10,2 por ciento— ocultaba las auténticas debilidades de la población activa. Anteriormente he señalado que esta tasa oficial de desempleo no incluye a los millones de personas que han abandonado la población activa por estar demasiado desanimadas para siquiera seguir buscando (si los trabajadores no están buscando un empleo, no se denominan desempleados, aunque, obviamente, no están empleados) ni a los millones de trabajadores que han tenido que aceptar un empleo a tiempo parcial porque no han conseguido un empleo a tiempo completo. Una medida más amplia del desempleo, que incluye a estos trabajadores a tiempo parcial «involuntarios» y a los trabajadores desanimados, había subido desde el 10,8 por ciento antes de la crisis, en agosto de 2008, hasta el 17,5 por ciento en octubre de 2009, el más alto desde que se tienen datos[9]. La proporción de la población en edad de trabajar que estaba empleada, un 58,5 por ciento, era la más baja desde 1947.

Éstas son, por supuesto, cifras «medias». En algunos lugares y para algunos grupos las cifras no eran tan malas, pero para otros eran mucho peores. Para octubre de 2009, mientras que la tasa oficial de desempleo en Michigan había alcanzado el 15,1 por ciento, la medida más amplia ascendía al 20,9 por ciento —más de una de cada cinco personas no conseguía encontrar un empleo a tiempo completo—. En California, la medida mayor era casi del 20 por ciento. El desempleo entre los menores de veinte años había aumentado hasta el 27,6 por ciento (un récord), mientras que el desempleo entre los afroamericanos se elevaba al 15,7 por ciento[10].

Había otra razón para explicar por qué la tasa de desempleo subestimaba lo mal que estaban las cosas. Muchos de los desempleados optaban por apuntarse a la baja por discapacidad, que se paga mejor y durante más tiempo. En los primeros ocho meses de 2009, el número de solicitudes de discapacidad aumentó en un 23 por ciento. No se había extendido una oleada de enfermedades por Estados Unidos. En 2008, las prestaciones por discapacidad alcanzaron la cifra récord de 106.000 millones de dólares, el 4 por ciento del presupuesto del gobierno. La Administración de la Seguridad Social estima que para finales de 2011, un millón de personas más habrá solicitado la baja por discapacidad *debido* a la recesión, y que aproximadamente 500.000 personas la obtendrán. Y una gran parte de ellos seguirá de baja por discapacidad durante el resto de su vida[11].

Al prolongarse la crisis económica más de un año y medio, la cifra de los desempleados de larga duración (quienes están más de seis meses en paro) alcanzó niveles desconocidos desde la Gran Depresión. La duración media del desempleo estaba cerca del medio año (24,9 semanas)[12].

Algunos observaban el índice de desempleo y señalaban que (todavía) no era tan malo como en la recesión de Reagan de 1981-1982, cuando llegó al 10,8 por ciento, y que era muy inferior al de la Gran Depresión. Ese tipo de comparaciones debe tomarse con reservas. La estructura de la economía ha cambiado, ya que ha pasado de la industria (desde el 20 por ciento de la economía en 1980, hasta el 11,5 por ciento en la actualidad) a los servicios[13]. Entonces había menos empleos a tiempo parcial. Además, la estructura de la población activa también ha cambiado sensiblemente. Normalmente el desempleo es más alto entre los trabajadores jóvenes, y en los años ochenta había muchos más. Un ajuste a esos cambios demográficos añade un 1 por ciento o más a la tasa de desempleo de hoy.

La falta de empleos aumentó la angustia, incluso quienes tenían un trabajo estaban preocupados porque podían recibir una carta de despido, y sabían que si la recibían, encontrar otro empleo sería casi imposible. A mediados de 2009, había seis trabajadores en paro para cada vacante (un récord, y el doble de la cifra correspondiente al punto álgido de la recesión anterior)[14]. Quienes tenían empleo trabajaban menos horas a la semana —el número ha descendido a treinta y tres horas—, la cifra más baja desde que empezaron a recogerse datos en 1964[15]. Y las debilidades en el mercado de trabajo también suponían presiones a la baja sobre los salarios.

El hundimiento del mercado de la vivienda interactuaba con la debilidad del mercado laboral de otras dos formas, lo que hacía aumentar la angustia. El mercado de trabajo estadounidense es uno de los más dinámicos del mundo. Ha sido uno de los puntos fuertes del país. Garantiza que los trabajadores son empleados de la forma más eficiente. Pero este dinamismo se enfrenta a importantes obstáculos. En primer lugar, tradicionalmente, las personas que pierden su empleo en un lugar están dispuestas a trasladarse a miles de kilómetros de distancia para encontrar empleo en otro sitio. Pero para la mayoría de los estadounidenses, su casa es su activo más importante, e incluso aquellos que aún conservan *algo* de capital en sus hogares (es decir, cuyas hipotecas no están «sumergidas») han perdido una gran parte de él, en una medida tal que muchos no serían capaces de pagar una entrada del 20 por ciento en una casa de un tamaño comparable. Su capacidad de trasladarse se ha reducido. Las personas con un empleo no van a marcharse a otro sitio por un trabajo mejor. Las personas sin empleo probablemente seguirán más tiempo en el paro: mudarse es una opción menos atractiva.

Por añadidura, muchos estadounidenses mayores se enfrentan a un segundo problema, que también afecta al desempleo. La mayoría de los programas de jubilación solían ser lo que se denominaba programas de prestaciones fijas —en los que los jubilados sabían lo que recibían cuando se jubilaban—. Sin embargo, en los últimos veinte años ha habido un cambio a los «programas de contribución fija», en los que el empleador aporta una cantidad determinada, que a continuación se invierte en el mercado (y gran parte de ella se invertía en el mercado de acciones)[16]. El hundimiento de la bolsa, combinado con el del mercado de la vivienda, ha significado que muchos estadounidenses se estén replanteando su jubilación[17]. Si hay menos personas que abandonan la población activa, habrá menos oportunidades nuevas de empleo, a menos que éste aumente.

En resumen, a los pocos meses de la aprobación del decreto de estímulo, resultaba obvio que éste no había sido lo suficientemente grande; pero eso debería haber sido evidente en la época en que el gobierno lo estaba diseñando[18]. La contracción del consumo a medida que el ahorro aumentaba desde el nivel insostenible de cero, combinada con los recortes en el gasto estatal y local, significaba que 800.000 millones de dólares repartidos en el plazo de dos años simplemente no lograrían obrar el milagro.

*Ayuda a los estados*

En una crisis, sin ayuda federal, los estados y las localidades reducen su gasto, que constituye aproximadamente un tercio de todo el gasto gubernamental. Los estados tienen un marco de presupuesto equilibrado, y deben limitar su gasto de acuerdo con los ingresos. Cuando disminuyen el valor y las plusvalías inmobiliarias, también caen los ingresos por impuestos. El desfase presupuestario conjunto para los años fiscales 2010 y 2011 se estima en un total de 350.000 millones de dólares como mínimo[19]. En 2009, sólo California tuvo que recortar los gastos y subir los impuestos por valor de 42.000 millones de dólares[20]. Tan sólo compensar el déficit de ingresos de los estados exigiría un gasto *federal* de estímulo mayor que el 1 por ciento del PIB cada año.

Aunque el decreto de estímulo aprobado en febrero de 2009 efectivamente incluía algo de ayuda para los estados y localidades, no era suficiente. Los recortes en los programas de los gobiernos estatales y locales golpearon a los pobres con especial dureza; mientras la administración anunciaba a bombo y platillo su estímulo, los periódicos describían el sufrimiento de muchas de las víctimas inocentes de esta crisis. La primera prioridad debería haber sido compensar el déficit de los ingresos de los estados. Tiene poco sentido económico contratar a nuevos trabajadores para construir puentes y al mismo tiempo despedir docentes y enfermeras. La administración se mostraba sensible a esas preocupaciones, y en su primer informe sobre los empleos creados por el estímulo, en octubre de 2009, señalaba que de los 640.000 empleos salvados o creados por la primera fase de gasto de estímulo, la mitad era en educación, y sólo 80.000 eran en la construcción[21]. Pero el estímulo seguía sin ser lo suficientemente grande como para evitar los despidos y las excedencias entre los docentes, e incluso los proyectos de infraestructuras listos para iniciarse requieren tiempo para ponerse en marcha. La destrucción de empleos contribuyó a la desmoralización, y se producía mucho más rápidamente de lo que podían crearse nuevos empleos. Sólo en septiembre de 2009, el empleo gubernamental disminuyó en 40.000 personas[22].

Una simple fórmula —compensar los ingresos perdidos estado por estado— habría sido una medida justa y habría puesto en circulación el dinero rápidamente. Ese dinero habría tenido unos multiplicadores elevados, y se habría destinado a la gente que más necesitaba ayuda. Y habría actuado como un estabilizador automático: si, por arte de magia, la economía se hubiera recuperado más deprisa, el gasto no se habría producido. Si se diera el caso más probable de que la crisis económica resultara ser más profunda y prolongada de lo esperado, habría habido más dinero.

*Tapar los huecos en la red de seguridad*

La siguiente prioridad debería haber sido tapar los huecos en la red de seguridad. El decreto aprobado hacía algo en ese sentido, pero no lo suficiente. El Congreso aprobó tres ampliaciones de las prestaciones por desempleo de financiación federal hasta un máximo de 73 semanas (muchos estados dan prestaciones tan sólo para un tercio de ese plazo)[23], pero al prolongarse la recesión, quedaba claro que no sería suficiente[24]. Por primera vez, sin embargo, el gobierno sí hizo algo respecto al hecho de que dado que tenemos un sistema de seguros sanitarios basado en el empleador, los individuos pierden su cobertura sanitaria cuando pierden sus empleos. Anteriores reformas habían garantizado que se pudiera *pagar* un seguro (COBRA) *si uno se lo podía permitir,* pero cada vez más desempleados no podían permitirse pagar un seguro. Sin asistencia, la cantidad de personas sin seguro —ya de por sí elevada— aumentaría ulteriormente. Parte del paquete de estímulo de Obama era una disposición para pagar el 65 por ciento del coste del seguro médico como parte de las prestaciones por desempleo ampliadas (pero sólo para los trabajadores que hubieran perdido su empleo después del 1 de septiembre de 2008, y antes del final de 2009).

Y lo que tal vez es más revelador, el gobierno no hizo lo suficiente para ayudar en un tema que abordaba el meollo de la crisis: los parados no pueden hacer frente al pago de la hipoteca. Muchos desempleados perdieron sus hogares inmediatamente después de perder sus empleos, sin que en ningún momento fuera culpa suya. La administración Obama debería haber proporcionado un nuevo tipo de «seguro hipotecario» que, en esas circunstancias, se hiciera cargo de las cuotas de la hipoteca, permitiendo que la mayoría de ellas se pospusiera hasta que el propietario de la vivienda volviera a tener trabajo. No es sólo una cuestión de equidad, sino también de interés nacional: a medida que se embargaban viviendas, los precios bajaban, exacerbando el ciclo descendente.

*Inversiones*

Habría tenido sentido dar prioridad a unas inversiones que fortalecieran nuestro futuro — sobre todo inversiones de alta rentabilidad en las personas y en tecnología—. Dado que el derrumbe de los mercados fue devastador para las donaciones a las universidades privadas y a consecuencia de los grandes déficits presupuestarios de los estados, ese tipo de gasto se vio duramente golpeado.

Gran parte del dinero del estímulo fue a proyectos de construcción listos para su ejecución, seguidos de inversiones en el medio ambiente que podían ponerse en práctica de forma relativamente rápida. Era evidente que había un alto riesgo de que en el plazo de dos años la economía estuviera todavía necesitada de más estímulos. Un paquete de estímulo a más largo plazo habría permitido ir más allá de los proyectos ya ultimados, a inversiones públicas de rentabilidad más alta (una de las pocas ventajas de una crisis económica prolongada).

La escasez de inversión más importante del país está en el sector público, pero hay límites a la facultad de realizar más inversiones *rápidamente*. Las bajadas de impuestos que fomentan la inversión acelerarían el flujo de fondos a la economía y proporcionarían beneficios a largo plazo. Un programa que, por ejemplo, concediera incentivos fiscales a fin de que los propietarios de viviendas aislaran sus viviendas habría dado empleo a algunos de los trabajadores de la construcción que perdieron sus empleos, cuando el sector inmobiliario se hundió a su mínimo histórico en cincuenta años.

En una recesión, la mayoría de las empresas no están dispuestas a asumir el riesgo de invertir. Un crédito fiscal temporal sobre las inversiones puede aportarles el incentivo adecuado. En efecto, una reducción de impuestos hace que resulte más barato invertir ahora, cuando los beneficios nacionales son grandes (en vez de más adelante, cuando la economía haya vuelto a la normalidad). Es como unas rebajas de los bienes de capital. Un crédito fiscal temporal progresivo para las inversiones es aún mejor. Incluso en una recesión, algunas empresas van a invertir, y tiene poco sentido recompensarlas por hacer lo que habrían hecho de todas formas. Dar crédito sólo a las inversiones que superen, pongamos, el 80 por ciento del dinero invertido por una compañía en los dos últimos años, aumenta el efecto de cada dólar.

*Bajadas de impuestos ineficientes*

No eran sólo el tamaño y los tiempos del programa de estímulos lo que no cumplía completamente los objetivos. Dado que casi un tercio del estímulo se dedicó a bajadas de impuestos, existía el riesgo de que gran parte de él fuera muy ineficiente. La bajada de impuestos del presidente Bush en febrero de 2008 no funcionó porque se ahorró gran parte de ella, y había suficientes razones para creer que las cosas no iban a ser muy diferentes con esta bajada de impuestos, incluso si fue diseñada para fomentar un mayor gasto.

Los estadounidenses hacían frente a un exceso de deuda, así como a la angustia por sus empleos y su futuro. Incluso quienes estuvieran más dispuestos a endeudarse entenderían que en un entorno de restricción del crédito puede que no consiguieran recurrir a su tarjeta de crédito en un momento de necesidad. Por consiguiente, probablemente decidirían ahorrar gran parte del dinero que recibieran a corto plazo. Este tipo de conducta es comprensible, pero socava el propósito del estímulo, que es *aumentar* el gasto. La bajada de impuestos aumentaría la deuda nacional, pero tendría pocas contrapartidas, tanto a corto como a largo plazo[25].

Otras partes del programa de estímulo desplazando la carga al futuro: el programa de «dinero por chatarra» ayudó a estimular la demanda de vehículos, pero los coches que se compraron con cargo al programa son coches que no se comprarán en el futuro; una estrategia que tendría sentido si la recesión sólo hubiera durado seis meses, pero mucho más arriesgada dada la incierta duración de esta crisis. Los miedos resultaron estar justificados: el programa disparó la compra de coches durante el verano de 2009, pero a expensas de las compras durante el otoño. El programa de «dinero por chatarra» también ejemplifica un gasto mal orientado, ya que había formas de gastar el dinero que habrían estimulado más la economía a corto plazo, y ayudado a la economía a reestructurarse de la forma más conveniente a largo plazo.

Aparte de eso, había algo peculiar tanto en las bajadas de impuestos como en el programa de «dinero por chatarra»: el problema no era que los estadounidenses estuvieran consumiendo demasiado poco antes de la crisis; estaban consumiendo demasiado. Sin embargo, la respuesta a la crisis fue animar a la gente a consumir más. Era comprensible, dada la abrupta caída del consumo, pero debería haberse centrado menos en fomentar el gasto en consumo, cuando lo que se necesitaba para un crecimiento a largo plazo era más inversión.

## Las consecuencias

Cuando la primavera de 2009 dio paso al verano, y el número de desempleados seguía creciendo, se elevó un coro: el estímulo no había funcionado. Pero la verdadera medida del éxito del estímulo no es el nivel efectivo del desempleo, sino cuál habría sido el desempleo sin el estímulo. La administración Obama siempre dejó claro que iba a crear unos tres millones de empleos *más de los que habría habido en otras circunstancias*. El problema es que la conmoción de la economía por la crisis financiera era tan grave que incluso el estímulo fiscal de Obama, aparentemente enorme, no había sido suficiente.

Aunque la mayoría de los economistas estaban convencidos de que era necesario un estímulo, y de que éste estaba funcionado —pese a que habría sido deseable un estímulo mayor—, había algunos que lo negaban. Algunos conservadores incluso han estado intentando reescribir la historia para sugerir que el gasto del gobierno no funcionó durante la Gran Depresión[26]. Por supuesto que no sacó al país de la Gran Depresión —Estados Unidos no salió realmente de la Depresión hasta la II Guerra Mundial—, pero la razón fue que el Congreso y la administración Roosevelt vacilaron. El estímulo no fue lo suficientemente fuerte de forma constante. Al igual que en esta crisis, los recortes en el gasto de los estados compensaron parcialmente los aumentos en el gasto federal. En realidad, nunca se había puesto a prueba la economía keynesiana a gran escala en tiempos de paz, a pesar de toda la retórica. El gasto del gobierno en tiempos de guerra sí consiguió devolver la economía al pleno empleo, y muy rápidamente. Tras el estímulo de Obama, los críticos volvieron a argumentar que la economía keynesiana se estaba mostrando ineficaz una vez que se había puesto a prueba[27]. Pero no era cierto y todas las evidencias demostraban que el estimulo había mejorado la situación.

Hay tres razones por las que un estímulo podría no funcionar: una de ellas, a menudo aducida por los economistas académicos, demuestra lo desconectados que están de la realidad; pero las otras dos suscitan preocupaciones reales. Algunos economistas han sugerido que si el gobierno entra en déficit, se fomentará que las economías domésticas ahorren, sabiendo que en algún momento, en el futuro, tendrán que devolver la deuda a través de unos impuestos más altos. Según ese punto de vista, el aumento del gasto del gobierno se ve *completamente* compensado por una reducción del gasto de las economías domésticas. La equivalencia ricardiana, como se la conoce entre los economistas, se enseña en todas las facultades del país. Además es un puro sinsentido. Cuando el presidente Bush bajó los impuestos en los primeros años de esta década, en realidad las tasas de ahorro bajaron. Por supuesto, en teoría económica, las cosas nunca son lo que parecen. Los defensores de la equivalencia ricardiana argumentarían que tal vez dichas tasas habrían caído aún más sin la bajada de impuestos. Eso significaría que las tasas de ahorro de Estados Unidos antes de la crisis habrían sido muy negativas, en varios puntos porcentuales.

Los conservadores invocan la equivalencia ricardiana más a menudo como un argumento en contra de los aumentos del gasto que como un argumento contra las bajadas de impuestos. De hecho, la teoría sugiere que nada influye demasiado. Si el gobierno aumenta los impuestos, la gente se adapta; gasta exactamente el mismo dinero hoy que en otras circunstancias, sabiendo que tendrá que pagar menos impuestos en el futuro.

Estas teorías están basadas en simples suposiciones que han llegado a ser aceptadas en las escuelas de pensamiento económico que jugaron un papel tan importante a la hora de precipitar la crisis actual. Dos de las suposiciones son lugares comunes, pero obviamente están equivocadas: los mercados y la información son perfectos. En este escenario, todo el mundo puede pedir prestado todo lo que quiera. Si el gobierno sube los impuestos, quienes desean aumentar el gasto para compensarlo no tienen problemas en ir a un banco y pedir dinero prestado al mismo tipo de interés con que el gobierno puede pedir prestado (adecuadamente ajustado al riesgo de impago). Dos de las suposiciones son peculiares: los individuos viven eternamente, y las redistribuciones no importan. Si la gente vive eternamente, simplemente no puede evitar pagar por lo que se pide prestado hoy: pero en realidad, esta generación puede trasladar la carga del crédito de hoy a las generaciones futuras, permitiendo a la generación anterior consumir más de lo que lo haría en otras circunstancias. En esta peculiar teoría, aunque las personas pobres y ancianas podrían gastar una fracción mayor de sus limitados ingresos que los ricos de mediana edad, redistribuir los ingresos desde los ricos a los pobres no tendría efecto en el consumo total. En realidad, los ahorros de las economías domésticas probablemente aumentarán durante esta recesión tanto si el gobierno aumenta el déficit como si no; y la tasa de ahorro probablemente no se verá muy afectada por el tamaño del déficit.

Una preocupación más grave es que a medida que el gobierno pide más dinero prestado, quienes lo prestan se preocuparán por la posibilidad de que el gobierno sea capaz de devolverlo. A medida que aumenta su preocupación, puede que exijan un tipo de interés más alto. Esta preocupación es bien conocida en los países en vías de desarrollo, que están entre la espada y la pared. Si no gastan dinero en un estímulo, su economía se debilita y los acreedores exigen altos tipos de interés. Si gastan dinero en un estímulo, su endeudamiento aumenta y los acreedores exigen altos tipos de interés. Afortunadamente, Estados Unidos no está (todavía) en esa crítica coyuntura. A mi juicio, los actuales beneficios de un estímulo son tan grandes que superan esos riesgos a largo plazo.

Una preocupación estrechamente relacionada con lo anterior es que los inversores estarán más preocupados por la inflación futura. Los países que prestan dinero a Estados Unidos ya están expresando su inquietud de que haya un incentivo para «desinflar la enorme deuda», es decir, reducir su valor *real* a través de la inflación. Por añadidura, les preocupa que los inversores, al ver esa deuda, piensen que el dólar está en peligro, y que el valor del dólar (en términos de otras divisas) se reduzca. Tanto si estas inquietudes son racionales como si no, si están ahí, los tipos de interés a largo plazo aumentarán, y ello puede reducir la inversión, disminuyendo el incremento neto en la demanda agregada.

A través de la política monetaria, la Reserva Federal puede compensar en gran medida cualquier tendencia a que un aumento del endeudamiento del gobierno provoque un aumento por lo menos en los tipos de interés a corto plazo. Pero en la crisis actual, la magnitud y las características sin precedentes de sus medidas[28] han dado lugar a preocupaciones sobre la capacidad de la Reserva Federal de «deshacer» las acciones justo en el momento oportuno. La Reserva Federal ha intentado convencer al mercado de que puede hacerlo, garantizando que la inflación no aumente a través de una moderación adecuada de la política monetaria exactamente en el momento oportuno. Como señalo en el Capítulo 5, hay buenos motivos no confiar en la reacción de la Reserva Federal. Una vez más, si estas creencias, justificadas o no, son generalizadas, ponen a la Reserva Federal en un compromiso: si no vuelve a su política «normal» de centrarse en los tipos de interés a corto plazo, los tipos de interés a largo plazo pueden subir, incluso si mantiene bajos los tipos de interés a corto plazo, desincentivando la recuperación.

No obstante, si el dinero del estímulo se gasta en inversiones, es menos probable que se produzcan estos efectos adversos, porque los mercados se darían cuenta de que Estados Unidos está en realidad en una posición económica más fuerte a consecuencia del estímulo, no en una posición más débil. Si el gasto del estímulo es en inversión, el lado de los activos del balance de la nación aumenta a la vez que el pasivo, y no hay motivo para que los prestamistas se preocupen, no hay motivo para un aumento en los tipos de interés[29].

Las inquietudes por que el déficit crezca de forma incontrolable dan lugar a la verdadera fuente de preocupación: el riesgo político de que Estados Unidos no sea capaz de mantener el rumbo, como ocurrió durante la Gran Depresión, y como ocurrió con Japón tras la ruptura de su burbuja a principios de los años noventa. ¿Seguirá el gobierno aplicando políticas de estímulo si la economía no consigue una sólida recuperación tras la primera dosis de la medicina? Quienes nunca creyeron en la economía keynesiana, ¿se aliarán con los «halcones del déficit» en el Congreso para instar a un recorte en el gasto del gobierno? Me temo que lo harán, y si lo hacen, puede que se retrase el regreso a un crecimiento sólido.

## EL CAMINO HACIA ADELANTE

Las administraciones Bush y Obama subestimaron la gravedad de la recesión. Creyeron que proporcionar dinero a los bancos devolvería la salud a la economía, restablecería el flujo del crédito y resucitaría el mercado inmobiliario. El estímulo de Obama se diseñó para que el país superara el periodo de ajuste mientras se producía todo lo anterior. Todas esas hipótesis estaban equivocadas: restablecer el balance de los bancos no traería consigo automáticamente que el crédito volviera a la «normalidad». El modelo subyacente de consumo basado en el endeudamiento de la economía estadounidense se rompió cuando estalló la burbuja inmobiliaria, y repararlo no iba a resultar tan fácil. Que se detenga la bajada de precios inmobiliarios no significa que vayan a volver a los niveles en que habían estado. Y eso significa que la principal fuente de riqueza para la mayoría de los estadounidenses —el valor de lo pagado por sus hogares— se ha visto enormemente reducida, si no totalmente erradicada.

Necesitamos estar preparados para una segunda fase de gasto de estímulo a medida que se agote la ronda de gasto de estímulo actual que, por sí solo, contribuirá al crecimiento «negativo». Algunas de las cosas que deberían haberse incluido en la primera fase (como compensar la caída en los ingresos por impuestos de los estados) deberían incluirse en la siguiente ronda. Necesitamos estar preparados para un mayor gasto en inversión en 2011. Puede que no sea necesario, pero si no empezamos a prepararnos ahora, no estaremos listos cuando llegue el momento. Si nos preparamos ahora, siempre podemos suspenderlo todo si resultara ser innecesario. Por desgracia, las decisiones tomadas por las administraciones Obama y Bush han provocado que en el mejor de los casos la posibilidad de que se apruebe otro paquete de estímulo resulte difícil. Algunas de las consecuencias adversas de la arriesgada estrategia de Obama de salir del paso ya se están manifestando.

Al fin y al cabo, un gasto de estímulo financiado con déficit por sí solo sigue siendo un paliativo temporal, especialmente a medida que aumentan las presiones en muchos países, incluido Estados Unidos, por la creciente deuda. Los críticos argumentan que el país simplemente ha pasado del consumo privado financiado con deuda al consumo público financiado con deuda. Aunque ese tipo de gasto puede ayudar a incentivar la reestructuración de la economía que es necesaria para garantizar un crecimiento a largo plazo, se ha destinado demasiado poco dinero a ese objetivo (y se ha gastado demasiado en mantener el *statu quo*).

Hay otras políticas que podrían ayudar a sostener la economía y a sustituir la burbuja de consumo financiada con deuda. Para que se restablezca el consumo estadounidense total sobre una base sostenible, tendría que haber una gran redistribución de ingresos, desde las clases altas que pueden permitirse ahorrar hacia las clases bajas que gastan hasta el último centavo que reciben. Unos impuestos más progresivos (gravar más a las clases altas, reducir los impuestos a las clases bajas) no sólo lo lograría, sino que también ayudaría a estabilizar la economía. Si el gobierno sube los impuestos de los estadounidenses de elevados ingresos para financiar una expansión del gasto público, sobre todo en inversión, la economía se expandirá (eso se denomina un «multiplicador de presupuesto equilibrado»). Los economistas del lado de la oferta, populares en la época de Reagan, argumentaban que ese tipo de impuestos desincentivaría el trabajo y el ahorro, y por tanto reduciría el PIB. Pero su análisis (si es que resulta de alguna forma correcto) es válido sólo para situaciones en que la producción se ve limitada por la oferta; actualmente hay un exceso de capacidad, y la producción se ve limitada por la demanda.

Si es preciso fortalecer el consumo mundial, tendrá que haber un nuevo sistema global de reservas de forma que los países en vías de desarrollo puedan gastar más y ahorrar menos[30]. La comunidad internacional tendrá que proporcionar más ayudas a los países pobres, y China tendrá que tener más éxito a la hora de reducir su tasa de ahorro de lo que lo ha hecho en los últimos años. Si el mundo se comprometiera a un elevado precio del $CO_2$ (lo que las empresas y las economías domésticas tienen que pagar por las emisiones de gases de efecto invernadero), habría grandes incentivos para modernizar la economía. Fomentaría las innovaciones y las inversiones en viviendas, maquinaria y equipos con mayor eficiencia energética. No es probable que ninguna de estas sugerencias se produzca rápidamente, pero hasta ahora la mayor parte de las cuestiones ni siquiera está en discusión.

Hay tres desafíos que afrontan Estados Unidos y el mundo: el restablecimiento de una demanda agregada sostenible, suficientemente fuerte como para garantizar el pleno empleo mundial; la reconstrucción del sistema financiero para que desempeñe las funciones que se supone que tiene que cumplir un sistema financiero, en lugar de la irresponsable asunción de riesgos que se emprendió antes de la crisis; y la reestructuración de las economías de Estados Unidos y de otros países del mundo (para que reflejen, por ejemplo, los cambios en las ventajas comparativas globales y los cambios en la tecnología). En el momento de escribir esto, estamos fracasando en los tres aspectos. De hecho, hay muy pocas discusiones sobre cualquiera de estos problemas subyacentes, mientras nos centramos en nuestras preocupaciones inmediatas. Una preocupación esencial de este libro es que las medidas que hemos adoptado para evitar caer al abismo pueden, al mismo tiempo, inhibir nuestra vuelta a un crecimiento sólido. Al igual que los bancos fueron cortos de vista en su política crediticia, nosotros hemos sido miopes en nuestro rescate, con unas consecuencias que pueden dejarse sentir en un futuro lejano.

Estas consecuencias son particularmente evidentes en el sector financiero, que estaba en el centro de la tormenta. Los próximos tres capítulos se centran en los intentos de rescatar y resucitar el sistema financiero. El capítulo siguiente examina el mercado hipotecario. Aunque el presidente Obama reconocía que iba a resultar difícil devolver completamente la salud a la economía mientras millones de estadounidenses se enfrentaran a la amenaza de la ejecución de sus hipotecas, se ha hecho demasiado poco: las ejecuciones prosiguen, casi sin tregua. El contraste entre lo que se ha hecho y lo que debería haberse hecho es mucho más marcado que en el caso del estímulo. Puede que el estímulo no haya sido tan grande como se requería, pero ha sido, a pesar de todo, un éxito. No se puede poner una nota tan alta a lo que se ha hecho en el caso de las hipotecas. Y respecto a los bancos —el tema de los Capítulos 5 y 6— la decepción es mucho mayor.

# Capítulo 4

## El fraude de las hipotecas

Las intrigas y la forma de hacer negocios del sector hipotecario en Estados Unidos serán recordadas como el gran fraude de principios del siglo XXI. Tener un hogar en propiedad siempre ha sido un elemento característico del sueño americano, y en realidad una aspiración en todos los lugares del mundo. Cuando los bancos y las compañías hipotecarias estadounidenses empezaron a ofrecer hipotecas baratas, muchas personas se apresuraron a intentar conseguir una parte del pastel[1]. Millones de personas suscribieron hipotecas que no podían permitirse. Cuando los tipos de interés empezaron a subir, esas personas perdieron sus hogares y cualquier capital que hubieran aportado[2].

Este desastre de la vivienda tuvo repercusiones a nivel nacional y en el extranjero. A través de un proceso conocido como titulización, las hipotecas habían sido divididas en tramos, empaquetadas y reempaquetadas, y colocadas a todo tipo de bancos y de fondos de inversión por todo el país. Cuando el castillo de naipes finalmente se desmoronó, se llevó consigo a algunas de las instituciones más venerables: Lehman Brothers, Bear Stearns y Merrill Lynch. Pero las dificultades no se detuvieron en las fronteras de Estados Unidos. Estas hipotecas titulizadas, muchas de ellas vendidas por todo el mundo, resultaron ser tóxicas para bancos y fondos tan remotos como el norte de Noruega, Bahréin y China. En verano de 2007 tuve un encuentro con una gestora de fondos indonesia en una conferencia organizada por el banco central de Indonesia. Estaba conmocionada por las pérdidas y se sentía culpable por haber expuesto a sus clientes al inestable mercado estadounidense. Me explicaba que, dado que estos instrumentos estaban hechos en Estados Unidos, pensó que eran una buena inversión para sus clientes. «El mercado hipotecario estadounidense es muy grande. Nunca pensamos que tendríamos problemas», me dijo.

Un riesgo excesivo unido a un endeudamiento excesivo habían creado lo que *parecía* ser una alta rentabilidad —y fue alta durante un tiempo—. Los responsables de Wall Street pensaron que al reempaquetar las hipotecas y trasladarlas a numerosos inversores, estaban repartiendo el riesgo y protegiéndose a sí mismos. Al repartirse ampliamente el riesgo, podía absorberse fácilmente. Pero titulizar las hipotecas en realidad las hizo más peligrosas. Los banqueros que precipitaron los problemas ahora dicen que no todo fue culpa suya. Dick Parsons, el presidente de Citigroup, ejemplifica el punto de vista de los banqueros: «Aparte de los bancos, había poca supervisión reguladora, se fomentaban los créditos a prestatarios no cualificados y la gente suscribía hipotecas o créditos con garantía hipotecaria que no podían permitirse»[3].

Directivos como Parsons le echan la culpa a los prestatarios por comprar casas que no podían permitirse, pero muchos de esos prestatarios eran financieramente analfabetos y no comprendían dónde se estaban metiendo.

Eso es especialmente cierto en el mercado de hipotecas de alto riesgo, que se convirtió en el epicentro de la crisis. Las hipotecas de alto riesgo eran hipotecas concedidas a individuos que estaban menos cualificados que aquéllos a quienes se concedían hipotecas «convencionales», por ejemplo debido a unos ingresos bajos o inestables. Otros propietarios fueron animados por los prestamistas a utilizar sus casas como cajeros automáticos, pidiendo dinero prestado reiteradamente con esa garantía. Por ejemplo, el hogar de Doris Canales estuvo amenazado de embargo después de que refinanciara su casa trece veces en seis años con hipotecas *«no-doc»* [sin documentación], que exigían poca o ninguna documentación de ingresos o de activos. «Simplemente llamaban y decían: "Oiga, ¿necesita usted dinero en el banco?". Y yo decía: "Sí, necesito dinero en el banco"», contaba la señora Canales. Muchos de los formularios presentados por los corredores en su nombre falseaban los verdaderos ingresos de la señora Canales[4]. En algunos casos, los resultados fueron literalmente mortíferos[5]. Se produjeron suicidios y rupturas matrimoniales a medida que los prestatarios de todo el país descubrían que los bancos vendían sus casas bajo sus pies. Incluso algunas personas que habían estado al día con sus pagos y sus impuestos vieron cómo sus casas salían a subasta sin su conocimiento. Puede que las dramáticas historias que llenaban los periódicos fueran la excepción, pero tocaban un nervio sensible: actualmente Estados Unidos se enfrenta a una tragedia social además de económica. Millones de estadounidenses pobres han perdido o están perdiendo sus hogares —según una estimación, 2,3 millones sólo en 2008—. (En 2007, hubo ejecuciones de hipotecas contra casi 1,3 millones de propiedades)[6]. El cibersitio de Moody's, *Economy.com*, pronosticaba que un total de 3,4 millones de propietarios de viviendas no lograrían pagar sus hipotecas en 2009, y 2,1 millones perderían sus hogares. Se espera que a muchos millones más les ejecuten sus hipotecas de aquí a 2012[7]. Los bancos pusieron en peligro los ahorros de toda una vida de millones de personas cuando les persuadieron para que vivieran más allá de sus posibilidades —aunque en algunos casos indudablemente no hizo falta demasiada persuasión—. Con la pérdida de sus hogares, muchos estadounidenses están perdiendo los ahorros de sus vidas y sus sueños de un futuro mejor, de una educación para sus hijos, de una jubilación con un modesto desahogo.

A veces parecía que sólo los soldados rasos —los originadores de las hipotecas que vendían las hipotecas de alto riesgo— tenían alguna sensación directa de culpabilidad, e incluso ellos podían alegar que sólo estaban haciendo su trabajo. Tenían estructuras de incentivos que les animaban a suscribir tantas hipotecas como pudieran. Confiaban en que sus jefes sólo aprobarían las hipotecas si tenían fundamento. No obstante, algunos de los empleados de los niveles inferiores sabían que se avecinaba el peligro. Paris Welch, prestamista hipotecaria de California, escribía a los reguladores estadounidenses en enero de 2006: «Esperen una catástrofe, esperen ejecuciones de hipotecas, esperen historias de terror». Un año después la implosión del mercado de la vivienda le costó su empleo[8].

En última instancia, los instrumentos financieros que los bancos y los prestamistas emplearon para explotar a los pobres fueron también la causa de su propia destrucción.

Los extravagantes instrumentos estaban diseñados para sacarle al prestatario todo el dinero posible. El proceso de titulización sostenía unas comisiones ilimitadas, estas comisiones sostenían unos beneficios sin precedentes y los beneficios sin precedentes generaban unas primas inauditas, y todo ello cegó a los banqueros. Puede que sospecharan que era demasiado bueno para ser cierto. Y lo era. Puede que sospecharan que era insostenible —y de ahí la premura para conseguir todo lo que pudieran lo más rápido posible—, y era insostenible. Algunos no fueron conscientes de las víctimas hasta que el sistema se desmoronó. Aunque las cuentas bancarias de muchos altos directivos del sector financiero se han visto enormemente reducidas, muchos han salido beneficiados del caos con millones de dólares (en algunos casos, con cientos de millones de dólares).

Pero ni siquiera el hundimiento del sistema moderó la avaricia de los banqueros. Cuando el gobierno aportó a los bancos dinero para recapitalizarse y asegurar el flujo de crédito, por el contrario lo utilizaron para pagarse a sí mismos primas de récord —¡por unas pérdidas de récord!—. Nueve prestamistas que conjuntamente tuvieron pérdidas de 100.000 millones de dólares recibieron 175.000 millones en dinero de rescate a través del TARP, y pagaron casi 33.000 millones en primas, incluyendo más de 1 millón de dólares por cabeza a casi cinco mil empleados[9]. Otra parte del dinero se empleó para pagar dividendos, que supuestamente son un reparto de los beneficios entre los accionistas. En este caso, sin embargo, no había beneficios, sólo ayudas del gobierno.

Durante los años anteriores a la crisis, la Reserva Federal había mantenido bajos los tipos de interés. Pero el dinero barato puede conducir a un auge de la inversión en maquinaria y equipo, a un fuerte crecimiento y a una prosperidad sostenida. En Estados Unidos, y en gran parte del resto del mundo, condujo a una burbuja de la vivienda. Ésa no es la forma en que *se supone* que se comportan los mercados. Los mercados *supuestamente* han de asignar el capital a su uso más productivo. Pero históricamente ha habido numerosos casos en que los bancos han utilizado el dinero de otros para dedicarse a asumir excesivos riesgos y a prestar dinero a quienes no pueden devolverlo. Ha habido repetidos casos en que ese tipo de política crediticia ha dado lugar a burbujas inmobiliarias. Es una de las razones para que haya una regulación.

Sin embargo, en el frenesí desregulador de los años ochenta y noventa, y en los primeros años de esta década, incluso los intentos de restringir las peores prácticas crediticias —como los préstamos abusivos en el mercado de alto riesgo— fueron derrotados[10]. Las regulaciones cumplen muchos cometidos. Uno es impedir que los bancos exploten a la gente pobre o con un bajo nivel de educación. Otro es garantizar la estabilidad del sistema financiero[11]. Los desreguladores estadounidenses eliminaron ambos tipos de regulaciones y, al hacerlo, prepararon el camino para que los bancos idearan nuevas formas de explotar a los propietarios de viviendas, muchos de los cuales eran pobres y adquirían una casa por primera vez. Las instituciones financieras de alto riesgo de Estados Unidos crearon una serie de hipotecas basura. Innovaciones todas ellas diseñadas para maximizar las comisiones que podían generar. Se supone que los buenos mercados financieros hacen lo que hacen *eficientemente*, y eso significa con unos costes de transacción bajos, es decir, *comisiones bajas*. Pero, aunque a la mayoría de la gente en la economía no le gustan los costes de transacción, a quienes estaban en el negocio hipotecario (y de las finanzas en general) les encantan. Es de lo que viven, así que se esfuerzan por maximizar las comisiones, no por minimizarlas.

## La banca tradicional

Antes de la llegada de las modernas innovaciones en las finanzas, los prestamistas vivían en un mundo sencillo. Evaluaban la solvencia, concedían préstamos, supervisaban los créditos para asegurarse de que quienes les pedían dinero prestado lo gastaban de la forma convenida, y reingresaban el dinero, con intereses. Los banqueros, y la banca, eran aburridos. Eso era exactamente lo que quería la gente que les confiaba su dinero. Los ciudadanos corrientes no querían que nadie tomara el dinero que tanto les había costado ganar y apostara con él. Era una relación basada en la confianza: la confianza en que el dinero que se depositaba en los bancos iba a ser devuelto. Pero a lo largo de los últimos cien años, ha habido numerosos casos de pánico bancario, episodios en que la gente acude apresuradamente a los bancos para retirar su dinero porque teme que el banco no tenga los fondos suficientes para cubrir sus depósitos.

En medio de la Gran Depresión, en 1933, el gobierno intervino y fundó la Federal Deposit Insurance Corporation [Corporación Federal de Seguros de Depósitos] (FDIC) para asegurar los depósitos a fin de que la gente sintiera que su dinero estaba protegido incluso si había rumores de que un banco estaba pasando por dificultades. Una vez que el gobierno proporcionó ese seguro, tenía que asegurarse que no se sometía a riesgos indebidos, al igual que una compañía de seguros contra incendios se asegura de reducir la probabilidad de pérdidas en un incendio insistiendo en que un edificio tenga aspersores de agua. El gobierno lo hacía regulando los bancos, asegurándose de que no asumieran riesgos excesivos.

Dado que los bancos mantenían en su poder los créditos que suscribían, tenían que ser cuidadosos. Tenían un incentivo para asegurarse de que el prestatario podía devolver el dinero. Para hacerlo, tenían que verificar los ingresos del prestatario e incorporar un incentivo para la devolución. Si el dinero que prestaban los bancos cubría, pongamos, el 80 por ciento del valor de la vivienda, y el prestatario no devolvía el crédito, se enfrentaba a perder no sólo su casa sino también el dinero (el 20 por ciento) que había invertido en su casa, su capital —una suma considerable—. Además, la probabilidad de que una hipoteca del 80 por ciento acabara siendo superior al valor de la casa era pequeña (para ello los precios tendrían que bajar un 20 por ciento). Los banqueros entendían acertadamente que una hipoteca que estuviera «sumergida» tenía un alto riesgo de impago, sobre todo dado el peculiar sistema estadounidense de créditos sin garantía personal por el que si un prestatario no devuelve el crédito, lo peor que puede ocurrirle es que pierda su casa[12]. El prestamista no puede conseguir nada más. El sistema funcionaba bastante bien. Las aspiraciones de los propietarios de viviendas a tener una casa grande se veían moderadas por la realidad de que tenían que aportar un 20 por ciento de su valor para conseguir un crédito.

El «innovador» sistema financiero estadounidense consiguió olvidar estas elementales lecciones de la práctica bancaria, aprendidas desde hacía tiempo. Había muchos motivos para la amnesia. De hecho, las lecciones se olvidaban periódicamente; el mundo se ha visto marcado por frecuentes burbujas y cracs inmobiliarios; por todo el mundo ha habido casos de bancos que han tenido que ser rescatados. El único periodo prolongado en que no ocurrió así fue el cuarto de siglo posterior a la II Guerra Mundial, cuando había una estricta normativa que se aplicaba eficazmente. Puede que el seguro de los depósitos respaldado por el gobierno aportara un mayor aliciente (como si los bancos necesitaran alguno) para las malas prácticas crediticias y otras formas de excesiva asunción de riesgos. Ello significaba que si el banco asumía un riesgo y perdía, el gobierno se hacía cargo del coste; si el banco ganaba, se quedaba con la rentabilidad extra. (Éste es otro ejemplo de «riesgo moral»). Cuando se propuso por primera vez asegurar los depósitos, en las postrimerías de la Depresión, al presidente Franklin Roosevelt le preocupaba tanto el riesgo moral que ello implicaba que vaciló en apoyar la idea. Sin embargo, estaba convencido de que si el seguro iba acompañado de una normativa lo suficientemente estricta, el riesgo podía controlarse[13]. Los defensores del actual afán desregulador olvidaban no sólo que los mercados financieros frecuentemente habían pecado de una política crediticia excesivamente arriesgada, sino también que con el seguro de los depósitos, los incentivos y las oportunidades para las malas prácticas se habían multiplicado.

Es de destacar que el afán de desregulación se produjo en un momento en que los peligros de una excesiva asunción de riesgos estaban aumentando debido a los nuevos productos financieros.

Hay otros motivos detrás de las decisiones de los bancos de empezar a conceder préstamos extremadamente arriesgados, y de dedicarse a otras actividades de asunción de un riesgo excesivo. Sobre todo tras la derogación de la Ley Glass-Steagall en 1999, que hasta entonces había separado la banca comercial y la de inversión, los grandes bancos se habían hecho más y más grandes; demasiado grandes para quebrar, y ellos lo sabían. Sabían que si se metían en problemas, el gobierno los rescataría. Eso era cierto incluso en el caso de los bancos que no tenían seguro de depósitos, como los bancos de inversión. En segundo lugar, quienes tomaban las decisiones —los banqueros— tenían unos incentivos perversos que fomentaban las conductas miopes y una excesiva asunción de riesgos. No sólo sabían que el banco sería rescatado si se metía en problemas, sino que sabían que seguirían siendo ricos incluso si se permitía que el banco quebrara. Y estaban en lo cierto.

Estos problemas se veían agravados por el hecho de que los modelos de gestión de riesgo que utilizaban los bancos eran gravemente defectuosos: los denominados expertos en gestión de riesgos no eran realmente consciente de los riesgos que estaban asumiendo. En el complejo mundo de hoy, los bancos «sofisticados» intentan ser más precisos acerca de los riesgos que afrontan; no están dispuestos a confiar en valoraciones al buen tuntún. Querían saber la probabilidad de que, pongamos, un paquete de hipotecas (o una parte suficiente de su cartera de préstamos) se malograra, en una medida suficiente como para poner en peligro al banco. Que unos pocos activos tuvieran problemas podía solventarse con facilidad. La probabilidad de que *muchos* de ellos tuvieran dificultades simultáneamente dependía de numerosos riesgos diferentes, pero a menudo interrelacionados: las probabilidades de que el índice de desempleo o los tipos de interés fueran elevados, o de que cayeran los precios de la vivienda. Si uno conocía las probabilidades de cada uno de esos factores, y sus interrelaciones, podía estimar el riesgo de que una hipoteca en particular fuera insolvente; pero, lo que es más importante, se podía estimar la probabilidad de que, pongamos, se malograran más del 5 por ciento de ellas. A continuación estos modelos podían pronosticar cuánto podía recuperar el banco de la hipoteca impagada, por cuánto dinero se vendería la vivienda, y, sobre esa base, se podía estimar la probabilidad de que el banco tuviera problemas, que perdiera tanto que no pudiera devolver el dinero a los depositantes. (Podían utilizarse modelos parecidos para estimar las pérdidas de cualquier paquete de hipotecas que estuvieran agrupadas en títulos, o las pérdidas de los complejos títulos que los bancos de inversión construían sobre la base de los títulos avalados por hipotecas). Pero las predicciones de un modelo son sólo tan buenas como las suposiciones en las que se basa; si uno estima incorrectamente las probabilidades de, digamos, una disminución en los precios de la vivienda, todas las conclusiones del modelo estarán equivocadas.

Los bancos confiaban en estos modelos no sólo para evaluar los productos financieros que compraban y vendían, sino también para gestionar el riesgo en su conjunto. Gracias a la «ingeniería financiera» creyeron que podían asegurarse del buen empleo de su capital, lo que les permitía asumir unos riesgos tan elevados como se lo permitieran los reguladores. La ironía era que el intento de utilizar el capital financiero más eficazmente contribuyó a la crisis, que dio lugar a la infrautilización del capital *real* (el capital tanto físico como humano).

Puede que estos modelos defectuosos no fueran sólo un accidente: unos esquemas de remuneración distorsionados socavaban los incentivos para desarrollar modelos sensatos de gestión de riesgos. Aparte de ello, muchos de los responsables de los mercados, aunque pudieran estar orgullosos de su perspicacia para los negocios y de su capacidad para valorar los riesgos, simplemente no tenían la facultad de evaluar si los modelos eran correctos o no. Muchos de ellos eran abogados, inexpertos en las sutiles matemáticas de los modelos.

Había otra importante diferencia entre los mejores tiempos pasados y la banca moderna, y era la forma en que los bancos generaban sus beneficios. En los viejos tiempos, los bancos ganaban la mayor parte de su dinero por la diferencia entre el tipo de interés que recibían de los prestatarios y el interés que tenían que pagar a los depositantes. La diferencia, o margen, a menudo no era muy elevada, y hacía que la actividad bancaria comercial fuera desahogada, pero no salvajemente, lucrativa. Pero a medida que se relajó la normativa y que fue cambiando la cultura de la banca, los bancos empezaron a buscar nuevas formas de generar beneficios. Encontraron la respuesta en una sencilla palabra: comisiones.

De hecho, muchos de los nuevos productos «innovadores» basados en las hipotecas tenían algunos factores cruciales en común: aunque puede que no ayudaran a los prestatarios a gestionar el riesgo, estaban diseñados para trasladar fuera del banco todo el riesgo posible, y para generar tantas comisiones como fuera posible, a menudo de unas formas de las que el prestatario no era nunca plenamente consciente. Además, los productos estaban diseñados, allí donde fuera necesario, para eludir las restricciones normativas y contables que pudieran limitar el préstamo y la asunción de riesgos.

Las recientes innovaciones que estaban diseñadas para ayudar a gestionar el riesgo eran capaces, si se utilizaban mal, de amplificar el riesgo, y, ya sea a causa de la incompetencia o de unos incentivos defectuosos, eso fue lo que ocurrió. Y algunas de las recientes innovaciones ayudaron a los banqueros a eludir la normativa que pretendía evitar que se portaran mal: contribuyeron a ocultar lo que estaba ocurriendo, eliminando el riesgo de los balances; eran complejas y opacas, de forma que incluso si los reguladores hubieran querido hacer su trabajo —incluso si hubieran creído que la normativa era necesaria para mantener la estabilidad de la economía— les habría resultado cada vez más difícil hacerlo.

## LA INNOVACIÓN MALOGRADA: UNA PLÉTORA DE MALOS PRODUCTOS

No hay suficiente espacio para describir los detalles de la miríada de tipos de hipotecas que estuvieron en circulación durante el boom, pero pongamos un ejemplo: la hipoteca del 100 por ciento, donde los bancos prestaban el 100 por ciento, o más, del valor de la vivienda. Una hipoteca sin garantía personal del 100 por ciento es lo que los economistas llaman una opción. Si el precio de la casa sube, el propietario se queda con la diferencia. Si baja, no tiene nada que perder; el prestatario sólo tiene que entregar sus llaves al acreedor y marcharse en cualquier momento. Eso significaba que cuanto más grande fuera la vivienda, más dinero podría ganar el prestatario. La consecuencia fue que los propietarios se veían tentados a comprar casas más grandes de lo que se podían permitir. Y dado que los banqueros y los originadores de las hipotecas cobraban sus comisiones de todas formas, tenían pocos incentivos para poner freno a esos excesos.

Las hipotecas con trampa (con cuotas temporalmente bajas que se disparaban tras unos años) y pagos que aumentaban rápidamente (una hipoteca a corto plazo que aprovechaba los bajos tipos de interés vigentes, y que tenía que refinanciarse después de cinco años) eran particularmente ventajosas *para los prestamistas*. Implicaban una refinanciación reiterada. En cada refinanciación, cuando el prestatario tenía que hacer frente a una nueva serie de comisiones, el originador de la hipoteca tenía una nueva fuente de beneficios. Cuando el periodo de enganche concluía y las cuotas se disparaban, las familias que habían pedido prestado todo lo que podían tenían dificultades para conseguir cumplir con los pagos. Pero si los compradores les preguntaban a los prestamistas por ese peligro potencial, a muchos les decían que no se preocuparan, dado que el precio de su vivienda subiría antes de que venciera el plazo de los tipos gancho, lo que les permitiría refinanciar fácilmente (y pedir prestado algo de dinero para comprarse un coche o disfrutar de unas vacaciones).

Había incluso hipotecas que permitían al prestatario elegir cuánto querían devolver, ni siquiera tenía que pagar el importe completo del interés que debía cada mes. Se dice que estas hipotecas tienen una amortización negativa —es decir, al final del año el prestatario debía más dinero que al principio—. Pero una vez más, al prestatario le decían que aunque tal vez debiera más dinero, el aumento en el valor de la vivienda sería mayor que la cantidad adicional que debía, y acabaría siendo más rico. Al igual que los reguladores y los inversores deberían haber desconfiado de las hipotecas del 100 por ciento, deberían haber desconfiado de las hipotecas que dejaban al prestatario cada vez más endeudado y de aquellas que le obligaban a refinanciar y refinanciar.

Los «préstamos del mentiroso», así llamados porque los individuos no estaban obligados a demostrar sus ingresos para conseguir uno, eran de los más peculiares entre los nuevos productos. En muchos casos se animaba a los prestatarios a exagerar sus ingresos. En otros, eran los agentes del crédito los responsables de la exageración, y el prestatario sólo descubría el «error» a la hora de la cancelación[14]. Al igual que con otras innovaciones, todo ello estaba al servicio de un sencillo *mantra:* cuanto mayor fuera la casa, mayor sería el crédito y mayores las comisiones. Daba igual que pudiera haber un problema más adelante.

Todas estas hipotecas «innovadoras» tenían varios defectos. El primero era la suposición de que resultaría fácil refinanciarlas porque los precios de la vivienda seguirían subiendo al rápido ritmo al que habían estado aumentando. Esto era casi una imposibilidad económica. La renta real (descontando la inflación) de la mayoría de los estadounidenses se ha venido estancando —en 2005 la mediana de los ingresos de las economías domésticas (los ingresos de una economía doméstica tal que la mitad de ellas tenía ingresos superiores, y la mitad inferiores) era casi un 3 por ciento más baja que en 1999[15]—. Mientras tanto, los precios de las viviendas habían estado subiendo mucho más deprisa que la inflación o que la renta real. Entre 1999 y 2005, los precios de la vivienda subieron un 42 por ciento[16]. El resultado era que para una familia con una renta mediana, la relación entre los precios de la vivienda y los ingresos aumentó desde el 3,72 en 1999 hasta el 5,29 en 2005, el nivel más alto desde que hay registros (desde 1991)[17].

Por añadidura, el exótico mercado hipotecario funcionaba bajo el supuesto de que cuando llegara el momento de refinanciar una hipoteca determinada, los bancos estarían dispuestos a hacerlo. Puede que lo estuvieran, pero puede que no. Los tipos de interés podían aumentar, las condiciones del crédito podían hacerse más estrictas, el desempleo podía aumentar, y cada uno de estos factores representaba un riesgo para el prestatario que pretendiera refinanciar.

Si muchos individuos tuvieran que vender sus viviendas al mismo tiempo, pongamos que por un aumento del desempleo, ello haría disminuir el precio de la vivienda y rompería la burbuja. Y fue en ese momento cuando se hicieron ver los distintos errores en las hipotecas: si los prestatarios habían suscrito una hipoteca del 100 por ciento (o si el valor de lo que debían había aumentado hasta el

100 por ciento a consecuencia de la amortización negativa), no había manera de vender la casa y amortizar la hipoteca. No había manera, salvo el impago, de cambiarse a una vivienda más pequeña que la familia pudiera permitirse.

El presidente de la Reserva Federal, Alan Greenspan, el hombre que supuestamente estaba protegiendo al país de una excesiva asunción de riesgos, de hecho la fomentó. En 2004, Greenspan pronunció un discurso, que ahora suena lamentable, en el que señalaba que los propietarios de vivienda «podrían haberse ahorrado decenas de miles de dólares si hubieran suscrito hipotecas de tipo variable [en las que los tipos se ajustan cuando varían los tipos de interés] en vez de hipotecas de tipo fijo durante la última década»[18]. En el pasado, la mayoría de los estadounidenses habían contratado hipotecas a largo plazo (de entre veinte y treinta años) de tipo fijo, en las que los pagos no varían a lo largo de la vida de la hipoteca. Eso era una gran ventaja. Las economías domésticas, sabiendo cuáles van a ser las cuotas de la hipoteca, pueden planificar el presupuesto familiar. Pero Greenspan les aconsejaba otra cosa. La razón de por qué les habría ido mejor con una hipoteca de tipo variable que con una hipoteca de tipo fijo era obvia. Habitualmente, los tipos de interés a largo plazo reflejan el valor medio de los tipos de interés (esperados) en el futuro. Y habitualmente, los mercados proyectan que los tipos de interés permanezcan aproximadamente donde han venido estando —salvo en periodos excepcionales—. Pero en 2003, Greenspan había hecho algo sin precedentes: bajó los tipos de interés hasta el 1 por ciento. No es de extrañar que los mercados no lo hubieran anticipado. Tampoco es de extrañar que a aquellos que apostaron por las hipotecas de tipo variable les fuera mejor que a quienes estaban atados a hipotecas de tipo fijo. Pero con unos tipos de interés al 1 por ciento, sólo había una dirección en la que podían ir: hacia arriba. Eso significaba que cualquiera que tuviera una hipoteca de tipo variable tenía la casi total seguridad de que vería aumentar sus pagos por intereses en el futuro, y puede que en una elevada cuantía. Y vaya si subieron, ya que el tipo de interés a corto plazo pasó del 1 por ciento en 2003 al 5,25 en 2006.

Quienes habían seguido la máxima de contratar la mayor hipoteca que pudieran permitirse tuvieron que hacer frente repentinamente a unos pagos que excedían de su presupuesto. Cuando todos ellos intentaron vender sus viviendas, los precios de las casas cayeron en picado. Para quienes tenían hipotecas del 100 por ciento, eso significaba que no podían refinanciar, que no podían devolver lo que debían y que no podían permitirse quedarse donde estaban. A medida que caían los precios de la vivienda, lo mismo les ocurría incluso a los prestatarios que habían suscrito una hipoteca del 90 por ciento, o a veces incluso del 80 por ciento. El impago de su hipoteca era la única opción para millones de personas.

En realidad, Greenspan había aconsejado al país tomar un rumbo extraordinariamente arriesgado. Otros países, como Turquía, sencillamente no permitían las hipotecas de tipo variable. En el Reino Unido, muchas de las hipotecas de tipo variable mantienen una cuota fija, de forma que los individuos no se ven obligados a la ejecución de la hipoteca. En vez de esto, los bancos prolongan el plazo en el que se amortiza la hipoteca, aunque obviamente esto no funciona en el caso de las hipotecas que ya están al 100 por ciento del valor de la propiedad y en las que el prestatario ya es incapaz de pagar todo el interés que debe.

Cuando las distintas innovaciones hipotecarias se utilizaban en combinación —por ejemplo, hipotecas de amortización negativa combinadas con hipotecas «del mentiroso» del 100 por ciento— se creaba un potencial particularmente explosivo para producir perjuicios. Como he señalado, aparentemente el prestatario no tenía nada que perder al contratar una hipoteca tan grande como le permitiera el banco. Dado que los originadores de la hipoteca conseguían una comisión mayor cuanto mayor fuera la hipoteca, pero habitualmente no soportaban ningún riesgo si el prestatario no devolvía el crédito, los incentivos del originador de la hipoteca y del propietario se alineaban de una forma muy peculiar. Ambos querían la casa más grande y la hipoteca más grande que pudieran conseguir. Eso significaba mentiras por doquier (mentir sobre lo que podía permitirse la familia y mentir sobre el valor de la vivienda).

Si el originador de la hipoteca podía conseguir que un tasador valorara una vivienda que valía 300.000 dólares por 350.000, podía vender una hipoteca por, pongamos, 325.000 dólares. En este escenario, el vendedor salía ganando, el agente inmobiliario salía ganando, el originador de la hipoteca salía ganando y el propietario parecía tener poco que perder. De hecho, para asegurarse de que el comprador pensara que no tenía nada que perder, podía incluso conseguir una comisión —que en realidad era *una entrada negativa*[19]—. Por desgracia, por lo menos desde la perspectiva de los originadores de la hipoteca, algunos

175

tasadores inmobiliarios adoptaban una actitud profesional y se negaban a realizar tasaciones infladas. Había una solución muy fácil: crearse uno mismo su propia compañía de tasación inmobiliaria. Eso tenía la ventaja añadida de ser una nueva forma de generar ingresos por comisiones. Por ejemplo, Wells Fargo tenía su propia compañía subsidiaria de gestión de tasaciones, llamada Rels Valuation[20]. Demostrar que ha habido una sobrevaloración deliberada en un caso concreto resulta como mínimo difícil, sobre todo en medio de una burbuja, cuando los precios están subiendo rápidamente. Pero lo que está claro es que había un *conflicto de intereses:* había incentivos para las malas conductas. Los reguladores deberían haberlo reconocido y haber puesto fin a esas prácticas[21].

Muchos compradores de viviendas recurrieron a corredores hipotecarios para conseguir el tipo de interés más bajo posible. Se *suponía* que los corredores trabajaban para el prestatario, pero a menudo recibían comisiones irregulares del prestamista —un evidente conflicto de intereses—. Los corredores pronto se convirtieron en una parte vital del sistema crediticio abusivo de Estados Unidos. A los prestatarios de alto riesgo les iba peor cuando recurrían a los corredores que cuando acudían directamente a los prestamistas: los pagos adicionales de intereses para quienes recurrían a los corredores oscilaban entre 17.000 y 43.000 dólares por cada 100.000 dólares que pedían prestado[22]. Eso, por supuesto, sin contar el 1 a 2 por ciento del valor del crédito que recibían *del prestatario* por (supuestamente) conseguirles un buen trato. Y lo que es peor, los corredores recibían las mayores recompensas por encauzar a los prestatarios hacia las hipotecas más arriesgadas, a los créditos de tipo variable con sanciones por cancelación anticipada, e incluso recibían pagos irregulares cuando el prestatario refinanciaba. También recibían grandes comisiones ilícitas cuando el agente derivaba a un prestatario a una hipoteca de tipo más alto de la que estaba apto para suscribir.

## Señales de aviso ignoradas

Era bien sabido que el sector financiero se estaba dedicando a todas esas engañifas, y debería haber servido de aviso a los prestatarios, a los inversores que compraban las hipotecas y a los reguladores. Todos ellos deberían haber advertido que la originación de las hipotecas estaba motivada por las comisiones: los prestatarios tenían que refinanciarlas constantemente, y en el momento de la financiación había nuevas comisiones —grandes sanciones por cancelación anticipada al saldar la vieja hipoteca y nuevos cargos al suscribir la nueva hipoteca—. Las comisiones podían registrarse como beneficios, y unos beneficios altos generan unos elevados valores de las acciones para los originadores de las hipotecas y para otros en el sector financiero. (Incluso si los originadores de las hipotecas las hubieran mantenido en su poder, los procedimientos contables estándar habrían funcionado en su beneficio. Aunque para cualquier individuo racional había una alta posibilidad de que estas «novedosas» hipotecas acabarían siendo impagadas, no había que contabilizar las futuras pérdidas hasta que efectivamente la hipoteca acabara en impago). La innovación responde a los incentivos, y los incentivos eran crear productos que generaran más comisiones *ahora*, no productos que gestionaran mejor los riesgos. Las elevadas comisiones y beneficios también deberían haber sido una señal de que algo se estaba torciendo. Para los originadores de las hipotecas, incluidos los bancos, una innovación más —la titulización— les hacía la vida más fácil, ya que les permitía disfrutar de la recompensa de unas comisiones elevadas, *aparentemente* casi sin riesgo.

## La titulización

Como he señalado, en los viejos tiempos (antes de que la titulización se pusiera de moda en los años noventa), cuando los bancos eran bancos, éstos mantenían en su poder las hipotecas que suscribían. Si un prestatario no pagaba, el banco soportaba las consecuencias. Si un prestatario tenía problemas —si, por ejemplo, perdía su empleo— el banco podía ayudarle. Los bancos sabían cuándo valía la pena extender el crédito y cuándo era necesario ejecutar la hipoteca, algo que no hacían a la ligera. Con la titulización, se agrupaba una serie de hipotecas y se vendía a inversores de cualquier lugar. Puede que los inversores nunca visitaran siquiera las comunidades en las que estaban ubicadas las viviendas.

La titulización ofrecía una gran ventaja: diversificaba y repartía los riesgos. Los bancos comunitarios prestaban sobre todo a miembros de la comunidad, de forma que si cerraba una fábrica en la ciudad, muchas personas de la comunidad iban a ser incapaces de cumplir con sus pagos de la hipoteca, y el banco podía correr el riesgo de ir a la quiebra. Con la titulización, los inversores podían comprar participaciones de paquetes de hipotecas, y los bancos de inversión podían incluso combinar múltiples paquetes de hipotecas, haciendo aún más fácil la diversificación para el inversor. Era improbable, así rezaba el razonamiento, que las hipotecas de regiones geográficas distintas experimentaran problemas al mismo tiempo. Pero también había peligros. Hay muchas circunstancias en que la diversificación funcionaba de forma imperfecta (como se mencionaba al principio del capítulo, un aumento en los tipos de interés plantearía problemas a lo largo y ancho del país)[23]. Por añadidura, la titulización generó numerosos problemas nuevos. Uno era que creaba *asimetrías* de información: habitualmente el comprador del título sabía menos que el banco o la empresa que había originado la hipoteca. Y dado que el originador no soportaba las consecuencias de sus errores (salvo a largo plazo, por la pérdida de prestigio), sus incentivos para hacer un buen trabajo a la hora de la evaluación del crédito se veían fuertemente atenuados.

El proceso de titulización involucraba a una larga cadena. Los originadores de las hipotecas creaban las hipotecas, que eran agrupadas por los bancos de inversión, que a su vez las reempaquetaban y las convertían en nuevos títulos. Los bancos mantenían algunos de esos títulos fuera de sus balances, en forma de vehículos de inversión estructurada (SIV en sus siglas en inglés), pero la mayoría las trasladaban a los inversores, incluidos los fondos de pensiones. Para comprar los títulos, los gestores de los fondos de pensiones tenían que estar seguros de que los títulos que estaban comprando eran seguros, y las agencias de calificación crediticia jugaron un papel crucial certificando su seguridad. Los mercados financieros crearon una estructura de incentivos que garantizaba que cada uno de los eslabones de esta cadena desempeñara con entusiasmo su papel en el gran engaño.

Todo el proceso de titulización dependía de la gran teoría del tonto aún mayor, que afirmaba que siempre habría un tonto al que se le podrían vender las hipotecas tóxicas y los peligrosos pedazos de papel que se basaban en ellas. La globalización había destapado todo un mundo de tontos; muchos inversores del extranjero no comprendían el peculiar mercado hipotecario estadounidense, en especial la idea de las hipotecas sin garantía personal. Sin embargo, ese desconocimiento no fue óbice para que se lanzaran a comprar esos títulos. En Estados Unidos deberíamos estarles agradecidos. Si los extranjeros no hubieran comprado tantas de nuestras hipotecas, los problemas a los que se enfrentaría nuestro sistema financiero casi con seguridad habrían sido peores[24].

*Incentivos perversos y modelos defectuosos*
*(acelerados por una carrera hacia el fondo)*

Las agencias de calificación deberían haber advertido el riesgo de los productos cuya seguridad estaban llamados a certificar. Si hubieran hecho su trabajo, habrían pensado en los perversos incentivos tanto de los originadores de las hipotecas como de los bancos de inversión y los banqueros, y ello les habría llevado a ser especialmente cautos.

Algunos han manifestado su sorpresa ante la mala actuación de las agencias de calificación. A mí me sorprendió más la sorpresa. Al fin y al cabo, las agencias de calificación tienen un largo historial de malas actuaciones —que se remonta a mucho antes de los escándalos de Enron y WorldCom a principios de la década de 2000—. Durante la crisis de Asia oriental en 1997, se culpó a las agencias de contribuir a la burbuja que la precedió. Habían otorgado una alta calificación a la deuda de países como Tailandia hasta unos días antes de la crisis. Cuando retiraron su alta calificación —bajando dos puestos a Tailandia y colocándola por debajo de la calificación de inversión— obligaron a los fondos de pensiones y a otros «fiduciarios» a vender los bonos tailandeses, contribuyendo al desplome de sus mercados y de su divisa. Tanto en la crisis de Asia oriental como en la reciente crisis estadounidense, las agencias de calificación fueron por detrás de los acontecimientos. En vez de proporcionar información que ayudara al mercado a tomar buenas decisiones de inversión, se dieron cuenta de que algo iba mal casi en el mismo momento que el mercado, y demasiado tarde para impedir que el dinero de los fondos de pensiones fuera a parar a donde no debía.

Para explicar la deficiente actuación de las agencias de calificación, tenemos que volver sobre los incentivos: al igual que todo el mundo en el sector, los incentivos de dichas agencias estaban distorsionados; tenían sus propios conflictos de intereses. Quienes les pagaban eran los bancos que originaban los títulos que se les pedía que calificaran. Puede que Moody's y Standard & Poor's, entre otros, no comprendieran el riesgo, pero sí comprendían los incentivos. Tenían un incentivo para complacer a quienes les pagaban. Y la competencia entre las agencias de calificación simplemente empeoró las cosas: si una agencia de calificación no daba la nota que se pedía, los bancos de inversión podían recurrir a otra. Era una carrera hacia el fondo[25].

Agravando el problema, las agencias de calificación habían descubierto una nueva forma de aumentar sus ingresos: proporcionar servicios de consultoría, como por ejemplo, cómo conseguir mejores calificaciones, incluida la codiciada calificación AAA. Ingresaban honorarios a mansalva diciéndole a las agencias de inversión cómo conseguir buenas calificaciones, y a continuación ganaban aún más dinero cuando otorgaban las calificaciones. Los banqueros de inversión avispados pronto descubrieron cómo conseguir la mezcla más elevada de calificaciones de cualquier conjunto de títulos. Inicialmente, los paquetes de hipotecas simplemente se fraccionaban en tramos. Cualquier suma que se recibía iba a parar al tramo más «seguro» (o más alto). Después de que ese tramo recibía lo que se le debía, el dinero iba parar al segundo tramo, y así sucesivamente. El tramo más bajo recibía su devolución sólo después de que los tramos superiores recibieran todo su dinero. Pero a continuación los magos de las finanzas descubrieron que el tramo más alto seguiría obteniendo una calificación AAA si proporcionaba algún ingreso al tramo más bajo en alguna situación poco probable, pongamos, en caso de que más del 50 por ciento de los créditos del paquete resultaran impagados. Dado que la probabilidad de que ocurriera eso se consideraba tan remota, este «seguro» no afectaba a la calificación AAA del tramo más elevado, pero si se estructuraba bien, podía ayudar a mejorar la calificación del tramo inferior. Muy pronto los distintos tramos estuvieron interconectados en una complicada red, de forma que cuando el acontecimiento que (supuestamente) sólo ocurre una vez cada mil años se producía realmente, el tramo superior, supuestamente calificado como AAA, no recibía todo el dinero prometido. En pocas palabras, hubo pérdidas por todas partes, no sólo en los tramos inferiores.

Hay otro motivo para que las agencias de calificación funcionaran tan mal: empleaban los mismos malos modelos que los banqueros de inversión. Suponían, por ejemplo, que prácticamente nunca iba a haber un declive en los precios de la vivienda, y con seguridad no en muchas partes del país al mismo tiempo. Si había ejecuciones de hipotecas, eso predecía el modelo, no estarían correlacionadas. Como he señalado, la premisa de la titulización era la diversificación, pero la diversificación sólo funciona si los créditos que componen el título no están correlacionados. La forma de pensar del sector ignoraba los elementos comunes que creaban la burbuja inmobiliaria a lo largo y ancho de la economía: bajos tipos de interés, regulaciones laxas y casi pleno empleo. Un cambio en cualquiera de estos factores podía afectar y afectaría a los mercados en todo el país —y en realidad en todo el mundo—. Incluso si los magos de las finanzas no lo comprendían, era de sentido común, y dado que era de sentido común, había un alto riesgo de que una ruptura de la burbuja en una parte del país disparara una reacción en cadena: la gente se daría cuenta de que los precios habían sido excesivos en California y en Florida, y eso podía dar lugar a dudas sobre Arizona o Detroit. Ni los bancos de inversión ni las agencias de calificación que les prestaban tan buen servicio se fijaron en esta posibilidad, lo que tal vez no sea de extrañar: no tenían incentivos para hacerlo, al igual que sí tenían incentivos para emplear modelos irreales y para no cuestionar las cuestionables suposiciones que había detrás de ellos.

Los modelos que empleaban eran irreales en otros sentidos. Los acontecimientos de «una vez en la vida» ocurrían cada diez años[26]. Según los modelos estándar, el tipo de crac de los mercados de acciones que se produjo el 19 de octubre de 1987 podría ocurrir sólo una vez cada 20.000 millones de años, un lapso de tiempo mayor que la existencia del universo[27]. Pero a continuación, otro acontecimiento de «una vez en la vida» se produjo tan sólo diez años después, como parte de la crisis financiera de 1997-1998, que llevó a la quiebra a Long-Term Capital Management, el *hedge fund* de un billón de dólares fundado por Myron Scholes y Robert Merton, que acababan de recibir el Premio Nobel por su trabajo en la valoración de opciones. Los modelos empleados generalizadamente también han demostrado ser fundamentalmente defectuosos —y en parte por la misma razón[28]—. Evidentemente, los mercados financieros no aprenden, y la gente que formula los modelos no tiene en cuenta la historia. Si lo hubieran hecho, habrían visto que las burbujas estallan y las crisis se producen regularmente. Japón era la última economía importante que padeció un crac del sector inmobiliario, y a consecuencia de ello sufrió más una década de crecimiento lento. Noruega, Suecia y Finlandia tuvieron cada una su crisis bancaria a finales de los años ochenta y principios de los noventa, provocadas por cracs del sector inmobiliario.

En la crisis actual, y antes que ella en la crisis de Asia oriental, demasiadas personas, sobre todo los reguladores y los inversores, estaban delegando su responsabilidad en las agencias de calificación. Se supone que los reguladores valoran si, digamos, los bancos o los fondos de pensiones han asumido excesivos riesgos, poniendo en peligro su capacidad de cumplir con sus obligaciones. La gente que gestiona instrumentos de inversión tiene una responsabilidad fiduciaria ante la gente que le confía su dinero. Pero ambos grupos, en realidad, permitieron que las agencias de calificación hicieran las valoraciones por ellos.

*Un mundo nuevo con datos viejos*

Los defensores de los nuevos productos financieros —todos aquellos que estaban ganando dinero con ellos, desde los originadores de las hipotecas que estaban generando las hipotecas tóxicas, los bancos de inversión que las estaban fraccionando y convirtiendo en nuevos títulos, hasta las agencias de calificación que estaban certificando su seguridad— argumentaban que estaban transformando los fundamentos de la economía; era una forma de justificar los elevados ingresos que estaban recibiendo. Los productos resultantes eran tan complicados que los analistas necesitaban modelos técnicos de ordenador para evaluarlos. Pero para estimar realmente los riesgos, tenían que conocer la probabilidad de que, digamos, los precios bajaran más de un 10 por ciento. En otro ejemplo de las incoherencias intelectuales que estaban por todas partes, para hacer esas estimaciones, todos ellos se basaban en datos del pasado, lo que significaba que mientras afirmaban que sus nuevos productos habían transformado el mercado, implícitamente asumían que nada había cambiado. Pero, en consonancia con su miopía, no se remontaban muy atrás en el tiempo. Si lo hubieran hecho, se habrían dado cuenta de que los precios inmobiliarios sí bajan, y pueden bajar simultáneamente en muchos lugares del país. Deberían haberse dado cuenta de que *algo* había cambiado, pero a peor; se habían creado nuevas asimetrías de información, y ni los bancos de inversión ni las agencias de calificación tenían en cuenta esas asimetrías en sus modelos. Deberían haberse dado cuenta de que las «innovadoras» hipotecas de nuevo cuño iban a tener unas tasas de impago mucho más altas que los créditos tradicionales.

## *La renegociación*

Como si estos problemas con la titulización no fueran suficientes, otro importante problema se ha desarrollado con pujanza en los dos últimos años. Los bancos con relaciones inveteradas con la comunidad tenían un incentivo para tratar bien a los prestatarios que tuvieran problemas; en caso de que hubiera una buena posibilidad de que los prestatarios se pusieran al día con sus pagos si se les concedía algo de tiempo, el banco les daba el tiempo que necesitaban. Pero los distantes tenedores de las hipotecas no tenían interés en la comunidad, ni les preocupaba tener prestigio como buenos prestamistas. El resultado lo ilustra un artículo que publicó el *New York Times* en la primera página de la sección de negocios sobre una pareja de Arkansas que pidió prestados 10 millones de dólares para ampliar el gimnasio de su propiedad[29]. Cuando empezaron a quedarse atrás en sus pagos, su hipoteca fue revendida a un especulador que pagó sólo treinta y cinco centavos por dólar. Exigió la devolución íntegra en el plazo de diez días, o de lo contrario ejecutaría la hipoteca sobre su propiedad. Le habían ofrecido 6 millones de dólares, con 1 millón adicional en cuanto vendieran su gimnasio. Pero al especulador no le interesaba: vio una oportunidad para una rentabilidad aún mayor mediante la ejecución de la hipoteca. Una situación como ésta es mala para el prestamista, mala para el prestatario y mala para la comunidad. Sólo sale ganando el especulador de hipotecas.

Pero la titulización también hacía más difícil renegociar las hipotecas cuando surgían problemas —como ocurría a menudo, sobre todo con los perversos incentivos que habían conducido a unas prácticas crediticias tan malas[30]—. A medida que las hipotecas se vendían y se revendían, y que el amigable banquero local desaparecía, la responsabilidad de gestionar las hipotecas (cobrar los pagos y repartir el dinero a los distintos tenedores) se asignaba a un nuevo actor, el gestor de hipotecas. A los tenedores de las hipotecas les preocupaba que estos gestores de hipotecas pudieran ser demasiado benévolos con los prestatarios. Como consecuencia de ello, los inversores pusieron restricciones que hacían más difícil la renegociación[31]. El resultado ha sido un impresionante despilfarro de dinero y unas pérdidas innecesarias para las comunidades.

La afición de Estados Unidos por los litigios pone las cosas aún peor. Fuera cual fuera la renegociación, alguien se quejaba. Quienquiera que hiciera la renegociación seguramente era demandado por no sacarle más dinero al desventurado prestatario. Y el sector financiero estadounidense había agravado estos problemas creando ulteriores conflictos de intereses. Habitualmente los propietarios de viviendas muy endeudados tenían una primera hipoteca (digamos, por el 80 por ciento del valor de la casa) y una segunda hipoteca (digamos, por el siguiente 15 por ciento) Si hubiera habido una *única* hipoteca por el 95 por ciento del valor de la casa, y si los precios de la vivienda caían un 20 por ciento, podía tener sentido hacer una quita en la hipoteca para que lo reflejara —dándole al prestatario un nuevo punto de partida—. Pero con dos hipotecas separadas, hacer una quita habitualmente eliminaría al tenedor de la segunda hipoteca. Para él podría ser preferible negarse a reestructurar el crédito; podría haber una posibilidad, ciertamente pequeña, de que el mercado se recobrara y que él recuperara por lo menos algo de lo que había prestado. El interés en la reestructuración —y los términos en que estarían dispuestos a llevarla a cabo— diferían sensiblemente entre los tenedores de la primera y de la segunda hipoteca. A esta confusión el sistema financiero añadió una complicación más: la entidad encargada de las hipotecas —que estaba a cargo de cualquier reestructuración— a menudo era el tenedor de la segunda hipoteca, de forma que la responsabilidad de renegociar frecuentemente se asignaba a una de las partes interesadas. Pero eso significaba que era casi inevitable una demanda judicial; al ser los tribunales el único recurso para garantizar un trato justo en un mundo tan enrevesado, no es de extrañar que las propuestas para conceder inmunidad legal a los cobradores de hipotecas encontraran resistencia. Incluso en el caso de este muy elemental producto financiero, las hipotecas, nuestros magos de las finanzas habían creado una maraña tan complicada que desenredarla no era un problema fácil.

Si todo ello no fuera suficientemente malo, al responder a la crisis el gobierno dio incentivos a los bancos para *no* reestructurar las hipotecas: reestructurarlas les habría obligado, por ejemplo, a reconocer las pérdidas que la mala contabilidad les había permitido ignorar por el momento. No era de extrañar que los tibios intentos de las administraciones Bush y Obama de conseguir que se reestructuraran las hipotecas tuvieran tan poco éxito[32].

## RESUCITAR EL MERCADO HIPOTECARIO

Dado que los problemas en el sector financiero se originaron con las hipotecas, cabría pensar que las personas encargadas de solucionar el problema empezarían con dichas hipotecas. Pero no lo hicieron, y a medida que el desastre proseguía a finales de 2008 y principios de 2009, el número de ejecuciones de hipotecas previstas seguía aumentando. Lo que anteriormente parecía una estimación exagerada —que una quinta parte de todas las hipotecas de viviendas estaría sobrevalorada— resultó ser una estimación conservadora[33].

Las ejecuciones las generan dos tipos de prestatarios: los que no pueden pagar y los que deciden no pagar. No siempre es fácil distinguirlos. Algunas personas podían pagar, pero sólo a costa de un gran esfuerzo financiero. A los economistas nos gusta creer en los individuos racionales. Para muchos estadounidenses, la mejor opción cuando la hipoteca de una vivienda está «sumergida» es el impago. Dado que la mayoría de las hipotecas en Estados Unidos son sin garantía personal, el prestatario puede simplemente entregar sus llaves al acreedor sin ulteriores consecuencias. Si George Jones vive en una casa de 300.000 dólares, con una hipoteca de 400.000 dólares, por la que paga 30.000 dólares al año, puede mudarse a la casa de 300.000 dólares de al lado, que es idéntica a la suya, y reducir sus pagos en una cuarta parte. En medio de la crisis no podría conseguir una hipoteca, pero podría alquilar. (Al desaparecer el valor de lo pagado por su casa, probablemente tampoco podría pagar la entrada, en cualquier caso). En la mayoría de los lugares los alquileres también han bajado; e incluso si tuviera ahorros suficientes para pagar una entrada, alquilar podría resultar sensato hasta que se estabilizaran los mercados. Puede que titubee, preocupado por las consecuencias para su reputación crediticia que tendría el hecho de marcharse. Pero en un momento en que todo el mundo deja de pagar, es posible que el estigma quedara acallado —la culpa es de los bancos por su mala política crediticia, no del prestatario—. En cualquier caso, todo el mundo tiene un precio; cuando el sacrificio para cumplir con los pagos resulte demasiado grande, el propietario dejará de pagar.

El presidente Obama finalmente dio un paso al frente con una propuesta para afrontar el problema de las ejecuciones de hipotecas en febrero de 2009. Fue un importante paso en la dirección adecuada, pero probablemente no fue suficiente para evitar que se produjera un gran número de ejecuciones. Su plan aportaba un poco de ayuda para reducir los pagos, pero no se hacía nada respecto a la quita en el principal (lo que debía la gente) de las hipotecas «sumergidas» ante los bancos privados —por una buena razón[34]—. Si se reestructuraran las hipotecas, los bancos tendrían que reconocer el hecho de que habían realizado malos créditos; tendrían que hacer algo para tapar el agujero en sus balances. (Los mayores tenedores de hipotecas eran Fannie Mae y Freddie Mac, que habían sido nacionalizadas por la administración Bush. Eso significaba que cualquier quita en el principal —en vez de simplemente aplazar los pagos— sería a expensas de los contribuyentes)[35].

Una de las complicaciones al tratar la cuestión de las hipotecas era la preocupación por la equidad: los contribuyentes que no se hubieran dedicado a pedir créditos desmedidos sentirían que no debería obligárseles a pagar por los que sí lo habían hecho. Por esa razón, muchos argumentaban que la carga del ajuste debería recaer en los prestamistas: como he señalado anteriormente, un crédito es una transacción voluntaria entre un prestatario y un prestamista, los prestamistas deben ser supuestamente juiciosos en la valoración del riesgo, no hicieron el trabajo por el que fueron bien compensados, y ahora deberían cargar con el grueso de las consecuencias, aunque puede que los prestatarios, al ver desaparecer la mayor parte del patrimonio de su vivienda, tal vez estén pagando *relativamente* un precio aún mayor.

Pero ése no fue el enfoque que se adoptó. La influencia de los bancos dominaba casi todas las decisiones que adoptaba el Tesoro estadounidense. En este caso, sin embargo, *tanto* los bancos *como* el Tesoro tenían un interés común: hacer una quita en el principal de la hipoteca significaría que los bancos tendrían que reconocer una pérdida. A su vez, hacer que el agujero en el balance de los bancos fuera más transparente les habría obligado a aportar más capital. Dado que a los bancos les resultaría difícil hacerlo privadamente, ello requeriría más dinero del gobierno. Pero el gobierno no tenía ese dinero, y dada la miríada de errores en el programa de reestructuración de los bancos, resultaría difícil conseguir que el Congreso aprobara ningún gasto más.

Así pues, tras las enérgicas palabras de Obama sobre que Estados Unidos tenía que afrontar el problema de las hipotecas, en vez de hacerlo se limitó a darle una tímida respuesta. Los informes sobre el programa no eran alentadores: de los 3,2 millones de créditos problemáticos que cumplían los requisitos, sólo 651.000 (el 20 por ciento) habían sido modificados para finales de octubre de 2009, incluso a título de prueba[36]. No todos los créditos problemáticos cumplían los requisitos para la ayuda del gobierno, ni todos los créditos reestructurados iban a salvarse de la ejecución de la hipoteca. Incluso las optimistas cifras de la administración Obama para las modificaciones de créditos se quedaron cortas respecto a lo que los expertos en el sector de la vivienda consideran necesario para evitar graves tensiones en el mercado inmobiliario residencial[37].

Hay numerosas formas de afrontar el problema de las ejecuciones hipotecarias, como rescatar a los prestamistas al mismo tiempo que se hacen quitas en los créditos.

En ausencia de limitaciones presupuestarias y de preocupaciones por un futuro peligro moral, un programa de ese tipo haría feliz a todo el mundo (salvo al contribuyente corriente). Los individuos podrían permanecer en sus hogares y los prestamistas evitarían sufrir un impacto en sus balances. Saber que el gobierno está asumiendo el riesgo de los balances de los bancos ayudaría a aliviar la contracción del crédito. El verdadero reto es cómo salvar los hogares de cientos de miles de personas que en otras circunstancias los perderían, *sin* rescatar a los bancos, a los que se debería obligar a asumir las consecuencias de su incapacidad de valorar el riesgo.

Para cortar el aluvión de impagos tenemos que aumentar la capacidad y la disposición de las familias a cumplir con sus pagos de la hipoteca. La clave para hacerlo es reducir sus cuotas, y hay cuatro maneras de hacerlo: prolongar el periodo en el que se realizan los pagos —haciendo que las familias estén más endeudadas en el futuro—; proporcionarles ayuda para cumplir con sus pagos; bajar los tipos de interés; o reducir las cantidades que deben.

A los bancos les gusta la primera opción: reestructurar las hipotecas, prolongando los pagos en un plazo más largo y cobrando una comisión extra por la reestructuración. No tienen que renunciar a nada, y de hecho, reciben más comisiones e intereses. Pero para el país, es la peor opción. Simplemente pospone el día del ajuste de cuentas. Es lo que los bancos intentaron hacer reiteradamente con los países en vías de desarrollo que debían más de lo que podían devolver. El resultado fue otra crisis de deuda unos años después. Por supuesto, para los bancos, y sobre todo para sus actuales directivos, un aplazamiento es suficiente.

Están en una lucha entre la vida y la muerte, e incluso un breve indulto es de gran valor.

## Un «Capítulo 11» para los propietarios de viviendas

La mejor opción para el país es reducir el principal. Eso modifica los incentivos para el impago y significa que hay menos hipotecas de viviendas «sumergidas». Para los bancos, significa asumir la realidad, asumir el hecho de que prestaron dinero sobre la base de unos precios que habían sido inflados por una burbuja. Acaba con la ficción de que se les devolverá toda la suma prestada. Desde un punto de vista social, tiene sentido.

Los bancos están implicados en una apuesta. Si no reestructuran las hipotecas, hay pocas posibilidades de que los mercados inmobiliarios se recuperen; muy pocas. Si los mercados se recuperan, los bancos estarán en buenas condiciones, o por lo menos en mejores condiciones de lo que parecen estar actualmente. Incluso si consiguieran aguantar un poco más, el aumento de los beneficios derivado de una competencia menor (ya que muchos bancos han sufrido una muerte prematura) podría compensar las pérdidas. Pero los costes para la sociedad son elevados. Mucho, mucho más probable que una recuperación de los precios es un declive, con un aumento de las posibilidades de ejecuciones de hipotecas. Las ejecuciones son costosas para todo el mundo: para los bancos por los costes jurídicos y de otro tipo, para las familias y para la comunidad. La práctica estándar implica vaciar la casa de cualquier cosa que se pueda llevar: quienes pierden sus hogares habitualmente están furiosos, sobre todo cuando piensan que se han aprovechado de ellos. Las casas vacías se deterioran rápidamente y disparan una espiral descendente en la comunidad: a veces la casa vacía es invadida por «ocupas»; a veces se convierte en un punto de actividades ilícitas. En cualquier caso, los precios de la vivienda en el vecindario bajan, y dado que hay más hipotecas de viviendas «sumergidas», hay más ejecuciones. Habitualmente, la casa sale a subasta, lo que recupera sólo una fracción del valor incluso de los precios de mercado que han bajado.

Es comprensible que los bancos se hayan resistido a cualquier forma de quita en el principal —a cualquier programa gubernamental, a cualquier programa voluntario y, más rotundamente, a cualquier programa judicial que utilice la quiebra— empleando toda la presión política que podían aplicar. Curiosamente, el diseño de algunos de los rescates bancarios ha hecho que determinados bancos sean aún más reacios a reestructurar sus malas hipotecas. El gobierno se ha convertido en un asegurador implícito (y en el caso de Citibank, explícito) de grandes pérdidas. Eso significa que los contribuyentes se hacen cargo de las pérdidas, mientras que los banqueros cosechan todas las ganancias. Si los bancos no reestructuran las hipotecas, y por algún milagro el mercado inmobiliario se recupera, se llevan las ganancias; pero si el mercado no se recupera, y como consecuencia de ello las pérdidas son mayores, los contribuyentes cargan con ellas. La administración Obama básicamente le ha dado a los bancos más motivos para apostar por la resurrección.

Los cambios en la contabilidad introducidos en marzo de 2009 empeoraron aún más las cosas[38]. Dichos cambios permitían a los bancos seguir conservando las hipotecas «dañadas» (créditos en los que los prestatarios son «morosos» a la hora de cumplir con sus pagos) sin que los bancos las dieran de baja, incluso cuando el mercado creía que había una alta probabilidad de que no iban a ser amortizadas, basándose en la ficción de que se mantendrían hasta su vencimiento, y que si los prestatarios conseguían superar este difícil periodo los bancos recuperarían el dinero en su totalidad[39].

Dado que los bancos son reacios a hacer quitas en el principal de las hipotecas, puede que hubiera que inducirles a hacerlo a través de un «Capítulo 11 para los propietarios de viviendas», es decir, una rápida reestructuración de las obligaciones de los propietarios más pobres, diseñada según el tipo de ayuda que se proporciona a las sociedades anónimas que no puedan cumplir con sus obligaciones de pago. El Capítulo 11 se basa en la premisa de que mantener en activo una empresa es esencial para los trabajadores de la misma y para otras personas interesadas. La dirección de la empresa puede proponer una reorganización empresarial, que es examinada por los tribunales. Si los tribunales dictaminan que la reorganización es aceptable, se produce una rápida cancelación de toda la deuda o de parte de ella —se concede a la sociedad anónima la posibilidad de comenzar de nuevo—. El Capítulo 11 de los propietarios de viviendas se basa en la premisa de que conceder un nuevo comienzo a una familia estadounidense es igual de importante que concedérsela a una sociedad anónima. Nadie sale ganando cuando se obliga a los propietarios de vivienda a abandonar sus hogares.

Estados Unidos modificó sus leyes sobre la quiebra en abril de 2005 para hacer más difícil que los propietarios de viviendas saldaran su deuda, de hecho para que fuera más difícil cancelar una deuda por una vivienda que otras deudas, como la de un yate. Como ocurre con muchas leyes aprobadas por la administración Bush, el título de la ley apuntaba lo que no era: se llamaba Ley de Prevención del Abuso de la Quiebra y de Protección del Consumidor. Podía embargarse hasta una cuarta parte de los salarios, y de esa forma, debido a los sueldos tan bajos que tienen muchos estadounidenses —y sobre todo los estadounidense pobres, a los que los bancos depredaban— muchos podían acabar viéndose abocados a la pobreza[40].

La administración Obama quería revocar la dura ley de 2005, pero, naturalmente, los bancos se opusieron, y con éxito[41]. Los banqueros argumentaban que unas leyes más suaves sobre la bancarrota conducirían a más impagos y a unos tipos de interés más altos, sin tener en cuenta que los impagos subieron vertiginosamente tras la aprobación de la nueva ley, y que la mayoría no son voluntarios[42]. La mayoría son a consecuencia de que una familia se ve golpeada por una tragedia —una enfermedad o la pérdida de un empleo[43]—. Otro argumento que emplearon los bancos contra la reforma es que sería una ganancia caída del cielo para quienes adquirieran una vivienda especulando con un aumento en el precio de las casas. Esta crítica resulta un tanto extraña, dado que todo el mundo en el mercado estaba especulando con un aumento de los precios inmobiliarios. El gobierno, sin embargo, ha estado dispuesto a rescatar a los bancos.

Hay una forma fácil de sortear este problema, una forma que haría que el Capítulo 11 de los propietarios de vivienda fuera completamente análogo al Capítulo 11 de las sociedades anónimas, en el que los propietarios del capital (los accionistas) pierden el valor de su capital y los obligacionistas se convierten en los nuevos propietarios del capital. En el caso de una vivienda, el propietario tiene en su poder el «capital» mientras que el banco es el obligacionista. Según el Capítulo 11 de los propietarios de viviendas, el intercambio de deuda por capital implicaría hacer una quita en el valor de lo que debía el propietario de la vivienda, pero, a cambio, cuando la vivienda acabe vendiéndose, una gran parte de la plusvalía de la casa iría a parar al prestamista. Quienes compraran una casa principalmente para especular con las plusvalías encontrarían poco atractivo ese trato. (Los economistas se refieren a una disposición de este tipo como un instrumento de autoselección).

Con el Capítulo 11 de los propietarios de viviendas, la gente no tendría que pasar por el desastre de la quiebra, y saldarían *todas* sus deudas. Se trataría la vivienda como si fuera una sociedad anónima separada. Esta ayuda estaría a disposición de economías domésticas con unos ingresos por debajo de un umbral crítico (pongamos, 150.000 dólares), y con una riqueza no vinculada a la economía doméstica ni relacionada con la jubilación por debajo de algún umbral crítico (tal vez dependiendo de la edad)[44]. Se tasaría la vivienda, y la deuda del individuo se rebajaría a, pongamos, el 90 por ciento del nivel de esa tasación (lo que refleja el hecho de que si el prestamista siguiera adelante con la ejecución de la hipoteca, habría sustanciales costes de transacción)[45].

*Créditos con bajo interés*

Con los créditos del 100 por ciento, a tipos de interés variables, con tipos «trampa», con cuota final de mayor valor, de amortización negativa, y del mentiroso —todas las artimañas que he descrito anteriormente en este capítulo— muchos estadounidenses han acabado pagando el 40, el 50 por ciento de sus ingresos, o más, al banco todos los meses[46]. Si incluimos el interés sobre las tarjetas de crédito, las cifras son aún mayores. Muchas familias se esfuerzan por conseguir cumplir con esos pagos, sacrificando todo lo demás. Pero muy a menudo, otra tragedia —una pequeña, como una avería del coche, o una grande, como una enfermedad en la familia— les pone al borde del abismo.

El gobierno (a través de la Reserva Federal) ha estado prestando dinero a los bancos a unos tipos de interés muy bajos. ¿Por qué no emplear la capacidad del gobierno para prestar a un bajo tipo de interés para proporcionar un crédito menos costoso a los propietarios de viviendas en dificultades? Tomemos por ejemplo a una persona que tiene una hipoteca de 300.000 dólares con un tipo de interés del 6 por ciento. Eso son 18.000 dólares anuales en intereses ($0,06 \times 300.000$), o 1.500 dólares al mes, incluso sin amortización del principal. Ahora el gobierno puede pedir dinero prestado con básicamente un tipo de interés cero. Si se lo presta al propietario de una vivienda al 2 por ciento, los pagos se reducen en dos tercios, hasta 6.000 dólares. Para alguien con dificultades para salir adelante con unos ingresos del doble que el umbral de la pobreza, aproximadamente unos 30.000 dólares al año, eso reduce los pagos de la vivienda desde el 60 por ciento de los ingresos *antes de impuestos* hasta el 20 por ciento. Allí donde no es posible afrontar el 60 por ciento, el 20 por ciento sí lo es. Y, aparte de los costes administrativos, el gobierno consigue con el trato un bonito beneficio de 6.000 dólares anuales. Si los pagos ascienden a 6.000 dólares, el propietario o la propietaria conseguirá cumplir con los pagos; si ascienden a 18.000, no lo conseguirá.

Además, dado que la casa no es objeto de ejecución de la hipoteca, los precios de la propiedad inmobiliaria permanecerán más firmes, y el vecindario estará en mejores condiciones económicas. Hay ventajas por todas partes, salvo para los bancos. El gobierno tiene una ventaja, tanto para conseguir los fondos (debido a la casi nula probabilidad de impago) como para recaudar los intereses. Estos factores han proporcionado parte de la justificación para los programas de créditos públicos para estudiantes y para hipotecas gubernamentales; sin embargo, los conservadores han insistido en que el gobierno no se dedique a estos tipos de actividades financieras, salvo para dar dinero a los banqueros. Argumentan que al gobierno no se le da bien la valoración del crédito. Actualmente esta línea de razonamiento debería tener muy poco peso: los bancos han evaluado el crédito y han diseñado hipotecas tan pésimamente que han puesto en peligro toda la economía. Sí tuvieron éxito con las prácticas abusivas, pero eso difícilmente es un argumento a su favor.

Los bancos también se han resistido a esta iniciativa, una vez más por razones obvias: no quieren competencia por parte del gobierno. Pero eso suscita otra ventaja importante: si los bancos no pueden ganar dinero «fácil» a base de explotar a los estadounidenses pobres, podrían volver a dedicarse a los negocios difíciles, que es lo que supuestamente deberían haber estado haciendo todo el tiempo, es decir, prestar dinero para ayudar a crear nuevas empresas y a expandir las existentes.

*Iniciativas para expandir la adquisición de viviendas*

Los defensores de las irresponsables hipotecas de alto riesgo argumentaban que estas innovaciones financieras harían posible que un elevado número de estadounidenses se convirtieran en propietarios de viviendas por primera vez. Efectivamente, se convirtieron en propietarios, pero por un periodo muy breve y con un coste muy alto. La proporción de estadounidenses que serán propietarios de viviendas al final de este episodio será menor que al principio[47]. El objetivo de expandir la adquisición de viviendas es, a mi juicio, un objetivo respetable, pero claramente la vía del mercado no ha funcionado bien, salvo para los agentes hipotecarios y los originadores de las hipotecas, y para los bancos de inversión que se beneficiaron de ellas.

En la actualidad, existe un argumento a favor de ayudar *temporalmente* a los estadounidenses de rentas bajas y medias con sus costes de la vivienda. A largo plazo, existe la duda de si la actual asignación de recursos a la vivienda, que está distorsionada para beneficiar a los propietarios de viviendas de rentas altas, es la adecuada. Estados Unidos permite desgravar los intereses de las hipotecas y por los impuestos inmobiliarios, y al hacerlo, el gobierno paga una fracción significativa del coste de adquirir una vivienda. En Nueva York, por ejemplo, casi la mitad del coste de los intereses de la hipoteca y de los impuestos sobre bienes inmuebles de los contribuyentes de rentas más altas es asumido por el gobierno. Pero, irónicamente, eso no ayuda a quienes más necesitan las ayudas.

Un sencillo remedio convertiría la actual deducción impositiva por hipoteca y propiedad en un crédito fiscal de tipo fijo y en efectivo. (Sería mejor aún un crédito fiscal progresivo, con un tipo mayor para los pobres que para los ricos). Un crédito fiscal uniforme ayuda a todos por igual. Imaginemos que el gobierno diera un crédito fiscal del 25 por ciento para los pagos de los intereses de la hipoteca. Eso significaría que la familia descrita anteriormente, que estaría pagando 6.000 dólares al año en intereses hipotecarios, vería reducidos sus impuestos en 1.500 dólares. En la actualidad, es probable que la familia consiga una deducción fiscal de una cuantía de aproximadamente 900 dólares. En cambio, una familia de ingresos altos recibiría una deducción fiscal de 30.000 dólares por su mansión de 1 millón de dólares; un regalo del gobierno equivalente a todos los ingresos de la familia pobre. Con un crédito fiscal, el donativo del gobierno al dueño de la mansión seguiría siendo grande (15.000 dólares), pero por lo menos se vería reducido a la mitad. La reducción de la subvención a los estadounidenses de rentas altas podría ayudar a pagar la subvención a los estadounidenses más pobres. Un crédito fiscal del 25 por ciento aumentaría la accesibilidad a la vivienda a muchos estadounidenses.

Por supuesto, una iniciativa de ese tipo tendría la oposición de las familias de rentas altas y de las empresas constructoras que se ganan la vida edificando viviendas de un millón de dólares. Hasta ahora, estos grupos han prevalecido. Pero el sistema actual no es ni justo ni eficiente. Significa que el precio efectivo de la vivienda es en realidad más alto para la gente pobre que para los ricos.

*Nuevas hipotecas*

Las innovaciones sector financiero, pese a todas sus reivindicaciones, no han logrado que el riesgo se traslade desde los estadounidenses pobres hasta aquellos que tienen mayor capacidad de soportar el riesgo. Por ejemplo, con las hipotecas de interés variable, los estadounidenses pobres que tienen dificultades para que les cuadren las cuentas no saben a cuánto ascenderán sus pagos de un mes a otro. Sin embargo, incluso las hipotecas de interés variable pueden tener unas cuotas fijas, si se permite que varíe el vencimiento de la hipoteca (el número de años en que se amortiza).

Los mercados hipotecarios daneses proporcionan una alternativa que ha funcionado bien para ese país a lo largo de más de dos siglos. Las tasas de impago son bajas, y los productos estandarizados aseguran una fuerte competencia —con bajos tipos de interés y bajos costes de transacción—. Una de las razones de la baja tasa de impagos en Dinamarca es una normativa estricta —los prestatarios pueden pedir prestado como mucho el 80 por ciento del valor de la casa— y el originador tiene que soportar las primeras pérdidas. El sistema estadounidense da lugar al riesgo de capital negativo y fomenta el juego especulativo. El sistema danés está diseñado para evitar el capital negativo y para desincentivar la especulación[48]. Hay un alto grado de transparencia, de forma que quienes compran los bonos hipotecarios tienen una precisa evaluación de la calidad de la valoración del riesgo por parte de cada uno de los originadores de las hipotecas.

El gobierno estadounidense ha tenido que tomar la iniciativa en repetidas ocasiones para renovar los productos financieros que satisfagan las necesidades de los ciudadanos corrientes. Cuando esos productos son sometidos a prueba, a menudo el sector privado da un paso al frente. La crisis actual puede suponer otro caso en que el gobierno tendrá que tomar la iniciativa debido a la incapacidad del sector privado para hacer lo que debería.

Dados los ingentes errores crediticios del sector privado, hay poco que pueda hacer ahora el gobierno para evitar que grandes cantidades de hipotecas pasen a estar «sumergidas», pero no todas las propiedades con hipotecas «sumergidas» serán objeto de ejecución. Aunque hay incentivos para el impago de ese tipo de propiedades, a los individuos les preocupa su prestigio. Por esa razón los tipos de programas que se describen en esta sección del capítulo pueden ser de ayuda: si la gente puede quedarse en sus hogares y conseguir cumplir con los pagos de su hipoteca, intentará hacerlo.

Hay otras propuestas que afectan a los incentivos para el impago. Una propuesta adelantada por el antiguo presidente del Consejo de Asesores Económicos del presidente Reagan, Martin Feldstein, cambiaría, digamos, el 20 por ciento de la actual hipoteca de un individuo por un crédito gubernamental con un tipo de interés más bajo[49]. Pero el crédito del gobierno *no* sería un crédito sin garantía personal; el prestatario seguiría estando obligado a devolver lo que había pedido prestado al gobierno. Pero dado que no se desentendería (no podría) de su crédito por parte del gobierno, tampoco se desentendería de su crédito sin garantía personal suscrito con el banco. Ello haría menos probable el impago. Los prestamistas estarían en mejor situación; de hecho, esta propuesta supondría una gran concesión a los prestamistas, en parte a expensas de los propietarios de viviendas, a los que se ha inducido a cambiar sus créditos sin garantía personal por créditos con garantía personal. Como he señalado anteriormente, tener un crédito sin garantía personal es como tener una opción: una apuesta unidireccional que resulta rentable cuando los precios de la vivienda suben, sin tener que soportar todo el riesgo de una bajada de los precios. Convertir un crédito sin garantía personal en un crédito con garantía personal significa renunciar a esa opción. Es muy probable que los prestatarios no expertos en la materia no comprendan el valor de mercado de la opción que tenían y sólo vean la reducción en las cuotas. En cierto sentido, el gobierno estaría ayudando y siendo cómplice del engaño, a menos que informara a los propietarios de viviendas del valor de la opción.

No obstante, una ligera modificación de esta propuesta reduciría la probabilidad de una ejecución de la hipoteca, y al mismo tiempo evitaría otra donación sin garantías a los prestamistas. El gobierno podría instar a los prestamistas a recomprar la opción a un precio de mercado justo (reduciendo con ello la incertidumbre que afrontan ellos y los mercados) y animaría a las economías domésticas a utilizar (la mayor parte de) lo obtenido para rebajar el valor de la hipoteca pendiente[50]. Tomemos por ejemplo una vivienda de 300.000 dólares con una hipoteca de 300.000 dólares que corre un grave riesgo de acabar «sumergida». El banco convertiría 60.000 dólares en una hipoteca con garantía personal. Supongamos que el valor de la «opción» es, digamos, 10.000 dólares. El propietario de la vivienda usaría ese dinero para amortizar un poco de su hipoteca. Eso haría que la casa fuera más fácil de adquirir —el pago de sus intereses se reduciría en 50 dólares al mes—. Para hacer que ese trato sea aún más atractivo (tanto para el banco como para el prestatario), el gobierno, al reconocer los beneficios para todos de una menor tasa de impago, podría asumir la hipoteca con garantía personal de 60.000 dólares, cobrando un interés del 2 por ciento. Combinar esto con un crédito fiscal del 25 por ciento significa que el coste para el propietario de la vivienda ha bajado de 18.000 dólares anuales a 11.250. Es una situación ventajosa para todos. Unas cuotas más bajas significarían una menor tasa de impago. Una de las razones por las que se ha pedido a los bancos que limpien sus balances es que eso reduciría la incertidumbre, haciendo posible que concedan más créditos nuevos. Este programa haría exactamente eso, no trasladando las pérdidas desde los bancos a los contribuyentes, sino ayudando a los propietarios de viviendas. Es un ejemplo de medidas económicas de goteo hacia arriba —ayudar a los ciudadanos corrientes ayuda a los bancos— en vez de las medidas económicas de goteo hacia abajo que ha estado intentando el gobierno, con la esperanza de que ayudando suficientemente a los bancos, los propietarios de viviendas y el resto de la economía pudieran conseguir un cierto alivio.

Sospecho que si el gobierno adoptara las sencillas propuestas de este capítulo, el problema de las ejecuciones hipotecarias sería cosa del pasado. Pero lamentablemente, la administración Obama ha mantenido el rumbo de la administración Bush, y ha dirigido la mayoría de sus esfuerzos a rescatar a los bancos. Incluso mientras inundaba con dinero a los bancos, los problemas de los mercados hipotecarios han aumentado, garantizando que los bancos todavía tendrán que afrontar ulteriores problemas en los próximos meses y años. Pero como veremos en el siguiente capítulo, la forma en que el gobierno diseñó los rescates de los bancos entorpeció la reestructuración hipotecaria, no consiguió restablecer el crédito —lo que supuestamente era el objetivo de los rescates bancarios— y ha dejado al país con una deuda nacional mucho mayor que si se hubieran adoptado enfoques alternativos.

# Capítulo 5

## El gran atraco estadounidense

A los economistas les gusta llamar al sistema bancario el corazón de la economía; bombea dinero allí donde más se necesita. Con un sistema bancario al borde del colapso en otoño de 2008, el crédito se estancó y el gobierno entró en escena para rescatar a los bancos. Era el momento perfecto para empezar a pensar en desarrollar un sistema financiero verdaderamente eficiente que dirija el capital allí donde se necesite y donde sea más productivo de una forma eficiente, de una forma que ayude a gestionar el riesgo tanto a las economías domésticas como a las empresas, y que proporcione la base de un sistema de pagos rápido y de bajo coste. Por el contrario, dos administraciones presidenciales distintas adoptaron una serie de medidas para ayudar al sector financiero, prestando poca atención al tipo de sistema financiero que el país debería tener cuando finalmente emerja de la crisis. Esas medidas no resolvieron los problemas estructurales del sistema bancario. Algunas de ellas han empeorado las cosas. Como consecuencia, hay pocas garantías de que el nuevo sistema que surja de las cenizas del viejo preste un mejor servicio a la nación que el antiguo sistema.

Cuando el gobierno estadounidense emprendió la tarea de rescatar a los bancos, también debería haber pensado en la responsabilidad. Los banqueros que metieron al país en este caos deberían haber pagado por sus errores. Por el contrario, se fueron de rositas con miles de millones de dólares, incluso más, como al final resultó, gracias a la generosidad de Washington. Como sistema, el capitalismo puede tolerar un alto nivel de desigualdad, y hay un argumento a favor de ésta: es la forma de motivar a la gente. Conceder recompensas proporcionales a las contribuciones de las personas a la sociedad da lugar a una economía más eficiente. Pero quienes fueron tan bien recompensados durante la burbuja inmobiliaria no hicieron más eficiente a la sociedad. Puede que durante un tiempo aumentaran los beneficios de los bancos, pero esos beneficios eran un espejismo. En última instancia imponían enormes costes sobre la gente en todo el mundo. El capitalismo no puede funcionar si las recompensas privadas no tienen relación con la rentabilidad social. Sin embargo, eso fue lo que ocurrió en el capitalismo financiero al estilo americano a finales del siglo XX y principios del XXI.

En este capítulo, pormenorizo cómo dos administraciones hicieron frente a la crisis financiera, lo que deberían haber hecho y las probables consecuencias. Las plenas consecuencias todavía no se conocen. Pero casi con seguridad, los fallos de las administraciones Bush y Obama figurarán entre los errores más costosos de un gobierno democrático moderno de todos los tiempos[1]. En Estados Unidos, la magnitud de los avales y de los rescates se aproximó al 80 por ciento del PIB estadounidense, unos 12 billones de dólares[2]. No será necesario hacer efectivos todos esos avales, de forma que el coste para el contribuyente será menor. Pero además de las sumas anunciadas, se concedieron cientos de miles de millones de dólares en pagos encubiertos. Por ejemplo, la Reserva Federal estuvo asumiendo las garantías de baja calidad y comprando hipotecas, transacciones financieras que con casi total seguridad resultarán muy costosas para los contribuyentes, pero que como mínimo los exponen a un elevado riesgo. Los rescates han asumido otras formas, por ejemplo la de préstamos a los bancos a unos tipos de interés próximos a cero, que éstos posteriormente pueden emplear o bien para apostar o para prestar a otras empresas a unos tipos de interés mucho más altos. Muchas otras firmas (o individuos) agradecerían un crédito de interés cero, y podrían generar beneficios por lo menos tan abultados como los cosechados por los «exitosos» bancos. Es una donación enorme, pero que queda oculto para los contribuyentes[3].

Cuando estalló la crisis financiera, la administración Bush decidió rescatar a los banqueros y a sus accionistas, no sólo a los bancos. Suministró ese dinero de formas no transparentes —tal vez porque no quería que el público fuera plenamente consciente de los regalos que se estaban concediendo, tal vez porque muchos de los responsables eran ex banqueros, y la falta de transparencia era su forma de hacer negocios[4]—. La administración decidió no ejercer ningún tipo de control sobre los beneficiarios de ingentes sumas de dinero de los contribuyentes, alegando que hacerlo interferiría en el funcionamiento de una economía de libre mercado —como si el rescate de billones de dólares fuera coherente con esos principios—. Esas decisiones tenían consecuencias predecibles que se manifestarían en los meses siguientes. Los directivos de los bancos actuaron como se supone que deben actuar en un sistema capitalista —en su propio interés—, lo que significaba conseguir todo el dinero que podían para ellos y sus accionistas. Las administraciones Bush y Obama habían cometido un simple error —inexcusable, teniendo en cuenta lo que había sucedido en los años anteriores a la crisis— que consistía en que la defensa por parte de los bancos de su propio interés coincidía necesariamente con el interés nacional. La indignación pública por los abusos con el dinero de los contribuyentes hizo que las ulteriores ayudas a los bancos resultaran cada vez más difíciles, e indujo a formas cada vez menos transparentes y menos eficientes de afrontar los problemas.

No es de extrañar que la administración Obama no aportara realmente un enfoque nuevo. Puede que eso formara parte de la estrategia en su conjunto: aportar confianza al mercado a través de la tranquilidad y la continuidad. Pero esa estrategia tenía un coste. Desde el principio, la administración no planteó las preguntas adecuadas sobre el tipo de sistema financiero que el país quería y necesitaba, porque esas preguntas resultaban incómodas, tanto política como económicamente. Los banqueros no querían admitir que hubiera algo *fundamentalmente* equivocado; a duras penas estaban dispuestos a admitir ningún tipo de fallo. Ni tampoco los desreguladores ni los políticos que tenían detrás quisieron admitir el fracaso de las doctrinas económicas que habían venido propugnando. Querían volver al mundo tal y como era antes de 2007, antes de la crisis, con unos pequeños ajustes aquí y allá (era difícil que alegaran que todo era perfecto). Pero hacía falta más que eso. El sistema financiero no podía, ni debería, volver a ser como era antes. Hacían y hacen falta reformas reales, no sólo cosméticas. Por ejemplo, el sistema financiero había crecido desproporcionadamente. Había que reducir su tamaño, pero unas partes necesitaban más reducción que otras.

Puede que la administración Obama acabe llegando a la respuesta adecuada, puede que ya esté en marcha cuando se publique este libro. Pero el rumbo incierto que se ha seguido hasta la fecha ha impuesto unos elevados costes. El legado de la deuda pondrá en peligro los programas económicos y sociales durante muchos años. De hecho, a los pocos meses de los rescates bancarios, el tamaño del déficit se utilizaba como excusa para reducir el ámbito de la reforma de la atención sanitaria. Los halcones del déficit de los bancos se tomaron unas vacaciones a finales del verano de 2008, cuando los bancos decían que necesitaban cientos de miles de millones de dólares, y se soslayaron todas las preocupaciones sobre el tamaño del déficit. Pero, como otros y yo habíamos predicho, las vacaciones de los halcones se acabaron en cuanto quedó claro que no había más dinero que dar; entonces volvieron a su postura habitual de oponerse al gasto, independientemente de lo alta que fuera su rentabilidad. (Curiosamente, cuando empezaron a producirse los primeros rescates, los bancos alegaron que el gobierno iba a conseguir una gran rentabilidad de sus «inversiones», un tipo de argumento que habían rechazado cuando se había alegado en favor de otras formas de inversión social, tecnológica y de infraestructuras antes de la crisis. Pero a estas alturas, está claro que hay pocas posibilidades de que los contribuyentes recuperen lo que se ha dado a los bancos, y ninguna posibilidad de que se les compense adecuadamente por el riesgo que han soportado, de la forma que habrían exigido los banqueros si hubieran dado dinero a cualquiera).

## POR QUÉ SE QUEDA CORTO EL SISTEMA ESTADOUNIDENSE

El éxito del sector financiero se mide en última instancia por el bienestar que proporciona a los ciudadanos corrientes, tanto porque se asigna mejor el capital, como porque se gestiona mejor el riesgo. A pesar de todo el orgullo por la innovación en el sobredimensionado sector financiero, no está claro que la mayoría de las innovaciones contribuyera realmente gran cosa al éxito de la economía estadounidense o al nivel de vida de la inmensa mayoría de los estadounidenses. En el capítulo anterior, por ejemplo, he analizado la simple tarea de proporcionar dinero a la gente para ayudarle a adquirir viviendas. El sector financiero debería haber utilizado su ingenio para diseñar productos que ayudaran a la gente a gestionar el riesgo de tener una vivienda en propiedad, como los que surgen de la variabilidad de los tipos de interés. Se suponía que las personas familiarizadas con las finanzas comprendían el riesgo —era una de las razones por las que eran tan ampliamente recompensadas—. Curiosamente, ni ellos ni sus reguladores, que presumían de comprender los mercados y el significado del riesgo y de la eficiencia, lo entendían realmente. Se suponía que debían trasladar el riesgo desde las personas menos capaces de soportarlo (los propietarios pobres de viviendas) a los demás. Por el contrario, las «innovaciones» imponían más riesgo sobre aquellos propietarios.

213

Este libro está lleno de ejemplos de lo que sólo puede describirse como «incoherencia intelectual»: si los mercados fueran eficientes, *en promedio*, el propietario de una vivienda tendría poco que ganar pasando de una hipoteca de tipo de interés fijo a una de interés variable; la única diferencia sería quién soportaría el riesgo de la variabilidad. Y sin embargo, como hemos visto, Alan Greenspan, presidente de la Reserva Federal, animó a la gente a suscribir hipotecas de interés variable. Creía al mismo tiempo que dichas hipotecas eran eficientes (era una parte de la justificación de por qué no era necesaria una regulación) y también creía que los propietarios podrían, en promedio, ahorrar dinero suscribiendo una hipoteca de tipo variable. Es comprensible que los propietarios pobres de viviendas, que no comprendían el riesgo, pudieran seguir su desencaminado consejo; que lo hicieran los denominados expertos en finanzas resulta más difícil de entender.

A juzgar por las prestaciones —no las medidas artificiales de beneficios y comisiones, sino medidas más relevantes, las que evalúan las contribuciones del sector a la economía y al bienestar de las economías domésticas— el sector financiero fracasó. (De hecho, incluso mirándolo desde el punto de vista de la rentabilidad *a largo plazo* —teniendo en cuenta las enormes pérdidas que se amontonaron cuando se rompió la burbuja de la vivienda— fracasó). No fue un toque genial lo que dio lugar a los créditos de mentirosos, a las hipotecas por el 100 por ciento o a la difusión de los productos de tipo de interés variable. Eran malas ideas, e ideas que estaban prohibidas en muchos países. Eran el resultado de *no comprender* los fundamentos de los mercados (incluyendo los riesgos de una información

214

imperfecta y asimétrica, y la naturaleza del propio riesgo del mercado). Eran el resultado de *olvidar* o de *ignorar* las lecciones de la teoría económica y de la experiencia histórica.

Más generalmente, aunque resulta extraordinariamente fácil establecer un claro vínculo entre esas innovaciones y los fracasos económicos, es difícil señalar algún vínculo claro, por ejemplo, entre «innovaciones del sector financiero» y un aumento de la productividad. Una pequeña parte del sistema financiero, las empresas de capital de riesgo *(venture capital)* —m uchas de las cuales estaban en la Costa Oeste, no en Nueva York— sí jugaron un papel primordial en el crecimiento económico al proporcionar capital (y ayuda en la gestión) a muchas compañías emprendedoras nuevas. Otras partes del sistema financiero —bancos comunitarios, cooperativas de crédito y bancos locales, que proporcionan a los consumidores y a las pequeñas y medianas empresas la financiación que necesitan— también han hecho un buen trabajo.

Los grandes bancos, que se vanagloriaban de haber salido del negocio del almacenamiento (léase préstamos) al negocio de las mudanzas (léase confeccionar títulos complejos y vendérselos a los clientes incautos) eran ajenos a la creación real de empleo. Estaban interesados en los acuerdos megamilmillonarios de fusiones de empresas, y cuando eso fracasaba, en hacerlas pedazos. Aunque puede que no jugaran un gran papel en la creación de empleos y empresas, se destacaron por la destrucción de empleos (para los demás), en los esfuerzos de «recorte de gastos» que eran su marchamo.

Las insuficiencias del sistema financiero van más allá de sus fracasos en la gestión del riesgo y en la asignación de capital que condujeron a esta crisis. Los bancos no proporcionaban los servicios que necesitaban los pobres, que tenían que recurrir a adelantos salariales abusivos y a servicios de cobro de cheques; y no proporcionaban el tipo de sistema de pagos electrónico de bajo coste que Estados Unidos debería tener, dados los avances en tecnología.

Hay múltiples razones por las que el sector financiero ha funcionado tan mal, y tenemos que comprenderlas si queremos arreglar las cosas. Los capítulos anteriores han puesto de relieve cinco fallos.

En primer lugar, los incentivos son importantes, pero existe una disparidad sistémica entre las rentabilidades sociales y privadas. A menos que estén bien alineadas, el sistema de mercado no puede funcionar bien. Ello ayuda a explicar por qué una gran parte de las «innovaciones», que eran el orgullo del sistema financiero, eran pasos en la dirección equivocada.

En segundo lugar, determinadas instituciones se hicieron demasiado grandes para quebrar, y muy caras de salvar. Algunas de ellas demostraron que también son demasiado grandes para ser gestionadas. En palabras de Edward Liddy, que asumió la dirección de AIG tras el rescate del gobierno: «Cuando respondí a la petición de ayuda y me incorporé a AIG en septiembre de 2008, enseguida una cosa me pareció evidente: la estructura de la compañía en su conjunto es demasiado compleja, demasiado ingobernable, y demasiado opaca para que se puedan gestionar bien sus empresas integrantes como una entidad»[5].

En tercer lugar, los grandes bancos pasaron de la banca a secas a la titulización. La titulización tiene algunas virtudes, pero debe ser cuidadosamente gestionada, algo

216

que no comprendieron ni los responsables del sistema financiero ni los desreguladores[6].

En cuarto lugar, los bancos comerciales intentaron imitar la pauta de alto riesgo-alta rentabilidad de las altas finanzas, pero la banca comercial debería ser aburrida. Quienes quieran apostar pueden ir al hipódromo, o a Las Vegas, o a Atlantic City. Allí, uno sabe que existe la posibilidad de no recuperar el dinero que ha puesto. Cuando uno pone su dinero en el banco, no quiere ningún tipo de riesgo de que no esté ahí cuando lo necesite. Al parecer, demasiados banqueros comerciales padecieron «envidia de los *hedge funds*». Pero los *hedge funds* no tienen aval del gobierno; los bancos comerciales sí lo tienen. Son negocios distintos, y a demasiados bancos comerciales se les olvidó este hecho.

En quinto lugar, demasiados banqueros olvidaron que deberían ser ciudadanos responsables. No deberían depredar a los más pobres y a los más vulnerables. Los estadounidenses confiaban en que estos pilares de la comunidad tenían una conciencia moral. En medio de la codicia que se apoderó de la nación, no había nada que estuviera prohibido, ni siquiera explotar a los más débiles de nuestra sociedad.

EL RESCATE QUE NO FUE

Como hemos visto en capítulos anteriores, la quiebra es un rasgo esencial del capitalismo. A veces las empresas son incapaces de pagar lo que deben a sus acreedores. La reorganización financiera se ha convertido en algo normal en muchas industrias. Estados Unidos tiene la suerte de tener una forma particularmente eficaz de darles a las empresas una nueva oportunidad: el Capítulo 11 del código de quiebras, que se ha utilizado en repetidas ocasiones, por ejemplo en el caso de las compañías aéreas. Los aviones siguen volando; se mantienen los empleos y se preservan los activos. Habitualmente los accionistas lo pierden todo, y los obligacionistas se convierten en los nuevos accionistas. Bajo una nueva directiva, y sin la carga de la deuda, la compañía aérea puede seguir adelante. El gobierno desempeña un papel limitado en estas reestructuraciones: los tribunales de quiebras garantizan que se trata ecuánimemente a todos los acreedores y que la directiva no alza los bienes de la empresa para su propio beneficio.

Los bancos son diferentes en un aspecto: el gobierno tiene una participación, porque es quien asegura los depósitos. Como vimos en el capítulo anterior, la razón de que el gobierno asegure los depósitos es preservar la estabilidad del sistema financiero, que es importante para mantener la estabilidad de la economía. Pero si un banco tiene problemas, el procedimiento básico debería ser el mismo: los accionistas lo pierden todo; los obligacionistas se convierten en los nuevos accionistas[7]. A menudo, el valor de los bonos es de una cuantía tal que eso es todo lo que hay que hacer. Por ejemplo, en el momento del rescate, Citibank, el mayor banco estadounidense, con unos activos de 2 billones de dólares, tenía unos 350.000 millones de bonos a largo plazo. Dado que no hay pagos obligatorios con capital, si hubiera habido una conversión de deuda a capital, el banco no habría tenido que pagar los miles y miles de millones de dólares de intereses sobre esos bonos. No tener que pagar esos miles de millones de dólares de interés pone al banco en una situación mucho mejor. En un caso así, el papel del gobierno difiere muy poco del papel de supervisión que desempeña el gobierno en la quiebra de una empresa corriente.

No obstante, a veces el banco ha sido tan mal gestionado que la cantidad de dinero que se debe a los depositantes es mayor que los activos del banco. (Fue lo que ocurrió con muchos de los bancos de la debacle de las cajas de ahorros a finales de los años ochenta y en la crisis actual). Entonces el gobierno tiene que entrar en escena para cumplir sus compromisos con los depositantes. El gobierno se convierte, en efecto, en el dueño (probablemente parcial), aunque habitualmente intenta vender el banco lo antes posible, o encuentra a alguien que se haga cargo de él. Dado que el banco en quiebra tiene un pasivo mayor que sus activos, para hacer lo anterior habitualmente el gobierno tiene que pagar al banco comprador, tapando en la práctica el agujero del balance. Este proceso se denomina tutela[8]. Normalmente, el cambio de dueño es tan fluido que los depositantes y otros clientes ni siquiera se enterarían de que ha ocurrido algo a menos que lo lean en la prensa. Ocasionalmente, cuando no se puede encontrar rápidamente un candidato apropiado para la compra, el gobierno gestiona el banco durante un tiempo. (Los que se oponen a la curaduría intentaron desacreditar esta práctica tradicional denominándola nacionalización. Obama sugirió que eso no era lo que se hace en Estados Unidos[9]. Pero se equivocaba: la tutela, que incluía la posibilidad de que el gobierno sea temporalmente dueño del banco cuando fracasaba todo lo demás, era el enfoque tradicional;

lo que no tenía precedentes eran los ingentes regalos del gobierno a los bancos[10]. Dado que incluso los bancos de los que se hacía cargo el gobierno siempre acababan por venderse, algunos sugirieron que ese proceso se denominara preprivatización).

La experiencia de años nos ha enseñado que cuando los bancos corren el riesgo de quiebra, sus directivos se comportan de forma que se corre el riesgo de que los contribuyentes pierdan aún más dinero. Los bancos pueden, por ejemplo, hacer grandes apuestas: si ganan, se quedan con las ganancias; si pierden, ¿qué más da? Habrían muerto de todas formas. Por esa razón hay leyes que dicen que cuando el capital de un banco se ve reducido, debería cerrarse o ponerse en tutela. Los reguladores bancarios no esperan hasta que desaparece todo el dinero. Quieren asegurarse de que cuando un depositante introduce su tarjeta de débito en un cajero automático, y éste dice «fondos insuficientes», es porque no hay fondos suficientes en la cuenta corriente, no en el banco. Cuando los reguladores ven que un banco tiene demasiado poco dinero, notifican al banco que tiene que conseguir más capital, y si éste no puede, toman ulteriores medidas como las que acabo de describir[11].

A medida que tomaba impulso la crisis de 2008, el gobierno debería haber actuado según las reglas del capitalismo y haber obligado a una reorganización financiera. *Las reorganizaciones financieras —dejar que empiecen de cero— no son el fin del mundo*[12]. De hecho, podrían representar el comienzo de un nuevo mundo, un mundo donde los incentivos están mejor planteados y donde se reaviva el crédito. Si el gobierno hubiera obligado a una reestructuración de los bancos de la forma que acabo de describir, no habría habido una gran necesidad de dinero del contribuyente, ni siquiera de más intervenciones gubernamentales. Una conversión de ese tipo *incrementa* el valor de la empresa en su conjunto, porque reduce la probabilidad de quiebra, con lo que no sólo se ahorran los elevados costes de transacción del proceso de quiebra, sino que también se preserva el valor de la empresa que pasa por problemas. Eso significa que si se quitan de en medio los accionistas, y los obligacionistas se convierten en los nuevos «dueños», las perspectivas a largo plazo de los obligacionistas son mejores de lo que lo eran mientras el banco permanecía en el limbo, cuando no estaban seguros de si el banco sobreviviría, ni del tamaño ni de los términos de cualquier ayuda gubernamental[13].

Los obligacionistas involucrados en una reestructuración habrían recibido otro regalo, por lo menos de acuerdo con la propia lógica de los bancos. Los banqueros alegaban que el mercado estaba infravalorando el verdadero valor de las hipotecas de sus contabilidades (y de otros activos del banco). Puede que eso fuera cierto —o puede que no—. Si no lo es, resulta completamente descabellado obligar a los contribuyentes a soportar el coste del error del banco, pero si realmente los activos valían tanto como decían los banqueros, entonces los obligacionistas saldrían ganando.

La administración Obama ha argumentado que los grandes bancos no sólo son demasiado grandes para quebrar, sino también demasiado grandes para ser reestructurados financieramente (o, como lo califico más adelante, «demasiado grandes para resolverse»), demasiado grandes como para atenerse a las normas corrientes del capitalismo. Ser demasiado grande para ser reestructurado financieramente significa que si el banco está al borde de la quiebra, sólo hay una fuente de dinero: el contribuyente. Y de acuerdo con esta nueva y no probada doctrina, se han inyectado cientos de miles de millones de dólares en el sistema financiero. Si es cierto que los mayores bancos de Estados Unidos son demasiado grandes para «resolverse», ello tiene profundas implicaciones para que nuestro sistema bancario siga adelante —implicaciones que hasta ahora la administración se ha negado a reconocer—. Si, por ejemplo, los obligacionistas en realidad están avalados porque esas instituciones son demasiado grandes para ser reestructuradas financieramente, la economía de mercado no puede ejercer una disciplina efectiva sobre los bancos. Consiguen acceder a un capital más barato de lo que deberían, porque quienes aportan el capital saben que los contribuyentes se harán cargo de cualquier pérdida. Si el gobierno está aportando un aval, ya sea explícito o implícito, los bancos no están soportando todos los riesgos asociados con cada una de las decisiones que toman —los riesgos soportados por los mercados (accionistas, obligacionistas) son menores que los soportados por la sociedad en su conjunto, y de esa forma los recursos irán a parar al lugar equivocado—. Dado que los bancos demasiado grandes para ser reestructurados tienen acceso a unos fondos con un tipo de interés más bajo de lo que deberían, el mercado de capitales en su conjunto se ve distorsionado. Crecen a expensas de sus rivales más pequeños, que no tienen ese aval. Pueden llegar con facilidad a dominar el sistema financiero, no gracias a una mayor pericia e ingenio, sino debido al apoyo tácito del gobierno. Debería quedar claro: esos bancos demasiado grandes para ser reestructurados no pueden funcionar como bancos corrientes basados en el mercado.

En realidad, creo que toda esta discusión sobre los bancos demasiado grandes para ser reestructurados no fue más que una treta. Fue una estratagema que funcionó, basada en la instigación de temor. Al igual que Bush utilizó el 11 de septiembre y el miedo al terrorismo para justificar gran parte de lo que hizo, el Tesoro, tanto durante el mandato de Bush como durante el de Obama, utilizó el 15 de septiembre —el día que quebró Lehman Brothers— y el temor a otra catástrofe como instrumento para conseguir lo más posible para los bancos y para los banqueros que habían llevado al mundo al borde de la ruina económica.

El argumento es que, simplemente si la Reserva Federal y el Tesoro hubieran rescatado a Lehman Brothers, se habría evitado toda esta crisis. La implicación —aparentemente asumida por la administración Obama— es que, en caso de duda, rescata, y de forma masiva. Escatimar equivale a ser «sensato con los peniques e insensato con las libras».

Pero no es ésa la lección que hay que aprender del episodio de Lehman[14]. La idea de que sólo con haber rescatado a Lehman Brothers todo habría ido bien es un puro sinsentido. Lehman Brothers fue una consecuencia, no una causa: fue la consecuencia de unas prácticas crediticias defectuosas y de una supervisión inadecuada por parte de los reguladores. Tanto si se hubiera rescatado a Lehman Brothers como si no, la economía mundial se encaminaba hacia grandes dificultades. Antes de la crisis, como he apuntado, la economía mundial se había apoyado en la burbuja y en un exceso de endeudamiento. Ese juego se ha acabado; y se había acabado mucho antes de la quiebra de Lehman. El colapso seguramente aceleró todo el proceso de desapalancamiento; sacó a la luz los problemas acuciantes que había desde hacía tiempo, el hecho de que los bancos no conocieran su valor neto y de que por consiguiente supieran que no podían conocer el de cualquier otra firma a la que pudieran prestarle dinero[15]. Un proceso más ordenado habría impuesto menos costes a corto plazo, pero la «historia contrafáctica» siempre es problemática. Hay quienes creen que lo mejor es que cada uno tome su propia medicina y zanjar así el problema, y que una lenta compensación de los excesos duraría muchos años más, con unos costes aún mayores. Por otra parte, tal vez la lenta recapitalización de los bancos se habría producido antes de que fueran evidentes las pérdidas. Según ese punto de vista, ocultar las pérdidas con una contabilidad deshonesta (como en esta crisis, así como en la debacle de las cajas de ahorros de los años ochenta) sería hacer algo más que proporcionar un alivio sintomático. Reducir la fiebre puede, efectivamente, ayudar en la recuperación. Un tercer punto de vista sostiene que la quiebra de Lehman en realidad salvó al sistema financiero en su conjunto: sin ella, habría sido difícil galvanizar el apoyo político necesario para rescatar a los bancos. (Ya fue bastante difícil hacerlo después de su quiebra).

Incluso si uno está de acuerdo con que dejar que Lehman Brothers quebrara fue un error, hay muchas opciones entre el enfoque del cheque en blanco para salvar a los bancos adoptado por las administraciones Bush y Obama después del 15 de septiembre, y el enfoque de Hank Paulson, Ben Bernanke y Tim Geithner de simplemente cerrar Lehman Brothers y rezar por que al final todo salga bien.

El gobierno estaba obligado a salvar a los depositantes, pero eso no significaba que tuviera que aportar dinero de los contribuyentes para salvar también a los obligacionistas y a los accionistas. Como he señalado anteriormente, los procedimientos estándar habrían significado que se habría salvado la institución y se habría quitado de en medio a los accionistas, mientras que los obligacionistas se habrían convertido en los nuevos accionistas. Lehman no tenía depositantes asegurados; era un banco de inversión. Pero tenía algo casi equivalente: tomaba prestado dinero a corto plazo del «mercado» mediante papel comercial en poder de los fondos del mercado de dinero, que funcionan de forma muy parecida a los bancos. (Se pueden incluso extender cheques a cargo de esas cuentas). Por esa razón, la parte del sistema financiero que afecta a los mercados de dinero y a los bancos de inversión se denomina a menudo el sistema bancario en la sombra. Surgió, en parte, para eludir la normativa impuesta al sistema bancario real, a fin de garantizar su seguridad y su estabilidad. El colapso de Lehman provocó una fuga de dinero en el sistema bancario en la sombra, de forma muy parecida a la huida que solía producirse en el sistema bancario real antes de que se implantara el seguro de los depósitos; para detener la fuga, el gobierno proporcionó un seguro al sistema bancario en la sombra.

Quienes se oponen a la reestructuración financiera (tutela) para los bancos que tienen problemas dicen que si los obligacionistas no están *plenamente* protegidos, los restantes acreedores de un banco —quienes aportan fondos a corto plazo sin un aval del gobierno— saldrán huyendo si parece inminente una reestructuración. Pero esa conclusión desafía la lógica económica. Si dichos acreedores fueran racionales, se darían cuenta de que se beneficiarían enormemente de la mayor estabilidad de la empresa que aportan la tutela y la conversión de deuda en capital. Si anteriormente estaban dispuestos a mantener sus fondos en el banco, deberían estar aún más dispuestos a hacerlo ahora. Y si el gobierno no tiene confianza en la racionalidad de esos financieros supuestamente inteligentes, podría proporcionar una garantía, aunque debería cobrar una prima por ello. Al final, las administraciones Bush y Obama no sólo rescataron a los accionistas, sino que también aportaron garantías. Éstas efectivamente vaciaron de contenido el argumento a favor de un tratamiento generoso de los accionistas y de los obligacionistas a largo plazo.

Con una reestructuración financiera, hay dos grandes perdedores. Los directivos de los bancos casi con seguridad tendrán que marcharse, y no estarán contentos. Tampoco los accionistas estarán contentos, porque lo habrán perdido todo. Pero ésa es la naturaleza de la asunción de riesgos en el capitalismo (la única justificación de las rentabilidades por encima de lo normal de que disfrutaron durante el auge económico es el riesgo de una pérdida)[16].

## LOS ESFUERZOS INICIALES PARA RESCATAR A UN SISTEMA FINANCIERO EN QUIEBRA

El gobierno estadounidense debería haber actuado según las normas y haber «reestructurado» los bancos que necesitaban ser rescatados, en vez de proporcionarles ayudas sin garantía. Eso es así, tanto si al final algunos de los bancos consiguen devolver el dinero que se les dio, como si no lo hacen. Pero tanto la administración de Bush como la de Obama decidieron otra cosa.

Cuando estalló la crisis a finales de 2007 y principios de 2008, la administración Bush y la Reserva Federal fueron de rescate en rescate sin un plan ni unos principios discernibles. Eso añadió incertidumbre política a la incertidumbre económica. En algunos de los rescates (Bear Stearns), los accionistas recibieron algo y se protegió plenamente a los obligacionistas. En otros (Fannie Mae), los accionistas lo perdieron todo y se protegió plenamente a los obligacionistas. Y aún en otros (Washington Mutual), los accionistas y los obligacionistas lo perdieron casi todo. En el caso de Fannie Mae, al parecer predominaron las consideraciones políticas (la preocupación por provocar la desaprobación de China, como importante propietaria de obligaciones de Fannie Mae); nunca se alegó ninguna otra buena justificación económica[17]. Aunque a menudo se hacía referencia al «riesgo sistémico» al explicar por qué se rescataba a algunas instituciones y a otras no, estaba claro que la Reserva Federal y el Tesoro tenían una insuficiente capacidad de apreciación de lo que significaba el riesgo sistémico antes de la crisis, y su comprensión siguió siendo limitada incluso mientras la crisis progresaba.

Algunos de los rescates iniciales se hicieron a través de la Reserva Federal, llevando a esa institución a emprender acciones que eran totalmente impensables tan sólo unos meses atrás. La responsabilidad de la Reserva Federal es sobre todo hacia los bancos comerciales. Los regula, y el gobierno aporta un seguro de los depósitos. Antes de la crisis, se argumentaba que los bancos de inversión no necesitaban ni acceso a los fondos de la Reserva Federal ni el mismo tipo de normativa estricta, dado que no planteaban ningún riesgo sistémico. Manejaban el dinero de la gente rica y podían protegerse a sí mismos. Pero de repente, en el acto más generoso de la historia del bienestar empresarial, la red de seguridad del gobierno se amplió a los bancos de inversión. Posteriormente se extendió incluso más allá, a AIG, una empresa aseguradora.

Finalmente, a finales de septiembre de 2008, quedó claro que iba a hacer falta algo más que estos rescates «ocultos» a través de la Reserva Federal, y el presidente Bush tuvo que acudir al Congreso. La idea original del secretario del Tesoro, Paulson, a fin de conseguir dinero para los bancos fue denominada por sus críticos con la expresión «dinero por basura». El gobierno iba a comprar los activos tóxicos, mediante el Programa de Alivio de Activos Depreciados (TARP), inyectando liquidez y al mismo tiempo limpiando los balances de los bancos. Por supuesto, los banqueros no creían realmente que el gobierno tenía una ventaja comparativa en la eliminación de basura. La razón por la que querían soltarle al gobierno los activos tóxicos era que esperaban que el gobierno les pagaría de más (una recapitalización oculta de los bancos).

El verdadero indicio de que algo se estaba torciendo llegó cuando Paulson acudió al Congreso y presentó un decreto sobre el TARP de tres páginas que le daba un cheque en blanco por valor de 700.000 millones de dólares, sin supervisión del Congreso ni revisión judicial. En mi condición de economista jefe del Banco Mundial, yo ya había visto estratagemas de este tipo. Si eso hubiera ocurrido en una república bananera del Tercer Mundo, habríamos sabido lo que estaba a punto de ocurrir: una gigantesca redistribución desde los contribuyentes a los bancos y a sus amigos. El Banco Mundial habría amenazado con suspender toda ayuda. No podíamos tolerar que se utilizara de esa forma el dinero público, sin los controles y contrapesos normales. De hecho, muchos comentaristas conservadores argumentaron que lo que Paulson estaba proponiendo era inconstitucional. El Congreso, consideraban, no podía dar la espalda tan fácilmente a sus responsabilidades a la hora de asignar esos fondos.

Algunos responsables de Wall Street se quejaron de que los medios de comunicación estaban desquiciando las cosas denominándolo rescate. Preferían que se utilizaran eufemismos más optimistas, como «programa de recuperación» en vez de «rescate». Paulson convirtió los activos tóxicos en «activos depreciados», que sonaba más suave. Su sucesor, Tim Geithner, posteriormente los convertiría en «activos heredados».

En la votación inicial, el 29 de septiembre de 2008, el decreto del TARP fue derrotado por veintitrés votos en la Cámara de Representantes. Tras la derrota, la administración Bush montó una subasta. La administración preguntó, en la práctica, a cada uno de los congresistas que se habían opuesto cuánto dinero necesitaban en donaciones a sus distritos y a sus representados para que cambiaran su voto. Treinta y dos demócratas y veintiséis republicanos que votaron «no» al decreto original cambiaron de bando para apoyar el TARP en el decreto revisado, aprobado el 3 de octubre de 2008. El cambio de voto de los congresistas fue instigado en parte por los miedos a una catástrofe económica mundial y por unas disposiciones que aseguraban una mejor supervisión, pero, por lo menos en el caso de muchos de los congresistas que habían cambiado su voto, hubo un claro quid pro quo: el decreto revisado contenía una partida de 150.000 millones de dólares en condiciones fiscales especiales para sus representados[18]. Nadie dijo que se podía comprar por poco dinero a los miembros del Congreso[19].

Naturalmente, Wall Street estaba encantada con el programa para comprar los activos tóxicos. ¿A quién no le gustaría descargar su basura sobre el gobierno a unos precios inflados? Los bancos habrían podido vender en aquel momento muchos de estos activos en el mercado abierto, pero no a los precios que ellos hubieran querido. Había, naturalmente, otros activos que el sector privado no estaba dispuesto a tocar. Algunos de los denominados activos eran en realidad pasivos que podían explotar, devorando los fondos del gobierno como en el videojuego del «comecocos». Por ejemplo, el 15 de septiembre de 2008, AIG dijo que tenía un déficit de 20.000 millones de dólares. Al día siguiente, sus pérdidas habían aumentado hasta los 89.000 millones aproximadamente. Un poco más tarde, cuando nadie miraba, hubo una ulterior ayuda que elevó el total hasta los 150.000 millones. Y posteriormente, la ayuda se incrementó hasta 180.000 millones. Cuando el gobierno se hizo cargo de AIG (asumiendo una participación ligeramente inferior al 80 por ciento), puede que adquiriera algunos activos, pero entre esos activos había pasivos aún mayores.

En última instancia, la propuesta original de Paulson quedó completamente desacreditada, cuando quedaron en evidencia las dificultades de fijar un precio y de adquirir miles de activos individuales. Por añadidura, la presiones por parte de quienes no querían pagar de más a los bancos se materializaron en una forma de fijar los precios de los activos tóxicos mediante un mecanismo transparente de subasta. Sin embargo, enseguida quedó claro que liquidar mediante subasta miles de categorías distintas de activos sería una pesadilla. El tiempo era esencial, y eso no se podía hacer rápidamente. Por otra parte, si la subasta era justa, puede que los precios no fueran tan altos, lo que habría dejado a los bancos un gran agujero en sus balances. Tras defender enérgicamente durante semanas la propuesta como la mejor forma de salir adelante, Paulson de repente la abandonó a mediados de octubre de 2008 y pasó a su siguiente plan.

La siguiente propuesta era una «inyección de capital». Había varias razones para pensar que era importante dar más capital a los bancos, a fin de recapitalizarlos. Una de ellas era la esperanza de que al hacerlo, los bancos prestarían más. La otra era una lección aprendida en los años ochenta: los bancos descapitalizados son un riesgo para la economía.

Hace tres décadas, las asociaciones de cajas de ahorros afrontaron un problema parecido al que afrontan hoy en día los bancos. Cuando se elevaron repentinamente los tipos de interés para combatir la inflación a finales de los años setenta y principios de los ochenta, el valor de las hipotecas en poder de las cajas de ahorros se desplomó. Pero los bancos habían financiado esas hipotecas con depósitos. Si lo que los bancos debían a los depositantes permanecía igual, y el valor de sus activos disminuía mucho, las cajas de ahorros estaban, en cualquier sentido real, en la quiebra.

No obstante, las normas contables les permitían anticiparse al día de hacer balance. No estaban obligados a descontar en sus libros el valor de las hipotecas para que reflejaran las nuevas realidades. Sin embargo, los bancos tenían que pagar a sus depositantes unos tipos de interés más altos de los que obtenían de sus hipotecas, de forma que muchos tenían un grave problema de *cash flow*. Algunos intentaron resolver ese problema creciendo más —una especie de sistema piramidal en el que los nuevos depósitos ayudaban a pagar lo que se debía por los depósitos antiguos—. Mientras nadie diera la alarma, todo iría bien. El presidente Reagan les echó una mano suavizando aún más las normas contables, permitiéndoles contabilizar como activo su «buena voluntad», la mera perspectiva de sus futuros beneficios, y suavizando la normativa.

Las cajas de ahorros eran zombis, bancos muertos que permanecían entre los vivos. Tenían un incentivo para dedicarse a lo que Ed Kane, profesor del Boston College, denominaba «apostar por la resurrección»[20]. Si se comportaban prudentemente, no había manera de que consiguieran salir del agujero que habían excavado, pero si asumían grandes riesgos, y las apuestas les favorecían, podrían finalmente volver a ser solventes. Si las apuestas no les salían bien, no importaba. No podían estar *más* muertos de lo que ya estaban[21]. Permitir que los bancos zombis siguieran funcionando, y suavizar la normativa a fin de que pudieran asumir mayores riesgos, aumentó el coste final de solucionar aquel caos[22]. (Existe una fina línea entre «apostar», es decir una asunción excesiva de riesgos, y el fraude, de modo que no fue un accidente que los años ochenta se caracterizaran por un escándalo bancario tras otro. Tal vez no sea de extrañar que en la actual crisis hayamos vuelto a ver tanto de ambas cosas).

Los defensores de la propuesta de inyección de capital (incluido yo mismo) habían asumido erróneamente que iba a hacerse de forma correcta: los contribuyentes iban a recibir un valor justo por el capital y se iban a establecer los controles adecuados sobre los bancos. Efectivamente se *inyectó* liquidez para proteger a los bancos, y cuando necesitaron más dinero, se inyectó aún más liquidez. A cambio, los contribuyentes recibieron acciones preferentes y unas cuantas opciones (derechos a adquirir las acciones), pero se les engañó en el trato. Si comparamos los términos que consiguieron los contribuyentes estadounidenses con los que consiguió Warren Buffett, casi al mismo tiempo, en un acuerdo con Goldman Sachs[23], o si lo comparamos con los términos que obtuvo el gobierno británico cuando aportó fondos a sus bancos, está claro que a los contribuyentes estadounidenses se les engañó con las vueltas. Si quienes negociaron supuestamente en nombre de los estadounidenses hubieran estado trabajando en un acuerdo similar en Wall Street, habrían exigido unos términos mucho más favorables.

Y lo que es peor, incluso cuando los contribuyentes estadounidenses se convirtieron en el principal «propietario» de algunos bancos, el Departamento del Tesoro de Bush (y posteriormente de Obama) se negó a ejercer ningún tipo de control[24]. El contribuyente estadounidense aportó cientos de miles de millones de dólares y ni siquiera obtuvo el derecho a saber en qué se gastaba el dinero, ni mucho menos tener voz en lo que hacían con él los bancos. También esto difería sensiblemente de los rescates contemporáneos de los bancos del Reino Unido, donde por lo menos había una apariencia de responsabilidad: se despidió a las antiguas directivas, se impusieron restricciones a los dividendos y a las compensaciones, y se pusieron en práctica sistemas diseñados para fomentar el crédito[25.]

Por el contrario, los bancos estadounidenses siguieron pagando dividendos y primas, y ni siquiera fingieron que estaban restableciendo el crédito. «¿Conceder más créditos?», dijo John C. Hope III, presidente del Whitney National Bank en Nueva Orleans ante una sala llena de analistas de Wall Street a principios de 2009. «No vamos a cambiar nuestro modelo de negocio ni nuestra política crediticia para satisfacer las necesidades del sector público, que considera que tenemos que conceder más créditos»[26].

Wall Street seguía presionando para conseguir unos términos cada vez mejores, lo que hacía cada vez menos probable que los contribuyentes fueran adecuadamente compensados por los riesgos que estaban asumiendo, incluso si algunos de los bancos conseguían devolver lo que recibieron. Uno de los beneficios que surgiría de la descarada exigencia inicial por parte de Paulson de que no hubiera supervisión ni revisión judicial sobre su cheque en blanco de 700.000 millones de dólares a Wall Street fue que el Congreso estableció un panel de supervisión independiente, y éste mostró lo perjudiciales que resultaban los rescates para los contribuyentes estadounidenses. En el primer lote de rescates, *en aquel momento*, los contribuyentes recibían sólo sesenta y seis centavos de dólar en títulos por cada dólar que daban a los bancos. Pero en los acuerdos posteriores, y especialmente en los tratos con Citibank y AIG, los términos eran aún peores, con cuarenta y un centavos por cada dólar concedido[27]. En marzo de 2009, la Oficina Presupuestaria del Congreso (CBO en sus siglas en inglés), el organismo no partidista que supuestamente se encarga de proporcionar evaluaciones independientes de los costes de los programas del gobierno, estimó que el coste neto de utilizar en su totalidad los 700.000 millones de dólares del TARP ascendería a 356.000 millones[28]. Al gobierno le iban a devolver menos de 50 centavos por dólar. No había esperanza de que hubiera una compensación por el riesgo soportado. En junio de 2009, en un examen más detallado del gasto inicial de 369.000 millones del TARP, la CBO fijó la pérdida estimada en 159.000 millones de dólares[29].

Había un alto grado de hipocresía en toda la estratagema de rescate de los bancos. Los bancos (y los reguladores que habían permitido que surgiera todo aquel problema) querían fingir que la crisis era sólo cuestión de confianza y de falta de liquidez. Una falta de liquidez significaba que nadie estaba dispuesto a prestarles dinero. Los bancos querían creer que no habían tomado decisiones erróneas, que eran realmente *solventes*, y que el «verdadero» valor de sus activos superaba el valor de lo que debían (su pasivo). Pero mientras que cada uno de ellos creía eso de sí mismo, no lo creía de los otros bancos, como puede verse por su renuencia a prestarse dinero entre ellos.

El problema de los bancos estadounidenses no era sólo una falta de liquidez[30]. Años de un comportamiento temerario, que incluía una mala política crediticia y especulación con los derivados, habían dejado a algunos, tal vez a muchos, en una quiebra efectiva. Años de contabilidad no transparente y de productos complejos, diseñados para engañar a los reguladores y a los inversores, se habían cobrado su precio: ahora ni siquiera los bancos conocían su propio balance. Si ni ellos mismos sabían si eran realmente solventes, ¿cómo podían conocer la solvencia de cualquiera a quien pudieran prestar dinero?

Desgraciadamente, la confianza no puede restablecerse simplemente pronunciando discursos que expresan la confianza en la economía estadounidense. Los reiterados pronunciamientos, por ejemplo, por parte de la administración Bush y por los bancos en el sentido de que la economía se apoyaba en terreno sólido, con unos cimientos fuertes, eran desmentidos por las malas noticias recurrentes. Lo que decían sencillamente no era creíble. Lo que cuenta son los actos, y las acciones de la Reserva Federal y del tesoro minaron la confianza.

Para octubre de 2009, el Fondo Monetario Internacional (FMI) informaba que las pérdidas mundiales en el sector bancario eran de 3,6 billones de dólares[31]. Los bancos habían admitido pérdidas de mucha menor cuantía. El resto era una especie de materia oscura. Todo el mundo sabía que estaba en el sistema, pero nadie sabía dónde.

Cuando el plan de Paulson fracasó, tanto a la hora de reavivar el crédito como de restablecer la confianza en los bancos, la administración Obama vaciló a la hora de decidir con qué sustituirlo. Tras varias semanas de indecisión, en marzo de 2009 la administración Obama anunció un nuevo programa, el Public-Private Investment Program (PPIP) [Programa de Inversión Pública-Privada], que iba a emplear entre 75.000 y 100.000 millones del capital del

TARP, además de capital de inversores privados, para comprar activos tóxicos a los bancos[32]. Las palabras que se empleaban eran engañosas: se describía como una asociación, pero no era una asociación normal. El gobierno iba a poner hasta el 92 por ciento del dinero, pero iba a obtener sólo la mitad de los beneficios y a soportar casi todas las pérdidas. El gobierno iba a prestar al sector privado (a los *hedge funds*, a los fondos de inversión, o incluso, irónicamente, a los bancos, que podrían comprarse los activos unos a otros)[33] la mayor parte del dinero que tenía que aportar, con créditos sin garantía personal, garantizados sólo por lo que se adquiría. Si el título o la hipoteca resulta valer menos que la cantidad pedida en préstamo, el prestatario no devuelve el dinero, dejando que el gobierno, no los inversores privados, absorba el grueso de las pérdidas.

En realidad, el equipo de Obama finalmente se había decidido por una ligera variación de la idea original de «dinero por basura». Era como si hubiera decidido utilizar un servicio privado de recogida de basuras, que iba a comprar la basura al por mayor, clasificarla, escoger lo que tuviera algún valor y descargar toda la basura sobrante sobre el contribuyente. Y el programa estaba diseñado para dar a los recolectores de basura abultados beneficios (sólo se iba a permitir «competir» a determinados miembros del club de Wall Street, tras haber sido cuidadosamente seleccionados por el Tesoro). Uno podía estar seguro de que estos financieros que habían tenido tanto éxito a la hora de exprimir dinero de la economía no iban a desempeñar esas funciones por civismo, *gratis*.

La administración intentó alegar que el PPIP era necesario para proporcionar liquidez al mercado. La falta de liquidez, argumentaba, estaba tirando hacia abajo de los precios y dañando artificialmente los balances de los bancos. Sin embargo, el problema principal no era una falta de liquidez. Si lo fuera, sería suficiente con un programa mucho más simple: sencillamente proporcionar los fondos sin avales de crédito. La cuestión real es que los bancos habían concedido créditos de mala calidad durante una burbuja y estaban muy endeudados. Habían perdido su capital, y había que reponerlo.

La administración fingió que su plan se basaba en permitir al mercado determinar los precios de los «activos tóxicos» de los bancos —incluyendo créditos a la vivienda impagados y títulos basados en esos créditos— a medida que la «sociedad» iba comprando los activos. La magia del mercado se estaba utilizando para lograr un «descubrimiento de los precios». No obstante, la realidad era que el mercado no estaba poniendo un precio a los activos tóxicos en sí, sino a opciones sobre esos activos, lo que básicamente era una apuesta unidireccional. Las dos cosas tienen poco que ver. Las sociedades privadas ganaban mucho con las hipotecas «buenas», pero esencialmente trasladaban al gobierno las pérdidas de las hipotecas malas.

Supongamos que un activo tiene una probabilidad del 50-50 por ciento de valer o bien cero o bien 200 dólares dentro de un año. El «valor» medio del activo es de 100 dólares. Sin intereses, ésa es la cantidad por la que se vendería el activo en un mercado competitivo. Es lo que «vale» el activo. Supongamos que una de las sociedades públicas-privadas que ha prometido crear el Tesoro está dispuesta a pagar 150 dólares por el activo. Eso es un 50 por ciento más que su valor real, y el banco está más que satisfecho de venderlo. De forma que el socio privado pone 12 dólares, y el gobierno aporta el 92 por ciento restante del coste (12 dólares en «capital» más 126 dólares en forma de crédito garantizado).

Si, dentro de un año, resulta que el verdadero valor del activo es cero, el asociado privado pierde los 12 dólares, y el gobierno pierde 138 dólares. Si el verdadero valor es de 200 dólares, el gobierno y el socio privado se reparten los 74 dólares que quedan tras devolver el crédito de 126 dólares. En ese escenario idílico, el asociado privado multiplica por más de tres veces su inversión de 12 dólares. Pero el contribuyente, que ha arriesgado 138 dólares, sólo obtiene 37.

Para empeorar las cosas, hay una amplia posibilidad de «apostar». Supongamos que el banco compra su propio activo por 300 dólares (la administración no impedía que las sociedades incluyeran a los bancos), aportando 24 dólares. En el peor de los casos, el banco «pierde» 24 dólares en su inversión en la «sociedad», pero sigue quedándose con los 300 dólares. En el mejor de los casos, el activo sigue valiendo sólo 200 dólares, de forma que una vez más el gobierno se traga la pérdida, salvo los 24 dólares. El banco ha canjeado milagrosamente un activo de riesgo cuyo valor real es de 100 dólares por un activo seguro —para el banco— que vale 276 dólares netos. Las pérdidas del gobierno compensan la diferencia (la enorme cantidad de 176 dólares como media). Con tanto dinero en circulación, hay muchas oportunidades para hacer negocios; se pude dar una parte a los *hedge funds*. No hay que ser avaricioso.

Pero los estadounidenses pueden perder incluso más de lo que sugieren estos cálculos, debido a un efecto denominado selección adversa. Los bancos son los que eligen los créditos y títulos que quieren vender. Querrán vender los activos peores, y sobre todo los que consideran que el mercado sobrevalora (y por tanto está dispuesto a pagar demasiado por ellos). Pero es probable que el mercado se dé cuenta de ello, lo que reduciría el precio que está dispuesto a pagar. Sólo el hecho de que el gobierno se haga cargo de una parte suficiente de las pérdidas compensa este efecto de «selección adversa». Como el gobierno absorbe las pérdidas, al mercado no le importa si los bancos le están «engañando» al venderles sus activos de peor calidad.

Al principio, a los banqueros y a los socios potenciales (*hedge funds* y otras compañías financieras) les encantó esta idea. Los bancos sólo venden los activos que desean vender: no pueden perder. Los socios privados ganarán un montón de dinero, sobre todo si el gobierno les cobra poco por las garantías. También a los políticos les encantaba la idea: había una posibilidad de que ellos ya no estuvieran en Washington cuando empezaran a llegar las facturas. Pero ése es precisamente el problema de este enfoque: durante años, nadie sabrá el efecto que tendrá en el balance del gobierno.

Al final, muchos de los bancos y de los socios privados se desilusionaron. Les preocupaba que si ganaban demasiado dinero, los burócratas y el público no les permitirían salirse con la suya y encontrarían alguna forma de recuperar los beneficios. Como mínimo, los participantes sabían que serían objeto de una intensa vigilancia por parte del Congreso, del mismo modo que lo habían sido quienes recibieron dinero del TARP. Cuando se modificó la normativa contable para permitir a los bancos que

240

no descontaran sus activos depreciados —y fingir que las hipotecas tóxicas eran tan buenas como el oro— el atractivo de la idea disminuyó aún más; incluso si los bancos conseguían más de lo que valía el activo, tendrían que reconocer una pérdida, lo que requeriría encontrar más capital. Ellos preferirían posponer el día del ajuste de cuentas.

La propuesta fue descrita por algunos responsables de los mercados financieros como una propuesta «gana-gana-gana». En realidad, era una propuesta «gana-gana-pierde»: los bancos ganan, los inversores ganan, y, si el programa les sale bien a los bancos, los contribuyentes pierden. Como me escribía un gestor de *hedge funds:* «Es un acuerdo terrible para el contribuyente, pero yo voy a asegurarme de que mis clientes se beneficien plenamente».

Así pues, dados todos estos defectos, ¿cuál era el atractivo de la estrategia de la administración? El PPIP era el tipo de instrumento al estilo Rube Goldberg* que le encanta a Wall Street: inteligente, complejo y opaco, que permite enormes transferencias de riqueza a los mercados financieros. Podía permitir que la administración evitara volver a acudir al Congreso a fin de pedir más dinero para arreglar los bancos, y proporcionaba una forma de evitar la curaduría.

En los muchos meses transcurridos desde que se implantó la propuesta, no ha funcionado como había esperado el gobierno. En el plazo de pocos meses, este programa

_____

* Humorista gráfico estadounidense, autor de una famosa serie de cómicos y estrafalarios inventos, *Los Inventos del Profesor Lucifer Gorgonzola Butts (N. de los T.).*

para asumir los créditos «heredados», como tantos otros programas, fue abandonado, y el programa para los títulos heredados se redujo considerablemente. El resultado más probable era que, cualquier beneficio limitado que produjera el restante PPIP para títulos, se obtendría a un elevado precio. Un dinero que era mejor destinarlo a los bancos iba a parar a los «socios» privados (un alto precio a pagar por un servicio privado de recogida de basuras)[34].

*Por qué los planes de rescate estaban abocados al fracaso*

El rescate increíblemente costoso fracasó en uno de sus objetivos principales: restablecer el crédito[35]. Detrás de éste y de otros fallos del programa había unos cuantos principios económicos elementales.

El primero es la *conservación de la materia*. Cuando el gobierno compra un activo tóxico, las pérdidas no desaparecen. Ni tampoco desaparecen cuando el gobierno asegura las pérdidas de, pongamos, Citibank. Simplemente se trasladan desde el balance de Citibank hasta el balance del gobierno. Eso significa que la batalla real es por el *reparto:* quién carga con las pérdidas. ¿Se trasladará desde el sector financiero al público? En un mundo de suma cero —donde las ganancias de una de las partes son a expensas de otra— un acuerdo más favorable para los accionistas o los obligacionistas de los bancos significa un acuerdo peor para los contribuyentes. Éste era el problema clave de los programas que implicaban la compra de los activos tóxicos de los bancos, ya sea individualmente o en bloque: si se paga demasiado, el gobierno sufrirá ingentes pérdidas; si se paga demasiado poco, el agujero que quedará en el balance de los bancos parecerá enorme.

La discusión sobre los activos tóxicos se vio ulteriormente enrevesada por las metáforas empleadas para describirla. El gobierno tenía que «hacer limpieza» en los balances de los bancos, ayudándoles a librarse de los activos tóxicos, insinuando que una hipoteca tóxica era algo análogo a una manzana podrida: podía contaminar todo lo que había a su alrededor. Pero un activo tóxico era sencillamente un activo por el que el banco había sufrido una pérdida, no estaba infectado con una enfermedad contagiosa.

Un principio tomado de la economía medioambiental, denominado *quien contamina paga*, ofrece una guía para saber quién tendría que pagar: no es sólo una cuestión de equidad sino también una cuestión de eficiencia. Los bancos estadounidenses han contaminado la economía mundial con basura tóxica, y es una cuestión de equidad y de eficiencia —y de respetar las normas— que se les obligue, ahora o más adelante, a pagar el precio de la limpieza, tal vez en forma de impuestos. Ésta no es la primera vez que se ha rescatado a los bancos estadounidenses. Ha ocurrido repetidas veces. La implicación es que, en realidad, el resto de la economía está subvencionando fuertemente a este sector.

Imponer tributos a los bancos (como gravar con impuestos cualquier externalidad «negativa») puede generar ingresos, al mismo tiempo que mejora la eficiencia económica; tiene mucho más sentido implantar ese tipo de impuestos que gravar las cosas positivas, como los ahorros y el trabajo. Y es razonablemente fácil diseñar ese tipo de impuestos. Los bancos argumentan que imponerles esos costes reduciría su capacidad de atraer capital privado y el restablecimiento de la salud del sistema financiero. Una vez más han empleado la táctica del miedo: sería perjudicial incluso discutir esas medidas. La cuestión es que no imponerles esos costes distorsiona la economía. Además, si el gobierno tiene que proporcionar temporalmente financiación adicional debido a la renuencia del sector privado a hacerlo, eso no es lo peor que puede ocurrir, siempre y cuando reciba los derechos adecuados (obligaciones o acciones) sobre el futuro valor del banco: los inversores del sector privado no han hecho un trabajo ejemplar a la hora de «ejercer la disciplina». Por añadidura, al final la economía se recuperará, y con la recuperación, esos activos probablemente ofrecerán buenas rentabilidades.

Aunque trasladar las pérdidas de un lugar a otro puede ser parecido a un juego de suma cero, si no se hace bien puede convertirse en un juego de suma muy negativa, donde las pérdidas de los contribuyentes son mayores que los beneficios para los accionistas de los bancos. Los incentivos, como he señalado reiteradamente, cuentan. Los rescates inevitablemente distorsionan los incentivos. Los prestamistas, sabiendo que pueden ser salvados de soportar las plenas consecuencias de sus errores, hacen peor su trabajo a la hora de valorar el riesgo, y conceden créditos más arriesgados. Éste es el problema del riesgo moral al que me he referido a menudo. El temor a que cada rescate aumente la probabilidad de que haya otro parece que está demostrado; y ahora hemos asistido a la «madre de todos los rescates». Pero la forma en que el gobierno realizó los rescates también incrementó las distorsiones, y en aspectos que pueden haber empeorado la crisis. Por ejemplo, un banco (como Citibank) que tiene sus pérdidas aseguradas por el gobierno, tiene pocos incentivos para renegociar las hipotecas. Si el banco pospone afrontar el problema, existe una posibilidad —ciertamente remota— de que el valor de las hipotecas se recupere, y de que el banco se quede con todos los beneficios. Si, como resultado de la tardanza, las pérdidas son aún mayores, el gobierno carga con los costes.

La incapacidad de prestar atención a los incentivos ha resultado costosa en otro sentido. Los bancos y sus directivos tenían incentivos para tomar el dinero del gobierno y repartir todo lo que podían en forma de dividendos y primas. Por supuesto, sabían que la finalidad del dinero era recapitalizar los bancos a fin de permitirles prestar dinero; no se les rescataba debido al amor de los contribuyentes por los banqueros. Los directivos también sabían que utilizar el dinero de esa forma haría más débiles a los bancos y suscitaría la ira del público. Pero como dice el refrán, más vale pájaro en mano que ciento volando; ellos sabían que había una probabilidad más que mínima de que sus bancos no sobrevivieran. Sus intereses se apartaron no sólo de los intereses de la economía, sino también del interés de un «financiador» cada vez más importante, el contribuyente estadounidense. Pero las administraciones de Bush y de Obama decidieron ignorar este conflicto de intereses e impusieron poco control sobre el uso que se daba al dinero.

Hay otro principio esencial en la teoría económica: *mira hacia adelante: lo pasado, pasado*. En vez de intentar salvar los bancos existentes, que habían demostrado repetidamente su incompetencia, el gobierno podría haber dado los 700.000 millones de dólares a los pocos bancos sanos y bien gestionados, o incluso haberlos empleado para fundar un conjunto de bancos nuevos. Con una modesta tasa de endeudamiento de 12 a 1, eso habría generado 8,4 billones de dólares de nuevos créditos —más que suficiente para las necesidades de la economía—. Incluso si las administraciones no hubieran hecho algo tan drástico, puede que hubieran podido utilizar parte del dinero para crear nuevas líneas de crédito, y parte para absorber una fracción de la incertidumbre de los nuevos créditos mediante la aportación de garantías parciales. Habría sido una excelente idea ajustar los avales parciales a las condiciones económicas, aportando más ayudas si la economía sigue en recesión, algo de lo que no se puede culpar a ninguna empresa[36]. Una estrategia más innovadora, con la vista puesta en el futuro, habría dado lugar a más créditos, con un menor coste para el público que la estrategia estadounidense de o bien comprar los activos tóxicos existentes o bien dar más dinero a los bancos que habían demostrado su incompetencia a la hora de valorar el riesgo y el crédito (y confiar en que dichos bancos empezaran a prestar, y rezar para que hicieran mejor su trabajo después de la crisis de lo que lo habían hecho antes).

Otro principio es análogo al que he analizado en el Capítulo 3 sobre el diseño del estímulo: el dinero debería tener un *objetivo*, debería ir allí donde más pueda estimular la economía. *Si el gobierno no tuviera limitaciones de presupuesto, podría haber inyectado irresponsablemente dinero a los bancos.* En ese caso, la tarea de recapitalizar los bancos habría resultado fácil. Con fondos limitados, hay que asegurarse de que cada dólar que se gasta se gasta bien. Una de las razones por las que puede que el TARP no consiguiera aumentar el crédito tal y como se esperaba era que el gobierno estaba dando demasiado dinero a los grandes bancos, y en gran medida, esos bancos hace años que habían dejado de prestar atención a los créditos a las pequeñas y medianas empresas. Si el objetivo era fomentar la creación de empleo —o incluso la conservación del empleo— habría sido necesario poner más crédito a disposición de esas empresas, porque son la fuente de la mayor parte de la creación de empleo; si hubiéramos querido que llegara más crédito a las pequeñas y medianas empresas, habríamos encauzado el dinero hacia los bancos pequeños y a los bancos locales.

Por el contrario, el gobierno se prodigó dando dinero a las grandes instituciones financieras que habían cometido los mayores errores, algunas de las cuales se dedicaban poco o nada al crédito. El rescate de AIG fue especialmente negligente. Existía la preocupación de que si no se rescataba a AIG, habría problemas con las empresas a las que había vendido *credit default swaps*, que eran parecidos a pólizas de seguros suscritas contra la desaparición de determinadas sociedades anónimas. Pero darle dinero a AIG era una precaria forma de llevar dinero allí donde podía ser útil. Ambas administraciones estaban empleando una variante de la economía de goteo: demos suficiente dinero a AIG, y parte de él goteará hacia abajo, hasta donde haga falta. Puede ser, pero se trata de una forma muy costosa de hacer negocios. Cuando finalmente se dispuso de información sobre adónde había ido a parar el dinero de AIG, quedó claro que sólo una pequeña parte había ido a parar a instituciones significativas para el sistema; aunque ése fue el argumento que se adujo para su defensa[37].

Análogamente, existía la preocupación, por ejemplo, de que si el gobierno no rescata a todos los acreedores, algunos fondos de seguros y pensiones experimentarían pérdidas sustanciales[38]. Dichos acreedores se presentaron como demandantes «socialmente valiosos». Los fondos que pudieran gotear hacia abajo hasta estos demandantes privados son fondos que estarían mejor utilizados para fortalecer el sistema de la Seguridad Social, evitándole mayores recortes. ¿A quién deberíamos dar más importancia, a aquéllos con quienes hemos suscrito un contrato social, o a aquellos que han tomado malas decisiones de inversión? Si necesitamos rescatar a los fondos de pensiones y a las compañías de seguros, entonces deberíamos hacerlo directamente, de modo que cada dólar del dinero del gobierno vaya directamente al grupo que lo necesita. No hay justificación para gastar veinte dólares a fin de rescatar a los inversores de modo que un dólar pueda ir a parar a un fondo de pensiones que en caso contrario tendría problemas.

Un último principio que debería haber guiado los rescates es, una vez más, parecido al principio para un estímulo bien diseñado: *el rescate debería ayudar a reestructurar el sistema financiero, para hacer que desempeñe mejor las funciones que supuestamente debe cumplir*. He señalado repetidamente que el rescate no ha conseguido hacerlo; el dinero fue a parar, de forma desproporcionada, no a aquellas partes del sistema financiero que estaban promoviendo, digamos, nuevas empresas, o ampliando las pequeñas y medianas empresas. También he señalado que el rescate se llevó a cabo de forma que condujo a un sector financiero más concentrado, agravando los problemas relacionados con lo «demasiado grande para quebrar» y «demasiado grande para sacarlas a flote».

Este rescate, y los sucesivos rescates de los años ochenta y noventa, y de los primeros años de esta década, han enviado un claro mensaje a los bancos en el sentido de que no deben preocuparse por una mala política crediticia, ya que el gobierno arreglará el desaguisado. Los rescates hacen exactamente lo contrario de lo que debería hacerse: aplicar la disciplina adecuada a los bancos, recompensando a los que habían sido prudentes y dejando que quiebren los que habían asumido riesgos extraordinarios. Los bancos que actuaron peor en la gestión del riesgo recibieron las mayores donaciones por parte del gobierno.

En nombre del mantenimiento de la economía de libre mercado, lo que estaba creando el gobierno estaba muy lejos de un verdadero mercado. Mientras la administración Obama había evitado la ruta de la tutela, lo que hizo fue mucho peor que una nacionalización: es un sucedáneo de capitalismo, la privatización de las ganancias y la socialización de las pérdidas. La percepción, y la realidad, de que los paquetes de medidas de rescate eran «injustos» —injustamente generosos con los banqueros, injustamente costosos para los ciudadanos corrientes— ha hecho aún más difícil afrontar la crisis. Se ha convertido en un lugar común decir que detrás de la crisis está la pérdida de confianza en el sistema financiero. Pero la incapacidad del gobierno para acometer un rescate justo ha contribuido a una pérdida de confianza en el gobierno.

La respuesta del gobierno ha encauzado la economía por un camino hacia la recuperación que será más lento y más difícil de lo necesario. Por supuesto, las cosas están mucho mejor que si se hubiera adoptado la táctica opuesta: no hacer nada. Ese rumbo podría haber empujado a la nación más allá del borde del precipicio, hasta la depresión.

Si no se producen circunstancias adversas —y hay muchos problemas que acechan en el horizonte, como en la propiedad inmobiliaria comercial— los bancos se recapitalizarán gradualmente. Si la Reserva Federal mantiene los tipos de interés próximos a cero, y con una competencia tan limitada en la banca, los bancos pueden lograr abultados beneficios cobrando elevados tipos de interés incluso por una cantidad limitada de créditos. Pero eso disuadirá a las empresas de expandirse y de contratar a nuevos trabajadores. El escenario optimista es que esta recapitalización avanza más rápido de lo que aumentan los problemas. Habremos salido del paso.

## LA RESERVA FEDERAL

Ningún análisis del rescate financiero estaría completo sin hacer mención a la Reserva Federal. Ha sido una parte de la mayoría de los rescates que acabo de describir. A fin de salvar a los banqueros y a sus accionistas, así como para estimular la economía, Estados Unidos no sólo había emprendido una ingente política de gasto, sino que también la Reserva Federal multiplicó en más del doble su balance (una medida de los préstamos que concedió) en el plazo de unos pocos meses, desde 942.000 millones de dólares a principios de septiembre de 2008 hasta más de 2,2 billones a principios de diciembre de 2008[39].

A medida que se desarrollaba la crisis, Alan Greenspan pasó de ser el héroe que había traído consigo la «Gran Moderación», el largo periodo de crecimiento casi sostenido durante los dieciocho años de su mandato, a ser un villano. La opinión pública ha sido más benévola con su sucesor, Ben Bernanke. En agosto de 2009, cuando el presidente Obama anunció que iba a confirmar en su cargo a Bernanke para un segundo ejercicio como presidente de la Reserva Federal, se felicitaba por el papel desempeñado por Bernanke al salvar al sistema financiero del borde de la quiebra. No es de extrañar que no mencionara el papel de Bernanke a la hora de llevar el sistema financiero hasta esa situación. Como señalaba en el Capítulo 1, Bernanke permitió que la burbuja siguiera creciendo. La «opción Greenspan» —que garantizaba al mercado que si algo salía mal, la Reserva Federal lo rescataría— fue sustituida por la «opción Bernanke». Esta garantía había contribuido al crecimiento de la burbuja y a una excesiva asunción de riesgos. Y cuando la burbuja estalló, Bernanke mantuvo su palabra.

Con los primeros síntomas de los problemas, en verano de 2007, la Reserva Federal y el Banco Central Europeo aportaron una gran cantidad de liquidez al mercado: en las dos primeras semanas de agosto, el Banco Central Europeo realizó unas inyecciones de aproximadamente 274.000 millones de dólares, y la Reserva Federal inyectó 38.000 millones a principios de agosto de 2007[40]. A continuación, la Reserva Federal también participó activamente en los sucesivos rescates. Amplió su función de «prestamista de último recurso» a los bancos de inversión[41]. En realidad, la Reserva Federal no había hecho nada para impedir que los bancos asumieran riesgos, para evitar el incendio, insinuando que no representaban ningún efecto sistémico, pero cuando empezó el fuego, la Reserva Federal apenas dudó en poner en peligro miles de millones de dólares del dinero de los contribuyentes[42]. (Si la Reserva Federal pensaba que no tenía autoridad para regular los bancos de inversión, si eran sistémicamente importantes, debería haber acudido al Congreso y haber solicitado esa autoridad. Pero su omisión a la hora de pedir ese tipo de autoridad reguladora no era de extrañar: la Reserva Federal había asumido de lleno la filosofía desreguladora).

Tradicionalmente, la Reserva Federal compra y vende bonos del Tesoro, bonos del gobierno a corto plazo. Cuando compra los bonos, inyecta dinero en la economía, y eso normalmente da lugar a que bajen los tipos de interés. Cuando vende los bonos, ocurre exactamente lo contrario. No existe el riesgo de que los bonos se malogren, son tan seguros como el gobierno estadounidense. La Reserva Federal también presta dinero directamente a los bancos y, al darles dinero, les permite prestar a terceros. Pero cuando la Reserva Federal presta dinero a un banco, normalmente exige garantías: bonos del Tesoro. Así pues, la Reserva Federal no es un banco en el sentido habitual: no valora la solvencia para el crédito, aunque como regulador de los bancos, se supone que debe o bien cerrar los bancos que corran el riesgo de no poder devolver el dinero a los depositantes, o bien obligarles a encontrar el capital requerido. A la Reserva Federal se la denomina el prestamista de último recurso porque a veces los bancos que son «solventes» carecen de liquidez; puede que no logren conseguir dinero en efectivo cuando lo necesitan. La Reserva Federal proporciona esa liquidez.

A medida que se desarrollaba la crisis, la Reserva Federal inundó de liquidez el mercado. Al hacerlo, provocó que los tipos de interés bajaran hasta cero. Su intención era impedir que las cosas empeoraran, garantizar que el sistema financiero no se hundiera. Sin embargo, y no es de extrañar, los bajos tipos de interés no reactivaron la economía. Las empresas no iban a empezar a invertir simplemente porque pudieran conseguir dinero más barato. Pero surgió otro problema: darle todo ese dinero a los bancos no tuvo como consecuencia que éstos prestaran más. Simplemente se aferraron a su dinero. Necesitaban la liquidez, y no era el momento de dedicarse a conceder créditos[43].

Con el crédito congelado, la Reserva Federal asumió un nuevo papel, pasó de ser un prestamista de último recurso a ser un prestamista de primer recurso. Las grandes empresas a menudo consiguen buena parte de su financiación no de los bancos, sino pidiendo dinero prestado «al mercado», en la forma que se denomina «papel comercial». Cuando ese mercado también se congeló, venerables gigantes como General Electric (GE) no pudieron pedir dinero prestado. En algunos casos, como el de GE, era en parte debido a que la compañía tenía una división que se había dedicado a conceder créditos malos. Cuando el mercado no estuvo dispuesto a comprar ese papel comercial, la Reserva Federal se lo compró. Pero al hacerlo, la Reserva Federal había pasado de ser el banquero de los banqueros a ser el banquero de la nación. No había indicios de que supiera nada de valoración del riesgo; era un negocio totalmente diferente del que había desarrollado a lo largo de sus noventa y cuatro años de historia.

Puede que algunas cosas de las que hizo la Reserva Federal para ayudar a resucitar los bancos fueran contraproducentes respecto a lo que debería haber sido el impulso principal de la política monetaria: volver a poner en marcha el crédito. Empezó a pagar intereses por las reservas de los bancos mantenidas en depósito en la Reserva Federal —una buena forma de hacerle un gran regalo a los bancos sin que casi nadie se diera cuenta, salvo que al hacerlo les estaba animando a guardarse el dinero en vez de prestarlo (un hecho que reconoció la propia Reserva Federal, cuando posteriormente afirmó que aumentaría el interés pagado por las reservas en caso de que tuviera que restringir el crédito debido a una amenaza de inflación).

No es de extrañar que la Reserva Federal (con apoyo del Tesoro) haya intentado volver a poner en marcha el mercado de títulos a través de una serie de programas de avales y de compra de títulos, como el Term Asset-Backed Securities Loan Facility (TALF) [Línea de Crédito sobre Títulos Garantizados con Activos a Plazo]. Sin embargo, lo ha hecho sin prestar la debida atención al problema subyacente: el mercado de títulos fracasó en parte porque los modelos en los que se basaba la titulización eran gravemente defectuosos. Como se ha hecho tan poco por arreglar los modelos, deberíamos estar inquietos por la posibilidad de volver a poner en marcha toda la maquinaria[44].

*El riesgo de inflación*

Hoy, por todo el mundo, cuando la deuda estadounidense ha aumentado vertiginosamente, y cuando el balance de la Reserva Federal está por las nubes, existe preocupación por la inflación en el futuro. El primer ministro de China expresó abiertamente su preocupación por el valor de los aproximadamente 1,5 billones de dólares que su país ha prestado a Estados Unidos. Él, y sus ciudadanos, no quieren ver cómo esos activos, ganados a base de esfuerzo, pierden su valor. Hay un evidente incentivo para permitir que la inflación reduzca el valor real de lo que se debe, tal vez no en un episodio drástico de una inflación muy alta, sino de forma más gradual, a lo largo de diez años, con una inflación moderada de, digamos, el 6 por ciento anual. Eso erosionaría dos tercios del valor de la deuda[45]. Estados Unidos dice que nunca haría tal cosa, y los responsables de los bancos centrales efectivamente parecen tener un gen adicional que a la mayoría les hace ser enemigos acérrimos de la inflación. La Reserva Federal dice que gestionará la economía con destreza, retirando liquidez según sea necesario a fin de evitar la inflación. Cualquiera que examine las medidas de la Reserva Federal en las últimas décadas no se sentiría tan seguro.

Mientras el índice de desempleo permanezca alto, tanto la deflación como la inflación suponen una amenaza. La deflación es un grave peligro, porque cuando caen los salarios y los precios, las economías domésticas y las empresas son incapaces de devolver lo que deben. Se producen impagos, y ello debilita a los bancos, lo que dispara una nueva espiral descendente. La Reserva Federal se ve atrapada en un dilema. Si reduce la liquidez demasiado rápidamente, antes de que la recuperación se haya restablecido firmemente, la economía podría sufrir un desplome más profundo. Si lo hace demasiado lentamente, existe un riesgo real de inflación, sobre todo dada la magnitud del exceso de liquidez que hay en el sistema.

Esta actuación de equilibrismo es especialmente difícil porque los plenos efectos de la política monetaria requieren meses para ser apreciados, razón por la cual los responsables de la política normalmente dicen que tienen que actuar *antes* de que la inflación se haga evidente. Pero eso significa que la Reserva Federal tiene que pronosticar qué aspecto tendrá la economía con varios meses de antelación. El historial de pronósticos de la Reserva Federal en esta crisis ha sido lamentable[46]. Pero incluso si tuviera un historial más creíble, nadie sabe con seguridad qué aspecto tendrá la pauta de *esta* recuperación, dado que esta crisis económica es tan distinta, en tantos aspectos, de cualquier otra en tiempos recientes. Por ejemplo, la Reserva Federal ha cargado su balance con activos de peor calidad que en el pasado. La razón de que la Reserva Federal normalmente maneje bonos del Tesoro es que existe un mercado muy activo. Puede comprar y vender por valor de miles de millones de dólares con facilidad, inyectando dinero o retirándolo de la economía. Los mercados de los otros activos que ha asumido la Reserva Federal son mucho más débiles. Puede vender esos activos (absorbiendo dinero), pero si lo hace demasiado rápidamente los precios bajarán, y eso significa grandes pérdidas para el maltrecho contribuyente. A mediados de 2009, la Reserva Federal, por ejemplo, estaba financiando la inmensa mayoría de las hipotecas. Tuvo éxito en mantener bajos los tipos de interés, un 0,7 por ciento más bajos de lo que habrían sido en otras circunstancias, según algunos cálculos. Eso fue importante para mantener el mercado de la vivienda. Pero en septiembre de 2009 la Reserva Federal había anunciado que suspendería el programa a finales de abril de 2010. Eso significaba que los tipos de interés de las hipotecas probablemente subirían, y alguien que suscribiera una hipoteca de interés fijo, con los antiguos tipos más bajos experimentaría una gran pérdida de capital. Al enterarse de ello, el sector privado se negó a conceder hipotecas —no quería cargar con las pérdidas; en realidad, la financiación de la Reserva Federal estaba «desplazando» al sector privado—. Incluso si la Reserva Federal no intentara vender sus hipotecas, el valor de mercado de esos activos disminuiría a medida que aumentara el tipo de interés a largo plazo, con la suspensión de estas medidas extraordinarias y con una vuelta de los tipos de interés a corto plazo a unos niveles más normales[47].

Hay, no obstante, algunos medios con los que la Reserva Federal puede desincentivar el crédito sin vender sus hipotecas y evitando reconocer estas pérdidas (si quisiera hacerlo). Por ejemplo, la Reserva Federal ha propuesto pagar unos intereses más altos por los depósitos en la Reserva Federal, para animar a los bancos a no prestar dinero, en caso de que la recuperación presente síntomas de sobrecalentamiento. Pero se trata de un instrumento relativamente poco probado —no hay forma de saber el efecto preciso de, digamos, un aumento del 2 por ciento en el interés que se paga por las reservas—. Además, resulta costoso para el gobierno y, con un déficit por las nubes, esos costes no pueden ignorarse.

Si la Reserva Federal acierta *exactamente*, puede ser capaz de gestionar la economía sin inflación ni desplome. Pero yo no contaría con ello. Sospecho que existe un mayor riesgo de desplome que de un episodio de inflación: en los prolegómenos de la crisis, la Reserva Federal parecía estar más en consonancia con el pensamiento de Wall Street que con las preocupaciones de la gente de la calle, y lo mismo ocurría también con los rescates. Es probable que esta pauta continúe[48].

Los mercados pueden contribuir al ajuste, pero no necesariamente de una forma que promueva la estabilidad. Si los mercados están preocupados por la inflación, subirán los tipos de interés a más largo plazo, y ello desincentivará la economía, tanto directamente, porque reducirá la demanda de inversiones a largo plazo, como indirectamente, porque los bancos se verán inducidos a conservar sus bonos del gobierno a largo plazo en vez de conceder créditos[49]. Pero, como hemos visto, hay pocas razones para creer que el mercado pueda calibrar correctamente su respuesta. De hecho, ello hace que la respuesta de la Reserva Federal sea aún más difícil, porque tiene que anticipar no sólo las futuras tasas de inflación y las respuestas del mercado a esas expectativas inflacionistas, sino también cómo reaccionará el mercado ante cualquier acción que lleve a cabo la Reserva Federal[50]. Realizar inferencias sobre la base de las conductas del pasado puede no dar lugar a predicciones fiables. Los problemas son de una magnitud sin precedentes, y dado que los participantes en el mercado lo saben, sus reacciones a lo que pueda hacer el gobierno pueden ser diferentes. En cierto sentido, el problema del exceso de apalancaiento se ha trasladado desde el sector privado al gobierno (a la Reserva Federal y al Tesoro). Como medida a corto plazo, como respuesta a la crisis, puede que tenga sentido. Sin embargo, subsiste el problema de reducir el apalancamiento (el endeudamiento) de la economía en su conjunto.

## La Reserva Federal: sus acciones y su gobierno

La Reserva Federal jugó un papel esencial en todos los actos de este drama, desde la creación de la crisis a través de una normativa laxa y de unas políticas monetarias relajadas, hasta por su incapacidad de afrontar eficazmente las repercusiones del estallido de la burbuja[51]. Hubo fallos en las predicciones y en la política. Gran parte de este capítulo se ha dedicado a las consecuencias de los rescates mal diseñados que siguieron a la quiebra de Lehman Brothers.

Resulta natural preguntarse: ¿cómo se explican esos fallos persistentes? Una parte de la respuesta tiene que ver con un conjunto de ideas peculiares, que incluyen, pero que van más allá de, la simple creencia de que los mercados siempre funcionan —y como siempre funcionan, no hay mucha necesidad de regulación, y no hay por qué temer a las burbujas—. Y una parte de la respuesta a por qué tales ideas peculiares tuvieron tanta difusión tiene que ver con el gobierno de la Reserva Federal.

El aumento vertiginoso de los precios de los activos significaba que Wall Street estaba de fiesta. La teoría ortodoxa dice que la Reserva Federal debe contener ese tipo de fiestas —sobre todo porque, inevitablemente, son otros los que tendrán que pagar el coste de la limpieza a la mañana siguiente—. Pero los presidentes de la Reserva Federal, Greenspan y Bernanke, no querían ser unos aguafiestas, de modo que tuvieron que inventar una serie de argumentos falaces para justificar que se quedaran quietos sin hacer nada: las burbujas no existían, no se podía decir que hubiera una burbuja aunque la hubiera, la Reserva Federal no disponía de los instrumentos para desinflar una burbuja, a la Reserva Federal, en cualquier caso se le daba mejor limpiar el desaguisado después de que se rompiera la burbuja. (En el Capítulo 9 explicaré lo que tienen de malo cada una de estas opiniones).

Una de las razones por las que la Reserva Federal consiguió salirse con la suya haciendo lo que hizo fue que no tenía que rendir cuentas directamente al Congreso o a la administración. No tenía que conseguir autorización del Congreso para poner en riesgo cientos de miles de millones de dólares del contribuyente. De hecho, ésa es una de las razones por las que ambas administraciones recurrieron a la Reserva Federal: estaban intentando eludir los procesos democráticos, a sabiendas de que muchas de sus acciones tenían poco apoyo por parte del público.

Los responsables de los bancos centrales de todo el mundo han defendido la doctrina de que los bancos centrales deberían ser independientes del proceso político. Muchos países en vías de desarrollo recientemente independizados lo han encontrado particularmente difícil de aceptar: se les dice lo importante que es la democracia, pero cuando se trata de la gestión de la política macroeconómica y monetaria, un conjunto de decisiones que tienen un efecto máximo en las vidas de su población, se les dice que es demasiado importante como para dejarlo en manos de los procesos democráticos corrientes. El argumento a favor de la independencia es que aumenta la «credibilidad», que el banco central no va a ceder a las demandas populistas de expansión, y eso significa que habrá menos inflación y mayor estabilidad.

En este reciente episodio, algunos de los responsables de los bancos centrales independientes no hicieron su trabajo tan bien como aquellos que eran más directamente responsables políticamente, tal vez porque no cayeron tanto bajo la influencia de los mercados financieros. Brasil e India, ninguno de los cuales tienen bancos centrales plenamente independientes, están entre los buenos gestores; el Banco Central Europeo y la Reserva Federal están entre los malos gestores.

La política económica implica compromisos —ganadores y perdedores— y dichos compromisos no pueden dejarse únicamente en manos de los tecnócratas. Los tecnócratas pueden decidir sobre cuestiones como qué tipo de programas de ordenador hay que utilizar, pero la política monetaria implica compromisos entre la inflación y el desempleo. A los tenedores de bonos les preocupa la inflación; a los trabajadores, el empleo. Durante un tiempo, algunos economistas argumentaron que a largo plazo los compromisos no existían —una tasa de desempleo demasiado baja da lugar a una inflación cada vez mayor— incluso si no hubiera compromisos a largo plazo, los hay a corto plazo; y hay incertidumbre acerca de la tasa de desempleo exacta por debajo de la cual se dispara la inflación (técnicamente denominada la tasa de desempleo no aceleradora de la inflacción), y ello a su vez significa que las medidas de política influyen en quién asume los riesgos.

Independientemente de las opiniones de cada cual sobre la inveterada cuestión de la independencia de los bancos centrales, una cosa está clara: cuando el banco central de un país emprende un rescate masivo, arriesgando dinero público, debe rendir cuentas políticamente, y es preciso que actúe con transparencia. Anteriormente he descrito las donaciones no transparentes (e innecesarios) que se hicieron a los bancos como parte del TARP. Aún menos transparentes han sido las donaciones hechas a través de la Reserva Federal, incluidos los 13.000 millones de dólares que fluyeron hacia Goldman Sachs y hacia bancos extranjeros a través del rescate de AIG por la Reserva Federal —una información que la Reserva Federal reveló sólo bajo presión del Congreso—. Otros rescates realizados por la Reserva Federal (como el de Bear Stearns) fueron igualmente no transparentes, y los contribuyentes todavía no están seguros del alcance de los riesgos que afrontan[52].

Por desgracia, la mayoría de los responsables de los bancos centrales proceden naturalmente de la tradición de la banca, que se basa en la premisa del secreto. Los gobernadores que tienen un origen más académico —como Mervyn King, del Reino Unido— han estado abogando por una mayor transparencia. Hay incluso un argumento por el cual una mejor información mejora la eficacia de los mercados, hay menos sorpresas. Ben Bernanke acertadamente defendía una mayor transparencia cuando asumió el cargo, pero precisamente cuando aumentaba la necesidad de transparencia, se redujo el ámbito de ésta (y por motivos que rápidamente resultaron comprensibles). Con el tiempo, parece cada vez más evidente que el mantener el secreto ha ocultado las malas decisiones. Con secretos, no puede haber una responsabilidad democrática efectiva[53].

Por muy malos que sean estos problemas de gobernanza, los problemas de la Reserva Federal de Nueva York, que asumió un papel especialmente importante en este rescate, son aún peores. Los funcionarios de la Reserva Federal son elegidos por su consejo de administración, que a su vez está formado por bancos y empresas de la zona. Seis de los nueve directores son elegidos por los propios bancos. Por ejemplo, un director de la Reserva Federal de Nueva York era el presidente y director ejecutivo de JPMorgan Chase, que fue uno de los beneficiarios de la generosa ayuda de la Reserva Federal. El director ejecutivo de Citibank, otro beneficiario, era un director de la Reserva Federal cuando Geithner fue elegido[54]. Como he analizado en el Capítulo 2, los intentos de autorregulación de la Reserva Federal de Nueva York han sido, en el mejor de los casos, dudosos, pero cuando se trató de desempeñar un papel crucial en el diseño de los rescates —los programas que están poniendo en riesgo el dinero de los contribuyentes— las dudas sobre su capacidad de autodisciplina se hicieron más profundas.

Aunque la Junta de la Reserva Federal de Washington goza de una mejor supervisión y de mayor responsabilidad, el papel que desempeñó en los rescates debería ser profundamente inquietante. Fue el instrumento no transparente preferido y utilizado tanto por la administración de Bush como por la de Obama, a medida que los rescates se hacían cada vez más costosos y a medida que quedaba cada vez más en evidencia el mal comportamiento de los bancos. Los costes totales de los rescates y de los programas de crédito a través de la Reserva Federal —y los beneficiarios de las generosas donaciones— siguen siendo desconocidos.

En parte, toda la serie de esfuerzos a fin de rescatar al sistema bancario ha sido tan defectuosa porque quienes habían sido en cierto modo responsables del desaguisado —como defensores de la desregulación, como reguladores fallidos o como banqueros de inversión— fueron nombrados para llevar a cabo la reparación. Puede que no sea de extrañar que todos ellos emplearan la misma lógica que había metido en problemas al sector financiero para sacarlo de ellos. El sector financiero se había dedicado a realizar transacciones muy apalancadas, no transparentes, muchas de ellas al margen de los balances; había creído que se podía crear riqueza a base de mover los activos y de venderlos en paquetes. El enfoque para sacar al país de este caos se basaba en los mismos «principios». Los activos tóxicos se trasladaron desde los bancos al gobierno, pero eso no los hacía menos tóxicos. Las garantías fuera del balance y no transparentes se convirtieron en un rasgo habitual del Tesoro, de la Deposit Insurance Corporation [Corporación de Seguros de Depósitos] y de la Reserva Federal. El alto apalancamiento (visible y oculto) se convirtió en un rasgo de las instituciones públicas así como de las privadas.

Y aún peores han sido las implicaciones para la gobernanza. La Constitución atribuye al Congreso el poder para controlar el gasto. Pero la Reserva Federal estaba emprendiendo acciones a sabiendas de que si las garantías que estaba aceptado resultaban ser de mala calidad, el contribuyente la rescataría. La cuestión no es si las acciones eran legales o no: eran un intento deliberado de eludir al Congreso, porque los responsables de la Reserva Federal sabían que el pueblo estadounidense sería reacio a aprobar más generosidad para quienes habían provocado tanto daño y habían obrado tan mal.

El gobierno estadounidense hizo algo peor que intentar volver a crear el sistema financiero del pasado: reforzó a los bancos demasiado grandes para quebrar; introdujo un nuevo concepto: demasiado grande para sostenerse; agravó los problemas del riesgo moral; cargó a las generaciones futuras con un legado de deuda; arrojó una sombra de riesgo de inflación sobre el dólar estadounidense; y reforzó las dudas de muchos estadounidenses sobre la justicia fundamental del sistema.

Los responsables de los bancos centrales, como todos los seres humanos, son falibles. Algunos observadores argumentan a favor de enfoques simples, basados en las normas, para las medidas de política (como el monetarismo y los objetivos de inflación)[55] porque reducen el potencial de la falibilidad humana. La creencia de que los mercados pueden cuidar de sí mismos, y de que por tanto el gobierno no debería inmiscuirse, ha traído como consecuencia la mayor intervención del gobierno en el mercado de la historia; el resultado de seguir unas reglas excesivamente simples ha sido que la Reserva Federal ha tenido que emprender acciones discrecionales que van más allá de las adoptadas por cualquier banco central en toda la historia. Ha tenido que tomar decisiones de vida o muerte para cada uno de los bancos sin ni siquiera la guía de un conjunto claro de principios.

\* \* \*

Numerosos comentaristas[56] se han referido a los rescates masivos y a las intervenciones del gobierno en la economía como un socialismo con características estadounidenses, algo afín al camino de China hacia lo que allí se denomina «una economía de mercado con características chinas». Pero, como señaló un chino amigo mío, la descripción es inexacta: se supone que el socialismo se *preocupa* por la gente. El socialismo al estilo americano no hizo eso. Si el dinero se hubiera gastado en ayudar a quienes estaban perdiendo sus hogares, podría ser una caracterización correcta. Tal y como se hizo, fue únicamente una versión ampliada del asistencialismo corporativo americano.

La crisis actual ha visto cómo el gobierno asumía un nuevo papel: el «asumidor del riesgo de último recurso». Cuando los mercados privados estaban al borde de la catástrofe, todo el riesgo se trasladó al gobierno. La red de seguridad debería concentrarse en proteger a los individuos; pero la red de seguridad se amplió a las sociedades anónimas, en la creencia de que las consecuencias de no hacerlo serían demasiado terribles. Una vez ampliada, resultará difícil echarse atrás: las empresas sabrán que si son lo suficientemente grandes y si su quiebra representa una amenaza suficiente para la economía —o si disponen de la suficiente influencia política— el gobierno cargará con el riesgo de quiebra. Por esa razón va a ser esencial evitar que los bancos crezcan tanto.

Subsiste, todavía, una posibilidad de que el sistema político estadounidense restablezca un mínimo de confianza en sí mismo. Sí, Wall Street ha utilizado su poder y su dinero para comprar desregulación, seguida rápidamente del rescate más generoso en la historia de la humanidad.

Sí, el gobierno ha sido incapaz de reestructurar el sistema financiero de forma que se reduzca la posibilidad de una crisis similar y que se refuercen aquellas partes del sistema financiero que estaban realmente haciendo lo que se suponía que debían hacer —gestionar el riesgo y asignar el capital—. Pero, todavía, queda la posibilidad de volver a regular, de corregir los errores del pasado. Es absolutamente necesario que eso se haga rápidamente: porque, mientras un bando de la contienda, los contribuyentes corrientes que tuvieron que soportar el grueso del coste del desplome del sector financiero, podría perder interés a medida que se recupere la economía, el otro bando, los bancos, tiene todos los incentivos para seguir luchando a fin de asegurarse de que goza de la máxima libertad posible para conseguir todos los beneficios que pueda. Pero, dado que la estructura del sistema financiero ha empeorado, y dado que la forma en que se han llevado a cabo los rescates ha agravado el problema del riesgo moral, la necesidad de una nueva regulación es aún mayor.

En el siguiente capítulo describiré la próxima batalla en la guerra para reformar el sistema financiero: la batalla por la regulación.

# Capítulo 6

## La avaricia rompe el saco

Una asunción excesiva de riesgos por parte de los bancos, una serie de conflictos de intereses y un comportamiento fraudulento generalizado son fenómenos alarmantes que han aparecido repetidamente cuando los booms han empezado a convertirse en bancarrotas, y la crisis actual no es ninguna excepción. Durante las secuelas del último gran auge que acabó en la Gran Depresión, los arquitectos del *New Deal* lucharon por hacer frente a esos problemas insidiosos instituyendo una nueva estructura reguladora[1]. Pero la memoria es corta, y medio siglo es mucho tiempo. Cuando Ronald Reagan llegó a la presidencia, eran demasiado pocos los veteranos de la Gran Depresión que aún estaban en activo y podían compartir historias que incitasen a la precaución, y nadie, aparentemente, había aprendido sus lecciones en los libros de historia. El mundo había cambiado, o eso creían los nuevos linces de las finanzas. Estaban convencidos de que eran mucho más listos y de que su dominio de las tecnologías era infinitamente mayor. Los avances «científicos» permitían conocer mejor los riesgos, y eso les capacitaba para inventar productos de gestión más arriesgada.

En el origen y la titulización de las hipotecas los problemas fueron múltiples, como también lo fueron en los bancos americanos. Hubiera bastado uno solo de esos problemas para causar graves perjuicios; sumados, constituyeron una mezcla explosiva. Al mismo tiempo, nadie dio la alarma, ni los inversores (que se supone que vigilan su dinero), ni los gestores monetarios (que se supone que supervisan el dinero que se les ha confiado), ni siquiera los reguladores (en los que confiamos para que vigilen el sistema financiero en general).

El mantra del mercado libre no significaba sólo prescindir de las viejas regulaciones, sino también no hacer nada para enfrentarse a los nuevos retos de los mercados del siglo XXI, incluyendo los planteados por los derivados. Y el Tesoro de Estados Unidos y la Reserva Federal, además de no proponer regulaciones, se resistieron enérgicamente —a veces de forma casi brutal— a cualquier iniciativa en este sentido. En los años noventa, la presidenta de la Commodity Futures Trading Commission, Brooksley Born, había reclamado esa regulación, y la necesidad se hizo más perentoria cuando el Banco de la Reserva Federal de Nueva York estableció un plan de rescate en el año 1998 para el Long Term Capital Management, un fondo de inversión libre *(hedge fund)* cuya quiebra de muchos billones amenazaba con llevarse por delante todo el mercado financiero global. Pero el secretario del Tesoro Robert Rubin, su segundo Larry Summers y Alan Greenspan se mostraron inflexibles en su oposición y consiguieron su objetivo[2]. Y para asegurarse de que los reguladores no volverían a levantar cabeza en el futuro, los mercados financieros hicieron con éxito todo el trabajo de lobby que pudieron sobre los legisladores y lograron que los derivados siguieran desregulados (Ley de Modernización del Mercado de Futuros de Productos Básicos de 2000).

En su lucha, emplearon las mismas tácticas que, como ya hemos visto, usaron los bancos para obtener sus megarrescates, la táctica que en parte se había utilizado para lograr el nuevo nombramiento de Greenspan unos años antes[3], la táctica del miedo: si se regulaban los derivados, el capitalismo tal como lo conocíamos se vendría abajo. Habría una confusión en el mercado de unas proporciones inauditas, y el riesgo no se podría gestionar de forma eficiente. Evidentemente, los que creían en la fortaleza de los mercados también pensaban paradójicamente que eran muy frágiles y que no podrían sobrevivir al rumor de que las reglas pudieran cambiar[4].

Cuando este libro está a punto de publicarse, casi dos años después del principio de la recesión, se ha hecho demasiado poco para reformar la regulación financiera. Algo se hará, pero estoy casi seguro de que será mucho menos de lo que hace falta: quizás lo suficiente para ayudarnos a salir del paso, pero no lo suficiente para evitar otra crisis. Y lo que aún es más destacable, los esfuerzos por desregular continúan: la Ley Sarbanes-Oxley[5], que se aprobó después del escándalo de Enron para asegurar una mejor gobernanza corporativa y proteger más a los inversores, ha sido muy atenuada. La industria es lista: en cuanto se impone algún tipo de regulación, inventa maneras de soslayarla. Por eso la regulación debe ser global y dinámica. El diablo está en los detalles. Y con unas regulaciones complejas y unas autoridades reguladoras «capturadas» por aquellos a los que supuestamente hay que regular, se corre el riesgo de que los detalles o la letra pequeña permitan a los bancos seguir haciendo exactamente lo mismo que hasta ahora. Por eso las regulaciones deben ser sencillas y transparentes. Y la estructura reguladora debe diseñarse para evitar una influencia excesiva de los mercados financieros.

## LA NECESIDAD DE REGULACIÓN

La crisis ha demostrado que la autorregulación —que propugnaba la industria financiera y que para mí era un oxímoron— no funciona. Ya hemos visto que los bancos fracasaron a la hora de evaluar sus riesgos. Cuando Greenspan finalmente admitió que con su enfoque de la regulación algo había salido mal, dijo que eso se debía a que los bancos habían hecho muy mal su trabajo desde el punto de vista de sus propios intereses[6]. No podía creer que asumirían riesgos que pondrían en peligro su existencia, y evidentemente no entendió la importancia de unos incentivos que justamente lo que alentaban era la toma de unos riesgos desmesurados.

Pero incluso si un determinado banco estaba gestionando bien sus *propios* riesgos, el riesgo *sistémico* seguía siendo el mismo. El riesgo sistémico puede existir sin que haya un solo banco sistémicamente importante si todos los bancos se comportan de la misma forma, que es lo que hicieron, dada su mentalidad gregaria. Éste es un punto especialmente importante, ya que gran parte del debate actual se centra en regular instituciones grandes, sistémicamente importantes. Ello es necesario, pero no es suficiente.

Si todos los bancos emplean modelos similares, entonces un error en el modelo, por ejemplo, puede llevarlos a todos a conceder créditos malos, y a tratar luego de vender esos créditos al mismo tiempo. Y eso es precisamente lo que ocurrió. Todos los bancos apostaron por que no había burbuja inmobiliaria, porque los precios del sector inmobiliario no caerían. También apostaron por que los tipos de interés no subirían y que, si subían, los que habían pedido los créditos seguirían siendo capaces de devolverlos. Eran apuestas sin ningún fundamento, y cuando las cosas tomaron unos derroteros distintos de los previstos, *todos* se vieron en apuros, y no digamos ya el *sistema* mismo.

Cuando un banco tiene un problema y necesita liquidar sus activos, la cosa es fácil. Cuando muchos bancos tienen un problema y necesitan liquidar sus activos, los precios de los activos caen. Los bancos obtienen menos por el activo de lo que esperaban, y sus problemas se complican exponencialmente. Ese tipo de «correlación» de interdependencia entre las acciones de varios bancos no estaba recogida en los modelos de los propios bancos. No es el tipo de cosas que la autorregulación pone en evidencia. Pero sí es el tipo de cosas que un buen regulador debería haber tenido en cuenta.

Normalmente, la mayoría de los mercados funcionan razonablemente bien por sí solos. Pero eso no es cierto cuando existen externalidades, cuando los actos de una parte afectan de forma adversa a otras partes. En los mercados financieros abundan las externalidades. Sus fracasos han tenido un enorme coste para la sociedad y la economía. La existencia del seguro de depósitos hace que los contribuyentes se vean perjudicados si los bancos asumen riesgos excesivos, y por eso el gobierno necesita asegurarse de que los bancos que asegura actúen con prudencia. El profesor Gerald Caprio del Williams College, que trabajó conmigo en el Banco Mundial, solía decir que hay dos tipos de países: los que tienen seguro de depósitos y lo saben, y los que lo tienen pero no lo saben. En una época de crisis, los gobiernos rescatan a los bancos, tanto si existe un seguro de depósitos como si no. Y la crisis actual lo ha demostrado. Pero si el gobierno tiene que acudir a recoger los platos rotos, debe hacer lo que pueda que evitar que se rompan.

En este libro hago hincapié en la importancia de «pelar la cebolla», descubriendo lo que hay debajo de cada uno de los errores. Los mercados fracasaron, y una de las razones fue la presencia de importantes externalidades. Pero hay otras. He señalado varias veces la no alineación de los incentivos, me refiero a los incentivos de los directivos de los bancos, que no se correspondían con los objetivos de otros agentes y de la sociedad en general. También los compradores de activos tenían una información sesgada: aunque una de las funciones sociales de los mercados financieros es recoger, evaluar y divulgar información, también tienen el poder de explotar a los desinformados, y eso hicieron descaradamente.

Antes de la crisis, Greenspan y otros partidarios de la regulación mínima pensaban que más allá de las instituciones financieras que se autorregulaban, el gobierno debía centrarse en proteger únicamente a los pequeños inversores, e incluso aquí se tendía a creer cada vez más en el *caveat emptor*[7]. Hasta cuando los ejemplos de créditos depredadores resultaron evidentes, la opinión general era que los individuos debían valerse por sí mismos. La marea ha cambiado: esas teorías desreguladoras erróneas han tenido un coste enorme que se ha extendido a toda la economía global. Los presuntos beneficios, una era de innovación, fueron un espejismo. En este capítulo trato de las razones por las cuales el sistema financiero no funcionó tan bien como debía y de algunas de las reformas que hay que introducir en el sector financiero: mejorar los incentivos y la transparencia, restringir la excesiva asunción de riesgos, reducir la amenaza de bancos demasiado grandes para quebrar y hacer algo con los productos financieros más problemáticos, incluidos los derivados.

INCENTIVOS SESGADOS

Los banqueros (en su mayoría) no son por naturaleza más codiciosos que la otra gente. Lo que ocurre es que tienen más oportunidades y mayores incentivos para causar estragos a costa de los demás. Cuando las retribuciones privadas están bien alineadas con los objetivos sociales, las cosas van bien; cuando no lo están, las cosas van mal. Normalmente, en las economías de mercado, los incentivos están bien alineados. Por ejemplo, en un mercado competitivo, el retorno extra para una empresa que produce una tonelada más de acero es el precio del acero, y el valor de una tonelada extra de acero para los usuarios se refleja en el precio; así también el aumento de costes para producir una tonelada extra de acero es el valor de los insumos (mineral de hierro, carbón, etcétera) empleados en la producción, que se refleja en los costes de éstos. Por eso cuando las empresas maximizan los beneficios, también idealmente maximizan el bienestar de la sociedad, es decir, la diferencia entre el valor para la sociedad de lo que se ha producido y el valor de los recursos utilizados para producirlo. En los mercados financieros, en cambio, los incentivos están distorsionados, y a menudo de forma exagerada.

Un importante ejemplo de distorsión de los incentivos es la forma como se paga a muchos ejecutivos: las stock options. En el sector financiero, una fracción importante de la retribución consiste en bonus, que se calculan en función de los ingresos generados. Los defensores de ese tipo de retribución aducen que constituye un poderoso estímulo para que los ejecutivos trabajen duro. Ese argumento es falso pues los ejecutivos encuentran medios para que les paguen bien incluso cuando la empresa lucha para mantenerse a flote. Se ha visto que existe poca relación entre lo que cobran y lo que rinden; el hecho salió a la luz cuando hubo ejecutivos de empresas con récord de pérdidas que obtuvieron bonus de millones de dólares. Algunas empresas llegaron incluso a cambiar el nombre de esos bonus y en lugar de llamarlos de rendimiento los llamaron de retención. Pero lo cierto es que, se llamen como se llamen, esas pagas son altas cuando el rendimiento es bueno y también cuando es malo[8].

En muchos sectores en los que se había probado la «retribución según resultados», se abandonó hace tiempo. Si los trabajadores cobran según el número de piezas producidas y gozan de cierta discrecionalidad —lo cual casi siempre es el caso— hacen impunemente las piezas de la peor calidad posible. Al fin y al cabo, se les paga según la cantidad, no según la calidad. Este fenómeno es el que se dio en toda la cadena financiera, especialmente en esta crisis cuando los brokers inmobiliarios vendieron tantas hipotecas como pudieron, sin tener en cuenta si esas hipotecas podían o no ser reembolsadas. Los bancos de inversión emitieron tantos productos complejos basados en las hipotecas tóxicas como pudieron, simplemente porque para eso les pagaban.

Los ejecutivos a los que se les pagaba con stock options tenían un incentivo para hacer todo lo posible a fin de que el precio de las acciones de su empresa subiera, incluida la contabilidad creativa. Cuanto mayor era el precio de las acciones, mejor se consideraba su trabajo. Sabían que cuanto más altos fueran los beneficios declarados, más alto sería también el precio de las acciones, y sabían que engañar a los mercados era fácil. Y una de las formas más fáciles de aumentar los beneficios declarados era manipular la cuenta de resultados, quitando pérdidas potenciales con una mano y añadiendo ingresos por beneficios con la otra. Los inversores y los reguladores habían sido advertidos, pero está claro que no habían aprendido la lección: la contabilidad creativa estaba detrás de muchos escándalos relacionados con la burbuja puntocom de finales de los años noventa[9].

Según los planes de reparto de los jugosos incentivos que existían en el sector financiero, los banqueros participaban en las ganancias pero no en las pérdidas. Las primas se basaban en el rendimiento no a largo sino a corto plazo.

De hecho el sector financiero tenía incentivos para asumir riesgos que combinaban una gran probabilidad de obtener un beneficio superior al normal con una pequeña probabilidad de verse abocado al desastre. Si se podían arreglar las cosas para que el desastre probable se produjese en algún momento de un futuro lejano, mejor. El beneficio neto incluso podía ser negativo, pero nadie lo sabría hasta que fuese demasiado tarde. La moderna ingeniería financiera procuraba las herramientas para crear productos perfectamente adaptados a esa descripción.

Hay un ejemplo que lo ilustra muy bien. Supongamos que uno pueda invertir en un activo seguro con un beneficio de un 5 por ciento. Los magos de las finanzas diseñaron un producto que daba un 6 por ciento casi siempre, digamos un 90 por ciento de las veces. Mágicamente parecían haber vencido al mercado, y por un sorprendente 20 por ciento. Pero en el otro 10 por ciento de las veces se perdía todo. El beneficio esperado (de promedio) era negativo, de -4,5 por ciento, muy por debajo del 5 por ciento del activo seguro. El producto innovador tenía más riesgo y menos beneficio promedio que el activo seguro. Ahora bien, como en general los malos resultados sólo aparecían un año de cada diez, pasaría una década antes de que saliera a la luz el resultado desastroso, un largo periodo durante el cual los magos de las finanzas podrían embolsarse las generosas recompensas por su sorprendente capacidad de derrotar al mercado.

El desastre que provocaron esos incentivos financieros equivocados puede ser algo reconfortante para nosotros los economistas: nuestros modelos predecían que habría una asunción excesiva de riesgos y un comportamiento miope, y lo que ha ocurrido ha confirmado esas predicciones. Fue difícil, sin embargo, encontrar algún rendimiento sustancialmente superior al normal en la «economía real» relacionado con esas innovaciones del mercado financiero. Al final, la teoría económica quedó confirmada. La falta de correspondencia entre el beneficio social y el beneficio privado era clara: los expertos en marketing de productos financieros fueron generosamente retribuidos, pero asumieron unos riesgos de tal magnitud que, para la economía en general, crearon *riesgo sin recompensa*.

## La gobernanza corporativa

Los planes de incentivos que produjeron unos incentivos poco coherentes no beneficiaron a los accionistas ni al mundo en general. Los beneficios netos de muchos de los grandes bancos durante el periodo de 2004 a 2008 fueron negativos[10]. Un accionista que hubiese invertido 100 dólares en Citibank en 2005 habría tenido a finales de 2008 acciones por valor de 13,90 dólares.

Sin embargo, los planes de incentivos sí que beneficiaron a los ejecutivos de los bancos; y aunque algunos de ellos fueron lo bastante estúpidos como para invertir gran parte de su fortuna en acciones bancarias, incluso teniendo en cuenta las «pérdidas» sufridas, muchos ahora son ricos, y en algunos casos riquísimos.

Los ejecutivos han quedado impunes porque la gobernanza corporativa es mala. Las compañías estadounidenses (y las de otros muchos países) sólo nominalmente son gobernadas por los accionistas. En la práctica, en gran parte se rigen por y para el beneficio de la dirección[11]. En muchas empresas en las que la propiedad está muy repartida entre accionistas muy heterogéneos, la dirección designa a la mayoría de miembros de la junta, y naturalmente suelen ser personas que sirven a sus intereses. La junta decide el sueldo de los directivos, y la «compañía» recompensa generosamente a los miembros de la junta. Es una relación que beneficia a ambas partes.

Después del escándalo de Enron, para mejorar la gobernanza corporativa, el Congreso aprobó una nueva ley supuestamente muy estricta, la vilipendiada Ley Sarbanes-Oxley, promulgada en julio de 2002. Los defensores del sector corporativo se quejaron de que creaba cargas indeseables que asfixiarían a las empresas. Yo la critiqué porque no iba lo bastante lejos[12]. No trataba adecuadamente los incentivos perversos que estaban provocando todos los malos comportamientos que he descrito más arriba. No exigía que las compañías mostraran de forma clara y transparente lo que reparten en stock options[13]. Las reglas contables, en efecto, alientan el uso de stock options porque es una forma para las compañías de pagar retribuciones muy altas sin que los accionistas sepan exactamente cuánto se gasta. La ley de conservación de la materia dice que aumentar la retribución de los ejecutivos siempre se hará a expensas de alguien, y en el caso de las stock options, lo que se hace es reducir el poder que como propietarios tienen los demás accionistas.

Parece más que evidente que los ejecutivos tenían un incentivo —y las herramientas— para diseñar paquetes de compensación que les beneficiaban a expensas de otros. Lo que aún sigue siendo un misterio es por qué los accionistas no lo reconocieron. Los fallos en la gobernanza corporativa probablemente hicieron difícil cambiar el comportamiento de la dirección, pero aun así los inversores debieron haber «castigado» a las empresas que tenían malas estructuras de incentivos haciendo bajar el precio de sus acciones. Habrían podido enviar una advertencia que cambiase los comportamientos, pero no lo hicieron[14].

*¿Qué hacer?*

Reducir el alcance de los conflictos de intereses y de los comportamientos miopes y excesivamente arriesgados es una de las reformas más importantes por una razón muy sencilla: si los banqueros tienen incentivos equivocados, darán grandes rodeos para saltarse cualquier otro tipo de regulación. Una simple reforma que se base en el rendimiento a largo plazo y garantice que los banqueros comparten tanto las pérdidas como las ganancias puede constituir una gran diferencia. Si las empresas usan «pagos de incentivos» tienen que ser realmente por incentivos: la empresa debe tener que demostrar que existe una relación entre la paga y el rendimiento a largo plazo[15].

Para atajar los problemas de los sistemas de incentivos abusivos y distorsionados, sin embargo, deben introducirse reformas en la gobernanza corporativa, para que los directivos tengan que rendir cuentas a los propietarios de las compañías[16]. Los accionistas deberían tener más que decir en la fijación de las retribuciones (es lo que se llama *say in pay*), y la contabilidad corporativa debería dejar claro cuánto se distribuye en stock options y otras formas de retribución enmascarada. La situación deplorable de la gobernanza corporativa actual se refleja en el hecho de que las compañías hayan organizado una campaña contra leyes que simplemente exigían que los accionistas tuviesen un voto no vinculante en materia de retribución de los ejecutivos[17]. Los accionistas pueden ser nominalmente los propietarios de la compañía, pero ni siquiera pueden tener algo que decir en lo tocante al sueldo de los que presuntamente trabajan para ellos.

## UNA FALTA DE TRANSPARENCIA

La crítica de los mercados financieros siempre empieza hablando de la falta de transparencia. Transparencia es, naturalmente, otra forma de decir «información». Siempre resulta obvio después de una crisis que ha habido falta de información: nadie habría puesto su dinero en Wall Street de haber sabido que estaba haciendo una inversión tan mala. Pero hay una gran diferencia entre la información que a uno retrospectivamente le habría gustado tener y la auténtica falta de transparencia. Nadie puede tener nunca toda la información que le gustaría antes de tomar una decisión. El trabajo de los mercados financieros es descubrir la información relevante y, sobre la base de esa información limitada, emitir juicios sobre los riesgos y los beneficios.

Para mí, el tema de la transparencia tiene que ver realmente con el engaño. Los bancos estadounidenses estaban activamente dedicados a engañar: quitaban el riesgo de las cuentas de resultados para que nadie pudiera valorarlo. La magnitud del engaño que se consiguió es alucinante: Lehman Brothers pudo declarar que tenía una red que valía 26.000 millones de dólares poco antes de desaparecer, cuando tenía un agujero en su cuenta de resultados de casi doscientos mil millones[18].

Si los mercados funcionasen bien, los bancos (y los países) que fuesen más transparentes conseguirían capitales a un menor coste. El mercado debería incentivar este tipo de transparencia, habría que llegar a un equilibrio entre los costes y los beneficios de reunir, analizar y dar a conocer información adicional. Pero los mercados por sí solos no parecen capaces de proporcionar la necesaria cantidad de transparencia, y por eso el gobierno debe intervenir y exigir que se publique la información[19].

Sin una buena información los mercados no pueden funcionar bien, y un factor importante para procurar buena información es tener buenos sistemas de contabilidad, para que los agentes del mercado puedan interpretar —de forma significativa— los datos que se les dan. No hay ningún sistema contable que sea perfecto, y por eso la contabilidad ha dado lugar a tanta controversia en esta crisis[20]. Hoy día, la polémica más importante es la que versa sobre el ajuste al mercado *[marking to market]:* declarar el valor de los activos de una empresa en el balance según el valor actual en el mercado (si es que existe mercado).

Algunos agentes del sector financiero atribuyen todos sus problemas a la contabilidad *mark-to-market*. De no haber tenido que declarar que las hipotecas que poseían eran prácticamente imposibles de cobrar, sus cuentas habrían tenido mejor aspecto y nadie se habría dado cuenta de nada. De pronto, los fundamentalistas del mercado, que hablaban de las virtudes del descubrimiento de precios, es decir de los milagros del sistema de fijación de precios a través del mercado, perdieron la fe. Cuando los precios de las hipotecas y de los instrumentos complejos basados en ellas se desplomaron, dijeron que aquéllos no eran los «verdaderos precios»; que no reflejaban el valor real. Por supuesto, nunca manifestaron semejante preocupación durante la burbuja, pero entonces los altos precios significaban bonus suculentos y permitían más créditos. Y, naturalmente, no se ofrecieron a devolver sus bonus cuando los «beneficios» que los justificaban resultaron ser falsos.

En realidad, los bancos comerciales no tuvieron que ajustar al precio del mercado la mayoría de los activos que tenían para el largo plazo. Antes de marzo de 2009, sólo tuvieron que ajustar a la baja las hipotecas no elegibles, es decir, las que tenían muchas probabilidades de no ser reembolsadas. Luego, en otra operación para aumentar la falta de transparencia, incluso se les concedió a los bancos la discrecionalidad de no ajustar muchas de esas hipotecas[21]. Pasaron del *marking to market* al *marking to hope*. Ello permitió a algunos bancos declarar beneficios mucho más elevados, pero también hizo disminuir la confianza en las cifras que presentaban y aplazó el que los bancos pusieran orden en sus cuentas de resultados.

Ésta no fue la única forma de «culpar» al mensajero por traer las malas noticias sobre el estado lamentable de las cuentas de los bancos. Cuando la crisis se extendió, la otra demanda de los bancos —además de poder renunciar a la contabilidad *mark-to-market*— fue que se prohibiesen las ventas a corto. Con la venta a corto, los inversores apuestan a que las acciones de una empresa bajen de precio. Cuando muchos inversores creen que una empresa irá mal y que sus acciones bajarán, naturalmente el precio de las acciones baja. La venta a corto proporciona importantes incentivos a los agentes del mercado para descubrir fraudes y préstamos temerarios. Algunos piensan que contribuyeron más que los reguladores gubernamentales a frenar esas malas conductas. Pero en esta crisis, como he señalado, los bancos —que generalmente creen en las virtudes del mercado— perdieron la fe; quisieron que los que veían con optimismo las perspectivas de los bancos pudieran manifestar su apoyo a los mismos comprando acciones, pero no quisieron que sus críticos pudieran hacer lo mismo vendiendo a corto.

Inevitablemente, los bancos fueron demasiado optimistas, y tenían fuertes incentivos para serlo. Cuando la crisis se extendió, tuvieron la esperanza de que el único problema fuese un «pesimismo irracional». Si la gente tenía confianza, los precios del mercado subirían. Desgraciadamente, la economía no apoya mucho esa opinión. La confianza es importante, pero las creencias, los deseos y las aversiones subyacentes son elementos importantes de la realidad. La realidad de esta crisis concreta es mucho más sencilla: se dieron hipotecas malas, sobre la base de una burbuja, a gente que no podía devolverlas. Los precios del mercado son imperfectos, pero en gran medida aún representan la mejor información de la que se puede disponer para conocer el valor de los activos. Lo que sin duda no tiene sentido es dejar la valoración en manos de los banqueros. Tienen demasiado interés en distorsionar la información, especialmente si la información puede sugerir que el banco se ha quedado sin dinero.

En cualquier caso, si las regulaciones no están bien diseñadas, la contabilidad *mark-to-market* puede contribuir a aumentar las fluctuaciones cíclicas. Esta crisis, como he señalado, y a pesar de todos los productos financieros de diseño, se parece a muchas que se han producido en el pasado: una expansión excesiva del crédito, basada en garantías inmobiliarias. En las épocas de bonanza, los activos están sobrevalorados, hinchados por una burbuja. Como los que solicitan los créditos parecen más ricos, el banco les puede prestar más. Durante el boom, los morosos son pocos y los beneficios del banco son altos, y así el banco también tiene la capacidad de prestar más. Cuando los mercados «se autocorrigen», los precios bajan, los morosos aumentan y el banco ya no puede o no quiere prestar tanto como antes. Cuando los bancos cortan el crédito, la economía sufre. Hay más créditos malos y los activos se deprecian aún más. La contabilidad *mark-to-market* impone mayor disciplina a los bancos: cuando el valor de la cartera de créditos cae porque la tasa de morosidad aumenta, el banco debe reconocer que no es tan rico como antes, y eso significa que o bien debe cortar más los créditos o bien ampliar el capital. Pero en una recesión, lo segundo muchas veces no es posible. Por lo tanto, al parecer, la contabilidad *mark-to-market* conlleva mayores fluctuaciones en la concesión de créditos.

El problema, sin embargo, no es la contabilidad *mark-to-market*, sino la forma como se utiliza. Los reguladores deberían haber autorizado menos créditos contra el valor del capital de los bancos en épocas de vacas gordas, para mitigar la euforia y la burbuja, y más en época de vacas flacas[22].

La contabilidad *mark-to-market* también presenta otros problemas que son fáciles de corregir. Uno es que los fanáticos la han llevado demasiado lejos y no han reconocido sus limitaciones, incluidos los diferentes usos que se hacen de la información contable. Por ejemplo, en la contabilidad *mark-to-market*, los bancos también anotan según el mercado sus pasivos. Cuando el mercado cree que un banco va a quebrar, sus obligaciones pierden valor y el banco puede anotarse una ganancia de capital. Eso es absurdo: puede parecer que un banco tiene beneficios simplemente porque todo el mundo cree que está a punto de irse a pique. Los bancos con depósitos a la vista —a los que los depositantes pueden pedir en cualquier momento que se les devuelva su dinero— deben tener invertidos sus activos en valores conservadores. La gente quiere saber si el banco puede hacer frente a sus obligaciones. Si liquida sus activos (cosa que sólo puede hacer a precios de mercado) ¿tendrá suficiente dinero?[23]

En el último capítulo hemos visto cómo la mala contabilidad permitió que los problemas de las cajas de ahorros se pudrieran, aumentando el coste final del rescate. En la crisis de 2008, suavizando las reglas contables, el gobierno nos está llevando por la misma pendiente. La esperanza era que esta vez apostar por la recuperación diera resultado. Tal vez sí, pero lo más probable es que no[24].

En la crisis actual, abandonar la contabilidad *mark-to-market* ha tenido un efecto particularmente adverso: no incita a los bancos a reestructurar las hipotecas, retrasando la reestructuración financiera que la economía necesita tan urgentemente[25]. Si demoran la reestructuración, tal vez los precios se recuperen y las hipotecas se puedan pagar. Probablemente no. Pero quizás entretanto puedan resarcirse a base de comisiones[26], y el enorme diferencial entre el tipo de interés al que prestan y el que tienen que pagar por el dinero les permita gestionar las pérdidas cuando finalmente tengan que enfrentarse a ellas[27].

*¿Qué hacer?*

La flexibilización de las normas contables en abril de 2009 fue una medida poco acertada: lo que hace falta es reafirmar el compromiso con la contabilidad *mark-to-market*, pero poniendo más atención a las reglas y a cómo se emplean. Si el banco quiere explicar que es más optimista que el mercado, es muy libre de hacerlo, y si los inversores se lo creen, allá ellos.

Falsear los libros para ocultar a los inversores lo que está pasando —exagerando los ingresos— tendría que ser tan ilegal como hacerlo ante el fisco (infravalorando los ingresos). No debería permitirse ninguno de los trucos de magia no reflejados en las cuentas que se practicaban en el pasado. Si pagar a los ejecutivos con stock options no está terminantemente prohibido, entonces a los bancos que lo hacen debería exigírseles tener más capital y pagar tasas más altas de garantía de depósitos. Como mínimo, esas stock options deberían hacerse públicas, y se debería abandonar de una vez por todas la ficción de que la retribución de los ejecutivos cae del cielo como el maná y que no sale de los bolsillos de los accionistas.

Finalmente, la transparencia, si tiene que servir para algo, debe ser global. Si se permite que algunos canales sigan en la oscuridad, allí es donde irán a parar todas las actividades inconfesables. Gran parte del capital mundial circula por paraísos fiscales como las Islas Caimán, que no se han convertido en un centro bancario de dos billones de dólares porque el clima allí sea particularmente propicio para la banca[28]. Son «lagunas tributarias» creadas deliberadamente dentro del sistema regulatorio global para facilitar el blanqueo de dinero, la evasión fiscal, la evasión regulatoria y otras actividades ilícitas. Después del 11 de septiembre el gobierno logró clausurarlos como refugio para los fondos de los terroristas, pero ha hecho demasiado poco para restringir su uso para otros fines indeseables[29].


*La complejidad que va más allá de la transparencia*

La pura complejidad tuvo un papel tan importante en esta crisis como la falta de transparencia. Los mercados financieros habían creado unos productos tan complejos que aun conociendo todos sus detalles nadie entendía del todo las implicaciones que tenían en cuanto a riesgo. Los bancos tenían a su disposición toda la información y todos los datos relevantes, y aun así no podían comprender su propia posición financiera.

La valoración de los productos complejos no la hacían los mercados. La hacían unos modelos por ordenador que, por muy complejos que fueran, no podían incluir todas las informaciones relevantes[30]. Como se vio después, algunos ingredientes muy importantes no estaban incluidos en los modelos; inevitablemente, los «resultados» de los modelos dependen de las premisas y los datos que se introducen (ver Capítulo 4); por ejemplo, los modelos en los que se presta poca atención al riesgo de que los precios caigan y al riesgo correlacionado de la morosidad pudieron generar evaluaciones muy alejadas de la realidad, con cambios notables en las valoraciones cuando las probabilidades de morosidad se dispararon.

Ni siquiera está claro que esos nuevos instrumentos fueran necesarios. El sistema financiero siempre ha tenido productos que distribuían y gestionaban el riesgo. El que quería un activo muy seguro compraba bonos del Tesoro. El que quería asumir un poco más de riesgo podía comprar bonos de empresas. Las acciones siempre tienen más riesgo. Hay algunos riesgos contra los cuales uno puede asegurarse —la muerte de empleados importantes o el fuego— mediante las compañías de seguros. Uno puede incluso protegerse contra el riesgo de que aumente el precio del petróleo. La nueva serie de productos de riesgo se vendió como *fine-tuning risk management* (ajuste fino del riesgo). En principio, esos nuevos instrumentos podían mejorar la gestión del riesgo y hasta tener costes de transacción más bajos. En la práctica, sin embargo, lo que permitieron fue que la gente hiciera apuestas mayores y más arriesgadas con cada vez menos capital.

Una parte de la agenda de los modelos de ordenador consistía en maximizar la fracción de una pésima hipoteca subprime, por ejemplo, que podía obtener una calificación AAA, y luego AA, etcétera, para maximizar la cantidad de dinero que se podía ganar fraccionando las hipotecas que, sin esa alquimia, habrían recibido directamente una F. A eso se le llamó calificación al margen, y la solución fue aumentar aún más la complejidad.

Como vimos antes, a los bancos no les gusta la transparencia. Un mercado totalmente transparente sería muy competitivo; y con una fuerte competencia, las comisiones y los beneficios disminuirían. Los mercados financieros crearon deliberadamente unos productos complejos como una forma de reducir la transparencia efectiva dentro de las reglas. La complejidad permitió así mayores comisiones, con los bancos viviendo de unos costes de transacción más elevados. Con productos a medida, las comparaciones de precios se hicieron más difíciles y se redujo la competencia. Eso funcionó durante un tiempo, aunque sólo sirvió para que los bancos incrementaran sus beneficios. Pero la complejidad también fue la perdición para el sector financiero. Hasta ahora nadie ha demostrado que la mayor pericia que se obtuvo en la gestión del riesgo pudiera ni remotamente compensar a la economía, y al contribuyente, por el daño causado.

## Un riesgo desenfrenado

El 12 de noviembre de 1999, el Congreso aprobó la Ley Gramm-Leach-Bliley [Ley de Modernización de los Servicios Financieros], que fue la culminación de años de esfuerzos de los lobbies de la banca y los sectores de servicios financieros por reducir la regulación en su sector. Encabezada en el Congreso por el senador Phil Gramm, la ley representó un éxito largamente buscado por los megabancos: la revocación de la Ley Glass-Steagall.

Después de la Gran Depresión, el gobierno analizó las causas y se preguntó cómo evitar que se repitiera. La estructura regulatoria que adoptó fue buena para el país y para el mundo, presidiendo un periodo de estabilidad y crecimiento sin precedentes. La Ley Glass-Steagall de 1933 fue una piedra angular de dicho edificio regulador. Separó los bancos comerciales (que prestan dinero) de los bancos de inversión (que organizan la venta de acciones y bonos) para evitar los conflictos de intereses que surgen inevitablemente cuando el mismo banco emite acciones *y* presta dinero.

Glass-Steagall tenía un segundo propósito: garantizar que aquéllos a los que la gente corriente había confiado su dinero en los bancos comerciales no asumieran el mismo tipo de riesgos que los bancos de inversión, cuyo principal objetivo es maximizar el retorno de capital. Además, preservar la confianza en el mecanismo de pago era tan importante que en la misma ley el gobierno aseguraba los depósitos de quienes pusieran su dinero en los bancos comerciales. Comprometiendo al erario público, el gobierno quería que los bancos comerciales fuesen conservadores. Y ésa no era la cultura de los bancos de inversión.

Tal vez las regulaciones de la época de la Depresión no eran las apropiadas para el siglo XXI, pero lo que se requería era adaptar, no desmantelar, el sistema regulatorio existente a las nuevas realidades, incluido el riesgo más elevado que representaban los derivados y la titulización. A los críticos que estaban preocupados por los problemas que habían aparecido en los años anteriores y que habían llevado a aprobar la ley, sus defensores les decían, en efecto, «confiad en nosotros». Levantarían una muralla china —unas divisiones insuperables entre los dos brazos— para asegurarse de que los problemas asociados con los conflictos de intereses no se volvieran a producir. Los escándalos contables al cabo de pocos años demostraron que esa muralla china que habían construido era tan baja que resultaba facilísimo saltarla[31].

La consecuencia más importante de la revocación de la Ley Glass-Steagall fue indirecta. Cuando la revocación unió los bancos de inversión y los bancos comerciales, la cultura de la banca de inversión se impuso. Había demanda de un tipo de rendimientos elevados que sólo se podían obtener con un alto grado de apalancamiento y asumiendo enormes riesgos. Hubo otra consecuencia: un sistema bancario menos competitivo y más concentrado dominado por bancos cada vez mayores. En los años posteriores a la aprobación de la Ley Gramm, la cuota de mercado de los cinco mayores bancos pasó del 8 por ciento en 1995 al 30 por ciento actual[32]. Una de las características del sistema bancario estadounidense había sido el alto nivel de competencia, con miles de bancos sirviendo a diferentes comunidades y diferentes nichos de mercado. Esa fortaleza se estaba perdiendo al tiempo que emergían nuevos problemas. En 2002, los grandes bancos de inversión tenían un apalancamiento de 29 a 1, lo cual significa que una caída del 3 por ciento en el valor de sus activos los borraría del mapa. La Comisión del Mercado de Valores de Estados Unidos (SEC, en sus siglas en inglés), al no hacer nada, estaba defendiendo las virtudes de la autorregulación: la idea peculiar de que los bancos pueden vigilarse de forma eficaz a sí mismos. Luego, en una polémica decisión de abril de 2004, parece que les dio más margen todavía, puesto que algunos bancos de inversión aumentaron su apalancamiento de 40 a 1. Los reguladores, lo mismo que los bancos de inversión, parece que se dejaron vender la idea de que bastaba tener mejores modelos de ordenador para gestionar mejor el riesgo[33].

## ¿Qué hacer?

Es fácil reducir el riesgo excesivo: restringirlo e incentivar a los bancos contra el mismo. No permitir que los bancos utilicen estructuras de incentivos que favorezcan la asunción de riesgos excesivos y obligar a una mayor transparencia puede servir durante un tiempo. También se podrá exigir a los bancos que se dedican a actividades de alto riesgo que aporten más capital y paguen primas más altas para asegurar los depósitos. Pero se necesitan más reformas: que las necesidades de apalancamiento sean mucho más limitadas (y ajustadas al ciclo de negocios), y que se restrinjan determinados productos particularmente arriesgados (como los *credit default swaps*, de los que hablaremos más adelante).

A la vista de lo ocurrido en la economía, está claro que el gobierno federal debería reestablecer alguna versión revisada de la Ley Glass-Steagall. No hay otro remedio: cualquier institución que tenga los beneficios de un banco comercial —incluidas las redes de seguridad del gobierno— debe ver severamente restringida su capacidad de asumir riesgos[34]. Sencillamente, permitiendo compatibilizar las actividades de un banco comercial con las de un banco de inversión se generan demasiados conflictos de intereses y demasiados problemas. Los beneficios que tenía que reportar la revocación de la Ley Glass-Steagall resultaron ser ilusorios, y los costes, mayores incluso de lo que los críticos de la revocación imaginaban. Los problemas son especialmente graves en el caso de los bancos demasiado grandes para quebrar. La restauración de la Ley Glass-Steagall ha sido sugerida por el comportamiento reciente de algunos bancos de inversión, para los cuales la especulación ha resultado ser de nuevo una fuente importante de beneficios. El entusiasmo con el cual todos los grandes bancos de inversión decidieron convertirse en «bancos comerciales» en otoño de 2008 fue alarmante: les llegaron donaciones del gobierno federal, y evidentemente creyeron que nadie pondría coto a sus actividades imprudentes. Ahora tenían acceso a la ventanilla de la Reserva Federal, y por tanto podían recibir créditos a casi un 0 por ciento de interés; sabían que estaban protegidos por una nueva red de seguridad; pero podían continuar con sus actividades especulativas. Eso debería considerarse totalmente inaceptable.

DEMASIADO GRANDES PARA QUEBRAR

Como hemos visto, todos los grandes bancos estadounidenses se habían vuelto demasiado grandes para quebrar; además, *sabían* que eran demasiado grandes para hacerlo, y por consiguiente, asumieron riesgos exactamente como la teoría económica predecía que harían. Como he explicado en el Capítulo 5, las administraciones Bush y Obama han introducido un concepto nuevo: sostienen que algunos bancos son demasiado grandes para ser reestructurados financieramente, es decir, demasiado grandes para utilizar los procedimientos normales que obligan a los accionistas a hacerse cargo de las pérdidas y convierten a los obligacionistas en accionistas. En lugar de eso, el gobierno ha intervenido, dando efectivamente seguridad (gratis) a los obligacionistas y a los accionistas, y socavando así la disciplina del mercado.

Existe una solución obvia para los bancos demasiado grandes para quebrar: dividirlos en trozos. Si son demasiado grandes para quebrar es que son demasiado grandes para existir. La única justificación para permitir que esas instituciones gigantescas sigan existiendo sería que fuesen economías de escala importantes o representasen unas oportunidades que de otra forma se perderían, es decir, que esas instituciones fuesen muchísimo más eficientes que las entidades más pequeñas y que por tanto reducir su tamaño implicase un coste muy alto. No he visto ninguna prueba de que esto sea así. De hecho, la prueba es la contraria, es decir, que esas instituciones demasiado grandes para quebrar y demasiado grandes para ser reestructuradas financieramente también son demasiado grandes para ser gestionadas. Su ventaja competitiva procede de su poder monopolístico y de las subvenciones que implícitamente reciben del gobierno.

Ésta *no* es una idea radical. Mervyn King, el gobernador del Banco de Inglaterra, ha usado casi exactamente las mismas palabras: «Si se considera que algunos bancos son demasiado grandes para quebrar... entonces es que son demasiado grandes»[35]. Paul Volcker, el antiguo presidente de la Reserva Federal, fue el coautor de un informe publicado en enero de 2009, que venía a decir lo mismo:

Casi inevitablemente, la complejidad de muchas actividades en el mercado privado de capitales y la necesidad de que esas actividades sean confidenciales limitan la transparencia tanto para los inversores como para los acreedores [...] En la práctica, cualquier enfoque debe reconocer que resultará difícil controlar la extensión de esos riesgos, su potencial volatilidad y los conflictos de intereses que generarán. La experiencia demuestra que en condiciones de estrés el capital y los recursos crediticios se desvían para cubrir las pérdidas, con lo cual los intereses de los clientes están menos protegidos. Inevitablemente se producirán conflictos de intereses complejos entre clientes e inversores. Además, en la medida en que esas operaciones por cuenta propia las realizan empresas supervisadas por el gobierno y protegidas de la amenaza de quiebra potencial, existe un fuerte elemento de competencia desleal respecto a las instituciones «independientes» [...] ¿[Y] es realmente posible, con todas las complejidades, riesgos y conflictos potenciales, que el consejo de administración, por más trabajador que sea, y la dirección general puedan entender y mantener el control de una mezcla de actividades tan heterogénea y compleja?[36]

Volcker pone de relieve una de las reformas clave que deben acometer los grandes bancos avalados por el gobierno: restringir las actividades por cuenta propia, juegos malabares con la propia contabilidad, sabiendo que el gobierno acudirá al rescate si las cosas van mal dadas. No hay ninguna razón para mezclar esos riesgos. Pero ahora que los grandes bancos se han vueltos aún más grandes, hay otros problemas: algunos, en efecto, disponen de «información privilegiada». Saben, en especial, lo que están haciendo otros muchos agentes del mercado, y pueden usar esa información para ganar a expensas de otros. Al crear un «terreno de juego desigual», están distorsionando el mercado y al mismo tiempo socavando la confianza en él. Además, tienen una ventaja desleal al emitir *credit default swaps* y otros productos similares a los «seguros». La quiebra de AIG aumentó la conciencia de la importancia que tiene el «riesgo de contrapartida», la probabilidad de que los que emiten el seguro no paguen. Pero eso les da una gran ventaja a los bancos grandes, pues todo el mundo sabe que en última instancia están asegurados por el gobierno. No es casualidad que el porcentaje de *credit default swaps* emitidos por los grandes bancos sea tan alto.

El resultado es una dinámica malsana: los grandes bancos tienen una ventaja competitiva sobre los demás, que no se basa en una fortaleza económica real sino en las distorsiones provocadas por la garantía implícita del gobierno. A la larga, existe el riesgo de que el sector financiero sea un sector cada vez más distorsionado.

Los grandes bancos no son responsables de todo el dinamismo que hay en la economía de Estados Unidos. Las tan cacareadas sinergias que se conseguían reuniendo todas las partes del sector financiero han sido una quimera; lo que se ha visto han sido los fracasos de gestión y los conflictos de intereses. En pocas palabras, hay poco que perder y mucho que ganar troceando esos dinosaurios. Sus actividades combinadas —compañías de seguros, banca de inversión y cualquier otra cosa que no es absolutamente esencial para la función primordial de la banca comercial— deben ser segregadas.

El proceso de división de esos bancos puede ser lento porque es posible que haya resistencias políticas. Aunque se logre un acuerdo para limitar su tamaño, puede que llegado el momento el acuerdo no se respete. De ahí que el enfoque deba ser tripartito: trocear las instituciones demasiado grandes para quebrar, restringir fuertemente las actividades en las que las grandes instituciones que queden puedan participar y calibrar las restricciones en el seguro de depósitos y en la adecuación de capital para «igualar el terreno de juego». Dado que esas instituciones imponen mayores riesgos a la sociedad, debe exigírseles que tengan más capital y paguen primas de seguro de depósitos más altas[37]. Todas las regulaciones antes mencionadas deben aplicarse con mayor exigencia a esas instituciones. Sobre todo no se les debe permitir que tengan estructuras de incentivos para los empleados (y especialmente para los directivos) que favorezcan el riesgo excesivo y las conductas imprudentes[38]. Las restricciones de sus actividades pueden reducir los rendimientos de los grandes bancos, pero esto es bueno. Los grandes rendimientos del pasado fueron el resultado de la asunción de riesgos excesivos a expensas de los contribuyentes estadounidenses.

Los bancos demasiado grandes para quebrar deberían verse obligados a volver a los negocios aburridos y a las actividades bancarias tradicionales. Hay muchísimas otras instituciones —empresas más pequeñas y más agresivas, entidades que no son de depósitos y que no son tan grandes como para que su quiebra se lleve por delante toda la economía— que sí pueden asumir el papel más arriesgado que han desempeñado esos bancos.

Lo que en diciembre de 1901 llevó a Teddy Roosevelt a promover la primera legislación antitrust fueron preocupaciones tanto de orden político como de posibles distorsiones del mercado. De hecho, no está demostrado que entendiese los análisis de los economistas sobre la forma como el poder de los monopolios distorsiona la asignación de recursos. Aunque los bancos demasiado grandes para quebrar no tuviesen el poder de aumentar los precios (que es la característica principal que destacan los modernos análisis antitrust), habría que trocearlos. La evidente capacidad de los grandes bancos para frenar las necesarias reformas de la regulación es en sí misma la prueba del poder que tienen, y subraya la importancia de tomar medidas.

Una de las excusas que dieron a posteriori la Reserva Federal y el secretario del Tesoro Henry Paulson para dejar que Lehman Brothers quebrara fue que no tenían autoridad legal para hacer otra cosa. En aquel momento, declararon que como había sido tan evidente durante tanto tiempo que Lehman Brothers corría el peligro de quebrar, ellos creían que los mercados habían gozado del tiempo suficiente para protegerse. Pero, por la misma regla de tres, si no tenían la autoridad legal necesaria, sí habían tenido amplia oportunidad de dirigirse al Congreso para pedirla. Las acciones sin precedentes que emprendieron en el caso de AIG dos días más tarde sugieren que esa «falta de autoridad legal» no era más que la mejor excusa que encontraron cuando la primera línea de defensa —que Lehman's desapareciese no representaba ninguna amenaza sistémica— se hundió. A pesar de que los rumores de la desaparición de Lehman's habían circulado durante meses, el sistema, al parecer, no se había vacunado contra esa posibilidad; pero, lo que es más asombroso, ni la Reserva Federal ni el Tesoro parecían haberse dado cuenta.

En cualquier caso, una de las reformas necesarias es dotar a la Reserva Federal y al Tesoro de una autoridad más clara para «reestructurar» instituciones financieras cuya quiebra pudiera poner en peligro la economía. Pero aunque se trate de una reforma necesaria, no resuelve el problema subyacente, es decir, la existencia de esas instituciones demasiado grandes para quebrar; dar a la Reserva Federal y al Tesoro autoridad legal para hacer algo no responde a la pregunta de *¿Qué hacer?* Si estas instituciones financieras son demasiado grandes para ser reestructuradas, o si están en una posición que les permite convencer a una administración muy ingenua de que son demasiado grandes, por mucha autoridad legal que tenga el gobierno, podrán ponerlo entre la espada y la pared. La única «solución» será poner dinero del contribuyente para que sigan funcionando.

Los problemas, no obstante, son más profundos. No es sólo el tamaño lo que importa, sino las interrelaciones de esas instituciones. Se temía que la quiebra de una entidad, aunque fuera relativamente pequeña (como Bear Stearns), pudiese generar una cascada de efectos dado que el sistema financiero está muy entrelazado. Las instituciones que están demasiado interrelacionadas como para ser reestructuradas tienen la misma ventaja competitiva que las que son demasiado grandes para quebrar. (Una de las innovaciones del sistema financiero que hizo que las instituciones estuvieran tan entretejidas fueron los derivados. Ver más abajo).

Lo que se necesita es no sólo una autoridad «reestructuradora», sino una acción preventiva. El gobierno debe ser capaz de evitar que surjan entidades demasiado grandes para quebrar y también demasiado grandes y demasiado entrelazadas para ser reestructuradas financieramente. El gobierno debe poder elegir de forma sensata y no «verse obligado» a hacer lo que dice que tuvo que hacer en este caso, es decir, dar un dinero ilimitado a los bancos para proteger lo mismo a los accionistas que a los obligacionistas[39].

Los mercados financieros fueron innovadores, pero no siempre de una manera capaz de hacer que la economía fuese más estable y productiva. Hubo incentivos para crear productos complejos y no transparentes, como obligaciones de deuda con garantía (CDOs, en sus siglas en inglés), cortar en fracciones las hipotecas convirtiéndolas en valores y luego trocear esos valores en productos aún más complicados[40]. Cuando especular con maíz, oro, petróleo o carne de cerdo no daba suficientes oportunidades para arriesgarse, inventaron productos «sintéticos», derivados que se basaban en esas materias primas. Luego, en un frenesí de ingenuidad metafísica, inventaron productos sintéticos basados en esos productos sintéticos. Raras veces quedaba claro si esos nuevos productos ayudaban a la economía a gestionar bien riesgos significativos, pero lo que sí estaba claro es que proporcionaban nuevas oportunidades para asumir riesgos y ganar jugosas comisiones.

Esos derivados figuran entre las innovaciones de las que más orgullosos están los mercados financieros. El nombre ya dice mucho de su esencia: su valor *deriva* de algún otro activo. Una apuesta por que el precio aumente diez dólares el lunes que viene es un derivado. Se puede inventar un número infinito de productos de este tipo. Los derivados son un arma de doble filo. Por una parte, se pueden usar para gestionar el riesgo. Si Southwest Airlines estaba preocupada porque el precio del combustible aumentaba, podía asegurarse contra ese riesgo comprando petróleo en el mercado de futuros, fijando un precio hoy para el petróleo que había que entregar dentro de seis meses. Usando los derivados, Southwest puede suscribir asimismo una «póliza de seguros» contra el riesgo de que el precio suba. La transacción tal vez cueste un poco menos que la manera tradicional de cubrir riesgos, por ejemplo, comprando o vendiendo petróleo en los mercados de futuros.

Por otra parte, como señaló Warren Buffett, los derivados también pueden ser armas financieras de destrucción masiva, que es lo que resultaron ser para AIG, ya que destruyeron la empresa y con ella gran parte de la economía. AIG vendía «seguros» contra el colapso de otros bancos, un tipo especial de derivado llamado *credit default swaps*. Los seguros pueden ser un negocio muy lucrativo siempre que la aseguradora no tenga que pagar muy a menudo. Puede ser especialmente lucrativo a corto plazo: la aseguradora cobra las primas, y mientras el acontecimiento asegurado no se produce, todo es de color de rosa. AIG creyó que nadaba en la abundancia. ¿Qué posibilidades había de que una gran empresa como Bear Stearns o Lehman Brothers quebrara? Aunque potencialmente existiera el riesgo de que esas empresas fuesen mal, el gobierno seguro que las rescataría.

Las compañías de seguros de vida saben cómo calcular sus riesgos. Puede que no sepan cuánto tiempo vivirá una determinada persona, pero los estadounidenses, pongamos por caso, viven de promedio setenta y siete años (que es la esperanza media de vida al nacer). Si una compañía asegura a un corte transversal de estadounidenses, puede estar casi segura de que la edad media a la que morirán estará muy cerca de esa cifra. Además, las compañías pueden obtener datos sobre la esperanza de vida según la profesión, el sexo, los ingresos, etcétera, y hacer una predicción aun más ajustada de la esperanza de vida de la persona que quiere contratar el seguro[41]. Es más, con pocas excepciones (como guerras y epidemias), los riesgos son «independientes», la probabilidad de que una persona muera no guarda relación con la de otra.

Sin embargo, estimar el riesgo de que una empresa determinada quiebre no es como calcular la esperanza de vida. No ocurre todos los días, y como hemos visto, el riesgo de una empresa puede estar altamente correlacionado con el de otra[42]. AIG creyó que era capaz de gestionar el riesgo. Pero no era así. Suscribió *credit default swaps* que le obligaban a pagar enormes cantidades de dinero a la vez, más dinero del que poseía incluso la mayor compañía de seguros del mundo. Como los que contrataban el «seguro» querían cerciorarse de que la otra parte podía pagar, exigían a la compañía de seguros que soltara dinero (garantía) si, pongamos, el precio de la obligación asegurada caía, sugiriendo así que el mercado pensaba que el riesgo de bancarrota era alto. Fueron esos pagos colaterales, a los que AIG no pudo hacer frente, los que finalmente la hundieron.

Los *credit default swaps* jugaron un papel nefasto en la actual crisis por varias razones. Sin entrar a evaluar si el vendedor del seguro podía cumplir su promesa, la gente no sólo compraba seguros, sino que especulaba. Algunas de las especulaciones fueron de lo más peculiar y dieron lugar a incentivos perversos. En Estados Unidos, y en la mayoría de los demás países, una persona no puede comprar un seguro de vida sobre la vida de otra persona a menos que tenga algún interés económico (llamado interés asegurable). Una esposa puede comprar un seguro en caso de muerte de su marido; una compañía, en caso de muerte de un directivo. Pero si Bob suscribe una póliza de seguros contra Jim, con el cual no tiene ninguna relación, crea el incentivo más perverso. Bob tiene un interés en asegurar la desaparición temprana de Jim.

Si una institución financiera tuviera que suscribir una póliza de seguros contra la muerte de Lehman Brothers, tendría automáticamente interés en que Lehman desapareciera pronto[43]. Y eran muchos los jugadores o grupos de jugadores que podían adquirir armas de este tipo en cantidad suficiente para manipular el mercado, y la panoplia no hacía más que crecer a medida que los mercados financieros se hacían más complejos. Los mercados de *credit default swaps* eran débiles, y por eso era fácil hacer bajar el precio, sugiriendo que la probabilidad de bancarrota era alta. Ello podía provocar toda una cadena de consecuencias. El precio de los títulos probablemente bajaría. Alguien que tuviera una posición «bajista» —que apostara por una caída del precio de los valores— obtendría beneficios; la parte contraria, pérdidas. Habría una variedad de contratos (parecidos a los de AIG) que exigirían más colaterales a Lehman. Podría haber una avalancha hacia los bancos por parte de los que tuvieran depósitos no asegurados (y en el caso de Lehman, ninguno estaba asegurado). Entonces el banco sufriría una crisis de liquidez. Sus probabilidades de bancarrota habrían aumentado efectivamente; por tanto el ataque contra la compañía a través de los *swaps* era, en cierto modo, una profecía autocumplida.

Los derivados jugaron un importante papel en la amplificación de la crisis por otro procedimiento. Los grandes bancos no lograron justificar como beneficio las posiciones en instrumentos derivados. El Banco A, por ejemplo, apuesta contra el Banco B 1.000 dólares a que el precio del petróleo subirá 15 dólares el año que viene. A la semana siguiente, el Banco A decide que quiere cancelar la apuesta. La forma más directa de hacerlo es pagar una comisión para cancelar la obligación y aquí paz y después gloria. Pero eso habría sido demasiado fácil. Por lo tanto, lo que se hace es firmar otro contrato por el cual el Banco B se compromete a pagar 1.000 dólares al Banco A si el precio del petróleo sube 15 dólares el año que viene. Si el precio del petróleo efectivamente sube, no pasa nada. Es como si el trato hubiese quedado anulado, *a condición de que ninguna de las dos partes quiebre*. Pero los jugadores no tuvieron en cuenta el riesgo de contrapartida, el riesgo de que uno de los dos bancos quebrase. Si el Banco A quiebra, el Banco B le sigue debiendo 1.000 dólares al Banco A si el precio del petróleo sube 15 dólares. Pero el Banco A ya no le debe nada al Banco B, o más exactamente le debe ese dinero pero no puede pagárselo. Lo pactado no siempre cuadra.

Cuando se les preguntó por qué no cancelaban directamente los acuerdos en lugar de meterse en esas transacciones compensatorias que les abocaban a riesgos de billones de dólares, la respuesta fue: «No nos podíamos imaginar la posibilidad de un impago». Y sin embargo estaban comprando y vendiendo *credit default swaps* sobre los grandes bancos basados en la idea de que existía un riesgo de impago. Éste es otro ejemplo del tipo de incoherencia intelectual que imperaba en esos mercados.

Se suponía que los bancos eran buenos gestores del riesgo, y entre los riesgos que se suponía que gestionaban estaba el de contrapartida. Pero al menos algunos de ellos no lo hicieron. Por eso la bancarrota de AIG puso en peligro la totalidad del sistema financiero. Muchos bancos pensaban que habían comprado un seguro —de AIG— contra toda una serie de riesgos del mercado, lo cual les permitía asumir más riesgos de los que en otro caso habrían asumido. La desaparición de AIG les habría dejado muy expuestos. Los reguladores les habían permitido asumir más riesgos porque (erróneamente) creyeron que su perfil general de financiación era manejable; la adquisición de un «seguro» les situaba en buena posición para asumir más riesgo. Sin el seguro de AIG (y «seguros» similares de otras instituciones financieras), los reguladores habrían exigido al banco que demostrara tener suficiente capital para hacer frente a los riesgos que asumía. De no haber podido encontrar el capital, se habría visto obligado a reducir la concesión de créditos, exacerbando aún más la crisis económica.

Cuando usted compra un seguro de vida, quiere tener la seguridad de que la compañía a la que se lo compra seguirá operando cuando usted se muera. Estados Unidos tiene una regulación muy estricta para los seguros de vida, pero no había ninguna regulación para el tipo de seguro que las instituciones financieras estaban comprando para gestionar sus riesgos. De hecho, el mercado financiero estadounidense se había resistido a esas regulaciones, como hemos visto[44].

Ahora, *después* de la crisis, hay algunos intentos por aflorar los varios billones de dólares de la exposición al riesgo, pero eso plantea problemas. Muchos derivados son «a medida», todos distintos unos de otros. En algunos casos, había una buena razón para que así fuese, pues una parte quería asegurarse contra un riesgo muy específico. En muchos casos, parece que las verdaderas razones para contar con esos productos a medida era aumentar las comisiones. La competencia en productos normalizados puede ser intensa, lo cual significa que los beneficios son pequeños. Si los bancos podían convencer a sus clientes de que un producto a medida era justamente el que necesitaban, ello constituía una oportunidad para un beneficio mayor. No se paraban a pensar en las dificultades de «deshacer» esos productos complejos.

Aún se discute qué fue lo que movió billones de dólares hacia los derivados. El argumento de cara a la galería es que fue para «gestionar riesgos mayores». Por ejemplo, los que compraban obligaciones corporativas no querían correr el riesgo de que la empresa quebrase. Este argumento no es tan convincente como parece. Si uno quiere comprar una obligación *sin riesgo crediticio*, lo que tiene que comprar son bonos del Estado de vencimiento similar. Es así de fácil. Comprar una obligación a diez años de una compañía supone realizar una valoración del crédito para saber si la diferencia de interés respecto al bono del Estado a diez años basta para compensar el riesgo suplementario de impago[45].

Existen unas cuantas explicaciones posibles de lo que probablemente sucedía, ninguna muy tranquilizadora, por cierto, en lo que atañe a la contribución de los derivados al buen funcionamiento global de la economía. Una posible explicación, como ya dije, son las comisiones. La segunda es el arbitraje regulatorio: traspasando supuestamente el riesgo a otros, el banco podía asumir nuevos riesgos. Los beneficios de prescindir del riesgo (y especialmente los beneficios regulatorios) eran mayores que los costes aparentes. ¿Eran tan estúpidos los bancos como para no entender el riesgo de contrapartida? Quizás entendían el riesgo, pero también entendían que los reguladores lo subestimaban, y las oportunidades de beneficio del arbitraje cautelar a corto plazo eran demasiado grandes como para resistir la tentación, aunque las apuestas pusieran en peligro el futuro de la empresa.

Hay una tercera explicación: se ha descrito Wall Street como un casino para ricos. En la prima que se paga por un bono corporativo va implícito el juicio sobre la probabilidad de impago. Si yo creo que soy más listo que el mercado, querré apostar por el valor de ese juicio. Todo el mundo en Wall Street creía que era más listo que los demás, o al menos más listo que la media. Los *credit default swaps* abrieron una nueva mesa de juego con apuestas muy altas en ese casino. Los adultos con consentimiento informado deberían estar autorizados a jugar, aunque sea sobre la base irracional de creerse cada uno de ellos más listo que los demás. Pero no deberían estar autorizados a jugar a expensas de todos nosotros, y eso es lo que ocurre cuando el juego tiene lugar dentro de las instituciones financieras, sobre todo dentro de las que son demasiado grandes para quebrar.

*¿Qué hacer?*

Como los derivados *pueden* ser herramientas útiles para gestionar el riesgo, no deberían suprimirse, pero sí regularse para garantizar que se utilizan correctamente. Debería haber plena transparencia, competencia real y suficiente «margen» para asegurar que los que especulan pueden responder y, lo que es más importante, los derivados no deberían tener la capacidad de poner en peligro la totalidad del sistema financiero. Para que se cumplan estos objetivos hay que hacer varias cosas: los *credit default swaps* y algunos otros derivados deberían limitarse a transacciones bursátiles y a situaciones en las que el riesgo sea «asegurable». A menos que haya plena transparencia —no sólo información, por ejemplo, de que el riesgo es alto, sino datos sobre cada posición, de tal manera que el mercado pueda evaluar realmente el riesgo de contrapartida— los desastres como el de AIG no serán algo del pasado. Pero insistir en que los derivados normalizados se negocien en bolsa (o en cámaras de compensación) no basta. Las bolsas tienen que estar adecuadamente capitalizadas; de lo contrario, cuando se produce un acontecimiento adverso —como el estallido de una burbuja inmobiliaria— el gobierno tendrá que recoger de nuevo los platos rotos. Sin embargo, algunos de los productos son tan complejos y tan arriesgados que será difícil hasta para un regulador bienintencionado cerciorarse de que hay capital suficiente; y existe un riesgo real de que los reguladores del futuro sean como los del pasado, más interesados en el bienestar de los mercados financieros que en el de la economía de los contribuyentes. Hay un remedio sencillo: exigir responsabilidad solidaria de todos los agentes del mercado que operan en las bolsas, de tal manera que todos los que utilicen la bolsa estén obligados a poner todo lo que tengan antes de que los contribuyentes aporten un céntimo.

(Sospecho que una disposición de este tipo acabaría con el mercado, lo cual demuestra que el mercado sólo existe gracias a su capacidad de contar con el dinero público para apoyarlo).

Una cuestión polémica es si deberían autorizarse o no los productos «extrabursátiles» a medida. Hoy el sentido común sostiene que, si bien es bueno fomentar que los bancos negocien productos normalizados en las bolsas, los productos a medida aún tienen un importante papel que desempeñar; pero cuando se utilizan productos extrabursátiles, es preciso que estén respaldados con suficiente capital y que haya transparencia. El problema es que los reguladores estén «capturados», que sucumban a la presión de que haya una transparencia que no sea total (el «secreto comercial» es algo corriente). Si pueden escoger entre suscribir derivados transparentes negociados en bolsa y derivados extrabursátiles menos transparentes, los bancos elegirán lo segundo, a menos que el capital extra que se exija para respaldarlos sea lo bastante importante. Y los reguladores sucumbirán a la presión para que no lo sea. En pocas palabras, si se autorizan tanto los activos cotizados en bolsa como los derivados extrabursátiles, nos arriesgamos a desembocar en una situación no demasiado distinta de la que nos ha llevado al desastre en el que estamos.

CRÉDITOS DEPREDADORES

El sistema financiero ha demostrado que no es fiable para vender productos que sean apropiados a las necesidades de quienes los compran. Los riesgos son complicados.

Ni siquiera los banqueros los pudieron gestionar bien. ¿Cómo podemos esperar que los ciudadanos de a pie lo hagan? En muchos ámbitos, hemos de reconocer que la presunción de *caveat emptor* no basta. La razón es sencilla: los compradores están mal informados, y existen importantes asimetrías en la información. Por eso tenemos, por ejemplo, la regulación del gobierno para la seguridad alimentaria y la regulación de los medicamentos[46]. Los bancos y otras instituciones financieras se aprovecharon sobre todo de los estadounidenses más ignorantes; los acosaron de muchas formas, algunas de las cuales ya he descrito, y otras que describiré brevemente. Estaba claro que lo hacían, y los defensores de los consumidores intentaron repetidamente que se aprobasen leyes para acabar con esas prácticas. Pero hasta el momento las instituciones financieras depredadoras han conseguido que sean rechazadas.

Lo que se necesita es una Comisión para la Seguridad de los Productos Financieros[47]. Una de las tareas de esa comisión sería identificar qué productos financieros son lo bastante seguros como para que los compre la gente corriente y en qué circunstancias.

COMPETENCIA DESLEAL: SUPRESIÓN DE LA INNOVACIÓN

Además de dedicarse a ganar dinero durante las dos últimas décadas en los mercados de derivados, los bancos también gastaron mucha energía en aumentar la adicción de los estadounidenses a endeudarse. Hemos visto cómo los banqueros atraían a los incautos con hipotecas que estaban por encima de sus posibilidades, pero las prácticas

311

engañosas con tarjetas de crédito, que crecieron rápidamente a partir de 1980, aún fueron más siniestras si cabe[48]. Los bancos inventaron miles de nuevas maneras de aumentar sus beneficios. Si alguien tardaba en pagar, no sólo cobraban cargos por mora, sino que a menudo el tipo de interés aumentaba y el banco empezaba a cargar al titular de la tarjeta de crédito las comisiones antes de tiempo.

Las comisiones más ingeniosas, sin embargo, eran las comisiones por «intercambio» cobradas a los comerciantes que aceptaban sus tarjetas. Como el empleo de las tarjetas se extendió porque a los clientes se les ofrecían varios incentivos para que comprasen con tarjeta, los dueños de las tiendas se vieron obligados a aceptarlas; de lo contrario hubieran perdido demasiados clientes en beneficio de quienes sí las aceptaban. Visa y MasterCard lo sabían, y sabían que esto significaba que podían explotar al comerciante. Si el banco cargaba un 2 o un 3 por ciento del coste de un producto, la mayoría de los comerciantes seguirían aceptando las tarjetas antes que perder ventas. No se tenía en cuenta el hecho de que los ordenadores modernos hacen que el coste real de la operación sea desdeñable. Sencillamente no había competencia real, y así los bancos pudieron continuar impunemente. Para asegurarse de que los mercados *no funcionasen*, insistían en que el comerciante no informase a los clientes del verdadero coste de utilizar la tarjeta ni les cobrara por usarla. Visa y MasterCard también exigieron a los comerciantes que no «discriminaran» entre tarjetas. Si un comerciante aceptaba una tarjeta Visa, tenía que aceptarlas todas, aunque lo que se le cargaba al comerciante fuese distinto[49]. En resumen, su poder monopolístico era tan grande que *podían asegurarse de que el sistema de precios no funcionaría.* Si los comerciantes hubiesen podido transferir las cargas, los que utilizaban las tarjetas más costosas habrían visto el coste relativo, y los clientes habrían elegido la mejor tarjeta, en la que los beneficios proporcionados por ésta reflejasen mejor las cargas impuestas[50]. Pero Visa y Master-Card hicieron lo necesario para cortocircuitar el mecanismo de precios.

Nada de eso habría sido posible si se hubiesen reforzado de forma efectiva las regulaciones de la competencia. La desregulación financiera hizo que esas prácticas anticompetitivas con las tarjetas de crédito fuesen más atractivas. Antes había leyes que limitaban los tipos de interés; se llamaban leyes contra la usura. Esas restricciones se remontan a la Biblia, y tienen una larga historia en la mayoría de religiones; vienen de una historia aún más antigua de usureros (a menudo descritos como practicantes del segundo oficio más viejo del mundo) que prestaban a los pobres y los explotaban. Pero los modernos Estados Unidos ignoraron las lecciones sobre los peligros de la usura. Con tipos de interés tan altos, prestar era muy lucrativo incluso cuando un porcentaje de los propietarios de tarjetas no pagasen lo que debían. Era más fácil dar tarjetas de crédito a todo el mundo que evaluar el crédito de cada cliente potencial para saber a quién dársela y a quién no.

Como los bancos poseen esencialmente los dos mayores sistemas de tarjetas de crédito y débito, Visa y Master-Card, y gozan de los beneficios extra que ese costoso sistema genera, han tenido mucho interés en impedir que se desarrollase un mecanismo de pago electrónico eficiente, y en efecto lo han impedido. Es fácil imaginar cómo sería ese sistema eficiente. En el punto de venta, se comprobaría instantáneamente (como se hace hoy) que la tarjeta no es robada y que en la cuenta del comprador hay fondos suficientes para pagar. Los fondos serían instantáneamente transferidos desde la cuenta del cliente a la del comerciante. Y todo eso se haría por unos pocos céntimos. Algunos titulares de tarjetas podrían haber firmado un trato con su banco para tener una línea de crédito que les permitiese superar hasta una determinada cantidad el saldo a un tipo de interés competitivo. Otros podrían preferir tener las manos atadas; no tener la capacidad de incurrir en descubierto, conociendo las comisiones abusivas que cobran los bancos. El mecanismo de pago funcionaría como una seda, hubiese o no una línea de crédito adscrita. Ese mecanismo eficiente de pago ligado a un sistema de crédito sería útil para todo el mundo, salvo para los banqueros, que cobrarían menos comisión[51].

El sistema financiero estadounidense fue muy astuto a la hora de inventar la forma de explotar a sus ciudadanos pobres, pero no fue capaz de inventar la forma de servirlos bien. En Botsuana, uno de los países más exitosos de África, he visto cómo los bancos llegan hasta los pueblos más pobres para proporcionar los servicios financieros básicos a gentes cuyos ingresos son muchísimo menores que los de los estadounidenses más pobres. (La renta media per cápita en Botsuana sigue siendo de sólo 13.604 dólares)[52]. Pero en las partes pobres de Estados Unidos, la gente recurre a las agencias financieras de barrio para cobrar sus cheques y paga una comisión de hasta el 20 por ciento del valor de los mismos[53]. Es un negocio importante, otra forma de explotar a los pobres[54].

La descarada avaricia de los mercados financieros estadounidenses es particularmente evidente en la presión política que han hecho por mantener el programa de créditos a los estudiantes. Éste es otro ejemplo de colaboración entre sector público y sector privado en el que el gobierno asume el riesgo y el sector privado se lleva los beneficios. El gobierno avala el crédito al estudiante de tal manera que no existe riesgo, pero los que conceden los créditos pueden imponer tipos de interés como si el riesgo de impago existiera. De hecho, el coste para el gobierno de utilizar el sector privado como socio comparado con el que tendría si prestase él mismo el dinero durante un periodo de diez años se estima que es de 80.000 millones de dólares, un regalo generosísimo al sector financiero[55]. Regalar semejantes cantidades es invitar a la corrupción, y eso es exactamente lo que pasó. Una institución puede sobornar a los empleados que se ocupan de la admisión en un centro educativo para que promuevan su programa de créditos. Incluso universidades prestigiosas como Columbia sucumbieron a la corrupción[56]. Pero la corrupción realmente empezó con el proceso político que creó el programa y que permite que siga existiendo.

De cómo regular

El sector financiero necesita una regulación, pero una regulación efectiva necesita reguladores que crean en ella. Deben elegirse de entre aquellos que pueden verse perjudicados si falla la regulación, no entre aquéllos a los que ese fallo favorezca[57]. Afortunadamente, hay muchos expertos financieros en los sindicatos, en las organizaciones no gubernamentales (ONG) y en las universidades. No hace falta recurrir a Wall Street para encontrar expertos.

Vimos al hablar de los derivados cómo los banqueros, incluso cuando estaban ganando las batallas día a día, quisieron asegurarse de que nunca pudiera imponerse alguien como Brooksley Born: eliminaron la autoridad para regular. Tenemos que darnos cuenta de la presión que soportan los reguladores para que no regulen, y ver el riesgo que corremos de que nombren a otro Greenspan, alguien que no cree en la regulación. Debemos «blindar» el sistema, con regulaciones transparentes que dejen poco margen para saltárselas. Incluso puede ser deseable que haya cierta duplicación, como en el ámbito de la competencia[58]: los costes de un error son mil veces mayores que los costes que significa someterse a las reglas. También está claro que para tener un sistema regulatorio que funcione deberemos disponer de una multiplicidad de reguladores: tendrá que haber expertos en cada uno de los mercados (seguros, bolsas de valores, bancos), un regulador que vigile la estabilidad general del sistema financiero y un regulador que vele por la seguridad de los productos que el sistema vende.

Diseñar una estructura reguladora para el futuro es evidentemente un tema polémico, aunque lo que ha dominado el debate han sido las guerras por el territorio. La propuesta más sorprendente de la administración Obama implicaba dar más poder a la Reserva Federal, que tan miserablemente fracasó a la hora de impedir que la crisis se extendiera. Era una nueva forma de encubrimiento basada en la premisa de recompensar el fracaso: los bancos tienen un «pequeño» problema, así que démosles más dinero para que hagan con él lo que quieran, aunque hayan malgastado el dinero que tenían; la Reserva Federal tiene un pequeño problema, así que démosle más poder, aunque haya malgastado el poder que tenía.

## Más allá de las finanzas y la regulación financiera

En este capítulo como en el capítulo anterior he descrito las incontables formas que tuvo el sistema financiero de actuar impunemente de manera perversa. He enumerado la letanía de problemas del sistema financiero en parte porque su alcance es tan enorme que resulta intrigante. Pero los problemas en la economía van más allá del sector financiero, lo mismo que los fallos del sistema de regulación.

Ya he mencionado los fallos en el diseño y la aplicación de la política de competencia y gobernanza corporativa, pero hubo otros fallos más. En 2005, el Congreso aprobó la Ley de Prevención de Abuso de Quiebra y Protección del Consumidor. Los bancos habían luchado por esa ley porque les daba nuevos poderes para sacar dinero de los prestatarios. Aunque los bancos pedían ayudas públicas para ellos, estaban en contra de cualquier indulto para los pobres. Aunque desdeñaban cualquier preocupación sobre riesgos morales en lo que a ellos se refería, sostenían que cualquier perdón para la gente corriente a la que habían engañado para que contrajese deudas sería moralmente contraproducente. Y lo fue, pero el efecto se tradujo en la calidad de la valoración que hacían los bancos de la capacidad crediticia.

Cubiertos por la nueva ley sobre la quiebra, los bancos creyeron que podían prestarle a cualquiera. Un banco importante que ahora depende del apoyo del gobierno anunciaba «concedido desde el nacimiento». Cualquier adolescente era bombardeado con ofertas de tarjetas de crédito. Muchas familias contrajeron enormes deudas, y en un ciclo que se parecía a la servidumbre sangrante, acabaron trabajando sólo para pagar al banco. Destinaban una parte cada vez mayor de sus ingresos a pagar comisiones punitivas e intereses desorbitados, los recargos por impago de intereses y de comisiones, con pocas posibilidades de salir de esa rueda. Los financieros quizás hubiesen querido volver a los días de Oliver Twist y penas de prisión para los deudores, pero la ley de 2005 era lo mejor que tenían en aquellas circunstancias. Se podía embargar la cuarta parte del salario de una persona. La nueva ley también autorizaba a los acreedores a aprobar hipotecas incluso peores, que quizás expliquen en parte por qué tantas hipotecas basura se suscribieron *después* de que fuese aprobada la ley.

Una nueva ley sobre la quiebra, una ley más acorde con los valores de Estados Unidos, no sólo ofrecería un indulto a las familias acosadas sino que también mejoraría la eficiencia del mercado e induciría a los bancos a evaluar mejor sus créditos. Pues que así sea: los estadounidenses se han endeudado por encima de sus posibilidades, y esto ha tenido un alto coste para la sociedad y para el mundo entero; así que un estímulo para ahorrar no vendría mal.

El sistema de impuestos también contribuyó a provocar la situación actual. Se dice que el sistema fiscal refleja los valores de una sociedad. Uno de los aspectos más extraños del sistema fiscal estadounidense es que trata a los especuladores mejor que a los que trabajan duro para vivir. Las ganancias de capital están menos gravadas que los salarios. Esto no tiene una justificación económica. Es cierto que la sociedad puede querer fomentar algunos tipos de inversiones arriesgadas porque son muy beneficiosas. Por ejemplo, puede querer incentivar innovaciones revolucionarias, especialmente en sectores de interés público, como el cambio climático o la salud. En ese caso, el gobierno debería gravar los rendimientos sobre estas inversiones (cualquiera que fuese su forma, ganancias de capital o beneficios) a una tasa reducida. Pero la especulación inmobiliaria no es sin duda una de las categorías de inversión que la sociedad desea favorecer con un tratamiento preferencial. El terreno estará ahí, tanto si se subvencionan las ventas como si no.

La innovación

Los críticos de un nuevo sistema de regulación más estricto dicen que asfixiará la innovación. Pero, como hemos visto, muchas de las innovaciones del sistema financiero se han inventado para soslayar las normas contables que debían asegurar la transparencia del sistema, las regulaciones que debían asegurar su estabilidad y su equidad y las leyes destinadas a garantizar que todos los ciudadanos pagan los impuestos que les corresponden. Entretanto, el sistema financiero no sólo ha fracasado a la hora de innovar en medios que mejoren la capacidad de los ciudadanos de a pie para gestionar los riesgos a los que se enfrentan, sino que en realidad lo que ha hecho ha sido resistirse a las innovaciones que pueden aumentar su bienestar.

Cuando era miembro del Consejo de los Asesores Económicos del gobierno del presidente Clinton, propugné, por ejemplo, los bonos indexados a la inflación. La gente que está ahorrando para jubilarse dentro de treinta o cuarenta años está preocupada por la inflación, y tiene razón. Ahora mismo la inflación es baja, pero ha habido épocas en las que ha sido muy alta, y son muchos los que prevén otro periodo de alta inflación. La gente quiere asegurarse contra ese riesgo, pero el mercado no lo permite. El Consejo propuso que el gobierno vendiese bonos indexados a la inflación, lo cual de hecho era una forma de seguro contra la inflación. El gobierno tiene la responsabilidad de mantener la estabilidad de los precios a un nivel razonable. Si no logra mantenerla, debe arrostrar las consecuencias.

Alguna gente de Wall Street se opuso a esa iniciativa porque pensaba que los que compresen esos bonos indexados a la inflación los conservarían hasta que se jubilasen. Yo creía que eso era bueno: ¿para qué gastar dinero en costes de transacción asociados a la compra y a la venta? Pero no era bueno para Wall Street, cuya preocupación era maximizar los beneficios, cosa que las empresas hacían maximizando los costes de transacción.

Otro ejemplo: Argentina, después de la crisis financiera, no sabía cuánto podía devolver a los acreedores; por tanto propuso una innovación interesante. Antes que intentar pagar más de lo que podía, lo cual provocaría otra crisis de la deuda al cabo de pocos años, propuso un bono indexado al PIB. Ese bono pagaría más cuando los ingresos de Argentina subiesen y el país pudiera permitirse pagar más. De esta forma, los intereses de los acreedores coincidirían con los del país y ayudarían a Argentina a recuperar la senda del crecimiento. De nuevo, Wall Street rechazó ese bono indexado al PIB[59].

Un sistema financiero mejor regulado sería en realidad más innovador en aquello que importa, dirigiendo la energía creativa de los mercados financieros a competir para crear productos que aumentasen el bienestar de la mayoría de ciudadanos. Podría desarrollar el sistema eficiente de pago electrónico que he descrito en el capítulo anterior o el mejor sistema de hipotecas que he descrito en el Capítulo 4. Crear un sistema financiero que de verdad cumpla las funciones que un sistema financiero debe cumplir es un paso importante para reestructurar la economía. Esta crisis puede ser un punto de inflexión, no sólo para el sector financiero, sino para toda la economía.

No hemos hecho tan buen trabajo como debiéramos en la reestructuración del sistema financiero y en el rediseño de la estructura regulatoria bajo la cual el sistema financiero opera. Nuestro país no prosperará si vuelve al sistema financiero que existía antes de la crisis. Pero éste es sólo uno de los muchos retos con los que nuestro país se enfrenta en el mundo de la poscrisis. En el capítulo siguiente hablaremos de lo que hay que hacer y veremos que de la crisis podemos sacar muchas lecciones que pueden ayudarnos a hacerlo mejor.

# Capítulo 7

## Un nuevo orden capitalista

En la crisis de 2008, la economía global —o al menos sus sofisticados mercados financieros— estuvo a punto de hundirse por completo. Estuvo en caída libre. Al haber visto otras muchas crisis, yo estaba seguro de que esa sensación de caída libre desaparecería pronto. Ocurre en todas las crisis. ¿Pero qué pasaría luego? Ni podíamos ni debíamos volver al mundo como era antes. Muchos de los empleos que se habían perdido no iban a volver. La clase media estadounidense había pasado una época dura antes de la crisis. ¿Qué le sucedería después?

La crisis ha distraído a Estados Unidos y a una gran parte del mundo de problemas más de fondo que habría habido que afrontar. La lista es conocida: asistencia sanitaria, energía y medio ambiente, y, especialmente, cambio climático, educación, envejecimiento de la población y declive industrial, un sector financiero disfuncional, desequilibrios globales, déficit comercial y financiero de Estados Unidos. Mientras el país luchaba por superar la crisis inmediata, esos problemas quedaron aparcados. Algunos se han agravado. Pero los recursos que estaban disponibles para afrontarlos se han reducido sustancialmente por la forma errónea en que el gobierno ha gestionado la crisis, especialmente por el dinero que ha derrochado para ayudar al sistema financiero. La deuda estadounidense pasó del 35 por ciento del PIB a casi el 60 por ciento en 2009, e incluso con las perspectivas optimistas de la administración Obama, que prevén un aumento de 9 billones de dólares en la próxima década, la tasa aumentará hasta alcanzar más del 70 por ciento en 2019[1].

La reestructuración de la economía no se hará espontáneamente. El gobierno deberá desempeñar un papel fundamental. Y ésa es la segunda serie importante de cambios que se avecinan: la crisis financiera demostró que los mercados financieros no funcionan bien de manera automática, y que los mercados no se autorregulan. Pero la lección es más general y va más allá de los mercados financieros. El gobierno tiene un papel importante que jugar. La «revolución» de Reagan y Thatcher denigró ese papel. El intento equivocado de reducir el papel del Estado ha dado como resultado una intervención del gobierno como nadie había previsto ni siquiera durante el *New Deal*. Ahora tendremos que reconstruir una sociedad donde el papel del gobierno y el papel del mercado estén más equilibrados. Un mayor equilibrio puede llevarnos a una economía más eficiente y más estable.

En este capítulo, expongo estos dos programas estrechamente relacionados: qué hay que hacer para restaurar el equilibrio entre gobierno y mercado y qué hay que hacer para reestructurar la economía, incluyendo el papel del gobierno en esa reestructuración. Si queremos tener éxito en la transformación de Estados Unidos, es preciso tener una visión más clara de adónde queremos ir, y necesitamos tener una visión más clara también del papel del Estado.

Los problemas a los que se enfrenta Estados Unidos son similares a los de otros muchos países industrializados, por no decir la mayoría de ellos. Mientras muchos hicieron un trabajo algo mejor a la hora de apoyar a sus bancos, lo cierto es que aún se enfrentan a un aumento considerable de su ratio de endeudamiento sobre el PIB a causa de sus esfuerzos (mayoritariamente exitosos) por estimular su economía. Para algunos, los problemas ligados al envejecimiento de la población son peores. Para la mayoría, los problemas de la asistencia sanitaria son menos graves. Ninguno lo tendrá fácil para hacer frente a los desafíos del cambio climático. Casi todos se enfrentan a retos importantísimos para reestructurar sus economías.

LA NECESIDAD DE REESTRUCTURAR LA ECONOMÍA

*Una evaluación honesta de las perspectivas de futuro*

Aunque Estados Unidos probablemente seguirá siendo la mayor economía del mundo durante los próximos años, no es inevitable que el nivel de vida de la mayoría de sus ciudadanos continúe mejorando como lo hizo, por ejemplo, en los años posteriores a la II Guerra Mundial[2]. Muchos estadounidenses han estado viviendo en un mundo de fantasía donde el crédito era fácil, y este mundo ya no existe. Ni volverá ni es bueno que vuelva. Ellos, y el país en general, tendrán que enfrentarse a una caída del nivel de vida. No sólo el país estaba viviendo por encima de sus posibilidades, sino que también lo hacían muchas familias.

La burbuja ocultaba el hecho de que la situación económica del país no era tan buena como podía o debía haber sido. El foco puesto en el PIB hacía que la apreciación fuese falsa, como explico detalladamente en el Capítulo 10. Para muchos grupos, las perspectivas económicas futuras ya son malas: los ingresos medios de los varones treintañeros hoy son más bajos que hace treinta años[3]. La mayoría de los estadounidenses han visto sus ingresos estancarse durante una década. En los primeros años de esta década, aunque muchos veían que sus ingresos no aumentaban o incluso disminuían, seguían consumiendo como si formaran parte del sueño americano. Con la burbuja inmobiliaria, podían aumentar su consumo hoy y fingir que podrían contar con una cómoda pensión y dar a sus hijos una educación que los haría aún más prósperos. Pero con el estallido de la burbuja esos sueños se desvanecieron y, al mismo tiempo, los estadounidenses se vieron abocados a una inseguridad económica y sanitaria mayor: un 15 por ciento no tiene ningún tipo de seguro médico[4]. Había otros indicadores de que algo no iba bien: en 2007, Estados Unidos tenía la mayor tasa de población penitenciaria, diez veces más que muchos países europeos[5].

Y persisten otra serie de problemas. El calentamiento global requiere una reestructuración de la economía que exigirá enormes inversiones. Ahora el país necesita recuperar todo el tiempo perdido durante la era Bush. Las infraestructuras se han deteriorado, cosa que han evidenciado los colapsos de los diques de Nueva Orleans y del puente de Minnesota. Y aunque Estados Unidos tiene un sistema universitario de primer orden —el mejor del mundo— el rendimiento medio de los estudiantes en la enseñanza elemental y secundaria está por debajo del de otros países. Los alumnos obtienen peores resultados en ciencias y matemáticas que la media de la mayoría de países industrializados[6]. El resultado es que muchos trabajadores no están bien preparados para afrontar los retos de la competencia global del siglo XXI.

La economía estadounidense necesita reestructurarse en direcciones que aún no están claras. Lo que sí está claro es que ello exigirá recursos y requerirá un gasto público. Los recursos tendrán que pasar de sectores hipertrofiados (como las finanzas y la construcción) y de sectores poco rentables (como la industria) a otros con mejores perspectivas de crecimiento sostenible.

### Lo que estamos viviendo es algo más que una crisis financiera

Como he explicado en otros capítulos, los estadounidenses habían vivido de una burbuja tras otra durante años. Además, había unos desequilibrios mundiales enormes: el gobierno de Estados Unidos obtenía el 6 por ciento de su PIB a través de préstamos de otros países en un momento en el que habría debido estar ahorrando dinero para la ola de jubilaciones de los *baby boomers* que llegaría en los próximos años[7].

El resto del mundo se estaba esforzando por emular a Estados Unidos, pero si de veras lo conseguía, el mundo no podría sobrevivir. El estilo de consumo del país no era medioambientalmente sostenible, y sin embargo los estadounidenses seguían comprando coches cada vez mayores y que engullían más gasolina. Y los beneficios de la industria automovilística se basaban en que éstos siguieran haciendo lo mismo indefinidamente.

La mayor parte de los demás sectores económicos, incluidos algunos de los más exitosos, también se basaban en unos cimientos insostenibles. Uno de los sectores más rentables de la economía era la energía, el carbón y el petróleo, que emitía gases de efecto invernadero a la atmósfera, pese a la evidencia incontrovertible de que con ello agravaba el cambio climático[8].

Una parte esencial de la reestructuración económica implica pasar de una economía industrial a una economía de servicios. A principios de los años noventa, hubo un debate sobre la calidad de los nuevos empleos que se creaban en el sector servicios. ¿Estaba el país creando volteadores de hamburguesas para reemplazar a sus obreros industriales especializados? Un examen detallado de los datos demostraba que una gran proporción de los empleos del sector servicios eran empleos de calidad, con sueldos elevados, y que muchos de los empleos bien retribuidos del sector servicios pertenecían al sector financiero, que había de ser la nueva base de la economía estadounidense. Pero esto plantea la pregunta de cómo lo que era un medio para alcanzar un fin pudo convertirse en el centro de una Nueva Economía. Deberíamos haber reconocido que el peso desproporcionado del sector financiero —en los años inmediatamente anteriores a la crisis, casi un 40 por ciento de los beneficios empresariales correspondían a ese sector— indicaba que algo no iba bien[9].

*Estados Unidos dentro de un contexto mundial*

Cualquier visión de la evolución de Estados Unidos debe articularse como parte de una visión global. Como ha venido a recordarnos tan contundentemente esta recesión mundial, estamos interrelacionados. El mundo hoy se enfrenta por lo menos a seis retos económicos de envergadura, algunos de los cuales están interconectados. Su persistencia y profundidad es una prueba de las dificultades y problemas que nuestro sistema económico y político tiene planteados a nivel mundial. Sencillamente no tenemos instituciones eficaces para ayudarnos a identificar los problemas y a formular una visión de cómo podrían resolverse, y no digamos ya para adoptar medidas concretas.

El problema más dramático es la brecha entre la demanda global y la oferta global. La capacidad productiva mundial está infrautilizada, en un mundo en el cual existen muchas necesidades sin cubrir. La infrautilización más grave es la de recursos humanos: más allá del problema inmediato de más de 240 millones de desempleados en todo el mundo a causa de la recesión, hay miles de millones de personas que no tienen formación para poder utilizar plenamente su potencial humano, y muchas que están formadas no tienen un empléo acorde con sus capacidades[10]. Un trabajo decente es un aspecto importante para la autoestima de los individuos, y la pérdida desde el punto de vista social es mayor que lo que deja de producirse.

El reto más importante, naturalmente, es el que plantea el cambio climático. Los recursos medioambientales son escasos y se tratan como si fueran gratis. El resultado es que todos los precios están distorsionados, y en algunos casos de forma grave. En capítulos anteriores, hemos visto que la distorsión en los precios de la vivienda distorsiona la economía; la crisis ha demostrado el efecto traumático que tiene la «corrección» de los precios de la vivienda, que ha sido más traumático porque se ha dejado pasar demasiado tiempo antes de acometer la corrección. La distorsión de los precios medioambientales es de igual magnitud; ha llevado a explotar de forma insostenible recursos básicos; la corrección es imperativa, y si se pospone puede ser más costosa todavía.

Lo que se ha dado en llamar los desequilibrios globales también plantea un problema para la estabilidad mundial. Una parte del mundo está viviendo muy por encima de sus posibilidades; la otra parte produce mucho más de lo que consume. Ambas están en un apuro. Puede no haber nada especialmente preocupante en que algunos países consuman más de lo que ingresan y otros menos; forma parte de la economía de mercado. Lo preocupante, como señalábamos en el Capítulo 1, es que con el dinero que Estados Unidos ha tomado prestado del resto del mundo, más de 800.000 millones de dólares sólo en el año 2006, su endeudamiento no es sostenible. Podría producirse una corrección desordenada de esos desequilibrios, con la posibilidad de grandes cambios en los tipos de interés[11]. Lo que ha ocurrido en esta crisis ha sido claramente desordenado, pero los desequilibrios persisten. Especialmente problemático es el hecho apuntado antes de que Estados Unidos debería estar ahorrando para los *baby boomers*, no endeudándose.

El G-20 propone una respuesta macroeconómica coordinada —Estados Unidos aumenta el ahorro y China lo disminuye— para que se reduzcan los desequilibrios y al mismo tiempo se mantenga una economía globalmente fuerte. La intención es buena, pero las políticas de cada país se inspirarán probablemente en sus propias necesidades internas.

Es más fácil para Estados Unidos reducir su consumo que para China aumentar el suyo. De hecho esto es lo que parece estar ocurriendo, aunque en 2009 el rápido aumento del ahorro privado estadounidense se vio contrarrestado por un rápido aumento del endeudamiento público[12]. Esto debilitaría la demanda global, lo cual dificultaría aún más la recuperación a nivel mundial.

A largo plazo, con tantos países tan endeudados para financiar sus programas de recuperación, existe el peligro de que los tipos de interés suban mucho. Algunos países muy endeudados con poca capacidad para aumentar los impuestos pueden sufrir una crisis financiera. Los países que no sufran una crisis tendrán sin embargo que tomar decisiones difíciles. Por ejemplo, en Estados Unidos, con una deuda nacional que pronto se acercará al 70 por ciento del PIB, a un tipo de interés incluso moderado del 5 por ciento, el servicio de la deuda representaría el 3,5 por ciento del PIB, alrededor de un 20 por ciento de los impuestos que recauda el gobierno. Habrá que subir los impuestos y/o reducir el gasto. Lo que en general se resiente en estos casos es la inversión, lo cual implica menos producción en el futuro.

Por otra parte, unos tipos de interés más altos pondrán a los países que ahorran mucho en una buena posición. Es el caso de China, que actualmente tiene unas reservas de más de 2 billones de dólares. Al 5 por ciento, esto solo ya genera unos ingresos de 100.000 millones de dólares. Si nos fijamos únicamente en el pago de Estados Unidos a China con tipos de interés de alrededor de un 1 por ciento, Estados Unidos transfiere anualmente a China 15.000 millones de dólares. Con intereses al 5 por ciento, Estados Unidos tendría que mandar a China cada año 75.000 millones de dólares para pagar los intereses de los 1,5 billones de dólares que ese país tiene en bonos estadounidenses.

Con la caída de las inversiones a causa de la crisis, es natural pensar que existe un exceso de ahorro. Tradicionalmente ahorrar era una virtud, y yo creo que sigue siéndolo. Por eso el empeño del G-20 en fomentar el consumo puede ser un error[13]. Por supuesto, uno espera que los ciudadanos de los países en desarrollo puedan aumentar su nivel de vida, y ello supondrá más consumo, más atención sanitaria, más educación, etcétera. Pero el mundo se enfrenta a enormes necesidades económicas: como comenté antes, debe modernizarse para poder afrontar los retos del calentamiento global; cerca de un 40 por ciento de la población mundial todavía vive con menos de 2 dólares al día, y hay una necesidad masiva de inversiones para mejorar sus oportunidades. El problema es financiero: se trata de reciclar los ahorros hacia los lugares donde más se necesitan.

El cuarto desafío es lo que yo llamo el enigma industrial. La industria ha representado durante mucho tiempo la cima de un determinado estadio de desarrollo, la vía a través de la cual los países en desarrollo podían abandonar la forma tradicional de organización social agraria. Los empleos en ese sector han sido tradicionalmente empleos bien retribuidos y constituían la espina dorsal de las sociedades de clase media del siglo xx de Europa y América del Norte. En las últimas décadas, los aumentos de productividad han hecho que aunque el sector creciera, el número de puestos de trabajo disminuyera, y ese patrón probablemente continuará.

El quinto desafío es el de la desigualdad. La globalización ha tenido efectos complejos en la distribución de los ingresos y la riqueza en el mundo. China e India han ido cerrando la brecha que les separaba de los países industriales avanzados. Durante un cuarto de siglo, la brecha con África ha crecido, pero la demanda china de materias primas ha ayudado a África (como también a América Latina) a crecer a un ritmo sin precedentes, a una tasa del 7 por ciento. Esta crisis ha acabado con esa breve era de suave prosperidad. E incluso durante ese periodo de suave prosperidad, la extrema pobreza ha seguido siendo un problema: la suerte de los más pobres de este mundo es muy diferente de la de los más ricos en todos los sentidos. Todavía hay casi mil millones de personas que viven con menos de un dólar al día.

En la mayoría de los países del mundo la desigualdad aumenta, y la globalización es uno de los factores que ha contribuido a ello[14]. No se trata únicamente de una preocupación humanitaria. Algo ha influido también en la actual crisis económica: el crecimiento desigual contribuye a agravar el problema de la falta de demanda agregada, ya que el dinero va de aquellos que lo gastarían a los que tienen más del que necesitan.

El último desafío es la estabilidad. El aumento de la inestabilidad financiera se ha convertido en un problema cada vez más importante. A pesar de las supuestas mejoras en las instituciones financieras mundiales y de los progresos en los conocimientos sobre gestión económica, las crisis cada vez han sido más frecuentes y más graves.

Existen fuertes interacciones entre esos diversos elementos, algunos problemas exacerban otros, mientras que estrategias diseñadas para resolver uno pueden simultáneamente reducir el impacto de programas diseñados para poner remedio a otros. Por ejemplo, el aumento del desempleo que ha provocado la crisis financiera ejercerá presión sobre los salarios en todo el mundo, y los menos preparados son los que más probabilidades tienen de perder su empleo. En Estados Unidos, el patrimonio de la mitad más pobre de la población es mayoritariamente la vivienda, y ese patrimonio se ha devaluado drásticamente. Una de las razones de los desequilibrios globales es la gran demanda de reservas de muchos países en desarrollo después de la crisis que azotó a Asia oriental. El impacto que esa crisis ha tenido sobre los países en desarrollo es tal que lo más probable es que quieran tener más reservas, lo cual no hace sino exacerbar el problema de los desequilibrios globales. Ambas cosas juntas —la desigualdad creciente y la creciente demanda de reservas— pueden agravar el problema de la insuficiencia de demanda agregada mundial, debilitando con ello la economía mundial.

Una visión más amplia y a más largo plazo —centrada en la situación desesperada de los pobres y el desafío del calentamiento global— logrará que haya más demanda de la estrictamente necesaria para absorber toda la capacidad de producción del planeta[15]. Más consumo por parte de los pobres, incluidos los de China, y menos consumo por parte de los ricos (especialmente en Estados Unidos) reducirá la escala de los desequilibrios globales.

Esta nueva visión exigirá un *nuevo modelo económico;* la sostenibilidad exigirá poner menos énfasis en los bienes materiales para aquellos que están consumiendo demasiado y una reorientación hacia las actividades innovadoras. A escala planetaria, una parte excesiva de la innovación mundial se ha orientado a ahorrar trabajo y una parte insuficiente a ahorrar recursos naturales y a proteger el medio ambiente, lo cual apenas es sorprendente dado que los precios no reflejan la escasez de estos recursos naturales. Se ha tenido tanto éxito a la hora de ahorrar trabajo que en la mayor parte de regiones del mundo existe un problema endémico de desempleo. Pero se ha tenido tan poco éxito a la hora de ahorrar recursos naturales que corremos el riesgo de un colapso medioambiental.

### Los desafíos a largo plazo de Estados Unidos

Los problemas a los que se enfrenta el mundo también los tiene Estados Unidos, pero en Estados Unidos algunos son especialmente graves: al país no sólo se le plantea el «enigma industrial» que se plantea a todo el mundo, es decir, el problema del desempleo provocado por los aumentos de la productividad, sino también el problema más específico de la deslocalización, la transferencia de la producción hacia China y otros países por el desplazamiento de la ventaja comparativa. Adaptarse a ese cambio estructural de la economía no será fácil; muchas veces es más fácil perder empleos en áreas donde la competitividad se ha perdido que crear nuevos empleos en nuevas áreas, como he visto en muchos países en desarrollo que se enfrentan a la globalización. Y es especialmente difícil si no se tiene un sector financiero robusto dedicado a conceder créditos a las pequeñas y medianas empresas y a los emprendedores, que son los que crean empleo. Y hoy, Estados Unidos se enfrenta a una dificultad suplementaria: reestructurar exigirá que la gente se desplace. Pero muchos estadounidenses han perdido una parte importante del valor de su vivienda y una parte significativa de ellos lo ha perdido del todo. Si venden su vivienda actual, no tendrán dinero para pagar la entrada de otra de un tamaño comparable en ningún otro sitio. La movilidad, una de las características del éxito americano en el pasado, se verá afectada.

Estados Unidos, como muchos otros países del mundo, conoce una desigualdad creciente de los ingresos, pero en Estados Unidos esa desigualdad ha alcanzado niveles que no se habían visto en los últimos setenta y cinco años[16]. El país también necesita adaptarse al calentamiento global, pero hasta hace muy poco ha sido el mayor emisor de gases de efecto invernadero, en cifras absolutas y per cápita. Por eso disminuir las emisiones requerirá un ajuste más drástico[17].

Estados Unidos tiene otros dos retos. El primero es el envejecimiento de la población, lo cual significa que los estadounidenses tendrían que haber estado ahorrando para jubilarse en una época en que estuvieron viviendo por encima de sus posibilidades.

Estados Unidos también tiene una serie de problemas sectoriales: muchas ramas industriales están maltrechas.

Uno de los sectores aparentemente más exitosos, las finanzas, estaba hinchado y basado en falsas premisas; muchos otros, como el energético, no son ambientalmente sostenibles. A pesar de que el sector entró en el mercado de las energías renovables con el etanol, ese mercado estaba tan distorsionado por los lobbies corporativos que no pudo competir con la investigación de países emergentes como Brasil. Para competir, el gobierno de Estados Unidos combinó unas subvenciones, que a veces llegaron a ser de más de un dólar por galón, con unos aranceles de más de cincuenta centavos por galón sobre el etanol brasileño producido a base de caña de azúcar[18]. El sector energético debería haber apostado por la conservación; en lugar de eso, hizo lobby para obtener derechos de perforación submarinos.

El sector sanitario estadounidense es más caro y proporciona una asistencia peor que los sistemas sanitarios de otros países industriales avanzados. En algunos casos, la calidad de la asistencia en Estados Unidos es incluso peor que en países del Tercer Mundo, aunque en los niveles altos el país goza de una atención sanitaria incomparable[19].

Estados Unidos tiene un sector educativo ineficiente, con resultados comparables de nuevo a los de muchos países emergentes, aunque de nuevo en los niveles altos las universidades estadounidenses no tienen rival[20].

Al reflexionar sobre una visión de Estados Unidos a largo plazo, es natural que un economista empiece por pensar en cuál puede ser a largo plazo la ventaja competitiva del país, y cómo puede alcanzarse. Para mí, la ventaja competitiva a largo plazo está en las instituciones estadounidenses de educación superior y en los avances tecnológicos derivados de las ventajas que esas instituciones ofrecen. No hay ningún otro sector de la economía con una cuota de mercado mayor de líderes a escala mundial; las universidades estadounidenses han atraído a los mejores talentos de todo el mundo, muchos de los cuales han convertido Estados Unidos en su hogar. Ninguna de las principales universidades estadounidenses —me refiero a las que aportan una ventaja competitiva— son instituciones con afán de lucro, lo cual indica que la fe en las organizaciones con afán de lucro quizás no esté justificada.

Pero la educación superior no puede encarnar por sí sola la estrategia económica de Estados Unidos. Debemos idear un medio para crear los empleos de clase media bien retribuidos que constituyeron la espina dorsal del país y que han desaparecido con la decadencia de nuestra base industrial. Otros países, como Alemania, han creado un sector industrial competitivo de alta tecnología, basado en un sólido sistema de aprendizaje. Tal vez sería ésta la dirección en la que Estados Unidos debería pensar.

Puede ser que la gente sensata no esté de acuerdo con estas cuestiones, pero en el pánico por responder a la crisis, Estados Unidos cometió un error. Antes de dedicar más dinero que ningún otro país en ninguna otra época a las «políticas industriales» (las políticas del gobierno que conforman la estructura de la economía), como hizo para rescatar al sector automovilístico y al sector financiero, hubiera debido plantearse ese tipo de cuestiones. La magnitud de la tarea que tenemos por delante es enorme: los sectores que están enfermos —o que están haciendo que Estados Unidos sufra— y necesitan una reestructuración a fondo (finanzas, industria manufacturera, energía, educación, sanidad y transportes) representan más de la mitad de la economía. El resto del país no puede dormirse en los laureles del sector de la alta tecnología, ni siquiera en los laureles de la educación superior y los institutos de investigación.

*Falsos arranques*

Muchos de esos desafíos han estado en la agenda de Estados Unidos y del mundo. Algunos de los intentos de acometerlos —incluso durante la recesión— han ido, sin embargo, en la dirección equivocada. Ya he mencionado uno: el fracaso a la hora de reducir el tamaño del sector financiero de forma que aumentase su capacidad para responder a las necesidades de la sociedad; en vez de ello, el gobierno dio más dinero a los que habían causado los problemas.

Los mercados financieros también trataron de persuadir al gobierno para que adoptase una falsa solución del problema del envejecimiento: privatizar la Seguridad Social. Como se quedaban con un 1 por ciento o más al año del dinero que gestionaban, vieron la privatización como una nueva fuente de comisiones, una nueva oportunidad de enriquecerse a expensas de los mayores. En el Reino Unido, un estudio del impacto de la privatización parcial de las pensiones públicas demostró que las pensiones se reducirían un 40 por ciento como resultado de estos costes de transacción[21]. El sector financiero quiere maximizar esos gastos de transacción, mientras que el bienestar de los pensionistas lo que requiere es minimizarlos.

Hoy, la mayoría de estadounidenses agradece realmente que no prosperase la iniciativa del presidente Bush de privatizar parcialmente la Seguridad Social; de lo contrario, la situación apurada de los ancianos estadounidenses aun sería más deprimente.

Estados Unidos predicó el evangelio de la globalización y de la competencia global. La economía elemental nos ha enseñado lo que esto significa: que Estados Unidos debía especializarse en su ventaja comparativa, en aquellas áreas que reflejaban sus puntos fuertes. En muchos sectores, China ha estado compitiendo con Estados Unidos, no sólo a causa de los bajos salarios de sus trabajadores no especializados, pues hay muchos países donde los trabajadores no especializados aún cobran menos. China combina una alta tasa de ahorro, una mano de obra cada vez mejor formada (el número de diplomados de todos los niveles de la educación superior en China se ha multiplicado casi por cuatro de 2002 a 2008, mientras el número total de estudiantes se ha quintuplicado)[22], y grandes inversiones en infraestructuras con producción a bajo coste y logística moderna para asegurar la entrega de las cantidades ingentes de bienes materiales que los consumidores de Estados Unidos desean. Por duro que resulte para muchos estadounidenses admitirlo, en muchos sectores, incluidos sectores clave de la «vieja» economía como el acero y los coches, el país ya no es líder desde el punto de vista tecnológico; ya no tiene los fabricantes más eficientes; y ya no fabrica los mejores productos. Estados Unidos ya no tiene una ventaja comparativa en muchas áreas de la industria manufacturera. Una ventaja comparativa de un país puede cambiar; lo que importa es tener una ventaja comparativa *dinámica*. Los países asiáticos lo han comprendido. Hace cuarenta años, la ventaja comparativa de Corea no era producir chips o coches, sino arroz. Su gobierno decidió invertir en educación y en tecnología para transformar su ventaja comparativa y aumentar el nivel de vida de la población. Y lo consiguió, y al hacerlo, transformó su sociedad y su economía. La experiencia de Corea y de otros países que han tenido éxito debería ser una lección y un acicate para Estados Unidos. ¿Cuál debería ser nuestra ventaja comparativa dinámica a largo plazo y cómo conseguirla?

## El papel del Estado

El gran tema de la economía mundial del siglo XXI es cuál debe ser el papel del Estado. Para llevar a cabo la reestructuración descrita más arriba en este capítulo el gobierno deberá asumir un papel más importante. Los cambios a los que hemos asistido no se han producido solos ni es probable que lo hagan en el futuro. Pero los mecanismos del mercado pueden desempeñar el papel principal en la gestación, por ejemplo, en la construcción de una nueva economía verde. De hecho, un simple cambio —hacer que los precios reflejen correctamente la escasez medioambiental a largo plazo— puede ser un gran paso adelante.

Por desgracia, sobre todo en Estados Unidos, muchos prejuicios han impedido descubrir el papel que debe jugar el Estado. Un aforismo corriente, el famoso dicho de Thomas Paine, afirma que «el mejor gobierno es el que gobierna menos». La sabiduría tradicional que preside las campañas republicanas afirma que bajar los impuestos cura cualquier enfermedad que pueda tener la economía, que cuanto más bajo es el tipo impositivo, más alta es la tasa de crecimiento. Sin embargo, Suecia tiene una de las rentas per cápita más altas del mundo, y en los indicadores más globales del bienestar (como el Índice de Desarrollo Humano de Naciones Unidas) supera en mucho a Estados Unidos[23]. La esperanza de vida es de 80,5 años, frente a 77 en Estados Unidos. Su ex ministro de finanzas me explicó el secreto de este éxito: «Es que teníamos unos tipos impositivos muy altos».

No fueron, por supuesto, los tipos impositivos altos por sí solos los que provocaron directamente un gran crecimiento y un alto nivel de vida. Pero Suecia comprendió como país que tenía que vivir de acuerdo con sus posibilidades. Si uno quiere tener una buena sanidad, una buena educación, buenas carreteras y buena protección social, debe pagar estos servicios públicos, lo que exige unos impuestos elevados. Es evidente que un país necesita gastar razonablemente bien su dinero, y eso es cierto tanto si hablamos del sector privado como del sector público. El sector público sueco se las ha ingeniado para gastar bien su dinero; el sector financiero privado de Estados Unidos ha hecho un trabajo pésimo. Un país debe prestar atención a los incentivos, y en un momento determinado la fiscalidad en Suecia se excedió un poco y sus sistemas de ayuda fueron quizás demasiado generosos; por lo tanto hubo que ajustar ambas cosas. Pero Suecia descubrió que un buen sistema de protección social puede ayudar a la gente a adaptarse al cambio y hacer por tanto que la gente esté más dispuesta a aceptar ese cambio y los fenómenos que lo provocan, como la globalización. Los suecos lograron tener una protección social sin proteccionismo, y se beneficiaron de la apertura de su economía y su sociedad. Una mejor protección social combinada con una buena educación y un reciclaje de los trabajadores hizo que su economía fuese más flexible y se adaptase más deprisa a los cambios, manteniendo niveles más altos de empleo. La combinación de altas tasas de empleo y mejor protección social hizo que la gente estuviera más dispuesta a asumir riesgos. El bien llamado «estado de bienestar» fue lo que permitió una «sociedad innovadora».

No es inevitable que éste sea el caso. Un «estado niñera» puede socavar los incentivos, incluyendo el incentivo para asumir riesgos e innovar. Encontrar el equilibrio no siempre es fácil. Una de las razones del éxito de los países escandinavos es que no se han visto frenados por prejuicios ideológicos, como el que pretende que los mercados siempre son eficientes o los gobiernos siempre ineficientes. La actual debacle financiera, con la mala asignación de recursos masiva inducida por el *sector privado*, debería habernos curado a todos de ese tipo de prejuicios. Sin embargo, como vimos en el Capítulo 5, el miedo a la «nacionalización» de los bancos quebrados dificultó las intervenciones eficaces y a tiempo del gobierno, tanto en Estados Unidos como en el Reino Unido, lo que le costó *innecesariamente* miles de millones de dólares al contribuyente. En Estados Unidos, palabras como *socialismo*, *privatización* y *nacionalización* llevan una carga emocional que hace difícil pensar con claridad.

Herbert Simon, que ganó el Premio Nobel en 1978 por su estudio revolucionario de cómo funcionan realmente las empresas modernas, señaló que las diferencias entre el capitalismo moderno y las empresas gestionadas por el gobierno se han exagerado mucho. En ambos casos, la gente trabaja por cuenta ajena. Las estructuras de incentivos que se pueden emplear para motivar a los directivos y a los trabajadores son las mismas. Como él dice:

> La mayoría de los productores son empleados, no propietarios de las empresas [...] Visto desde la posición ventajosa de la teoría [económica] clásica, no tienen ninguna razón para maximizar los beneficios de las empresas, salvo en la medida en que los propietarios sean capaces de controlarlos [...] Además, no hay diferencia, en este sentido, entre las empresas con afán de lucro, las organizaciones que no lo tienen y las organizaciones burocráticas. Todas tienen exactamente el mismo problema para hacer que los empleados trabajen con el fin de alcanzar los objetivos de la organización. NO hay razón, a priori, para que sea más fácil (o más difícil) producir esa motivación en organizaciones orientadas a maximizar los beneficios que en organizaciones cuyos fines son otros. En una economía organizativa, la conclusión de que las organizaciones motivadas por los beneficios serán más eficientes que otras organizaciones no se deriva de los presupuestos neoclásicos. Si es empíricamente cierto, deben introducirse otros axiomas para dar cuenta de ello[24].

Ya dije en el Capítulo 1 que el modelo del capitalismo del siglo XIX no es aplicable al siglo XXI. La mayor parte de las grandes empresas no tienen un solo propietario. Tienen muchos accionistas. Hoy día, la principal diferencia es que los propietarios en última instancia (los «accionistas») en un caso son ciudadanos que operan a través de diferentes órganos públicos, y en el otro son ciudadanos que operan a través de diversos intermediarios financieros, como fondos de pensiones y mutuas, sobre las cuales generalmente tienen muy poco control[25]. En ambos casos, existen importantes problemas «orgánicos» debidos a la separación entre propiedad y control: los que toman las decisiones no cargan con el coste de los errores ni se llevan la recompensa por los éxitos.

Hay ejemplos de empresas eficientes, e ineficientes, tanto en el sector público como en el privado. Las grandes acerías de Corea del Sur y de Taiwán, que son propiedad del Estado, fueron más eficientes que las estadounidenses, que son privadas. Uno de los sectores en el cual Estados Unidos todavía es líder es la educación superior y, como ya he señalado, todas las universidades de primer nivel son estatales o sin afán de lucro[26].

La crisis actual ha provocado una intervención sin precedentes del gobierno estadounidense en la economía. Muchos de los que tradicionalmente eran los mayores críticos del intervencionismo del gobierno —y especialmente de que el gobierno concediera créditos masivamente— esta vez no abrieron la boca. Pero para otros, el masivo rescate de los bancos por parte de Bush fue una traición a los principios del conservadurismo republicano. Para mí, fue simplemente una expansión más (aunque grande) de lo que había venido sucediendo desde hace más de un cuarto de siglo: el establecimiento de un Estado del bienestar corporativo, incluyendo la extensión y fortalecimiento de la red de protección para las empresas, al tiempo que la protección social para la gente corriente, al menos en determinadas áreas, se debilitaba.

Mientras los aranceles (los impuestos sobre los productos importados) se reducían en las décadas recientes, había toda una serie de barreras no arancelarias que protegían a las empresas de Estados Unidos. Después de que Estados Unidos prometiese reducir las subvenciones a la agricultura, el presidente Bush las duplicó en 2002: la agricultura recibía subsidios de miles de millones de dólares cada año. En 2006, 27.000 granjeros acomodados productores de algodón se repartieron 2.400 millones de dólares a través de un programa que violaba las leyes del comercio internacional y perjudicaba a millones de campesinos pobres de África, América del Sur e India[27].

Había otros sectores subvencionados, algunos sólo hasta cierto punto, otros de forma masiva, otros abiertamente, otros de forma encubierta a través de la fiscalidad. Mientras que nosotros en Estados Unidos sosteníamos que no había que permitir que los países en desarrollo subvencionaran sus industrias nacientes, justificábamos nuestras propias subvenciones masivas a la industria del etanol a partir del maíz, que se introdujeron en 1978, con el argumento de que se trataba de una «industria naciente», y de que las ayudas serían temporales, hasta que pudiera competir por sus propios medios. Pero el recién nacido se negó a hacerse mayor.

Uno podría pensar que la industria petrolera, con sus beneficios aparentemente ilimitados, no recurriría a las ayudas gubernamentales; pero la codicia no tiene límites, y el dinero compra la influencia política: recibió generosas ayudas fiscales. John McCain, el candidato republicano en las elecciones presidenciales de 2008, se refirió a la primera ley de la energía de Bush como la ley que no defraudaba a ningún grupo de presión[28]. El sector minero también recibe miles de millones en subvenciones encubiertas; extraen mineral gratis de terrenos que son propiedad del Estado. En 2008 y 2009, los sectores del automóvil y de las finanzas engrosaron la larga lista de los subvencionados.

Muchas de las industrias más exitosas de Estados Unidos también se benefician de la presencia del gobierno. Internet, sobre el que se ha basado tanta prosperidad reciente, se creó con fondos públicos; incluso el prototipo de navegador Mosaic fue financiado por el gobierno. Fue comercializado por Netscape, pero Microsoft utilizó su poder monopolístico para aplastar a Netscape por un procedimiento que todos los tribunales del mundo han considerado como un abuso de poder monopolístico.

Aunque las subvenciones que durante años han recibido las empresas estadounidenses son de cientos de miles de millones de dólares[29], esas cantidades palidecen comparadas con las que recientemente se han concedido al sector financiero. En capítulos anteriores, he hablado de los repetidos y generosos rescates que se han dado a los bancos, de los cuales el actual sólo es el más masivo. Como anticipé cuando empezaron los rescates, *ésta ha resultado ser una de las redistribuciones más importantes de riqueza que se han producido en un periodo tan corto en la historia*. (La privatización de los activos estatales en Rusia fue probablemente algo mayor).

Adam Smith quizás no acertó del todo cuando dijo que los mercados, como una mano invisible, conducían al bienestar de la sociedad. Pero ningún partidario de

Adam Smith se atrevería a afirmar que el sistema de sucedáneo del capitalismo hacia el cual ha evolucionado Estados Unidos es eficiente, o justo, o contribuye al bienestar de la sociedad.

## Por tanto, ¿qué debería hacer el gobierno?

Durante los últimos treinta y cinco años, los economistas han logrado una mejor comprensión de cuándo funcionan bien los mercados y cuándo no. Mucho de ello depende de los incentivos: ¿cuándo proporcionan los mercados los incentivos correctos? ¿Cuándo coinciden las recompensas privadas con los beneficios sociales? ¿Y cómo puede el gobierno ayudar a que coincidan? Los seis primeros capítulos de este libro cuentan la historia de cómo esos incentivos no coincidían con el interés social en los mercados financieros.

Los economistas han desarrollado una breve lista de ejemplos en los que los mercados fallan —en los que los incentivos sociales y los privados no coinciden— que dan cuenta de una gran parte de las crisis más importantes. La lista incluye monopolios, externalidades y fallos en la información. Es una ironía del debate político actual que la «izquierda» haya tenido que tomar un papel activo a la hora de hacer que los mercados funcionen de la forma debida, por ejemplo, aprobando y aplicando leyes antitrust para garantizar la competencia; aprobando y aplicando leyes sobre la publicidad de datos para garantizar que los agentes de los mercados estuvieran al menos *mejor* informados; y aprobando y aplicando leyes sobre la contaminación y la regulación del sector financiero (del tipo de las discutidas en el Capítulo 6), para limitar las consecuencias de las externalidades.

La «derecha» afirma que sólo hace falta garantizar los derechos de propiedad y aplicar los contratos. Ambas cosas son necesarias, pero no suficientes, y plantean algunos temas claves, por ejemplo, sobre la exacta definición y el alcance de los derechos de propiedad. La propiedad no da derecho a hacer absolutamente todo lo que a uno le plazca. Poseer un pedazo de tierra no me da derecho a contaminar el agua subterránea que hay debajo, y ni siquiera a quemar hojas que puedan contaminar el aire.

*Mantener el pleno empleo y una economía estable*

Hacer que el mercado funcione es por tanto una de las responsabilidades del Estado, y las manifestaciones más obvias de fallo de mercado son los episodios periódicos de desempleo y de infrautilización de las capacidades, las recesiones y las depresiones que han caracterizado al capitalismo. La Ley del Empleo de 1946 reconocía que el pleno empleo era un objetivo nacional, del cual el gobierno debía responsabilizarse.

Cómo conseguirlo es un tema controvertido. Los conservadores han hecho cuanto han podido para minimizar el papel del Estado. Aunque han reconocido a regañadientes que los mercados por sí solos pueden no asegurar el pleno empleo, siempre han tratado de reducir al máximo la intervención del gobierno. El monetarismo de Milton Friedman intentó obligar a los bancos centrales a seguir una regla mecánica: aumentar la oferta monetaria para mantener constante el tipo de interés. Cuando esto falló, los conservadores buscaron otra regla sencilla: los objetivos de inflación.

La crisis actual, sin embargo, ha demostrado que los fallos del mercado pueden ser complejos y extenderse, y que no son tan fáciles de corregir; a veces incluso seguir reglas mecánicas puede empeorar las cosas. Entre los problemas que han contribuido a la crisis está la infravaloración del riesgo. Acaso el gobierno no pueda obligar a los mercados a evaluar correctamente el riesgo, pero, como he explicado en el Capítulo 6, lo que sí puede hacer es adoptar unas regulaciones que limiten los daños provocados por la valoración incorrecta del mercado[30].

*Promover la innovación*

Hay algunos bienes que el mercado espontáneamente nunca suministrará en cantidad suficiente. Esto incluye bienes públicos, de cuyos beneficios pueden gozar todos los miembros de la sociedad, y entre ellos están ciertas innovaciones esenciales. El tercer presidente estadounidense, Thomas Jefferson, señaló que el conocimiento era como una vela: cuando una vela enciende otra vela, su propia luz no disminuye. De ello se deduce que restringir el uso del conocimiento es ineficiente[31]. Los costes de esas restricciones son especialmente altos en el caso de la ciencia básica. Pero si la divulgación del conocimiento tiene que ser gratuita, el Estado debe asumir la responsabilidad de financiar su producción. Por eso el gobierno tiene un papel importantísimo en la promoción del conocimiento y la innovación.

Algunos de los mayores éxitos de Estados Unidos se deben a la investigación sufragada por el gobierno, generalmente en universidades estatales o sin afán de lucro, desde Internet hasta la biotecnología moderna. En el siglo XIX, el gobierno tuvo un papel fundamental en los notables progresos de la agricultura, así como en las telecomunicaciones, instalando la primera línea telegráfica entre Baltimore y Washington. El gobierno desempeñó incluso un importante papel en las innovaciones sociales: sus programas extendieron la propiedad de la vivienda, sin caer en las prácticas de explotación que han deslucido los recientes esfuerzos privados para lograrlo.

Es posible alentar la innovación en el sector privado restringiendo el uso del conocimiento mediante el sistema de patentes, aunque ello aumenta los beneficios privados y disminuye los beneficios sociales. Cualquier sistema de patentes bien diseñado intenta encontrar el equilibrio, creando incentivos para la innovación sin restringir indebidamente el empleo del conocimiento. Como explico más adelante en este capítulo, queda mucho espacio para mejorar el régimen de propiedad intelectual que hoy tenemos.

En el caso de los mercados financieros, sin embargo, el problema es la *ausencia* de medios efectivos para proteger la propiedad intelectual. Cualquiera que cree un nuevo producto exitoso puede ser inmediatamente imitado. O sea que «si sale cara pierdo yo y si sale cruz ganas tú». Si un producto nuevo no tiene éxito, nadie me imitará, pero entonces la empresa perderá dinero; si tiene éxito, me imitarán, y enseguida tendré menos beneficios.

La consecuencia es que lo que se busca no son innovaciones que mejoren el bienestar de los clientes o la eficiencia de la economía, sino innovaciones que no puedan imitarse fácilmente o que, incluso si se imitan, sigan generando beneficios. Por eso, las hipotecas basura y las comisiones abusivas de las tarjetas de crédito fueron «innovaciones» inmediatamente imitadas, pero a pesar de ello siguieron dando enormes beneficios. Los derivados y otros productos financieros complejos, por su parte, no eran fáciles de imitar; cuanto más complejos, más difíciles de imitar. Fueron relativamente pocas las entidades que emitieron muchos derivados complejos extrabursátiles. Menos competencia es igual a mayores beneficios. Dicho en otras palabras, las fuerzas del mercado desempeñaron un papel fundamental para fomentar la complejidad que tanto hizo por socavar el funcionamiento del mercado.

*Dar protección social y seguridad*

El gobierno ha jugado un importante papel en la protección social, proporcionando seguridad ante muchos riesgos importantes a los que los individuos se enfrentan, como el desempleo y la discapacidad. En algunos casos, como en las pensiones, el sector privado finalmente siguió el liderazgo del gobierno, pero al hacerlo gastó muchos recursos intentando encontrar las que suponían menos riesgo. Esos gastos no pueden considerarse socialmente productivos. La sociedad puede creer que una persona que tiene la mala suerte de nacer con una enfermedad cardiaca debería recibir una ayuda («Es algo que puede pasarnos a todos»), incluso para una operación a corazón abierto. Pero a una compañía de seguros privada no le gusta tener que pagar facturas, y por lo tanto hará todo lo posible por descubrir quién corre un riesgo[32]. Ésta es una de las razones por las cuales el gobierno continuará teniendo un papel esencial en esos mercados de seguros.

### Evitar la explotación

Los mercados, aun siendo eficientes, pueden producir unos resultados socialmente inaceptables. Los ingresos de algunas personas pueden ser tan bajos que prácticamente no puedan sobrevivir. En los mercados competitivos, los sueldos los fija la intersección entre la oferta y la demanda, y no hay nada que diga que un sueldo «equilibrado» es aquel que permite vivir. Normalmente los gobiernos intentan «corregir» la distribución de la renta que hace el mercado.

Además, no hay nada en los mercados que garantice que sean humanos, en ninguno de los sentidos de la palabra. Los agentes del mercado pueden no dudar en sacar ventaja de su fortaleza en un momento dado —o de la debilidad de otros— utilizando todos los medios a su alcance. Durante un huracán, alguien que tenga un coche puede ayudar a otras personas a huir de la inundación, pero puede cobrar «lo que el mercado decida» por ese favor. Los trabajadores desesperados por encontrar empleo aceptarán un puesto de trabajo en una empresa con malas condiciones de seguridad e higiene. El gobierno no puede evitar todas las formas de explotación, pero puede reducir su alcance: por eso la mayoría de los gobiernos de los países industriales avanzados han aprobado y aplican leyes contra la usura (leyes que limitan los intereses que se pueden pagar) y leyes que fijan unos sueldos mínimos y unas jornadas laborales máximas, estableciendo condiciones de seguridad e higiene básicas, y esforzándose por limitar los créditos abusivos.

Las empresas privadas, cuando pueden, tratan de reducir la competencia y también saben explotar la irracionalidad y las «debilidades» del consumidor. Las compañías tabaqueras vendieron productos a sabiendas de que eran adictivos y provocaban cáncer y otra serie de enfermedades, aunque negaban que existiera evidencia científica que lo demostrase. Sabían que los fumadores serían receptivos a su mensaje de que científicamente no estaba claro.

Los diseñadores de hipotecas y las compañías de tarjetas de crédito contaron con que mucha gente se retrasaría en el pago, al menos una vez. Pudieron atraer a los clientes con intereses muy bajos al principio; si el tipo de interés iba aumentando después del primer atraso en el pago, eso podía compensar holgadamente el bajo interés inicial. Los bancos alentaban a los clientes a quedarse en descubierto, pagando intereses elevadísimos, porque sabían que los clientes no comprobarían si les había bajado el saldo[33].

## El papel cambiante del gobierno

El papel del Estado difiere de un país a otro y de una época a otra. El capitalismo del siglo XXI es distinto del del siglo XIX. La lección aprendida del sector financiero se confirma en otros sectores: aunque las regulaciones del *New Deal* no funcionen hoy, lo que se necesita no es una desregulación total sino más regulación en determinadas áreas y menos en otras. La globalización y las nuevas tecnologías han abierto la posibilidad de nuevos monopolios mundiales con una riqueza y un poder muy superiores a lo que los barones de finales del siglo XIX habrían siquiera soñado[34]. Como señalé en el Capítulo 1, el hecho de que en las entidades la propiedad esté separada del control y sean otros los que gestionan la riqueza de la mayoría de la gente corriente, supuestamente en su nombre, ha aumentado la necesidad de regular mejor la gobernanza corporativa.

Otros cambios en la economía estadounidense también requieren, quizás, una mayor intervención del gobierno. El hecho de que muchas economías industriales avanzadas se hayan convertido en economías de innovación tiene profundas consecuencias para el mercado. Consideremos, por ejemplo, el tema de la competencia, vital para el dinamismo de cualquier economía. Uno puede saber fácilmente si existe competencia o no en el mercado del acero, por ejemplo, y si no existe, hay mecanismos bien establecidos para enfrentarse al problema.

Pero producir ideas es distinto de producir acero. Aunque los beneficios privados y sociales en la producción de bienes convencionales sean semejantes, los beneficios sociales y privados de la innovación pueden diferir en gran medida. Incluso hay innovaciones que tienen repercusiones sociales *negativas*, como las de los cigarrillos que eran más adictivos.

El sector privado se preocupa de saber de qué parte del valor de la idea puede apropiarse, no de los beneficios para la sociedad en general. El resultado es que el mercado puede gastar demasiado dinero en algunas áreas de investigación —por ejemplo, desarrollando un medicamento muy parecido a otro que está patentado y ha tenido éxito— y demasiado poco en otras. Sin la ayuda del gobierno, habría muy poca investigación básica, y por supuesto demasiado poca en lo que atañe a las enfermedades de los pobres.

Con el sistema de patentes, el beneficio privado depende de que uno sea el primero; el beneficio social está relacionado con el hecho de que la innovación sea accesible antes. Un ejemplo espectacular de la diferencia es la investigación de los genes relacionados con el cáncer de mama. El mundo estaba haciendo un esfuerzo sistemático por descodificar todo el genoma humano, pero hubo una carrera para invalidar ese esfuerzo en el caso de los genes que podían tener un valor de mercado. Myriad, una empresa estadounidense, obtuvo la patente de los genes del cáncer de mama; la información fue accesible un poco antes de lo que de otra forma lo habría sido. Pero como la empresa insiste en hacer pagar muy caras las pruebas para detectar el gen, en las jurisdicciones donde la patente está reconocida, hay miles de mujeres que pueden morir innecesariamente[35].

En pocas palabras, en la economía innovadora del siglo xxi, el gobierno puede tener que asumir un papel más importante para sufragar la investigación básica sobre la cual descansa todo el edificio; para marcar la dirección de la investigación, por ejemplo, a través de subvenciones y premios que incentiven la investigación que más responda a las necesidades nacionales; y para lograr un régimen de la propiedad intelectual más equilibrado que permita a la sociedad obtener el máximo beneficio de los estímulos que puede proporcionar sin los costes asociados, incluido el de monopolización[36].

A finales del siglo pasado, existía la (falsa) esperanza de que la necesidad de la intervención del Estado disminuyera: algunos pensaban que en la nueva economía de la innovación, los ciclos habían dejado de existir. Como sucede con tantas ideas, algo había de verdad en la noción de nueva economía sin crisis. Las nuevas tecnologías de la información hacían que las empresas pudieran controlar mejor sus inventarios. Muchos de los ciclos del pasado estaban relacionados con las fluctuaciones de inventario. Además, la estructura de la economía había cambiado, abandonando la industria manufacturera —en la que los inventarios son importantes— por los servicios, en los que no lo son. Como he dicho antes, hoy la industria manufacturera constituye únicamente el 11,5 por ciento del PIB de Estados Unidos[37]. Sin embargo, la recesión de 2001 demostró que el país aún podía gastar más de la cuenta en fibra óptica y otras inversiones, y esta recesión ha demostrado que todavía puede gastar más de la cuenta en vivienda. Las burbujas y sus consecuencias se producen en el siglo XXI exactamente igual que lo hacían en el XVIII, el XIX y el XX.

Los mercados son imperfectos, pero el gobierno también. Para algunos la conclusión inevitable es renunciar al gobierno. Los mercados fallan, pero los fallos del gobierno —dicen algunos— son peores. Los mercados pueden generar desigualdad, pero la desigualdad generada por el gobierno puede ser peor. Los mercados pueden ser ineficientes, pero los gobiernos son más ineficientes todavía.

Esta argumentación es capciosa y plantea falsas alternativas. No se trata de elegir, sino de disponer de algunas formas de acción colectiva. La última vez que un país probó con la banca totalmente desregulada fue Chile bajo la dictadura de Pinochet, y fue un desastre. Como Estados Unidos, la burbuja del crédito en Chile estalló. Aproximadamente un 30 por ciento de los créditos no pudieron ser reembolsados, y al país le llevó un cuarto de siglo saldar las deudas por el experimento fallido.

Estados Unidos tendrá regulación y el gobierno gastará dinero en investigación, tecnología, infraestructuras y algunas formas de protección social. Los gobiernos dirigirán la política monetaria y asumirán la defensa nacional, la policía y la protección contra incendios, así como otros servicios públicos esenciales. Cuando los mercados fallan, el gobierno viene y recoge los platos rotos. Sabiéndolo, el gobierno debe hacer lo que pueda para evitar las calamidades.

Las preguntas entonces son éstas: ¿qué debería hacer el gobierno?, ¿cuánto debería hacer? y ¿cómo debería hacerlo?

Todos los juegos tienen sus reglas y sus árbitros, y el juego económico también. Uno de los principales cometidos del gobierno es dictar las reglas y nombrar los árbitros. Las reglas son las leyes que gobiernan la economía de mercado. Los árbitros incluyen a los reguladores y a los jueces que ayudan a aplicar y a interpretar las leyes. Las antiguas reglas, aunque funcionasen bien en el pasado, no son las reglas deseables para el siglo xxi.

La sociedad debe tener confianza en que las reglas se establecen con equidad y los árbitros actúan con justicia.

En Estados Unidos, ha habido demasiadas reglas dictadas por el sector financiero, y los árbitros han sido parciales. Que los resultados no hayan sido equitativos no debería sorprendernos. Había respuestas alternativas que ofrecían al menos las mismas posibilidades de éxito y hacían correr menos riesgos a los contribuyentes; bastaba que el gobierno hubiese respetado las reglas, en lugar de optar a la mitad del partido por una estrategia que implicaba donaciones sin precedentes al sector financiero.

Al final, la única forma de controlar estos abusos son los procesos democráticos. Pero las posibilidades de que los procesos democráticos prevalezcan dependerán de las reformas que se introduzcan en las contribuciones a las campañas electorales[38]. Algunos clichés siguen siendo verdad: el que paga manda. El sector financiero ha pagado a los dos partidos y se ha hecho con el mando. ¿Podemos esperar nosotros los ciudadanos de a pie que se aprueben unas regulaciones que acaben con los bancos demasiado grandes para quebrar, demasiado grandes para ser reestructurados o demasiado grandes para ser gestionados, cuando los bancos siguen siendo unos contribuyentes demasiado grandes en las campañas electorales como para ser ignorados? ¿Podemos esperar siquiera que se restrinja la posibilidad para los bancos de adoptar comportamientos excesivamente arriesgados?[39]

Capear esta crisis —y evitar crisis futuras— es una cuestión tan política como económica. Si nosotros como país no acometemos esas reformas, corremos el riesgo de que se produzca una parálisis política, dadas las demandas contradictorias de los distintos intereses particulares y del país en general. Y si evitamos la parálisis política, puede muy bien ser que sea a costa de nuestro futuro: endeudándonos en el futuro para financiar los rescates de hoy, y/o creando unas reformas mínimas hoy, con lo cual no hacemos sino aplazar los problemas más graves.

Actualmente el reto es crear un Nuevo Capitalismo. Hemos visto los fallos del viejo. Pero crear ese Nuevo Capitalismo requerirá confianza, incluida la confianza entre Wall Street y el resto de la sociedad. Nuestros mercados financieros nos han fallado, pero no podemos funcionar sin ellos. Nuestro gobierno nos ha fallado, pero no podemos prescindir de él. El programa Reagan-Bush de desregulación se basaba en la desconfianza hacia el gobierno; el intento Bush-Obama para rescatarnos del fallo de la desregulación se basó en el miedo. Las injusticias que se han hecho evidentes con la caída de los sueldos y el aumento del desempleo al tiempo que los bonos de los banqueros se incrementaban y se reforzaba la riqueza de las empresas extendiendo la red de seguridad para las compañías y reduciendo la de los ciudadanos corrientes han generado amargura e indignación. Un ambiente de amargura e indignación, de miedo y desconfianza, no es el mejor para emprender la larga y dura tarea de reconstrucción. Pero no tenemos alternativa: si queremos recuperar una prosperidad sostenida, necesitamos una nueva serie de contratos sociales basados en la confianza entre todos los elementos de nuestra sociedad, entre los ciudadanos y el gobierno, y entre esta generación y las generaciones futuras.

# Capítulo 8

## De la recuperación mundial
## a la prosperidad mundial

Cuando la crisis económica se extendió rápidamente desde Estados Unidos al resto del mundo, se vio clara la necesidad de una respuesta coordinada y de un plan de recuperación global, aunque cada país pensase primero en su propio bienestar. Las instituciones internacionales encargadas de mantener la estabilidad del sistema económico mundial no habían sido capaces de evitar la crisis. Ahora estaban a punto de volver a fracasar: no tenían la capacidad de articular la necesaria respuesta coordinada. La globalización económica había creado un mundo más interdependiente, en el que era más necesario actuar juntos y trabajar en colaboración. Pero no existían los medios necesarios para hacerlo.

Las insuficiencias de la globalización han repercutido en los enormes estímulos económicos, la orientación de la política monetaria, el diseño de rescates y garantías, el crecimiento del proteccionismo y la ayuda a los países en desarrollo. Los problemas seguirán repercutiendo también en las dificultades para que el mundo establezca un régimen regulatorio global.

La crisis actual ofrece a la vez riesgos y oportunidades. Un riesgo es que si no se hace nada para gestionar mejor el sistema financiero y el sistema económico mundiales, habrá más crisis, y probablemente peores, en el futuro. Y como los países intentan protegerse de la globalización desenfrenada y sin control, adoptarán medidas para reducir su apertura. La fragmentación resultante de los mercados financieros globales corre el riesgo de socavar las ventajas que puede representar la integración global. Para muchos países, la forma como se ha gestionado la globalización —especialmente la globalización del mercado financiero— representa unos riesgos altísimos y unas ventajas limitadas.

Un segundo riesgo relacionado con el anterior se refiere a la batalla de ideas que actualmente se está librando entre economistas sobre la eficiencia de los mercados (de la que trataremos con mayor detalle en el próximo capítulo). En muchas partes del mundo, esta batalla no es meramente académica sino que es una cuestión de supervivencia: se están planteando activamente qué tipo de sistema económico les conviene más. Es innegable que el capitalismo al estilo americano ha demostrado que puede provocar graves problemas, pero Estados Unidos puede gastar cientos de miles de millones de dólares para recoger los platos rotos. Los países pobres, no. Lo que ha ocurrido dará lugar a encendidos debates durante los próximos años.

Estados Unidos seguirá siendo la economía más grande, pero la forma como el mundo ve a Estados Unidos ha cambiado, y la influencia de China aumentará. Ya antes de la crisis el dólar no se consideraba una buena reserva de valor; su valor era volátil y decreciente. Ahora, con el globo de la deuda y el déficit de Estados Unidos, y con la incesante emisión de dinero por parte de la Reserva Federal, la confianza aún se ha erosionado más. A largo plazo eso tendrá un impacto sobre Estados Unidos y su prestigio, pero en cualquier caso ya ha generado la demanda de un nuevo orden financiero mundial. Si se pudiera crear un nuevo sistema mundial de reservas y, más ampliamente, nuevos planes para gobernar el sistema económico mundial, ello constituiría uno de los pocos resquicios de esperanza en medio de este negro panorama.

Desde el principio de la crisis, los países industriales avanzados reconocieron que no podían manejar solos el problema. El G-8, un grupo de países industriales avanzados que se reunía anualmente para resolver los problemas del mundo, siempre me pareció una idea curiosa. Los llamados líderes mundiales pensaban que podían resolver problemas a gran escala como el calentamiento global y los desequilibrios mundiales sin invitar a los líderes de otros países, que representan casi la mitad del PIB mundial y el 80 por ciento de la población del mundo, a participar activamente en las discusiones. En la reunión que el G-8 celebró en 2007 en Alemania, los líderes de los demás países fueron invitados —a comer— una vez hecho público el comunicado que resumía las opiniones de los países industriales avanzados. Era como si las opiniones de los demás países fueran ocurrencias, algo que había que tratar educadamente pero no incorporar en serio a ninguna decisión importante. Cuando estalló la crisis económica, quedó claro que el viejo club no podía resolverla solo. Con la reunión del G-20 en Washington —incluyendo nuevos países emergentes como China, India y Brasil— en noviembre de 2008, se visualizó que las viejas instituciones estaban agonizando[1]. Todavía pasarán unos cuantos años antes de que sepamos qué aspecto tendrá el nuevo sistema de la gobernanza económica mundial. Pero, gracias sobre todo al primer ministro del Reino Unido, Gordon Brown, que fue el anfitrión de la segunda reunión del G-20 en Londres en abril de 2009, quedó claro que los mercados emergentes tendrían un puesto en la mesa en la que se tomarían las decisiones económicas globales. Esto en sí mismo ya es un cambio importantísimo.

## La incapacidad de adoptar una respuesta global

Los países en desarrollo habían sido la locomotora del crecimiento mundial al menos desde los primeros años noventa; eran los responsables de más de dos tercios del incremento del PIB[2]. Pero los países en desarrollo fueron especialmente golpeados por la crisis. Con la notable excepción de China, la mayoría no tenían recursos para emprender rescates masivos o crear paquetes astronómicos de estímulos. La comunidad internacional se dio cuenta de que era el mundo entero el que estaba en un atolladero: Estados Unidos había hecho caer a otros países, pero las debilidades del resto del mundo amenazaban la capacidad de Estados Unidos para recuperarse.

Incluso en el mundo globalizado, la política se hace a nivel nacional. Cada país sopesa los costes y beneficios de las medidas que debe adoptar independientemente de los efectos que éstas tengan sobre el resto del mundo. En el caso de los paquetes de estímulos, los beneficios son el aumento de puestos de trabajo y el incremento del PIB, mientras que los costes son la deuda y el déficit. En las economías pequeñas, una gran parte del gasto que el aumento de las rentas hace posible (por ejemplo, gracias a un programa del gobierno) se produce fuera de las fronteras, en mercancías importadas. Pero incluso en las economías grandes hay sustanciosos desbordamientos hacia otros países[3]. Dicho en otras palabras, el «multiplicador global» —el aumento de la producción mundial por cada dólar que se gasta— es mayor que el «multiplicador nacional». Puesto que los beneficios globales son superiores a los beneficios nacionales, a menos que los países coordinen su respuesta a la crisis, la cuantía de los estímulos de cada país, y por tanto la de los estímulos globales, será insuficiente. Especialmente los países más pequeños, como Irlanda, tendrán pocos incentivos para gastar dinero en un paquete de estímulo. En su lugar, preferirán «cabalgar» sobre los estímulos en que se gasten el dinero otros países[4].

Y lo que aún es peor, a cada país le interesa diseñar unos estímulos que capturen el máximo beneficio para él. Los países buscarán el tipo de gasto que menos «filtraciones» tenga hacia el extranjero, gastando en bienes y servicios de producción nacional. El resultado es que no sólo el estímulo a nivel mundial será cuantitativamente menor de lo deseado, sino que su eficacia también será menor, se obtendrá menos con el mismo dinero y, por tanto, la recuperación será más lenta que si se coordinaran los estímulos a nivel mundial.

Y aun así, muchos países tomarán medidas proteccionistas para instar a la gente a gastar en productos nacionales. Estados Unidos, por ejemplo, incluyó una disposición que instaba a «comprar americano» en la ley de estímulo pidiendo a los ciudadanos que gastasen en productos fabricados en Estados Unidos; pero luego la matizó —de una forma que pareció razonable— diciendo que no se aplicaría si había acuerdos internacionales que prohibían esa discriminación. Pero Estados Unidos tiene ese tipo de acuerdos para las compras del gobierno principalmente con países desarrollados. Lo cual significa, en efecto, que el dinero de los estímulos podía usarse para comprar bienes de países ricos, pero no de países pobres, que eran las víctimas inocentes de esta crisis «made in America»[5].

Una de las razones por las cuales las políticas proteccionistas no funcionan es que suelen provocar represalias, y esto ya está ocurriendo cuando, por ejemplo, las ciudades canadienses adoptan disposiciones para no comprar productos estadounidenses. Otros se sienten impulsados a imitarlas, con el resultado de que hoy Estados Unidos no es el único que incurre en ese proteccionismo. En los meses siguientes al compromiso de los países del G-20 de no aplicar políticas proteccionistas, diecisiete de ellos continuaron aplicándolas impunemente[6]. En el mundo de hoy, esas disposiciones son contraproducentes por otra razón: es difícil encontrar un producto que esté estrictamente fabricado en Estados Unidos y más difícil aún demostrarlo. Por eso, muchas empresas estadounidenses no pueden participar en licitaciones si no pueden certificar que su acero y otros productos están fabricados en Estados Unidos; y con menos competencia, los costes aumentan.

La adopción de planes de estímulo no fue el único ámbito en el que la respuesta global resultó inadecuada. Ya he mencionado antes que la mayoría de los países en desarrollo no tienen recursos para financiar sus propios estímulos. El G-20, en la reunión de Londres de febrero de 2009, aumentó las aportaciones al Fondo Monetario Internacional (FMI), la institución que tradicionalmente ha sido la encargada de ayudar a los países a hacer frente a sus crisis. El G-20 encontró otras muchas formas de incrementar la capacidad del FMI para ofrecer fondos, como la venta de oro y una nueva emisión de derechos especiales de giro (SDR), un tipo particular de moneda global de la que trataré más adelante en este capítulo. La cantidad anunciada en titulares, casi un billón de dólares, era impresionante.

Por desgracia, hubo problemas con esas iniciativas, por muy bien intencionadas que fueran. Primero, fue poco el dinero entregado al FMI que pudo ir a parar a los países más pobres. En realidad, uno de los motivos por los cuales los gobiernos de los países de Europa occidental ofrecieron dinero fue que esperaban del FMI que ayudase a Europa del Este, que estaba teniendo gravísimos problemas. Europa occidental no lograba ponerse de acuerdo sobre la mejor manera de ayudar a sus vecinos, así que traspasaron la responsabilidad al FMI. Segundo, muchos de los países pobres acababan de salir de un endeudamiento enorme, y era previsible que se resistiesen a endeudarse más. Los países ricos deberían haber ofrecido dinero en subvenciones, dinero que no tuviera que ser reembolsado, antes que créditos a corto plazo del FMI. Unos pocos países, como Alemania, hicieron un gesto explícito en este sentido, dedicando una parte de sus paquetes de estímulo a ayudar a los países pobres. Pero esa fue la excepción, no la regla.

La elección del FMI como institución para entregar el dinero ya fue en sí misma problemática. No sólo el FMI había hecho muy poco para evitar la crisis, sino que además había impulsado políticas de desregulación, incluida la liberalización del mercado financiero y de capitales, que contribuyeron a la creación y a la rápida expansión de la crisis por todo el mundo[7]. Además, esta y otras políticas que el FMI había impulsado —por no decir toda su forma de operar— eran anatema para muchos de los países pobres que necesitaban los fondos y para los países de Asia y de Oriente Medio que tenían liquidez más que suficiente para ayudar a los países más pobres que necesitaban dinero. El presidente del banco central de un país en desarrollo compartió conmigo una opinión bastante extendida: haría falta que el país estuviera en su lecho de muerte para que acudiera al FMI.

Conociendo el FMI de primera mano, yo entendía la resistencia de algunos países a acudir allí en busca de dinero. En el pasado, el FMI había ofrecido dinero pero sólo bajo unas condiciones draconianas que en realidad no habían hecho más que agravar la crisis en los países afectados[8]. Esas condiciones estaban más pensadas para ayudar a los acreedores occidentales a recuperar más dinero del que hubiesen recuperado sin ellas que a ayudar a los países afectados a fortalecer su economía. Las estrictas condiciones a menudo impuestas por el FMI han provocado disturbios en todo el mundo; los de Indonesia durante la crisis de Asia oriental son los más famosos[9].

La buena noticia fue que, con el nombramiento de Dominique Strauss-Kahn como director ejecutivo y la llegada de la crisis, el FMI emprendió algunas reformas en su política macroeconómica y crediticia. Por ejemplo, cuando Islandia se dirigió al FMI en busca de ayuda, le permitieron imponer controles sobre el capital y mantener un déficit presupuestario, al menos durante el primer año del programa. El FMI finalmente reconoció la necesidad de aplicar políticas keynesianas macro para estimular la economía. Su director ejecutivo habló explícitamente de los riesgos de retirar demasiado pronto los estímulos, así como de la necesidad de concentrarse en el desempleo. Los buenos países podrían obtener créditos sin condiciones. Podrían obtener una «precalificación». Seguían pendientes de respuestas las preguntas: ¿quién tendría buenas notas? ¿Obtendría algún país del África subsahariana la calificación? Aunque en muchos países los programas del FMI fueron claramente distintos de los del pasado, lo cierto es que se seguían imponiendo condiciones muy estrictas a algunos países, incluyendo recortes presupuestarios y elevados tipos de interés, algo totalmente opuesto a lo que recomendaba la economía keynesiana[10].

El FMI era un especie de club de ex alumnos de los países industriales ricos, los países acreedores, gobernado por sus ministros de finanzas y por los gobernadores de los bancos centrales. Su opinión sobre las buenas políticas económicas la dictaban los financieros, y con frecuencia esa opinión, como he explicado y como la crisis ha demostrado ampliamente, era equivocada. Sólo Estados Unidos tenía el poder de vetar cualquier decisión importante, y siempre nombraba al número dos; Europa nombraba siempre al presidente. Aunque el FMI pontificaba sobre la buena gobernanza, no practicaba lo que predicaba. No tenía el tipo de transparencia que ahora esperamos de las instituciones públicas. En la reunión del G-20 de Londres en febrero de 2009, hubo un consenso a favor de la reforma. Pero la extrema lentitud que se prevé para esta reforma hizo pensar a algunos que el mundo podía muy bien hallarse sumido en la próxima crisis antes de que se hubiese podido realizar ningún cambio importante. No obstante, hubo un avance significativo, que hacía tiempo que se anunciaba: hubo un acuerdo para que el presidente del FMI fuese elegido de una forma abierta y transparente y para que los países miembros buscasen a la persona más cualificada, sin tener en cuenta su nacionalidad[11].

La poca generosidad de Estados Unidos a la hora de ayudar a los países en desarrollo es a la vez digna de ser señalada y potencialmente costosa. Incluso antes de la crisis, Estados Unidos estaba entre los países industriales avanzados más tacaños en la ayuda al desarrollo: en porcentaje de la renta nacional, ofrece menos de una cuarta parte de lo que dan los líderes de Europa[12]. Pero ahora se trataba de una crisis global que se había originado en Estados Unidos. Los estadounidenses habían aleccionado constantemente a los demás para que asumiesen sus propias responsabilidades; en este caso, sin embargo, parecían asumir pocas responsabilidades por haberles endilgado las reglas que hicieron que el contagio desde Estados Unidos fuese tan fácil; por sus políticas proteccionistas o por haber sido los primeros en crear el desastre global[13].

## La regulación global

La desregulación ha tenido un papel fundamental en la crisis, y habrá que establecer nuevas regulaciones para evitar otra crisis y restaurar la confianza en los bancos. En algunos círculos, durante el periodo previo a la segunda reunión del G-20 a principios de 2009, hubo un debate sobre si era más importante un estímulo global coordinado o un régimen global coordinado. La respuesta es obvia: ambos son necesarios. Sin una regulación general, la regulación no será respetada, pues las finanzas se irán a los países menos regulados. Entonces otros tendrán que tomar medidas para evitar que las instituciones poco reguladas generen efectos de contagio. En resumen, si un país no regula adecuadamente tendrá externalidades negativas en otros. Sin un sistema de regulación mundial coordinado, existe riesgo de fragmentación y de segmentación del sistema financiero global, porque cada país trata de protegerse de los errores de los demás. Cada país tiene que poder sentirse satisfecho de que los demás tomen las medidas adecuadas para evitar abusos.

No es de extrañar que las medidas *aparentemente* más enérgicas adoptadas por el G-20 fuesen contra los países que no estaban en la reunión, los así llamados Estados no cooperadores, como las Islas Caimán, que durante años han sido centros de evasión fiscal y regulatoria. Su existencia no es una laguna jurídica fruto de la casualidad. Los estadounidenses y los europeos ricos —así como los bancos que los representan— querían tener un paraíso fiscal, libre del escrutinio al que sus actividades podían verse sometidas en su país, y los reguladores y los legisladores les permitieron tenerlo. Lo que el G-20 exigió a esos paraísos, aunque va en la buena dirección, fue lo bastante suave como para que la Organización para el Desarrollo y la Cooperación Económica (OCDE) tachara instantáneamente todos esos paraísos fiscales de su «lista negra»[14].

Sin un intercambio regular y completo de información, las autoridades fiscales de un determinado país no saben qué ni quién escapa a sus redes. Para los países en desarrollo, hay otro tema importante que es la corrupción. Los dictadores corruptos se fugan con miles de millones y guardan el dinero no sólo en paraísos fiscales, sino incluso en algunos de los centros financieros más importantes del mundo, como Londres. A los países en desarrollo se les critica con razón porque no hacen lo suficiente para luchar contra la corrupción, pero ellos también llevan razón cuando critican a los países industrializados por facilitar la corrupción ofreciendo paraísos fiscales a los políticos corruptos y cuentas secretas en los bancos para su dinero. Si, de alguna forma, ese dinero se localiza, a menudo es difícil hacer que sea devuelto. Pero eso eran problemas de los países en desarrollo que no estuvieron presentes en la reunión, de manera que no es de extrañar que el G-20 en su primera cita no hiciese nada al respecto[15].

En los capítulos anteriores he esbozado un programa para un nuevo régimen regulatorio. Pero mientras que el G-20, aunque fuese de boquilla, trató algunos de los temas clave, como el apalancamiento y la transparencia, en sus primeras reuniones esquivó algunos de los más importantes: qué hacer con la influencia política de las entidades demasiado grandes para quebrar que eran realmente el centro de la crisis, o con la liberalización del mercado financiero y de capitales, que había ayudado a extenderla y que algunos de los países más importantes habían hecho todo lo posible por promover. Francia entre otros sacó a relucir algunos temas como los planes de retribuciones excesivas que incitaban a adoptar conductas de asunción de riesgos imprudentes. La respuesta del G-20 en cuanto a regulación fue decepcionante en otro sentido: para ayudar a salir del atolladero, recurrió a las mismas instituciones que habían fallado.

El Foro para la Estabilidad Financiera reunió a las autoridades financieras de casi una docena de los países industriales avanzados más importantes para facilitar la discusión y la cooperación en materia de regulación, supervisión y vigilancia de las entidades financieras. Se creó después de la crisis de Asia oriental como consecuencia de las reuniones de los ministros de finanzas y los banqueros centrales del G-7 para garantizar que no se produjera otra crisis como aquélla. Es obvio que no logró su objetivo, pero su fracaso apenas fue una sorpresa. Estaba imbuido de la misma filosofía desreguladora que había provocado las crisis anteriores y que ahora nos condujo a ésta. Sin embargo, el G-20 no preguntó por qué había fracasado el Foro para la Estabilidad Financiera. En vez de esto, el G-20 cambió el nombre de la institución, que pasó a llamarse Consejo de Estabilidad Financiera e incorporó unos miembros más. Quizás con un nuevo nombre pueda cambiar de rumbo; quizás haya aprendido la lección. Pero sospecho que sus opiniones económicas no cambiarán tan fácil ni tan rápidamente.

UNA PÉRDIDA DE FE EN EL CAPITALISMO AL ESTILO AMERICANO

En Estados Unidos, decir de alguien que es socialista puede no ser más que un golpe bajo. Los fanáticos de derechas han intentado colgarle a Obama el sambenito, aunque la izquierda lo critica por su excesiva moderación. En la mayor parte del mundo, en cambio, la batalla entre el capitalismo y el socialismo —o algo que al menos muchos estadounidenses tildarían de socialismo— aún está vigente. En la mayor parte del mundo, se admite que el gobierno debería jugar un papel más importante de lo que lo hace en Estados Unidos. Aunque seguramente en la actual crisis económica no habrá ganadores, lo que sí hay son perdedores, y entre los perdedores está el capitalismo al estilo norteamericano, que ha perdido mucho apoyo. Las consecuencias en lo que respecta a los debates económicos y políticos en el mundo se dejarán sentir durante mucho tiempo.

La caída del muro de Berlín en 1989 marcó el final del comunismo como proyecto viable. Los problemas con el comunismo habían sido evidentes durante décadas, pero después de 1989 a nadie le resultó fácil defenderlo. Durante un tiempo, pareció que la derrota del comunismo significaba la victoria segura del capitalismo, especialmente en su forma estadounidense. Francis Fukuyama a principios de los años noventa llegó a proclamar «el fin de la historia», definiendo el capitalismo democrático de mercado como el estadio final del desarrollo social y declarando que toda la humanidad se dirigía ahora inevitablemente hacia esa dirección[16]. En realidad, los historiadores considerarán los veinte años transcurridos desde 1989 como el corto periodo del triunfalismo de Estados Unidos.

El 15 de septiembre de 2008, fecha de la quiebra de Lehman Brothers, puede ser para el fundamentalismo del mercado (la idea de que los mercados dejados a su libre albedrío pueden proporcionar prosperidad y crecimiento) lo que fue para el comunismo la caída del muro de Berlín. Los problemas de esta ideología eran conocidos antes de esa fecha, pero después nadie pudo defenderla de verdad. Con el colapso de los grandes bancos y las entidades financieras, el subsiguiente desbarajuste y los caóticos intentos de rescate, el periodo del triunfalismo americano ha terminado. Lo mismo que el debate sobre el «fundamentalismo del mercado». Hoy sólo los ilusos (incluidos muchos conservadores estadounidenses, pero muchos menos en el mundo en desarrollo) afirmarían que los mercados se autocorrigen y que la sociedad puede confiar en el comportamiento autointeresado de los agentes del mercado para asegurar que las cosas funcionan de manera honrada y limpia, y no digamos ya de manera beneficiosa para todos.

El debate económico es especialmente acalorado en los países en desarrollo. Aunque nosotros en Occidente tengamos tendencia a olvidarlo, hace 190 años casi el 60 por ciento del PIB mundial estaba en Asia. Pero luego, de forma más bien brusca, la explotación colonial y los tratados comerciales injustos, combinados con la revolución tecnológica en Europa y América, dejaron muy atrás a los países en desarrollo, hasta el punto de que en 1950 las economías asiáticas representaban menos del 18 por ciento del PIB mundial[17]. A mediados del siglo xix, el Reino Unido y Francia sufragaron una guerra para asegurarse de que China siguiera «abierta» al comercio mundial. Fue la guerra del Opio, así llamada porque se libró para conseguir que China no cerrase sus puertas al opio occidental: Occidente tenía pocas cosas de valor que venderle a China aparte de las drogas, que deseaba introducir en los mercados chinos, con el efecto colateral de extender la adicción. Fue un intento precoz por parte de Occidente de corregir el problema de la balanza de pagos.

El colonialismo dejó un legado contradictorio en el mundo en desarrollo, pero un resultado claro fue la opinión de los pueblos de que habían sido cruelmente explotados. A muchos líderes emergentes la teoría marxista les ofreció una interpretación de su experiencia, sugiriendo que aquella explotación era de hecho el puntal del sistema capitalista. La independencia política que llegó a muchas colonias después de la II Guerra Mundial no puso fin al colonialismo económico. En algunas regiones, como en África, la explotación —la extracción de recursos naturales y la devastación del medio ambiente a cambio de una miseria— fue evidente. En otros lugares fue más sutil. En muchas partes del mundo, las instituciones globales como el FMI y el Banco Mundial fueron vistas como instrumentos de control poscolonial. Esas instituciones impulsaron el fundamentalismo del mercado (el «neoliberalismo», como se le llamó muchas veces), una noción que en Estados Unidos se idealizó como «mercados libres». Presionaron para obtener la desregulación del sector financiero, la privatización y la liberalización comercial.

El Banco Mundial y el FMI decían que estaban haciendo todo eso en beneficio del mundo en desarrollo. Estaban respaldados por equipos de economistas del libre mercado, muchos procedentes de la catedral de la economía del libre mercado que fue la Universidad de Chicago. Al final, los programas de los *Chicago boys* no dieron los resultados prometidos. Los ingresos se estancaron. Allí donde hubo crecimiento, la riqueza fue a parar a los de arriba.

Las crisis económicas en países concretos se hicieron más frecuentes; ha habido más de cien sólo en los últimos treinta años[18].

No es de extrañar que la gente de los países en desarrollo cada vez se convenciera más de que la ayuda occidental no tenía motivaciones altruistas. Sospecharon que la retórica del mercado libre —el «consenso de Washington», como se la conoce taquigráficamente— sólo era una tapadera para los viejos intereses comerciales. La propia hipocresía de Occidente no hacía sino reforzar esa sospecha. Europa y Estados Unidos no abrían sus mercados a la producción agrícola del Tercer Mundo, que muchas veces era lo único que esos países podían ofrecer; en lugar de ello, obligaban a los países en desarrollo a eliminar las subvenciones destinadas a crear nuevas industrias, al tiempo que ofrecían subvenciones masivas a sus propios granjeros[19].

La ideología del libre mercado resultó ser una excusa para nuevas formas de explotación. «Privatización» significó que los extranjeros pudieran comprar minas y campos petrolíferos en los países en desarrollo a bajo precio. También significó que pudieran embolsarse enormes beneficios de monopolios o casi monopolios, como ocurrió en las telecomunicaciones. «Liberalización del mercado financiero y de capitales» significó que los bancos extranjeros pudieran obtener retornos altísimos por sus créditos, y cuando los créditos iban mal, que el FMI obligase a socializar las pérdidas, apretando las clavijas de poblaciones enteras para devolver los préstamos a los bancos extranjeros. Luego, al menos en Asia oriental después de la crisis de 1997, algunos de esos mismos bancos extranjeros hicieron más beneficios aún con las liquidaciones que el FMI

impuso a los países que necesitaban dinero. La liberalización del comercio significó también que las empresas extranjeras pudieran borrar del mapa industrias nacientes,
impidiendo que se desarrollase el talento emprendedor.
Mientras que el capital circulaba libremente, los trabajadores no lo hacían, excepto en el caso de los individuos más
talentosos, muchos de los cuales encontraron empleo en
el mercado global[20].

Naturalmente, hubo excepciones. Siempre hubo en
Asia países que se resistieron al consenso de Washington.
Pusieron restricciones a la circulación de capitales. Los
grandes gigantes asiáticos —China e India— gestionaron
sus economías a su propio estilo, logrando un crecimiento sin precedentes. Pero en otros sitios, y especialmente
en los países donde el Banco Mundial y el FMI ejercían su
dominio, las cosas no fueron bien.

Y en todas partes, el debate ideológico continuó. Incluso en países a los que les ha ido bien, existe la convicción,
y no sólo entre el pueblo en general sino incluso entre gente educada e influyente, de que las reglas del juego no han
sido justas. Creen que les ha ido bien a pesar de las reglas
injustas y se sienten solidarios con sus amigos más débiles del mundo en desarrollo a los que les ha ido mal.

Para los críticos del capitalismo al estilo americano
en el Tercer Mundo, la forma como América ha respondido a la actual crisis económica ha obedecido a un doble
rasero. Durante la crisis del Asia oriental, hace justo una
década, Estados Unidos y el FMI exigieron que los países
afectados redujesen sus déficits públicos recortando gastos,
incluso si, como en Tailandia, eso provocaba un resurgimiento de la epidemia del SIDA, o si, como en Indonesia,

conllevaba suprimir la ayuda alimentaria para los hambrientos, o si, como en Pakistán, la escasez de escuelas públicas hacía que los padres enviasen a sus hijos a las madrasas, donde se les adoctrinaría en el fundamentalismo islámico. Estados Unidos y el FMI obligaron a los países a aumentar los tipos de interés, alcanzando en algunos casos (como en Indonesia) más del 50 por ciento. Forzaron a Indonesia a ser dura con sus bancos y exigieron al gobierno que no los rescatase. Qué terrible precedente sentaría, dijeron, y qué terrible intervención significaría en los mecanismos bien engrasados del libre mercado.

El contraste entre lo que se hizo cuando la crisis del Asia oriental y lo que se ha hecho con la crisis estadounidense resulta escandaloso y no ha pasado desapercibido. Para sacar a Estados Unidos del agujero, el país ha incurrido en aumentos masivos del gasto y en déficits astronómicos, mientras los tipos de interés se reducían a cero. Se han rescatado bancos. Algunos de los mismos políticos de Washington que se ocuparon de la crisis del Asia oriental gestionan ahora la respuesta a la crisis estadounidense. ¿Por qué, se pregunta la gente en el Tercer Mundo, se administran los Estados Unidos una medicina distinta cuando el problema lo tienen ellos mismos?

No es sólo que haya una doble vara de medir. Como los países desarrollados siguen a rajatabla unas políticas monetarias y fiscales contracíclicas (como hicieron en esta crisis), pero los países en desarrollo están obligados a seguir políticas procíclicas (recortando gasto publico, aumentando los impuestos y los tipos de interés), las fluctuaciones en los países en desarrollo son mayores y las de los países desarrollados son menores. Eso aumenta el coste del capital para los países en desarrollo respecto al de los países desarrollados, incrementando la ventaja de los segundos sobre los primeros[21].

A muchos en el mundo en desarrollo aún les escuece el acoso ideológico que sufrieron durante tantos años: adoptad las instituciones americanas, seguid las políticas estadounidenses, desregulad, abrid vuestros mercados a los bancos estadounidenses para que podáis aprender «buenas» prácticas y —no por casualidad— vended vuestros bancos a los estadounidenses, especialmente a precio de saldo durante las crisis. Se les dijo que sería doloroso pero se les prometió que, al final, sería bueno para ellos. Estados Unidos envió a sus secretarios del Tesoro (de los dos partidos) por todo el mundo para predicar ese evangelio. La «puerta giratoria», que permite a los líderes financieros estadounidenses pasar con toda naturalidad de Wall Street a Washington y volver a Wall Street, les parecía a muchos en los países en desarrollo una garantía de credibilidad, una prueba de que aquellos hombres eran capaces de combinar el poder del dinero con el poder de la política. Los líderes financieros estadounidenses tenían razón al creer que lo que era bueno para Estados Unidos o para el mundo era bueno para los mercados financieros; pero no la tenían al pensar lo contrario: que lo que era bueno para Wall Street era bueno para Estados Unidos y para el mundo.

No es tanto la alegría por el mal ajeno lo que hace que los países en desarrollo miren con lupa el sistema económico estadounidense. Es más bien un interés real por entender qué tipo de sistema económico puede funcionar para ellos en la futura crisis. En realidad, estos países tienen mucho interés en que Estados Unidos se recupere pronto.

Saben por propia experiencia que las secuelas globales de la crisis estadounidense son enormes. Y muchos están cada vez más convencidos de que los ideales del mercado libre que Estados Unidos aparentemente defiende son ideales que más vale rechazar que abrazar.

Incluso los partidarios de la economía de libre mercado se dan cuenta ahora de que es deseable algún tipo de regulación. Pero el papel del gobierno va más allá de la regulación, y algunos países están empezando a darse cuenta de ello. Por ejemplo, Trinidad se ha tomado a pecho la lección de que el riesgo hay que gestionarlo y que el gobierno debe tener un papel más activo en la educación: saben que no pueden modificar la economía global, pero que sí pueden ayudar a sus ciudadanos a afrontar los riesgos que ésta presenta. Hasta a los niños de enseñanza primaria se les enseñan los principios del riesgo, lo que implica tener una vivienda de propiedad, los peligros de los préstamos depredadores y los detalles de las hipotecas. En Brasil, se está promoviendo la compra de viviendas a través de una agencia pública, que garantiza que la gente contrate unas hipotecas acordes con sus posibilidades.

Al final, ¿qué nos importa a los estadounidenses que el mundo se haya desencantado de nuestro estilo de capitalismo? La ideología que propugnábamos se ha visto empañada, es cierto, pero quizás sea mejor que ya no tenga arreglo. ¿No podemos sobrevivir —e incluso prosperar— aunque no todo el mundo comulgue con el estilo americano?

Inevitablemente nuestra influencia disminuirá, pero esto, en muchos aspectos, ya estaba ocurriendo. Desempeñábamos un papel protagonista en la gestión del capital mundial porque otros creían que teníamos un talento especial para manejar el riesgo y adjudicar los recursos financieros. Nadie lo piensa ahora, y Asia —de donde actualmente procede la mayor parte del ahorro mundial— ya está desarrollando sus propios centros financieros. Ya no somos la principal fuente de capitales del mundo. Actualmente los tres primeros bancos del mundo son chinos; el banco estadounidense más grande ha bajado a la quinta posición.

Entretanto, el coste de lidiar con la crisis está dejando de lado otras necesidades, no sólo domésticas, como se dijo antes, sino también en el extranjero. Estos últimos años, la inversión china en infraestructuras en África ha sido mayor que la del Banco Mundial y el Banco Africano de Desarrollo juntos, y a su lado la de Estados Unidos es ridícula. Cualquiera que visite Etiopía u otro país del continente puede ver la transformación, con unas autopistas que comunican lo que eran ciudades aisladas, creando una nueva geografía económica. Y la influencia de China no se nota sólo en las infraestructuras, sino en otros muchos aspectos del desarrollo, por ejemplo en el comercio, el desarrollo de los recursos, la creación de empresas y hasta en la agricultura. Los países africanos recurren a Pekín para pedir ayuda en esta crisis, no a Washington. Y la presencia de China no se nota sólo en África: en América Latina, en Asia y en Australia —allí donde hay recursos y materias primas— el rápido crecimiento de China muestra un apetito insaciable. Antes de la crisis, China contribuyó al incremento de las exportaciones y al aumento de precios de esas exportaciones, lo cual significó un crecimiento sin precedentes en África y en otros muchos países. Después de la crisis, es probable que lo haga de nuevo; de hecho, muchos están notando ya los beneficios del fuerte crecimiento que ha experimentado China en 2009.

Me preocupa que mucha gente en los países en vías de desarrollo, al ver más claramente los errores del sistema económico y social estadounidense, saque conclusiones equivocadas sobre el tipo de sistema que les puede ser más útil. Unos pocos aprenderán la lección correcta. Se darán cuenta de que lo que se requiere para tener éxito es un régimen en el que los papeles del mercado y del gobierno estén equilibrados, y donde un Estado fuerte administre regulaciones efectivas. También verán que hay que poner freno al poder de determinados intereses privados.

Sin embargo, para otros muchos países las consecuencias políticas serán más enrevesadas, y posiblemente más trágicas. En general, los antiguos países comunistas se volvieron capitalistas después del fracaso estrepitoso del sistema que habían tenido en la posguerra; pero algunos adoptaron una versión distorsionada de la economía de mercado, reemplazando el culto a Karl Marx por el culto a Milton Friedman. Con la nueva religión no les fue muy bien. Muchos países pueden llegar a la conclusión de que no sólo el capitalismo sin control, al estilo americano, ha fracasado, sino que el propio concepto de economía de mercado ha fallado y es inviable en cualquier circunstancia. No volverá el comunismo al viejo estilo, pero sí una serie de formas de excesivo intervencionismo. Y eso no será bueno.

Los pobres sufrieron por el fundamentalismo del mercado. La economía del goteo no ha funcionado. Pero los pobres pueden volver a sufrir si los nuevos regímenes vuelven a desequilibrar la balanza con una intervención *excesiva* en los mercados. Esa estrategia no producirá crecimiento, y sin crecimiento no puede haber reducción sostenible de la pobreza. No ha habido ninguna economía que sin apoyarse en los mercados haya tenido éxito. Las consecuencias para la estabilidad global y la seguridad de Estados Unidos son obvias.

Antes había una serie de valores compartidos entre Estados Unidos y las élites mundiales educadas aquí, pero la crisis económica ha socavado la credibilidad de esas élites, que defendían el capitalismo al estilo americano. Los que se oponían a la forma de capitalismo americano sin regulaciones ahora tienen munición para predicar una filosofía antimercado más amplia.

Otra víctima es la fe en la democracia. En el mundo en desarrollo la gente mira a Washington y ve un sistema de gobierno que ha permitido que Wall Street se haga las leyes a su medida, poniendo en peligro la economía mundial, y cuando ha llegado el momento de ajustar cuentas, Washington se ha inclinado por la gente de Wall Street y sus amiguetes para pilotar la recuperación, dándole a Wall Street unas cantidades de dinero que no se habrían atrevido a soñar ni los más corruptos dictadores de los países pobres. Ven la corrupción al estilo americano como algo quizás más sofisticado —no hay maletines con dinero entregados en oscuros callejones— pero no menos inicuo. Ven continuas redistribuciones de riqueza a favor de la cúspide de la pirámide, claramente a expensas de los ciudadanos de a pie. Ven que a las instituciones que dejaron crecer la burbuja, como la Reserva Federal, se les da más poder como recompensa por sus fracasos. Ven, en una palabra, un problema político fundamental de rendición de cuentas en el sistema democrático estadounidense. Y viendo todo eso, llegan a la conclusión precipitada de que hay algo que no funciona, quizás inevitablemente, en la democracia misma.

Al final la economía estadounidense se recuperará, y hasta cierto punto también el prestigio del país en el extranjero. Se quiera o no, lo que hace Estados Unidos es examinado con lupa. Sus éxitos son emulados. Pero sus fracasos —especialmente los fracasos del tipo de los que llevaron a la crisis actual y tan fácilmente pueden asociarse con la hipocresía— son vistos con desprecio. La democracia y las fuerzas del mercado son esenciales para un mundo justo y próspero. Pero la «victoria» de la democracia liberal y de una economía de mercado equilibrada no son inevitables. La crisis económica, creada en gran parte por el mal comportamiento de Estados Unidos, ha sido un durísimo golpe en la lucha por esos valores fundamentales y ha hecho más daño que cualquier cosa que un régimen totalitario hubiese podido hacer o decir.

## Un nuevo orden económico mundial: China y Estados Unidos

La crisis actual es tan profunda y tan perturbadora que las cosas cambiarán, tanto si los líderes se empeñan como si no. Los cambios más profundos pueden afectar a la relación a menudo difícil entre Estados Unidos y China. A China aún le falta un buen trecho para superar a Estados Unidos en cuanto a PIB. Según la «paridad del poder adquisitivo», que refleja diferencias en el coste de la vida, aún es de aproximadamente la mitad del de Estados Unidos. Y todavía tardará más en acercarse a la renta per cápita estadounidense; actualmente es aproximadamente una octava parte[22]. Pero a pesar de ello, China ha alcanzado algunos resultados impresionantes. El año 2009 la vio convertirse probablemente en el principal exportador de mercancías, productor de coches y fabricante en general[23]. También se ganó el dudoso honor de superar a Estados Unidos en emisiones de carbono y convertirse en líder mundial en la materia[24]. Su crecimiento, aunque más lento que antes de la crisis, sigue siendo notablemente más alto que el de Estados Unidos, de alrededor de 7 puntos más al año (en 2009, la diferencia era de casi 10 puntos), y a este ritmo la diferencia en el PIB se reduce a la mitad cada diez años. Además, en el próximo cuarto de siglo, China se convertirá seguramente en la economía dominante de Asia, y la economía asiática será probablemente mayor que la de Estados Unidos.

Aunque la economía de China aún sea mucho menor que la de Estados Unidos, las importaciones procedentes de China son muchas más que las exportaciones, y ese gran desequilibrio de la balanza comercial ha generado tensiones crecientes porque el desempleo en Estados Unidos aumenta. La relación puede ser simbiótica: China ayuda a financiar el enorme déficit fiscal de Estados Unidos y de no ser por los productos baratos de China el nivel de vida de muchos estadounidenses sería considerablemente más bajo; a su vez, Estados Unidos proporciona los mercados para la producción china que no cesa de crecer. Pero cuando hay una Gran Recesión, lo importante son los puestos de trabajo. La mayoría de estadounidenses no entienden los principios de la ventaja comparativa, es decir que cada país produce aquellos bienes en los que es *relativamente* mejor; y les resulta difícil comprender que su país ha perdido su ventaja comparativa en muchos sectores de la producción. Si China (o cualquier otro país) está compitiendo exitosamente con Estados Unidos, creen que *tiene que ser* porque hacen algo mal: porque manipulan los tipos de cambio o porque subvencionan sus productos o porque venden a un coste menor del de producción (lo que se llama *dumping)*.

De hecho, la crisis lo ha puesto todo patas arriba. Se acusa a Estados Unidos de ayudas masivas desleales (a sus bancos y empresas automovilísticas). También puede considerarse una enorme subvención el crédito de la Reserva Federal a un interés próximo a cero a una gran empresa que habría tenido que pagar un interés altísimo en el mercado libre, suponiendo que hubiese conseguido la financiación. Mantener una tasa de interés baja es una de las formas principales que tienen los países para «gestionar» su tipo de cambio (cuando los tipos de interés son bajos, el capital abandona el país hacia otros lugares donde pueda conseguir un rendimiento más alto), y muchos europeos creen que Estados Unidos está utilizando el bajo tipo de cambio para obtener una ventaja competitiva.

Aunque tanto Estados Unidos como China han tomado medidas proteccionistas (Estados Unidos en parte como respuesta a la presión sindical, y China en parte como represalia y en parte como elemento de su estrategia de desarrollo), en el momento de mandar este libro a la imprenta su extensión es limitada. Pero, como señalé antes, todo el mundo reconoce que *algo* hay que hacer para corregir los desequilibrios globales, de los cuales el desequilibrio comercial entre Estados Unidos y China es el componente principal.

A corto plazo, el ajuste puede ser más fácil para Estados Unidos que para China. China necesita consumir más, pero es difícil inducir a las familias a un mayor consumo en un momento de alta incertidumbre. Sin embargo, los problemas de China no derivan tanto de una tasa de ahorro alta por parte de las familias como del hecho de que las rentas de las familias son un porcentaje menor del PIB que en la mayoría de los demás países. Los bajos salarios aseguran altos beneficios, y hay poca presión para distribuir esos beneficios. El resultado es que las empresas (tanto privadas como públicas) retienen un porcentaje muy grande de sus ingresos. Pero cambiar la distribución de la renta es difícil en cualquier país.

El modelo de crecimiento de China se ha visto impulsado por la oferta: los beneficios se reinvierten, aumentando la producción mucho más deprisa que el consumo, y la diferencia se exporta. El modelo ha funcionado bien, creando puestos de trabajo en China y manteniendo los precios bajos en el resto del mundo. Pero la crisis ha puesto de relieve un fallo en el modelo. En esta crisis, a China le ha sido difícil exportar sus excedentes; a más largo plazo, como su cuota de producción de muchos bienes manufacturados ha aumentado, le será difícil mantener su tasa de crecimiento. Eso sería cierto aunque no hubiera respuestas proteccionistas en muchos de los países a los que exporta, ya que los productos de consumo que pueden comprar los clientes occidentales tienen un límite. Pero no es de extrañar que cuando China ha demostrado que no sólo sabe fabricar bienes que requieren baja cualificación, sino otro tipo de productos, la respuesta proteccionista haya aumentado.

En China, muchos se percatan de que tendrán que cambiar su estrategia de crecimiento, apoyando más a las empresas medianas y pequeñas, por ejemplo, mediante la creación de más bancos locales y regionales. Esas empresas son, en la mayoría de países, la base para la creación de empleo. El crecimiento del empleo conllevará salarios más altos, y ello influirá en la distribución de la renta de tal manera que el consumo interno aumentará. Algunos de los aparentes beneficios corporativos son debidos al hecho de que China no calcula adecuadamente el gasto que representan los recursos naturales (incluida la tierra). En efecto, a las compañías se les regalan esos activos, que en realidad pertenecen al pueblo; si, por ejemplo, se subastasen estos recursos, los ingresos generarían unas rentas considerables. Si China capturase el rendimiento de esos activos para toda su población, tendría más ingresos para financiar la sanidad, la educación y las pensiones, y el ahorro de las familias que ahora es necesario para hacer frente a esas necesidades disminuiría.

Si bien esa nueva estrategia de crecimiento puede parecer sensata, hay fuerzas políticas poderosas que se oponen a ella: las grandes empresas y sus directivos, por ejemplo, que disfrutan del sistema actual y esperan que de alguna forma se pueda mantener. Esas mismas fuerzas políticas también se opondrán a permitir que China aprecie su moneda, lo cual podría a la vez hacer menos competitivas las exportaciones chinas y aumentar el salario real de sus trabajadores. Los que en Occidente defienden la necesidad de que haya grandes bancos y otras grandes empresas respaldan a esos neoindustrialistas. Sostienen que también China necesita de grandes empresas (a menudo llamadas «campeones nacionales») para competir en el mercado global. Es demasiado pronto para saber cómo terminará esta batalla.

El paquete de estímulo de China —uno de los más grandes del mundo (en relación al tamaño del país)[25]— reflejó esas tensiones de la política económica. La mayor parte del dinero se destinó a infraestructuras y a ayudar a la economía «verde». Un nuevo sistema de trenes de alta velocidad puede tener un impacto en China parecido al que tuvo la construcción del ferrocarril intercontinental después de la guerra civil en Estados Unidos. Puede ayudar a forjar una economía nacional más fuerte, pues la geografía económica está cambiando casi de la noche a la mañana. El paquete de estímulo también impulsó explícitamente el consumo, especialmente en el sector rural, y particularmente para comprar productos cuya demanda en el exterior había bajado. También conllevó un rápido incremento del gasto público en sanidad y educación rural. Al mismo tiempo, se hicieron esfuerzos para reforzar determinados sectores clave, como el automóvil y el acero. El gobierno declaró que simplemente trataba de «racionalizar» la producción —aumentando la eficiencia— pero los críticos temen que esos esfuerzos exacerben los problemas de exceso de oferta y/o reduzcan la competencia efectiva. Ello aumentaría los beneficios corporativos y haría bajar los salarios reales, agravando el problema del infraconsumo.

También hay incertidumbre en cuanto al efecto a largo plazo de la respuesta de Estados Unidos a la crisis.

Como he explicado en capítulos anteriores, Estados Unidos necesita consumir menos a largo plazo; y lo cierto es que, como las familias han querido y han podido endeudarse menos y como la riqueza ha disminuido, el ajuste del país ha sido relativamente rápido. Pero como he señalado en el Capítulo 7, mientras que las familias han ahorrado más, el gobierno se ha endeudado más. Y la necesidad de buscar financiación fuera sigue siendo alta. Los desequilibrios globales —especialmente el generado por el enorme déficit comercial estadounidense y el excedente comercial más pequeño pero persistente de China— no desaparecerán. Ello provocará tensiones, pero esas tensiones serán sordas, pues Estados Unidos sabe que depende de la financiación de China[26].

Pero dentro de China cada vez hay más oposición a incrementar los créditos al gobierno de Estados Unidos, donde los retornos siguen siendo bajos y el riesgo es alto. Hay alternativas: China puede invertir en activos reales en Estados Unidos. Pero cuando China ha intentado hacerlo, muchas veces se ha topado con resistencias (como cuando intentó comprar Unocal, una compañía petrolera relativamente pequeña, la mayoría de cuyos activos estaban de hecho en Asia). Estados Unidos le permitió a China comprar su coche más contaminante, el Hummer, así como la división de ordenadores personales de IBM, que se convirtió en Lenovo. Si bien Estados Unidos está aparentemente abierto a las inversiones en muchas áreas, tiene una noción muy amplia de los sectores que son críticos para la seguridad nacional y que deben ser protegidos de esas inversiones, lo cual va en contra de los principios fundamentales de la globalización. No olvidemos que Estados Unidos les dijo a los países en desarrollo que debían abrir sus mercados a la propiedad extranjera como parte de las reglas básicas del juego.

Si China vende cantidades significativas de los dólares que tiene en reservas, provocará una apreciación aún mayor de su moneda (el RMB) respecto al dólar, lo cual, a su vez, mejorará la balanza comercial bilateral de Estados Unidos con China. Lo probable, sin embargo, es que sirva menos de lo que se espera para mejorar el déficit estadounidense; Estados Unidos simplemente comprará sus productos textiles a algún otro país en desarrollo. No obstante, eso hará que China sufra una gran pérdida en los millones de bonos estadounidenses que le quedan y en otros activos denominados en dólares.

A algunos les parece que China está entre la espada y la pared. Si se sale del dólar, las pérdidas en sus reservas y exportaciones son enormes. Si permanece en el dólar, pospone las pérdidas en reservas, pero el ajuste al final de una forma o de otra tendrá que producirse. La preocupación por la pérdida de ventas tal vez sea exagerada: China está ofreciendo actualmente financiación «vendor», es decir, proporciona el dinero a los que compran sus mercancías. En lugar de prestarle a Estados Unidos para que compre sus mercancías, puede prestar a otros países en otras partes del mundo —como está haciendo cada vez más— o incluso a sus propios ciudadanos.

## Un nuevo sistema global de reservas

El presidente del Banco Central de China, preocupado por sus reservas en dólares, manifestó en marzo de

2009 su apoyo a una idea que viene de antiguo: la creación de una moneda de reserva mundial[27]. Keynes lanzó la idea hace unos setenta y cinco años como parte de su concepción original del FMI[28]. Posteriormente, otra institución respaldó la idea (una comisión de expertos de la ONU para la reestructuración del sistema financiero y económico mundial que yo presidí)[29].

Los países en desarrollo, *y China en primer lugar*, tienen hoy en día billones de dólares en reservas, una moneda a la que pueden recurrir en caso de crisis, como en la Gran Recesión. En el Capítulo 1 hice hincapié en que la crisis había hecho aflorar el problema de una insuficiencia mundial de demanda agregada. Desgraciadamente, *hasta ahora* ni la administración estadounidense ni el G-20 han empezado a ocuparse de este problema subyacente, y menos aún a tomar medidas. Las emisiones anuales de una nueva moneda de reserva mundial harían que los países no tuvieran ya que reservar una parte de sus ingresos anuales como protección contra la volatilidad global; en lugar de eso, podrían reservar el nuevo «dinero» emitido. De ese modo se aumentaría la demanda agregada y se fortalecería la economía global.

Hay otras dos razones importantes para tomar esta iniciativa. La primera es que el sistema actual resulta inestable. Actualmente, los países tienen dólares para dar confianza a su moneda y a su país como una especie de seguro contra las vicisitudes del mercado global. Cuantos más dólares hay en las reservas de los países extranjeros, más aumenta la ansiedad por el creciente endeudamiento de Estados Unidos.

Otra razón por la que el sistema actual contribuye a la inestabilidad es que si algunos países insisten en tener un superávit comercial (en exportar más de lo que importan) para acumular reservas, otros países tienen que tener déficit comercial; la suma de los superávits debe ser igual a la suma de los déficits. Pero los déficits comerciales pueden ser un problema —los países con déficits comerciales persistentes tienen más probabilidades de sufrir una crisis económica— y los países han hecho grandes esfuerzos por librarse de ellos. Si un país se libra de su déficit comercial, entonces el déficit de algún otro país tiene que aumentar (a menos que los países con superávit cambien de comportamiento); por tanto los déficits comerciales son como una patata caliente. Estos últimos años, la mayoría de países han aprendido a evitarlos, con el resultado de que Estados Unidos se ha convertido en el «déficit de último recurso». A la larga, la posición estadounidense es claramente insostenible. Crear una moneda de reserva mundial con emisiones anuales sería un amortiguador. Un país podría tener un pequeño déficit comercial y seguir acumulando reservas, gracias a la adjudicación de la nueva moneda de reserva mundial que recibiría. Al ver los inversores que las reservas aumentaban, su confianza se incrementaría.

Los países pobres le están prestando a Estados Unidos cientos de miles de millones, billones en realidad, de dólares a un interés bajísimo (en 2009, casi cero). El hecho de que lo hagan, pese a que en sus propios países existen proyectos de inversión que dan un alto interés, prueba la importancia de las reservas y la magnitud de la inestabilidad mundial. Aunque los costes de mantener las reservas son muy elevados, los beneficios aún compensan. El valor de la ayuda extranjera implícita que recibe Estados Unidos, al poder obtener préstamos a un interés más bajo, excede según algunos cálculos el valor total de la ayuda extranjera que el país concede[30].

Una buena moneda de reserva debe ser una buena reserva de valor —una divisa estable—, pero el dólar ha sido muy volátil y probablemente lo seguirá siendo. Ahora ya muchos países pequeños tienen sus reservas en otras divisas, y es sabido que incluso China tiene una cuarta parte, o más, de sus reservas en otras monedas. La cuestión no es si el mundo abandonará totalmente el sistema de reservas en dólares, sino si lo hará de forma progresiva y sensata. Sin un plan claro, el sistema financiero mundial aún se tornaría más inestable.

Habrá quien en Estados Unidos se resista a crear un sistema mundial de reservas. Ven los beneficios que significa poder obtener préstamos baratos, pero no ven los costes, que son considerables. Producir y exportar bonos del Tesoro para las reservas extranjeras no crea empleo, y en cambio exportar mercancías sí. La otra cara de la demanda de bonos del Tesoro estadounidenses y de dinero para acumular reservas es el déficit comercial nacional, y el déficit comercial debilita la demanda agregada de Estados Unidos. Para contrarrestarlo, el gobierno recurre al déficit fiscal[31]. Forma parte de un «equilibrio»: para financiar el déficit el gobierno vende bonos del Tesoro al extranjero (otra forma de decir que pide préstamos), y luego muchos de esos bonos se vuelven reservas.

Con la nueva moneda de reserva mundial, los países probablemente no necesitarían comprar bonos del Tesoro de Estados Unidos para tenerlos en sus reservas. Naturalmente, eso haría bajar el valor del dólar, las exportaciones aumentarían, disminuirían las importaciones, la demanda agregada sería más fuerte y el gobierno tendría menos necesidad de recurrir a un gran déficit para mantener la economía con pleno empleo. Saber que sería más difícil obtener préstamos podría frenar el derroche de los estadounidenses, lo cual incrementaría la estabilidad global. Estados Unidos, y el mundo, se beneficiarían de este nuevo sistema.

Ya existen actualmente iniciativas para crear acuerdos regionales de reservas. La Iniciativa Chiang Mai en Asia oriental permite a los países intercambiar sus reservas; como respuesta a la crisis, aumentaron el tamaño del programa en un 50 por ciento[32]. Seguramente el mundo irá hacia un sistema de dos o tres divisas, en el que se usarán tanto el dólar como el euro. Pero este sistema podría ser incluso más inestable que el actual. Para el mundo, podría significar que cuando se previera una revalorización del euro respecto al dólar, los países empezasen a convertir sus reservas en euros. Si hicieran eso, el euro se reforzaría, reforzando a su vez la creencia en esa revalorización, hasta que algún acontecimiento, alguna perturbación política[33] o económica invirtiese el proceso. Para Europa, eso plantearía un problema especial, ya que los países de la Unión Europea tienen limitada su capacidad de aumentar el déficit fiscal para así compensar la baja demanda.

El sistema de reservas global basado en el dólar está deshilachándose, pero aún estamos al principio de los esfuerzos por crear una alternativa. Los banqueros centrales han aprendido por fin la lección básica de la gestión de la riqueza —que es la diversificación— y durante muchos años han estado sacando las reservas del dólar. En 2009, el G-20 decidió una gran emisión (de 250.000 millones de dólares) de derechos especiales de giro (SDR), que son una especie de moneda de reserva mundial creada por el FMI. Pero los derechos especiales de giro tienen muchas limitaciones. Se asignan a los países en función de sus «cuotas» del FMI (sus participaciones en el capital), llevándose Estados Unidos la parte del león. Pero Estados Unidos evidentemente no necesita tener reservas ya que puede simplemente imprimir billetes. El sistema funcionaría mejor si esos derechos se asignasen a los países que de no tenerlos aumentarían sus reservas; otra opción sería que las emisiones de la nueva reserva mundial fueran a los países pobres que necesitan ayuda[34].

Sería incluso mejor si el nuevo sistema estuviera destinado a desincentivar los superávits comerciales. Estados Unidos le echa en cara a China su superávit, pero los actuales acuerdos estimulan que los países mantengan sus reservas y recurran al superávit comercial para incrementarlas. Los países que tenían muchas reservas salieron mejor parados de esta crisis que los que no las tenían. En un sistema de reservas mundial bien diseñado, a los países con superávits persistentes se les disminuiría la asignación de moneda de reserva, y eso, a su vez, favorecería que tuvieran una mejor balanza. Un buen sistema de reservas mundial aún podría hacer más para estabilizar la economía global, porque si la mayor parte de la moneda global se emitiera cuando el crecimiento mundial fuera débil, ello incitaría a gastar, con el consiguiente aumento del crecimiento y el empleo[35].

Con el apoyo de Estados Unidos, se puede lograr rápidamente un nuevo sistema de reservas mundial. La cuestión es saber si la administración Obama se percatará pronto de lo beneficioso que eso sería para Estados Unidos y para el mundo en general. El riesgo es que Estados Unidos no quiera ver lo que está pasando. El mundo irá abandonando el sistema de reservas basado en el dólar. Sin un acuerdo para crear un nuevo sistema de reservas mundial, puede ser que el mundo salga del dólar y entre en un sistema de reservas de múltiples divisas, provocando una inestabilidad financiera a corto plazo y un régimen más inestable que el sistema actual a largo plazo.

La crisis marcará casi seguro un cambio en el orden económico y político global. El poder y la influencia de Estados Unidos será menor; el poder de China aumentará. Aun antes de la crisis, el sistema de reservas mundial dependiente de la moneda de un solo país no parecía en sintonía con la globalización del siglo XXI. Y más, si cabe, dadas las turbulencias del dólar y de la economía y la política estadounidenses.

## Hacia un nuevo multilateralismo

De la Gran Depresión y la II Guerra Mundial emergió un nuevo orden mundial y se crearon una serie de instituciones. Ese marco ha funcionado durante muchos años, pero cada vez era menos apropiado para gestionar el sistema económico mundial en evolución. La crisis actual ha puesto al descubierto sus limitaciones. Pero lo mismo que ha sucedido en Estados Unidos, donde se ha intentado hacer lo posible para que todo volviera a ser como antes de la crisis, ha sucedido a escala mundial. Después de la última crisis global de hace diez años, se habló mucho de reformas en la «arquitectura financiera mundial». Existía la sospecha de que los que querían mantener el *statu quo* (incluidos los mercados financieros estadounidenses y occidentales en general y sus aliados del gobierno) empleaban un lenguaje grandilocuente para disimular su verdadero programa: la gente hablaría, hablaría y hablaría, hasta que hubiese pasado la crisis, y entonces ya no haría falta hacer nada. Después de la crisis de 1997-1998, se hizo poco —o en todo caso no se hizo lo suficiente— para evitar una crisis mayor aún. ¿Volverá a ocurrir ahora lo mismo?

Estados Unidos, en particular, debería hacer lo posible para fortalecer el multilateralismo, lo cual significa democratizar, reformar y financiar el FMI y el Banco Mundial para que los países en desarrollo no necesiten recurrir tanto al apoyo bilateral en momentos de penuria (ya sea a China, Rusia o Europa). Debe abandonar el proteccionismo y los acuerdos comerciales bilaterales de la era Bush. Éstos socavan el sistema multilateral de comercio que tanta gente ha hecho ímprobos esfuerzos por crear durante los últimos sesenta años. Estados Unidos debería ayudar a establecer un nuevo sistema coordinado que regulase las finanzas a nivel mundial, sin el cual esos mercados corren el peligro de fragmentarse, y debería apoyar el nuevo sistema de reservas mundial descrito más arriba. Sin esos esfuerzos, los mercados financieros mundiales se verán abocados a una nueva inestabilidad, y el mundo, a una era continua de dificultades económicas. Y de forma más general, Estados Unidos debe apoyar y reforzar el orden jurídico internacional, sin el cual nada de todo eso es posible.

Durante los años del triunfalismo norteamericano, entre la caída del muro de Berlín y la caída de Lehman Brothers, Estados Unidos no utilizó su poder y su influencia para organizar la globalización de una forma justa, especialmente en lo relativo a los países en desarrollo. Su política económica estuvo menos basada en principios que en sus propios intereses, o más exactamente en los deseos y aversiones de los grupos de presión que jugaron, y seguirán jugando, un papel crucial en la configuración de la política económica. Europa no sólo se ha solidarizado de palabra con las preocupaciones de los países pobres, sino que muchos países europeos han acompañado sus discursos con dinero contante y sonante. Durante los años de Bush, Estados Unidos hizo muchas veces todo lo posible por boicotear el multilateralismo.

La hegemonía económica estadounidense ya no será nunca más lo que era. Si Estados Unidos desea tener el respeto de los demás, si desea ejercer la influencia de que gozó en otras épocas, tendrá que ganárselo no sólo con palabras sino con hechos, tanto con su forma de actuar dentro de casa, incluido el trato que da a los más desfavorecidos, como con su forma de actuar en el exterior.

El sistema económico mundial no ha funcionado como muchos esperaban. La globalización ha significado una prosperidad sin precedentes para muchos, pero en 2008 ayudó a transmitir la recesión estadounidense a otros países en todo el mundo, a aquellos que habían gestionado bien sus sistemas financieros (mucho mejor que Estados Unidos) y a aquellos que no lo habían hecho, a los que habían ganado muchísimo con la globalización y a aquellos cuyos beneficios habían sido menores. No es de extrañar que los países que estaban más abiertos, más globalizados, fueran los más afectados. La ideología del libre mercado es la base de muchas de las instituciones y acuerdos que sirvieron de marco a la globalización: de la misma forma, como esas ideas habían inspirado la desregulación que tan importante papel desempeñó en la creación de la crisis actual, también eran los pilares en los que se apoyaba la liberación del mercado financiero y de capitales que tanto tuvo que ver con la rápida extensión de la crisis por todo el mundo.

Este capítulo ha demostrado que la crisis probablemente cambiará el orden económico mundial, incluido el equilibrio global del poder económico, y también que ciertas reformas, como la creación de un nuevo sistema de reservas mundial, pueden restaurar la prosperidad y la estabilidad en el mundo. Pero a largo plazo, que se logre o no mantener la prosperidad mundial depende de que se entienda mejor cómo funciona la economía. Y eso exige reformar no sólo la economía, sino las ciencias económicas. Y éste es el tema del próximo capítulo.

# Capítulo 9

## Reformar las ciencias económicas

Muchos tienen culpa en esta crisis; hemos visto el papel de los reguladores y los legisladores, de la Reserva Federal y de los financieros. Mientras se ocupaban de su trabajo, todos decían que lo que estaban haciendo era lo correcto, y casi siempre los argumentos se basaban en el análisis económico. Al ir quitando capas y más capas de lo que salió mal, no podemos evitar preguntarnos qué hicieron los economistas. Naturalmente, no todos los economistas compartían el entusiasmo por la economía de libre mercado; no todos eran discípulos de Milton Friedman. Sin embargo, eran sorprendentemente muchos los que apuntaban en esa dirección. No sólo sus consejos eran erróneos; fallaron en su tarea fundamental de predecir y pronosticar. Fueron relativamente pocos los que vieron venir el desastre. No fue una casualidad que los que defendían las reglas que llevaron a ese desastre tuvieran una fe tan ciega en los mercados que no vieron los problemas que éstos estaban creando. La ciencia económica había pasado —más de lo que los economistas quieren reconocer— de ser una disciplina científica a ser el principal hincha del capitalismo de libre mercado. Si Estados Unidos quiere reformar su economía, tendrá que empezar, quizás, por reformar su ciencia económica.

Durante la Gran Depresión, la profesión de economista, especialmente en Estados Unidos, no lo tuvo fácil. El paradigma oficial sostenía entonces, como ahora, que los mercados eran eficientes y autocorrectores. Cuando la economía se hundió en la recesión y luego en la depresión, muchos dieron un consejo muy sencillo: no hacer nada. Bastaba esperar, y la economía se recuperaría rápidamente. Muchos también apoyaron a Andrew Mellon, el secretario del Tesoro del presidente Herbert Hoover, en su afán por restaurar la balanza fiscal; la recesión había hecho disminuir los ingresos fiscales más deprisa que el gasto público. Para restaurar la «confianza», los conservadores fiscales de Wall Street creían que, si los impuestos disminuían, había que reducir el gasto público.

Franklin Roosevelt, que se convirtió en presidente en 1933, defendió otro programa y recibió apoyo del otro lado del Atlántico: John Maynard Keynes era partidario de aumentar el gasto público para estimular la economía, lo cual significaba *incrementar* el déficit. Para los que eran escépticos respecto al gobierno en primer lugar, eso era anatema. Algunos hablaron directamente de socialismo, y otros lo vieron como un precursor del socialismo. De hecho, Keynes trataba de salvar al capitalismo de sí mismo; sabía que a menos que la economía de mercado pudiese crear empleos, no sobreviviría. Los discípulos estadounidenses de Keynes, como mi profesor Paul Samuelson, sostenían que una vez que la economía hubiese alcanzado de nuevo el pleno empleo, se podría volver a las maravillas del libre mercado.

En la Gran Recesión de 2008, muchas voces dijeron que el *New Deal* de Roosevelt en realidad había sido un fracaso y que hasta había empeorado las cosas[1]. Según esta opinión, fue la II Guerra Mundial la que finalmente sacó a Estados Unidos de la Gran Depresión. Esto en parte fue cierto, pero sobre todo porque el presidente Roosevelt no logró imponer una política coherente de aumento del gasto público a nivel nacional. Igual que ahora, cuando aumentó el gasto público a nivel federal, los estados redujeron el suyo[2]. Ya en 1937, las preocupaciones por la magnitud del déficit habían obligado a recortar el gasto público[3]. Pero incluso el gasto para la guerra es gasto público; lo que pasa es que no es un gasto que mejore la productividad futura de la economía ni (directamente) el bienestar de los ciudadanos. Incluso los críticos de Roosevelt reconocen que si el gasto del *New Deal* no sacó a la economía de la depresión, el gasto de la guerra sí lo hizo. Sea como fuere, la gran Depresión demostró que la economía de mercado no se autorregulaba, al menos en un espacio de tiempo razonable[4].

En 1970 hubo otro problema, la inflación, y una nueva generación de economistas. El problema en los años treinta fue la *deflación*, la caída de los precios. Para los economistas jóvenes que estaban dejando su impronta era una historia antigua. Otra recesión profunda parecía inimaginable. El hecho de que la mayor parte de recesiones de la posguerra estuviesen asociadas al excesivo adelgazamiento del crédito por parte de la Reserva Federal confirmó los prejuicios de los conservadores de que los responsables de cualquier desvío de la perfección eran fallos del gobierno, no fallos del mercado.

Con todo, había otros puntos de vista. De acuerdo con el Nobel Charles Kindleberger, especialista en historia económica, las crisis financieras se han producido a intervalos de aproximadamente diez años durante el último siglo[5]. El cuarto de siglo que va de 1945 a 1971 fue excepcional porque, si bien hubo fluctuaciones, no hubo crisis bancarias en ninguna parte del mundo excepto en Brasil, en 1962. Tanto antes como después de dicho periodo los intervalos fueron una característica de la vida económica. Los profesores Franklin Allen, de la Wharton School de la Universidad de Pennsylvania, y Douglas Gale, de la Universidad de Nueva York, dan una interpretación convincente de por qué durante el primer cuarto de siglo después de la II Guerra Mundial no hubo crisis: todo el mundo reconoció la necesidad de una estricta regulación[6]. La mayor estabilidad fue seguramente uno de los factores que contribuyeron a las altas tasas de crecimiento de ese periodo. La intervención del gobierno produjo una economía más estable, y probablemente contribuyó al mayor crecimiento y a la mayor igualdad que caracterizaron ese periodo.

Sorprendentemente, en los años ochenta la opinión de que el mercado se autorregulaba y era eficiente volvió a predominar, no sólo en los círculos políticos conservadores, sino también entre los economistas de las universidades estadounidenses. Esta ideología favorable al mercado no correspondía ni a la realidad ni a los modernos avances en la teoría económica, que también habían mostrado que ni siquiera cuando la economía se acercaba al pleno empleo y los mercados eran competitivos se asignaban de manera eficiente los recursos.

## La teoría del equilibrio general

La corriente dominante en la economía teórica durante más de cien años ha sido lo que se dio en llamar el paradigma walrasiano o modelo del equilibrio general, por el nombre del matemático y economista francés Léon Walras, que fue el primero en formular esa teoría en 1874[7]. Describió la economía como un equilibrio —como el equilibrio de Newton en la física— con precios y cantidades determinadas por el equilibrio entre la oferta y la demanda. Uno de los grandes logros de la economía moderna fue emplear ese modelo para evaluar la eficiencia de la economía de mercado. El mismo año en que Estados Unidos declaró su independencia, Adam Smith publicó su famoso tratado, *La riqueza de las naciones,* en el cual afirma que perseguir el interés individual lleva al bienestar general de la sociedad. Ciento setenta y cinco años más tarde, Kenneth Arrow y Gerard Debreu, usando el modelo walrasiano, explicaron cuáles eran las condiciones para que la afirmación de Smith se cumpliera[8]. La economía era eficiente, en el sentido de que nadie podía beneficiarse sin perjudicar a otros a menos que se dieran unas condiciones muy concretas[9]. Los mercados debían ser algo más que competitivos: tenía que haber un conjunto completo de mercados de seguros (uno debía poder comprar seguridad contra cualquier riesgo imaginable), los mercados de capital tenían que ser perfectos (uno tenía que poder obtener tanto dinero prestado como quisiera durante el tiempo que quisiera a un interés competitivo y ajustado al riesgo), no podía haber externalidades o bienes públicos. Las circunstancias en las cuales los mercados fracasaban a la hora de producir resultados eficientes se denominaban, lógicamente, *fallos del mercado.*

Como sucede a menudo en la ciencia, su trabajo inspiró gran cantidad de otros estudios. Las condiciones bajo las cuales ellos habían demostrado que la economía era eficiente eran tan restrictivas que ponían en cuestión la relevancia de la opinión sobre la eficiencia de los mercados en general. Algunos fracasos, aunque importantes, requerían sólo una intervención limitada del gobierno. Sí, el mercado por sí solo supondría una externalidad como el exceso de contaminación, pero el gobierno podía restringir la contaminación o gravar a las empresas contaminantes. De todos modos, los mercados podían solucionar la mayor parte de los problemas económicos de la sociedad.

Otros fallos del mercado, como los mercados de riesgo imperfectos —la gente no puede comprar seguros contra muchos de los riesgos más importantes a los que tienen que hacer frente— constituyen un problema más difícil. Los economistas se preguntaban si, aun siendo imperfectos en cuanto al riesgo, los mercados seguían siendo eficientes en cierto sentido.

Muchas veces, en ciencia, hay suposiciones que se defienden tan encarnizadamente o están tan arraigadas en la opinión pública que nadie se percata de que no son más que suposiciones. Cuando Debreu hizo la lista de las premisas a partir de las cuales había demostrado la eficiencia del mercado, no mencionó el supuesto implícito de que todo el mundo tenía una información perfecta. Además, dio por descontado que las materias primas o los bienes, fueran casas o coches, eran uniformes, una especie de ideal platónico[10]. Como sabemos, el mundo real es más variopinto.

Una casa o un coche difieren de otros de una forma que puede ser bastante compleja. Debreu también consideró el trabajo como cualquier otra mercancía. Por ejemplo, los trabajadores no cualificados eran todos iguales.

Los economistas suponían que la información era perfecta, aun sabiendo que no era así. Los teóricos *tenían la esperanza* de que un mundo con una información imperfecta fuese casi idéntico a un mundo con una información perfecta, al menos si las imperfecciones de la información no eran demasiado grandes. Pero esto sólo era una esperanza. Y además, ¿qué significaba que las imperfecciones de la información fuesen grandes o pequeñas? Los economistas no tenían una forma rigurosa de medir el tamaño de esas imperfecciones. Era obvio que el mundo estaba lleno de imperfecciones de la información. Un trabajador era distinto de otro y no todos los productos eran iguales; se gastaban cantidades ingentes de recursos para averiguar qué trabajadores y qué productos eran mejores que otros. Las compañías de seguros dudaban a la hora de asegurar a ciertas personas porque no querían correr riesgos, y también los bancos dudaban a la hora de conceder préstamos porque no estaban seguros de que la gente pudiera devolver el dinero.

Uno de los argumentos populares *a favor* de la economía de mercado era que propiciaba la innovación. Pero Arrow y Debreu daban por supuesto que no había innovación; en el caso de haber progreso tecnológico, su ritmo no se veía afectado por las decisiones tomadas en el marco de la economía. Naturalmente, esos economistas sabían que la innovación era importante. Pero lo mismo que su aparato técnico tenía problemas con la información imperfecta, también los tenía con la innovación. Los partidarios del mercado sólo podían esperar que las conclusiones a las que llegaban en cuanto a las eficiencias del mercado siguieran siendo válidas en un mundo con innovación. Pero las premisas mismas del modelo implicaban que éste no podía saber si el mercado asignaba suficientes recursos a la innovación o si orientaba correctamente el gasto destinado a la innovación.

Traté del carácter general que podían tener los resultados del modelo walrasiano —de si eran sensibles a las suposiciones de la información perfecta, de los mercados de riesgo imperfectos, de la no innovación, etcétera— en una serie de artículos que escribí con varios coautores, principalmente con mi colega Bruce Greenwald, de la Universidad de Columbia[11]. Demostramos, en efecto, que Arrow y Debreu habían establecido las condiciones requeridas para que los mercados fueran eficientes. Cuando estas condiciones no se cumplen, siempre hay alguna intervención del gobierno para sacar a la gente del apuro. Nuestro trabajo también demostró que incluso las pequeñas imperfecciones de información (y especialmente las asimetrías de información, cuando una persona conoce una información que otras desconocen) cambian radicalmente la naturaleza del equilibrio del mercado. Con mercados perfectos (que incluyen una información perfecta), siempre hay pleno empleo; con información imperfecta, puede haber desempleo. Sencillamente no es cierto que un mundo con una información casi perfecta sea muy similar a uno donde la información es perfecta[12]. Así mismo, aunque es verdad que la competencia puede ser un acicate para la innovación, no es cierto que los mercados sean eficientes a la hora de determinar el monto ideal del gasto para orientar la investigación de manera óptima.

## La respuesta

Esos nuevos resultados demostraron que no existía base científica para suponer que los mercados eran eficientes. Los mercados ofrecen incentivos, pero los fallos del mercado están por todas partes, y existen diferencias persistentes entre los beneficios sociales y los privados. En algunos sectores —como la sanidad, los seguros y las finanzas— los problemas son mayores que en otros, y como es lógico el gobierno presta más atención a esos sectores.

El gobierno, naturalmente, se enfrenta a las imperfecciones de la información. A veces tiene acceso a una información de la que el mercado no dispone, pero lo que es más importante es que tiene unos objetivos y unos instrumentos distintos. El gobierno, por ejemplo, puede desincentivar el hecho de fumar *aunque la industria tabaquera en sí misma genere beneficios*, porque se percata de que hay otros costes sociales (como el incremento del gasto sanitario) que las compañías tabaqueras no sufragan. Y puede hacerlo tanto regulando la publicidad como aumentando los impuestos.

Los economistas universitarios de derechas no recibieron esos nuevos resultados con mucho entusiasmo. Al principio, intentaron buscar premisas ocultas, errores matemáticos o formulaciones alternativas. Es fácil que se den ese tipo de «errores de análisis», como han demostrado algunos análisis anteriores sobre la eficiencia de la economía de mercado. Los intentos de refutación fracasaron; un cuarto de siglo después de la publicación de nuestro trabajo, los resultados se mantienen.

A los economistas conservadores no les quedaron más que dos opciones. La primera consistía en afirmar que los resultados que habíamos alcanzado, como los que tenían que ver con las imperfecciones de la información, eran exquisiteces teóricas. Retomaron el viejo argumento de que si con una información perfecta (y todos los demás presupuestos) los mercados son eficientes, un mundo con ligeras imperfecciones en la información por fuerza tiene que ser casi perfectamente eficiente. Ignoraron los análisis que demuestran que basta una pequeña asimetría en la información para que el efecto sea enorme. También ignoraron todos los aspectos de la economía real —incluidos los episodios repetidos de desempleo masivo— que no pueden explicarse con modelos de información perfecta. Lo que hicieron fue insistir en unos pocos hechos que se correspondían con sus modelos. Pero no tenían manera de probar que el mercado era *casi* eficiente. Su posición era teológica, y pronto quedó claro que no había ninguna prueba o investigación teórica que pudiese hacerles cambiar de opinión.

La segunda opción es económica, pero tiene una vertiente política: sí, los mercados son ineficientes, pero el gobierno es peor. Era una curiosa línea de pensamiento; de pronto, los economistas se habían convertido en politólogos. Sus modelos y análisis económicos eran erróneos, y sus modelos y análisis políticos demostraron no ser mucho mejores. En todos los países exitosos, incluido Estados Unidos, el gobierno ha tenido un papel determinante en el éxito. En los capítulos anteriores he descrito algunas de esas intervenciones: regular la banca, controlar la contaminación, ofrecer educación y sufragar la investigación.

El gobierno ha desempeñado un papel especialmente importante en las exitosas economías de Asia oriental. El incremento de la renta per cápita que se ha producido allí durante los treinta o cuarenta últimos años no tiene precedentes históricos. En casi todos esos países, el gobierno participó activamente en promover el desarrollo a través de los mecanismos del mercado. China ha crecido a una tasa media del 9,7 por ciento anual durante más de treinta años y ha logrado sacar a cientos de millones de personas de la pobreza. La racha del crecimiento japonés liderado por el gobierno fue anterior, pero Singapur, Corea, Malasia y otros muchos países siguieron la estrategia de Japón adaptándola a sus circunstancias y vieron multiplicarse por ocho su renta per cápita en veinticinco años.

Naturalmente los gobiernos, como los mercados y los seres humanos, son falibles. Pero en Asia oriental, como en otros lugares, los éxitos han sido muchos más que los fracasos. Elevar el rendimiento económico exige mejorar tanto los mercados como el gobierno. No tiene ninguna base afirmar que como los gobiernos *a veces* se equivocan, vale más que no intervengan en los mercados cuando los mercados fallan; como tampoco hay ninguna base para el argumento contrario, de que como los mercados a veces fallan vale más abandonarlos.

Al modelo de los mercados perfectos se le llama a veces modelo neoclásico[13]. Se supone que la economía es una ciencia predictiva, aunque muchas de las predicciones más importantes de la economía neoclásica puedan ser fácilmente refutadas. La más obvia es la de que *no hay desempleo*[14]. Del mismo modo que el equilibrio del mercado supone que la demanda de manzanas es igual que la oferta, también (según esa teoría) la demanda de mano de obra debe ser igual a la oferta. En el modelo neoclásico, cualquier desviación del equilibrio es poco duradera, tan poco duradera que no vale la pena que el gobierno emplee recursos para corregirla. Aunque no lo crean, hay economistas de la corriente dominante —incluido un reciente ganador del Premio Nobel de Economía— que piensan que la crisis actual no es para tanto, que simplemente ha habido un grupito de gente que se ha relajado un poco más de la cuenta.

Ésta no es la única extraña conclusión de la economía neoclásica. Sus acólitos también afirman que no existe la restricción del crédito, que todo el mundo puede pedir prestado el dinero que quiera, naturalmente a un interés que refleje adecuadamente el riesgo de impago. Para estos economistas, la crisis que se produjo el 15 de septiembre fue sólo un fantasma, un producto de la imaginación de alguien[15].

Un tercer ejemplo de discordancia entre la corriente dominante en economía y la realidad se refiere a la estructura financiera corporativa: da lo mismo que una empresa se financie con endeudamiento o con recursos propios. Ésa fue una de las principales contribuciones de Franco

Modigliani y Merton Miller, que recibieron el Premio Nobel de Economía en 1985 y 1990, respectivamente[16]. Como sucede con tantas ideas neoclásicas, hay algo de verdad en ello, y uno puede aprender mucho siguiendo la lógica de este razonamiento. Afirman que el valor de la empresa depende exclusivamente del valor de los rendimientos que ofrece, y que no importa mucho si uno destina la mayor parte de estos beneficios a pagar la deuda (cuyo pago es fijo y no depende del nivel de los beneficios) y el resto a aumentar el capital, o si uno los destina mayoritariamente a aumentar los recursos propios. Es como el valor de un litro de leche entera, que se puede ver simplemente como el valor de la leche desnatada más el valor de la nata. Modigliani y Miller no tuvieron en cuenta la posibilidad de bancarrota y los costes que ésta llevaba asociados, ni el hecho de que cuanto más endeudada está una empresa, más probabilidades tiene de quebrar. Tampoco tuvieron en cuenta la información que puede vehicular el hecho de que un propietario decida vender sus acciones: la impaciencia de un propietario por vender acciones aunque sea a un precio muy bajo le está diciendo al mercado cuál es su opinión sobre las perspectivas futuras de la empresa.

Un cuarto punto importantísimo de la economía neoclásica, que con la nueva crisis ha quedado invalidado, es la teoría con la cual explica qué es lo que determina los ingresos y la desigualdad. ¿Cómo explicamos los salarios relativos de los trabajadores cualificados y no cualificados o lo que cobran los ejecutivos? La teoría neoclásica ofrecía una justificación de la desigualdad diciendo que cada trabajador cobra según su contribución *marginal* a la sociedad. Los recursos son escasos, y los recursos escasos

413

necesitan tener un precio alto para garantizar que se emplean bien. Interferir en la retribución de los ejecutivos sería, desde este punto de vista, interferir en la eficiencia del mercado. Durante el último cuarto de siglo ha habido cada vez más dudas en cuanto a la capacidad de esta teoría para explicar que las retribuciones de los ejecutivos se hayan disparado, cuando lo que cobraba un alto ejecutivo pasó de ser unas cuarenta veces lo que cobraba un obrero hace treinta años a ser cientos o miles de veces más[17]. Los ejecutivos de alto nivel no se han vuelto más productivos ni más escasos de la noche a la mañana. Y no está demostrado que la persona número uno esté mucho más capacitada que la persona número dos. La teoría neoclásica tampoco puede explicar por qué, en un mundo globalizado, con tecnologías similares accesibles en diferentes países, esas disparidades retributivas son mucho mayores en Estados Unidos que en ningún otro lugar. Las dudas acerca de la teoría han aumentado porque los bonus de los ejecutivos financieros siguieron siendo altos cuando quedó probado que su contribución había sido muy negativa tanto para las empresas que los empleaban como para la sociedad en general. Yo sugerí una explicación alternativa: los problemas en la gobernanza corporativa significaban que no existía una relación estrecha entre la retribución y la contribución social «marginal». De ser así, tendría profundas implicaciones para las políticas que tratan de lograr una mejor distribución de los ingresos.

Un último ejemplo es que, según la teoría neoclásica, no existe la discriminación[18]. El argumento teórico era sencillo: si hubiera discriminación, siempre habría alguien en la sociedad que no practicase la discriminación y contratase a los miembros del grupo discriminado porque sus sueldos serían más bajos. Esto haría aumentar los sueldos hasta el punto de que las diferencias entre los grupos raciales quedarían eliminadas.

Yo soy de Gary, Indiana, una ciudad siderúrgica en la orilla meridional del lago Michigan. Durante mi infancia y juventud, vi un desempleo persistente, que se hizo aún mayor cuando la economía sufrió una crisis tras otra. Sabía que cuando la gente de mi ciudad tenía dificultades, no podía acudir al banco a pedir dinero para solucionarlas. Vi la discriminación racial. Cuando empecé a estudiar economía, ninguna de esas conclusiones de la teoría neoclásica me parecía acertada. Buscar alternativas contribuyó a motivarme. Como estudiantes de posgrado, mis compañeros y yo intentamos ver cuál era el presupuesto fundamental de la economía neoclásica, cuál era el responsable de las conclusiones «absurdas» a las que llegaba la teoría[19].

Era obvio, por ejemplo, que los mercados estaban lejos de ser perfectamente competitivos[20]. En un mercado perfectamente competitivo, una empresa que baje los precios, aunque sea poco, puede hacerse con todo el mercado. Un país pequeño nunca tendrá desempleo; le bastará bajar su tipo de cambio para vender todos los productos que quiera. La premisa de la competencia perfecta era esencial, pero me pareció que su principal impacto en una economía grande como la de Estados Unidos se ejercía sobre la distribución de la renta. Los que tenían un poder monopolístico podían hacerse con una parte mayor de la renta nacional, y como resultado de su poder sobre el mercado, la renta nacional podía ser menor. Pero no había razón para creer que una economía llena de monopolios estuviera caracterizada por el desempleo, la discriminación racial o la restricción del crédito.

Cuando empecé mi labor investigadora como joven posgraduado, me pareció que había dos presupuestos esenciales: los relativos a la información y los relativos a la naturaleza misma del hombre. La economía es una ciencia social. Se ocupa de cómo los individuos interactúan para producir bienes y servicios. Para responder a la pregunta de cómo interactúan, uno tiene que describir su comportamiento en general. ¿Son «racionales»? La creencia en la racionalidad está muy arraigada en economía. La introspección —y más aún, una ojeada a mis coetáneos— me convenció de que eso era absurdo. Me percaté enseguida de que mis colegas estaban irracionalmente convencidos de la racionalidad, y hacer que se tambalease esa fe no iba a ser nada fácil. Por eso acepté la hipótesis de la racionalidad, que era lo más sencillo, pero demostré que bastaban pequeños cambios en las premisas de información para que variaran totalmente los resultados. De ahí podían derivarse teorías que parecían mucho más acordes con la realidad, incluidas nuevas teorías acerca del desempleo, la restricción del crédito y la discriminación, y era fácil entender por qué importaba tanto la estructura financiera corporativa (tanto si las empresas optaban por autofinanciarse como si pedían créditos o emitían acciones).

## Homo economicus

A la mayoría de nosotros no nos gusta pensar que somos como pretende la visión del hombre que subyace a los modelos económicos dominantes: individuos calculadores, racionales y egoístas. No hay espacio para la empatía, el interés por lo público y el altruismo. Un aspecto interesante de la economía es que el modelo proporciona una mejor descripción de los economistas que de otros seres humanos, y cuanto más tiempo pasan estudiando economía los estudiantes más se parecen al modelo[21].

Lo que entienden los economistas por racionalidad no es exactamente lo que entiende la mayoría. Lo que quieren decir los economistas sería mejor denominarlo *coherencia*. Si una persona prefiere el helado de chocolate al de vainilla, siempre que le den a elegir al mismo precio tomará la misma decisión. La racionalidad también implica coherencia en elecciones más complejas: si una persona prefiere el chocolate a la vainilla y la vainilla a la fresa, entonces cuando le den a elegir chocolate y fresa, elegirá siempre el chocolate.

Esa «racionalidad» tiene otros aspectos. Uno es el principio básico que he mencionado en el Capítulo 5: lo pasado, pasado está. Los sujetos siempre deberían mirar hacia el futuro. Un ejemplo clásico ilustra que la mayoría no son racionales en este sentido. Supongamos que a usted le gusta mucho ver partidos de fútbol pero odia más aún mojarse. Si alguien le ofrece una entrada gratis para ir a ver un partido de fútbol y está lloviendo, rechazará el ofrecimiento. Pero ahora supongamos que ha pagado 100 dólares por la entrada. Como a la mayoría de la gente, le resultará difícil tirar 100 dólares a la basura. Irá a ver el partido, aunque mojarse le deprima. Un economista diría que usted es irracional.

Desgraciadamente, los economistas han llevado su modelo de racionalidad más allá de lo sensato. Uno aprende qué es lo que le gusta —lo que le da placer— gracias a experiencias repetidas. Uno prueba distintas clases de helado o distintas clases de lechuga. Pero los economistas han intentado emplear el mismo modelo para explicar decisiones cuyas consecuencias se ven a largo plazo, como los ahorros para la jubilación. Debería ser obvio: no hay manera de averiguar si uno tendría que haber ahorrado más o menos hasta que es demasiado tarde, cuando ya no es posible aprender de la experiencia. Al final de su vida, uno puede decir: «Ojalá hubiera ahorrado más, los últimos años han sido realmente penosos, de buena gana hubiera dado una de mis vacaciones en la playa para poder gastar algo más ahora». O puede decir: «Ojalá hubiera ahorrado menos, habría disfrutado mucho más ese dinero cuando era joven». Sea como fuere, uno no puede volver atrás y vivir otra vez la vida. A menos que exista la reencarnación, lo que uno ha aprendido no tiene valor. Ni siquiera tiene valor para los hijos o los nietos, porque el contexto económico y social del futuro será muy distinto del de hoy. Por lo tanto, no queda claro lo que realmente quieren decir los economistas cuando intentan extender el modelo de racionalidad que se aplica a la elección entre distintos sabores de helado a las grandes decisiones de la vida, como cuánto tiene uno que ahorrar o cómo tiene que invertir sus ahorros pensando en la jubilación.

Además, la racionalidad no significa para un economista que los individuos actúen necesariamente de forma coherente con aquello que les hace felices. Los estadounidenses hablan de trabajar mucho para su familia, pero algunos trabajan tanto que no tienen tiempo para estar con ella. Los psicólogos han estudiado la felicidad, y muchas de las opciones que escoge la gente, al igual que muchos cambios en la estructura de nuestra economía, no aumentan la felicidad[22]. La relación con otras personas es importante para sentirse bien, y sin embargo muchos de los cambios de nuestra sociedad han minado esa conexión con los demás, como tan bien explica el libro clásico de Robert Putnam *Solo en la bolera*[23].

Tradicionalmente los economistas han tenido poco que decir sobre los lazos entre lo que las personas hacen y lo que les da felicidad o bienestar. De ahí que se concentren en el tema más limitado de la coherencia[24]. La investigación de los últimos veinticinco años ha demostrado que los individuos no actúan coherentemente, sino que lo hacen de una forma muy distinta a la que predice el modelo estándar de racionalidad. En este sentido, son previsiblemente irracionales[25]. Las teorías estándar, por ejemplo, dicen que los individuos «racionales» deberían fijarse sólo en *los sueldos y los ingresos reales*, ajustados según la inflación. Si los sueldos caen un 5 por ciento pero los precios también, la situación para ellos no varía. Sin embargo, es de una evidencia aplastante que a los trabajadores no les gusta que les rebajen el sueldo. Un empresario que redujera los sueldos de acuerdo con la caída de los precios sería considerado más negativamente que uno que los aumentara un 1 por ciento cuando los precios suben un 5 por ciento, aunque el sueldo real disminuya menos en el primer caso.

Muchos propietarios que intentan vender sus casas manifiestan una irracionalidad parecida. No venderán sus casas a menos que obtengan lo que han pagado por ellas. Supongamos que compraron la casa por 100.000

dólares, y que el precio actual de mercado es de 90.000 dólares. La inflación, sin embargo, está incrementando *todos* los precios un 5 por ciento anual. Muchos propietarios esperarán dos años —soportando entretanto graves inconvenientes— hasta que el precio de la casa vuelva a ser de 100.000 dólares, aunque *en términos reales* esperar no les beneficia en nada.

En capítulos anteriores, puse ejemplos del comportamiento casi esquizofrénico de los mercados financieros. Los banqueros decían que no hacían aflorar las posiciones de los *credit default swaps* porque no había riesgo de que la contraparte quebrara. Pero los propios *swaps* eran apuestas sobre varias contrapartes que iban a quebrar. Los que pedían créditos, los que los daban y los que los titulizaban creían que los precios de las casas subirían indefinidamente, pese al hecho de que los sueldos reales estaban bajando y las estimaciones sobre futuros impagos se basaban en datos históricos, *como si el hecho de que las reaseguradoras hubiesen rebajado recientemente las exigencias no tuviese influencia alguna*[26].

Los modelos dominantes en economía suponían curiosamente que los individuos no eran racionales sino superracionales, que podían usar estadísticas sofisticadas, tener en cuenta todos los datos del pasado y hacer las mejores predicciones posibles para el futuro. La ironía es que ni siquiera los economistas que creían que otros podían hacer esas predicciones lo hicieron muy bien. No supieron ver la burbuja que se estaba formando y, en realidad, ni siquiera después de que estallara la burbuja supieron ver lo que la economía nos tenía reservado. Ignoraron irracionalmente datos esenciales y se atuvieron irracionalmente a la idea de que los mercados eran racionales, que no existían las burbujas y que los mercados siempre eran eficientes y autocorrectores.

Las propias burbujas nos dicen mucho de la teoría y el comportamiento económico. El modelo al uso supone que no sólo existen mercados de futuros (mercados en los que uno puede comprar y vender, digamos, maíz hoy para entregar mañana), sino que esos mercados existen para todo: uno puede comprar y vender no sólo para entregar mañana, sino también pasado mañana, al cabo de tres días, y así hasta la eternidad. El modelo al uso también supone que uno puede comprar seguros contra cualquier riesgo imaginable. Esas suposiciones poco realistas tienen profundas implicaciones. Si hubiera mercados para todas las mercancías y si todos los riesgos pudieran extenderse infinitamente y pudieran cubrirse, es poco probable que hubiera burbujas. Los propietarios habrían comprado un seguro contra el riesgo de que los precios se hundieran. Con toda probabilidad, el precio altísimo de la prima que habrían tenido que pagar —si ellos y los mercados fuesen racionales— les habría advertido de que el mercado *no* confiaba en que los precios continuaran subiendo, a pesar de lo que pudiera decirles su agente inmobiliario[27].

Las burbujas, sin embargo, son normalmente algo más que un fenómeno económico. Son un fenómeno social. Los economistas empiezan suponiendo que las preferencias (lo que a la gente le gusta o le disgusta) son algo dado. Pero sabemos que no es así. No hay diferencias genéticas entre los franceses y los estadounidenses que puedan explicar sus distintas preferencias en lo que a la comida se refiere; no hay ninguna diferencia genética que pueda explicar por qué a los europeos les gusta tener más tiempo de ocio y en cambio los estadounidenses pasan más tiempo trabajando; no hay ninguna diferencia genética entre los aficionados al *hula hoop* de los años sesenta y la gente de hoy que no lo practica.

Nuestras creencias acerca del mundo también se ven afectadas por las creencias de quienes nos rodean. Las creencias de los miembros de los sindicatos y las de los magnates de Wall Street difieren en muchos temas. Algunas de esas creencias vienen de que los intereses no son los mismos: generalmente todos nosotros tenemos unas creencias que inspiran políticas tendentes a aumentar nuestro bienestar. Pero nuestros pensamientos también difieren porque vivimos en comunidades distintas, y los de cada comunidad tienden a compartir las mismas opiniones. La mayoría de los estadounidenses se sintieron indignados porque Wall Street obtuviera dinero del contribuyente y pagara unas primas de escándalo a pesar de las pérdidas sin precedentes. No obstante, la opinión general en Wall Street fue que era indignante que el presidente Obama criticase esas primas; que eso era populismo y que era una forma de soliviantar a las masas contra Wall Street.

Los biólogos estudian el comportamiento gregario, la forma como los grupos de animales se mueven en una dirección u otra olvidando, aparentemente a veces, el propio interés individual. Los borregos van unos detrás de otros hasta despeñarse. Los humanos a veces se comportan de una forma que parece igual de insensata[28]. Jared Diamond, en su libro *Colapso*, cuenta que los antiguos islandeses se imitaron unos a otros talando árboles, hasta que al final eso acabó con su civilización[29].

Las burbujas tienen características similares. Hay gente tan insensata que cree que el precio de las viviendas subirá siempre. Algunos pueden ser algo escépticos, pero en todo caso se creen más listos que los demás y piensan que saldrán de la burbuja justo antes de que estalle. Es un defecto muy humano; como la mayoría de mis estudiantes, todos creen que están en la mitad de arriba de la clase. Cuando la gente habla entre sí, sus creencias —por ejemplo, que la burbuja no estallará de momento— se refuerzan. Las autoridades también se ven afectadas y echan más leña al fuego: no hay burbuja, sólo es una pequeña espuma; además, nunca se puede decir que es una burbuja hasta que explota. Este ciclo de afirmaciones es difícil de interrumpir.

Cuando estalla la burbuja, todo el mundo dice: «¿Quién podía preverlo?». En enero de 2008 hubo una reunión en Davos; la burbuja había estallado el mes de agosto anterior, aunque los optimistas aún sostenían que tendría pocas consecuencias. Cuando un par de colegas y yo explicamos cómo se había desarrollado la burbuja y qué implicaba su estallido, un coro de banqueros centrales en la primera fila se apresuró a intervenir: «Nadie lo predijo». Esa afirmación fue inmediatamente refutada por el pequeño grupo que había estado hablando de la burbuja durante varios años. Pero los banqueros centrales en cierto sentido tenían razón: nadie *con credibilidad en su ambiente* había puesto en cuestión la opinión dominante, lo cual era una tautología: nadie que pusiera en cuestión la opinión dominante podía ser considerado creíble. Compartir ese tipo de opiniones era una condición para ser social e intelectualmente aceptable.

## Consecuencias

Hay toda una serie de implicaciones en el hecho de que los individuos actúen sistemáticamente de forma irracional. Las empresas listas pueden encontrar oportunidades de beneficios en la explotación de esas irracionalidades. El sector financiero entendió que la mayoría de la gente no lee ni puede comprender la letra pequeña de los contratos de las tarjetas de crédito. Una vez que la gente tiene la tarjeta, la usará, y ese uso generará comisiones muy elevadas. A pesar de las comisiones elevadas, la mayoría de la gente no buscará una tarjeta mejor, en parte porque cree que con otra tarjeta le estafarían igual o quizás más. En este sentido, tal vez sean racionales. Los que trabajaban en el sector inmobiliario sabían que la mayoría de la gente no entendería toda la serie de comisiones y los costes de transacción y que «confiaría» en los brokers inmobiliarios y no digamos ya en los brokers hipotecarios. También sabían que no se descubriría el engaño hasta mucho después de haber cerrado la operación. Y aunque se descubriera, las consecuencias serían mínimas y, en cualquier caso, el dinero era bueno mientras las cosas iban bien.

Esas irracionalidades sistémicas también provocan fluctuaciones macroeconómicas. La exuberancia irracional conduce a burbujas y a booms; el pesimismo irracional, a crisis. En el periodo de la exuberancia irracional, la gente subestima el riesgo. Así lo ha hecho en el pasado y seguramente, cuando el recuerdo de esta crisis haya desaparecido, volverá a hacerlo en el futuro. Cuando los precios de los activos empiezan a subir, la gente pide hipotecas mientras los bancos se lo permiten, y eso puede alimentar una burbuja del crédito. Como los problemas son imprevisibles, el gobierno —a través de la política monetaria, fiscal y regulatoria— puede tomar medidas para ayudar a estabilizar la economía[30].

El gobierno tiene un importante papel; no sólo debe evitar la explotación de las irracionalidades individuales, sino también ayudar a los ciudadanos a tomar mejores decisiones. Consideremos la situación que hemos descrito más arriba sobre cómo decidir lo que hay que ahorrar para la jubilación. Uno de los descubrimientos de la moderna «economía del comportamiento», la rama de la economía que ha explorado esas irracionalidades sistemáticas, es que la manera de plantear y el marco en el que se plantean las cuestiones influyen en la decisión que toma la gente. Por tanto, si un empleador le da a elegir a un empleado entre tres porcentajes distintos de contribución para el retiro, digamos un 5 por ciento, un 10 por ciento y un 15 por ciento, influye mucho la manera como presenta esas opciones. Si el empleador dice, por ejemplo: «Le deduciremos un 10 por ciento para la jubilación, a menos que nos dé instrucciones en contra. Por favor, diga si desea un 5 por ciento o un 15 por ciento», la gente aceptará la sugerencia del empleador. Eso se llama establecer «por defecto», y pensando qué le conviene más a la gente según las circunstancias y estableciendo de acuerdo con ello las soluciones «por defecto», se puede conseguir que la gente en general tome decisiones mejores[31].

Naturalmente, es importante que los que pastorean así a la gente no tengan intereses egoístas que defender: un empleador que gestiona su propio fondo de pensiones puede tener el incentivo de cobrar más comisión si el tipo de contribución es más alto. Como las empresas han aprendido mucho sobre cómo toman las decisiones los empleados, no es de extrañar que intenten sacar provecho de lo que saben.

Aunque el gobierno de Estados Unidos no ha empezado a utilizar conocimientos de psicología humana para evitar abusos, tuvo que hacer un esfuerzo concertado en la primavera de 2008 para utilizar ese conocimiento a la hora de ayudar al país a salir de la recesión. Keynes había afirmado que es como si los inversores estuvieran motivados por espíritus animales —«un impulso espontáneo hacia la acción antes que hacia la inacción, y no como resultado de un cálculo minucioso de la cantidad de beneficios multiplicada por el número de probabilidades»[32]—. De ser así, y si se pudiera cambiar el espíritu de la época, se podría sacar a la economía de un estado mental de depresión y colocarla en un estado de esperanza; y, tal vez incluso, en la alegría de pensar que lo peor ha pasado. Quizás motivada por eso[33], un par de meses después de la toma de posesión de Barack Obama, su administración lanzó la campaña de los «brotes verdes», afirmando que había signos de recuperación. Y había efectivamente motivos para la esperanza: en muchos sectores ya no se tenía la sensación de caída libre y la tasa de desaceleración era más lenta. Como dicen los matemáticos, la segunda derivada se había vuelto positiva.

Los economistas habían insistido durante mucho tiempo en el importante papel que tienen las expectativas sobre las acciones: las creencias pueden afectar a la realidad. De hecho, en muchos ámbitos, los economistas habían construido modelos en los que había múltiples equilibrios, gracias a esperanzas que se autocumplían. Si los agentes del mercado creen que habrá muchas bancarrotas, cobrarán altos intereses para compensar las pérdidas; con los intereses altos, efectivamente, se producirán quiebras. Pero si creen que pocas empresas quebrarán, cobrarán intereses bajos, y con esos intereses ciertamente habrá pocas bancarrotas[34].

En este caso, la administración y la Reserva Federal esperaban que las creencias optimistas fuesen contagiosas. Si la gente creía que las cosas iban mejor, empezaría a consumir y a invertir, y si había suficiente gente para creerlo, las cosas efectivamente mejorarían. Pero las expectativas tienen que estar basadas en la realidad. ¿Irían lo bastante bien las cosas como para satisfacer sus esperanzas y sus creencias? Si no, lo que se produciría es una decepción. Y con la decepción podría haber más contracciones y podría reforzarse la idea inicial de que el país estaba sumido en una crisis que sería larga. Esta vez había buenas razones para preocuparse. Aunque los bancos estuvieran saneados, aunque los estadounidenses se sintieran *más* optimistas de cara al futuro, la realidad era que la burbuja —y el optimismo irracional que había sostenido el consumo antes de 2008— eran cosa del pasado[35]. Al pincharse la burbuja, muchas familias y bancos sufrieron grandes pérdidas. Aunque el periodo de caída libre se frenase, aunque el crecimiento volviera a ser (ligeramente) positivo, el desempleo seguiría siendo elevado e incluso crecería durante un periodo largo de tiempo. Los economistas tal vez jugaban con las palabras al decir que una vez que el crecimiento fuese positivo la recesión habría pasado. Pero para la mayoría de estadounidenses, como señalé antes, la recesión sólo habrá pasado cuando se haya restaurado el pleno empleo y los sueldos empiecen de nuevo a aumentar. El optimismo basado simplemente en el fin de la caída libre y en un final *técnico* de la recesión no será sostenible, aunque se le diga repetidamente a la gente que las cosas van mejor. La disparidad entre sus esperanzas y la realidad puede hacer incluso que se depriman más. Estimular los espíritus animales no basta. Puede hacer aumentar temporalmente los precios de las acciones. Incluso puede inducir temporalmente un gasto mayor. Pero no son los discursos los que nos van a sacar de una recesión tan profunda como la Gran Recesión de 2008.

LAS BATALLAS MACROECONÓMICAS

Dentro de la catedral de la economía dominante hay muchas capillas dedicadas a problemas especializados. Cada una tiene sus propios sacerdotes y hasta su propio catecismo. La guerra de ideas que he descrito se refleja en miles de batallas y escaramuzas dentro de cada una de esas subdisciplinas. En esta sección y en las tres siguientes, describo cuatro, relacionadas con cuatro temas de esta debacle: la macroeconomía, la política monetaria, las finanzas y la economía de la innovación.

La macroeconomía estudia los movimientos de la producción y el empleo y trata de comprender por qué las economías sufren fluctuaciones, con episodios intermitentes de altas tasas de desempleo e infrautilización de la capacidad de producción. Las batallas en la arena de las ideas económicas siempre se ven afectadas por una curiosa

428

interacción entre la evolución del pensamiento dentro de una disciplina y los hechos. Como vimos antes, después de la Gran Depresión hubo un consenso en que los mercados no se autocorregían, o al menos no en un espacio de tiempo relevante. (Es irrelevante que los mercados finalmente, al cabo de diez o veinte años, vuelvan al pleno empleo si se les deja actuar libremente). Para la mayoría de economistas, el hecho de que el desempleo pudiera dispararse hasta casi el 25 por ciento (en 1933) fue una prueba suficiente de que los mercados no eran eficientes. Si bien en el último cuarto de siglo los macroeconomistas se han concentrado en modelos en los cuales los mercados son estables y eficientes, es de esperar que la crisis les haga revisar sus presupuestos.

He descrito antes cómo los economistas abandonaron la economía keynesiana y dejaron de ocuparse del desempleo para prestar atención a la inflación y el crecimiento. Pero el cambio tuvo otra explicación, más conceptual. La microeconomía, que estudia el comportamiento de las empresas, y la macroeconomía, que estudia el comportamiento de la economía en general, se constituyeron después de Keynes en dos subdisciplinas separadas. Ambas emplearon diferentes modelos y llegaron a distintas conclusiones. Los modelos «micro» decían que no podía existir desempleo, pero el desempleo era la piedra angular de la macroeconomía keynesiana. La microeconomía hacía hincapié en la eficiencia de los mercados; la macroeconomía, en el masivo derroche de recursos en recesiones y depresiones. Pero a mediados de los años sesenta tanto la microeconomía como la macroeconomía se percataron de que esa dicotomía no era buena[36]. Ambas quisieron ofrecer una teoría unificada.

Una escuela de pensamiento —que influyó mucho a la hora de establecer las políticas desreguladoras que tanto papel han tenido en la presente crisis— afirmaba que la teoría microeconómica del equilibrio competitivo era una buena base para la macroeconomía. Esa escuela, basada en el modelo neoclásico, fue llamada a veces los Nuevos Clásicos o la Escuela de Chicago, porque sus sumos sacerdotes enseñaban en la Universidad de Chicago[37]. Como creían que los mercados son siempre eficientes, sostenían que no había que preocuparse por las fluctuaciones económicas, como la actual recesión; se trataba simplemente de un ajuste eficiente de la economía a los choques (como los cambios tecnológicos) que venían de fuera. Este enfoque tuvo importantes consecuencias políticas pues decretó que el papel del gobierno debía ser mínimo.

Aunque los economistas de esa escuela basaban sus análisis en los modelos neoclásicos (walrasianos), simplificaron aún más afirmando que todos los individuos eran idénticos. Eso fue lo que se llamó el modelo de «agentes representativos». Pero si todos los individuos son idénticos, no puede haber quien preste y quien pida prestado, porque lo que se haría sería simplemente pasar el dinero del bolsillo derecho al bolsillo izquierdo. Por tanto, no puede haber bancarrota. Aunque yo antes he sostenido que los problemas de la información imperfecta son cruciales para entender la economía moderna, en sus modelos no caben las asimetrías de la información, según las cuales una persona sabe algo que otra desconoce. Cualquier asimetría de la información reflejaría una intensa esquizofrenia y sería poco coherente con sus otras premisas de total racionalidad. Sus modelos no tienen nada que decir sobre los temas que más han influido en la crisis actual: ¿qué pasa cuando se les da a los banqueros uno o dos billones de dólares de más? En el modelo, los banqueros y los trabajadores son la misma gente. No se contemplan cuestiones que políticamente son fundamentales. Por ejemplo, el modelo de agentes representativos evita cualquier discusión acerca de la distribución. En cierto sentido, la ideología (incluida la idea de que la distribución de la renta no es importante) subyace a la esencia misma de sus análisis.

Muchas de las conclusiones que pueden parecer absurdas de los análisis de esa escuela se derivan de esas y otras simplificaciones extremas de sus modelos. Ya señalé una en el Capítulo 3: que el gasto deficitario del gobierno no estimula la economía. La conclusión es el resultado de unos supuestos todavía menos realistas que los que sostienen que los mercados son perfectos[38]. (a) Se supone que el «agente representativo» sabe que en el futuro habrá que pagar impuestos para el gasto público y, por tanto, reserva dinero hoy para pagar esos impuestos. Esto significa que el consumidor gasta menos y con ello compensa totalmente el aumento del gasto público. (b) Además, se supone que el gasto no tiene un beneficio positivo directo. Por ejemplo, la construcción de una carretera genera unos ingresos hoy pero también puede inducir a alguna empresa a expandirse porque los costes de comercializar sus productos son menores[39]. Otra conclusión a la que llegan es que las prestaciones por desempleo son innecesarias, ya que los individuos no están nunca desempleados (simplemente gozan de tiempo libre), y en cualquier caso siempre pueden pedir prestado para poder consumir si quieren. Es más, las prestaciones por desempleo son nocivas, porque el problema no es la escasez de empleos —siempre los hay para los que quieren trabajar— sino que la gente no se esfuerza en buscarlos, y un seguro de desempleo lo único que hace es exacerbar ese «riesgo moral».

La otra escuela de pensamiento, defendida por los neokeynesianos (entre los cuales hubo muchas subescuelas), adoptó otro camino para tratar de reconciliar la macroeconomía y la microeconomía. El problema, según ellos, eran los modelos macroeconómicos demasiado simplistas y la gran cantidad de premisas poco realistas que he descrito más arriba[40]. La investigación de los últimos treinta años ha demostrado que el modelo neoclásico —en el que se basaban los análisis de la Escuela de Chicago— simplemente no se sostenía.

En este sentido, la Gran Depresión —y la Gran Recesión actual— son la prueba de una ineficiencia tan grande que es imposible ignorarla. Pero en todas las épocas ha habido muchos fallos del mercado, más difíciles de detectar pero no menos reales. Las recesiones fueron como la punta del iceberg, signos de problemas mucho más profundos ocultos bajo la superficie. Existen pruebas suficientes de que esto fue así. Como el auténtico punto débil de la economía moderna no fue la macroeconomía keynesiana sino la microeconomía al uso, el desafío para la profesión de economista era desarrollar una microeconomía coherente con el comportamiento macroeconómico.

La economía, como he señalado antes, se supone que es una ciencia predictiva. Si esto es así, la teoría de la Escuela de Chicago merece un suspenso: no predijo la crisis (difícilmente hubiera podido hacerlo, puesto que ni las burbujas ni el desempleo existen), y tuvo poco que decir sobre lo que había que hacer cuando se produjo, salvo negar los riesgos que implicaba el déficit público. Su receta es muy fácil: que el gobierno no intervenga.

Esta crisis económica no sólo ha desacreditado a la macroescuela de los «mercados perfectos» sino que también ha reavivado los debates entre los teóricos neokeynesianos. Hay dos tendencias principales entre los economistas neokeynesianos. Una compartía muchos de los presupuestos neoclásicos, con una importante excepción. Suponía que los salarios y los precios son rígidos, es decir que, por ejemplo, no caen cuando hay un exceso de oferta de mano de obra (desempleo). La implicación era clara: *si* los salarios y los precios fuesen más flexibles, la economía sería eficiente y se comportaría según el modelo neoclásico al uso[41]. Esa tendencia compartía algunas de las preocupaciones de la Escuela de Chicago respecto a la inflación y prestaba poca atención a la estructura financiera.

La otra tendencia, diríamos que la más afín al propio pensamiento de Keynes, ve problemas mucho más profundos en el mercado. Una caída de los salarios no haría sino exacerbar la crisis, ya que los consumidores reducirían gastos. La deflación —o incluso una tasa de inflación más baja de lo esperado— puede hacer que las empresas quiebren, pues los beneficios no permiten el pago de las deudas. Según esta teoría, una parte del problema se origina en los mercados financieros debido, por ejemplo, a que los créditos no están indexados al nivel general de precios. Una parte del problema también deriva del hecho de que cuando la economía pasa por un periodo de estabilidad, las empresas y las familias asumen más riegos, especialmente endeudándose, y eso hace que la economía se torne más frágil, más vulnerable a los potenciales choques adversos. Como hemos visto, si el apalancamiento es importante, una bajada, aunque sea leve, del precio de los activos puede provocar un colapso general[42].

Las recetas políticas que ofrecen las distintas escuelas neokeynesianas varían enormemente. Una afirma que las políticas destinadas a mantener la estabilidad de los salarios forman parte del problema; la otra, que ayudan a estabilizar la economía. Una teme la deflación; la otra la propicia. Una hace hincapié en la fragilidad financiera —como el apalancamiento de los bancos—, mientras que la otra la ignora.

Al comienzo de la crisis, la Escuela de Chicago y las escuelas keynesianas que denuncian la rigidez de los salarios y los precios ejercían una importante influencia política. Los miembros de la Escuela de Chicago decían que no había ninguna necesidad de que el gobierno hiciera nada, que si hacía algo lo más probable era que no fuera efectivo, que el sector privado ya se encargaría de deshacer lo que el gobierno hiciera; y que si tenía algún efecto, lo más probable es que fuera contraproducente. Naturalmente, podían aducir ejemplos en los que el sector privado había contrarrestado en parte la acción del gobierno, como el aumento del ahorro compensando en parte el aumento del gasto adoptado por el gobierno. Pero sus conclusiones contundentes de que el gobierno *siempre* era ineficaz se basaban en modelos erróneos que tenían poca relevancia sobre el mundo real y que ignoraban la evidencia estadística y las experiencias históricas. La escuela keynesiana que aducía como argumento la rigidez de precios y salarios reservaba un papel más importante al Estado, aunque siempre para dar apoyo a una política conservadora. Lo que pedían era más flexibilidad en los salarios, unos sindicatos menos fuertes y otras medidas para reducir la protección de los trabajadores. Era otro ejemplo más de «culpar a la víctima»: se echaba la culpa a los trabajadores por el desempleo que sufrían. Si bien en algunos países las protecciones al empleo quizás han ido demasiado lejos, su influencia en el desempleo ha sido mínima; y en esta crisis, de no ser por ellas, las cosas hubieran podido ir peor.

## La batalla de la política monetaria

Tal vez los peores resultados fueron los propiciados por el acuerdo entre la Escuela de Chicago y la escuela que hacía hincapié en la rigidez de precios y salarios a la hora de diseñar la política monetaria y luchar contra la inflación[43]. El resultado fue que los bancos centrales se concentraron en las ineficiencias que aparecían cuando los precios se salían ligeramente de lo previsto durante las épocas de moderada inflación. Sin embargo, no hicieron ningún caso de los problemas que se producen cuando los mercados financieros se vuelven excesivamente frágiles. Las pérdidas que provocaron los fallos en los mercados financieros fueron mil veces mayores incluso que los que provoca la inflación, siempre que ésta sea baja o moderada.

Los banqueros centrales son un club propenso a las modas pasajeras. Tienden a ser conservadores y, mayoritariamente, no creen en la intervención del gobierno en los mercados. Lo cual es curioso, ya que su cometido principal es fijar uno de los precios más importantes de la economía, el tipo de interés. Por tanto la cuestión no es si el gobierno intervendrá, sino cómo y cuándo. La Escuela de Chicago consideró que las políticas del gobierno *causaban* la inflación. Los monetaristas discípulos de Milton Friedman empleaban modelos simplistas para respaldar una ofensiva ideológica destinada a limitar el papel del Estado. Una simple prescripción (llamada monetarismo, que estuvo de moda en los años setenta y principios de los ochenta) les sirvió de guía: atar las manos del gobierno manteniendo fijo el porcentaje de incremento anual de la oferta monetaria. Con el gobierno así domesticado, los mercados podían hacer maravillas.

El monetarismo se basaba en la idea de que la mejor manera de mantener estables los precios (la inflación baja) era aumentar la oferta monetaria en un porcentaje fijo, el porcentaje de expansión de la producción real. Por desgracia, justo cuando esta teoría se convirtió en moda, empezaron a aumentar las pruebas que la refutaban. La hipótesis empírica subyacente del monetarismo era que la relación entre el circulante y el PIB (llamada velocidad de circulación) se mantenía constante. De hecho, durante los últimos treinta años, ha variado mucho, al menos en algunos países. El monetarismo falló y hoy casi ningún gobierno cree en él.

El *inflation targeting* [objetivo de inflación explícito] se puso de moda a finales de los años noventa y se ha mantenido en la década actual. Con el *inflation targeting*, el gobierno elegía una tasa de inflación, pongamos un 2 por ciento. Si la tasa de inflación superaba el 2 por ciento, el banco central aumentaba el tipo de interés. Cuanto más excedía la inflación del objetivo marcado, más altos eran los tipos de interés. La inflación era el mal absoluto, y el cometido principal del banco central era matar a ese dragón. Subyacente al *inflation targeting* estaba la idea de que si la economía sabía que el banco central iba a tomar medidas severas contra la inflación que superase, pongamos, el 2 por ciento, los sindicatos y otros agentes no se sentirían tan tentados de pedir aumentos salariales que hiciesen aumentar la inflación más de lo previsto.

Este hincapié en la inflación se articulaba en cuatro proposiciones, ninguna de las cuales tenía mucho apoyo empírico ni teórico. En primer lugar, los banqueros centrales decían que la inflación tenía un poderoso efecto adverso sobre el crecimiento. Y al contrario, que mientras la inflación fuese baja o moderada[44], no parecía haber ningún efecto negativo, aunque los intentos demasiado enérgicos por suprimir la inflación sí hacían más lento el crecimiento[45]. En segundo lugar, decían que la inflación perjudica especialmente a los pobres. Uno debería desconfiar cuando oye a los banqueros defender la causa de los pobres. La auténtica verdad es que los que más pierden son los que tienen obligaciones, que ven que el valor real de sus títulos disminuye. En Estados Unidos y en la mayoría de países, la Seguridad Social (las pensiones de jubilación) aumentan con la inflación. Cuando la inflación es persistente, incluso los contratos de los asalariados tienen una cláusula que ajusta automáticamente los sueldos al aumento de los precios. No digo que no haya muchos pobres que sufren, pues la Seguridad Social no es suficiente para mantener el nivel de vida de muchos pensionistas, y muchos, quizás la mayoría, no disponen de bonos del

Tesoro indexados a la inflación (TIPS en sus siglas en inglés) diseñados para ofrecer protección contra la misma. Y es cierto que ha habido periodos de alta inflación en los que los pobres han sufrido, pero la causa principal no fue la inflación. El rápido incremento del precio del petróleo a finales de la década de 1970 hizo que los estadounidenses fuesen más pobres, ya que los consumidores tenían que pagar más por el petróleo que compraban. Lógicamente los trabajadores lo padecieron. El choque del precio del petróleo también hizo aumentar la inflación. Algunos observan que el nivel de vida baja y erróneamente lo atribuyen a la inflación, pero ambas cosas tienen una causa común. Lo que más importa a los trabajadores es el empleo, y si los altos tipos de interés hacen que aumente el desempleo, los trabajadores sufren por partida doble, por la falta de trabajo y por la presión a la baja de los sueldos.

La tercera falacia era que la economía estaba al borde del abismo; una ligera desviación en la dirección de la inflación nos precipitaría sin freno por una pendiente de inflación y unos tipos de interés siempre crecientes. O para usar otra metáfora: la lucha contra la inflación debe enfocarse como la lucha contra el alcoholismo. A los ex alcohólicos se les dice que no pueden probar ni una gota de alcohol y que si lo hacen volverán a caer en el vicio. A eso se le llama volver a las andadas. Del mismo modo, los banqueros afirmaban que una vez que un país ha probado el elixir de la inflación reclamará cada vez más. Lo que empieza siendo una ligera inflación enseguida se acelera. De nuevo la evidencia es exactamente la contraria: los países pueden tomar y de hecho toman medidas contra la inflación cuando ésta empieza a subir.

La última falacia sostiene que el coste de combatir la inflación es alto. Por eso hay que matarla antes de que empiece. De nuevo, lo cierto es lo contrario: algunos países (por ejemplo Ghana e Israel) han logrado bajar la inflación desde niveles altísimos a niveles moderados o bajos con muy poco coste. En otros, los costes en términos del desempleo exigido por la «desinflación» (es decir, por bajar la inflación) se compensan con la baja tasa de desempleo durante el periodo inflacionario.

Una de las críticas más elocuentes que se le pueden hacer al *inflation targeting* es que no tiene suficientemente en cuenta las causas de la inflación. Si la alta inflación es el resultado de que se disparan los precios de la energía y los alimentos —como fue el caso en 2006 y 2007—, un país pequeño no podrá hacer gran cosa contra esas fuerzas *globales* aumentando sus tipos de interés. Lo que sí puede un país es bajar la tasa de inflación provocando tal desempleo en el resto de la economía que los salarios y los precios bajen, pero el remedio entonces es peor que la enfermedad. Estados Unidos soslaya el problema excluyendo los precios de los alimentos y la energía al medir la inflación con fines macroeconómicos. Sin embargo, en la mayoría de países en desarrollo eso excluiría el 50 por ciento o más de los determinantes de los precios. Incluso en Estados Unidos, los precios de los alimentos y la energía son lo que más preocupa a la gente. Influye en sus expectativas de inflación y en sus demandas salariales.

La crisis actual significará dejar de centrarse en la inflación, de manera simplista, por otra razón. Los banqueros centrales suponían ingenuamente que una inflación baja era necesaria y casi suficiente para asegurar la prosperidad económica. Así, mientras la inflación fuese baja, podían desencadenar una avalancha de liquidez, con la confianza de que todo estaba controlado. Pero eso era falso. La avalancha de liquidez estaba creando burbujas en el precio de los activos, que al estallar se llevaron por delante el sistema financiero y la economía. Por supuesto que la inflación puede crear distorsiones. Los que hacían hincapié en la inflación (la Escuela de Chicago y la escuela keynesiana de la rigidez precios-salarios) tenían razón al decir que puesto que, con inflación, no todos los precios cambian simultáneamente, los precios *relativos* se desajustan un poco[46]. Pero esos inconvenientes palidecen al lado de los que presenta la fragilidad del mercado financiero. La *otra* tendencia de la economía neokeynesiana, la que hace hincapié en la fragilidad financiera, parece haber ganado la partida. Hoy, afortunadamente, la mayoría de los bancos centrales se dan cuenta de que deben prestar atención a los mercados financieros y a las burbujas de los precios de los activos así como a la inflación de las materias primas, y tienen herramientas para hacerlo[47].

## La batalla de las finanzas

La creencia en la racionalidad de los mercados presidía la teoría del mercado financiero más quizás que otras ramas de la economía. Sospecho que ello era debido al contagio de los propios agentes del mercado, que eran conservadores. La idea de que los mercados eran eficientes y se autorregulaban convenía a los intereses de muchos. No interesaba que eso no fuese cierto. Muchos, incluidos los financieros, veían auténticas oportunidades de beneficio en la desregulación de los mercados. Al fin y al cabo, las regulaciones son *restricciones*. Casi necesariamente, los beneficios, allí donde a las empresas no se les permite hacer lo que quieran, *parecen* ser menores de lo que serían si no se les pusieran límites.

Digo que los beneficios *parecen* ser menores porque al pensar así las empresas no tienen en cuenta todas las consecuencias de suprimir las restricciones. El comportamiento de los demás también cambia. De hecho, sabemos lo que diría la teoría económica al uso *si fuese verdad que los mercados son eficientes y competitivos:* al final, los beneficios de nuevo bajarían a cero. Quitar las restricciones podría permitir a la primera empresa aprovechar la nueva oportunidad y hacer un beneficio mayor, pero esos beneficios desaparecerían rápidamente. Algunas firmas se percatan de que la única manera de realizar beneficios a la larga es ser más eficientes que la competencia *o* arreglárselas para que los mercados funcionen de manera imperfecta.

La lucha intelectual sobre la eficiencia de los mercados financieros tiene muchas vertientes: ¿reflejan los precios de los mercados financieros toda la información accesible? ¿Qué papel desempeñan a la hora de determinar las actividades de inversión? Como hemos visto, los mercados financieros que funcionan bien están en el centro de una economía de mercado eficaz porque dirigen la asignación de un capital escaso, uno de los recursos escasos más importantes. El mecanismo de los precios es la esencia del proceso a través del cual el mercado reúne, procesa y transmite información. La hipótesis más extrema de los mercados eficientes sostenía que los precios reflejan fielmente en el mercado toda la información accesible, ofreciendo todo el mundo los datos relevantes para que las empresas puedan tomar decisiones por ejemplo a la hora de invertir. Según esa opinión, por lo tanto, es importante incrementar el papel que tienen los mercados como «reveladores de precios».

Los precios reflejan algo de lo que ocurre en la economía, pero hay una gran cantidad de ruidos extemporáneos, tantos que pocos hombres de negocios se fiarían *sólo* de la información que ofrecen los precios de estos mercados. Naturalmente, los precios de las acciones influyen en las decisiones, ya que el mercado influye en el coste de capital de las empresas. Pero ¿qué empresa siderúrgica decide invertir en una nueva fundición sólo porque un club de inversión de dentistas y médicos de Peoria, Illinois, decide un buen día que el acero es el metal del futuro y, junto con otros inversores, hace subir el precio de las acciones? ¿Qué petrolera basaría sus decisiones de perforación sólo en el precio que tiene hoy el petróleo, fruto muchas veces de la especulación a corto plazo?

Si la hipótesis de los mercados eficientes fuese cierta y los agentes del mercado fuesen totalmente racionales, todos sabrían que no pueden batir al mercado *(beat the market)*. Lo que harían entonces sería simplemente «comprar el mercado», es decir, alguien con el 0,01 por ciento de la riqueza del país compraría el 0,01 por ciento de cada uno de los activos. Eso es, en efecto, lo que hacen los fondos indexados; pero si bien los fondos indexados han crecido enormemente durante los treinta últimos años, aún hay una gran industria fuera tratando de batir al mercado. El hecho mismo de que los agentes del mercado gasten miles y miles de millones intentando batir al mercado refuta la débil hipótesis de que los mercados son eficientes y la mayoría de los agentes, racionales. Lo que le daba credibilidad a la teoría era precisamente que resultaba difícil «batir al mercado». Los precios del mercado mostraban cierta coherencia: el precio de la harina y del aceite de soja guardaba relación con el precio del haba de soja. En este sentido, es fácil comprobar la «eficiencia» del mercado en cualquier momento[48]. Pero resulta difícil evaluar la «eficiencia» de los mercados en situaciones más complejas. Si los mercados fuesen eficientes, nunca habría burbujas. Pero las ha habido. Naturalmente no era fácil decir que estábamos en una burbuja inmobiliaria, y la mayoría de inversores no se percataron de ello, aunque algunos signos fuesen inequívocos. Sólo unos pocos supieron verlos (como John Paulson, que ganó miles de millones con su fondo de inversión libre).

Sin embargo, quizás sea difícil batir al mercado por dos razones. El mercado podría ser totalmente eficiente, con precios que reflejasen toda la información accesible, o el mercado podría no ser más que un casino de juego para gente rica, con precios aleatorios determinados por los cambios de humor y las expectativas. En ambos casos, los futuros precios son «impredecibles». Al cabo de los años, se ha demostrado que la teoría de los «mercados eficientes» es falsa. La crisis actual ha reforzado una conclusión basada en innumerables episodios anteriores. Por ejemplo, el 19 de octubre de 1989, los mercados de materias primas de todo el mundo se desplomaron, cayendo un 20 por ciento o más. No había ninguna noticia, ningún acontecimiento, que explicase una caída de esa magnitud

443

en el valor del capital mundial; fue una devastación mayor que la que hubiese podido producir una guerra. No se podía predecir algo así, pero tampoco se podía decir que esa volatilidad del mercado reflejase el procesamiento de informaciones relevantes por parte del mercado omnisciente[49].

Había una extraña incoherencia en las ideas de muchos de los defensores de la eficiencia de los mercados. Creían que los mercados *ya* eran totalmente eficientes. Pero propugnaban la introducción de innovaciones en los mercados financieros, y declaraban que sus altísimas primas y prebendas eran la justa retribución por los beneficios sociales que esas innovaciones habían conllevado. En esos mercados tan eficientes, sin embargo, las ventajas de esas innovaciones eran muy limitadas: lo único que hacían era rebajar los costes de las transacciones, posibilitando que los individuos racionales manejaran a menor coste los riesgos.

Unos pocos (los fondos de inversión libre o *hedge funds*), aparentemente, batieron así al mercado. Sólo hay una manera de hacerlo que sea coherente con la hipótesis de los mercados eficientes: tener información privilegiada. Manejar información privilegiada es ilegal; si los agentes del mercado creen que otros tienen información privilegiada estarán menos dispuestos a participar. Una de las preocupaciones antes mencionadas (Capítulo 6) fue que unos pocos grandes bancos, casi por su mismo tamaño y el alcance de sus transacciones, tenían información privilegiada. Tal vez no violaban ninguna ley, pero el terreno de juego no estaba nivelado[50]. Hubo muchísimos casos en la caída de 2009 que hicieron pensar que muchas cifras en la industria de los *hedge funds* se basaban en una información privilegiada[51].

*Mercados eficientes y mercados para la información*

La Escuela de Chicago y sus discípulos querían creer que el mercado de la información era igual que cualquier otro mercado. Había una demanda y una oferta de información. Del mismo modo que los mercados eran eficientes en la producción de acero, serían eficientes en la producción y transmisión de información. Desgraciadamente, igual que la idea de que los mercados con información imperfecta se comportarían prácticamente igual que los mercados con información perfecta, esta teoría no se basaba en ningún análisis profundo, y cuando los economistas estudiaron estas cuestiones tanto teórica como empíricamente, resultó que estas ideas eran falsas.

Los argumentos teóricos son complejos, pero el siguiente puede dar una idea de algunos aspectos de la crítica. Consideremos, por ejemplo, el argumento de que los precios del mercado vehiculan toda la información relevante. Entonces alguien que simplemente mire el precio del mercado estará tan perfectamente informado como alguien que se gaste mucho dinero comprando investigación y analizando datos. En ese caso no habría incentivos para reunir información, lo cual significaría que los precios vehiculados por el mercado no serían muy informativos. En cierto sentido, pues, había una cierta incoherencia lógica entre la creencia de que los mercados vehiculaban toda la información y la creencia de que los precios del mercado eran muy informativos[52].

El argumento al uso no tenía en cuenta las diferencias entre el valor social y el valor privado de la información. El hecho de saber antes que nadie que se ha descubierto un nuevo campo de petróleo puede suponer enormes beneficios privados. Puedo vender futuros de petróleo (apostando a que el precio bajará) y ganar mucho dinero. Puedo vender mis acciones de compañías petroleras. Puedo ganar más dinero aún vendiendo títulos de petroleras en corto. En todos estos casos, mis ganancias son a costa de las pérdidas de otros. Es una cuestión de redistribución de la riqueza, no de creación de riqueza. Tener esa información unos minutos antes que todos los demás probablemente no influye en ninguna decisión importante, y por consiguiente, la información tiene poca o ninguna repercusión social[53]. Así es como algunos de los bancos de inversión de mayor éxito han ganado gran parte de su dinero con las transacciones. Pero en cada transacción hay otra cara de la moneda: las ganancias de uno siempre son a costa de las pérdidas de otro.

Desde esta perspectiva, la mayor parte del gasto para obtener información es un derroche; es una carrera por ser el primero, por descubrir algo antes que otros, por ganar a sus expensas. Al final, todos tienen que gastar más dinero para no quedarse atrás.

Yo se lo explico a mis estudiantes de otra manera. Supongan que mientras me están escuchando, a cada uno de ustedes se le cae un billete de 100 dólares. Pueden continuar escuchando y aprendiendo los importantes principios de la economía. Al final de la clase, cada uno se inclina y recoge el billete de 100 dólares que tiene a su lado. Ésta es la solución eficiente. Pero no es un equilibrio del mercado. Supongan que cada uno de ustedes, advirtiendo que sus vecinos no se agachan, se baja rápidamente no sólo para recoger su billete de 100 dólares sino también el del compañero. Como cada uno se da cuenta de lo que su vecino está a punto de hacer, todos se agachan instantáneamente para anticiparse a los demás. Al final, cada uno de ustedes recupera los 100 dólares que habría tenido si hubiera esperado, pero la clase se ha interrumpido y se ha resentido su formación.

*La hipótesis de los mercados eficientes*
*y los fallos de la política monetaria*

La extendida creencia en la hipótesis de los mercados eficientes tuvo mucho que ver en el fracaso de la Reserva Federal. Si esa hipótesis fuera cierta, no habría burbujas. Aunque la Reserva Federal no llegó tan lejos, sí dijo que no se podía hablar de burbuja hasta después de que estallara, es decir que, en cierto modo, las burbujas eran impredecibles. La Reserva Federal tenía razón al afirmar que uno no puede estar *seguro* de que existe una burbuja hasta que ésta estalla, pero sí se pueden hacer afirmaciones probabilísticas. Todas las políticas se hacen dentro de un contexto de incertidumbre, y especialmente a mediados de 2006 ya estaba muy claro que lo que estaba ocurriendo en la economía se parecía mucho a una burbuja. Cuanto más subían los precios y más inasequibles eran las viviendas, más probable resultaba que se tratase de una burbuja.

La Reserva Federal se concentró en los precios de bienes y servicios, no en los precios de los activos, y lo que le preocupaba era que la subida de los tipos de interés pudiese provocar una crisis económica. Y en eso tenía razón. Pero la Reserva Federal disponía de otros instrumentos, que decidió no usar. Había empleado exactamente los mismos argumentos erróneos en la burbuja tecnológica. Entonces, habría podido aumentar los requisitos marginales (a cuánto dinero se debe renunciar para comprar acciones). En 1994, el Congreso le había dado a la Reserva Federal más autoridad para regular el mercado hipotecario, pero el presidente Alan Greenspan se negó a utilizarla. Aunque la Reserva Federal no hubiese tenido la autoridad regulatoria, hubiese podido y debido dirigirse al Congreso para obtener los poderes necesarios (como también he dicho antes, si no tenía autoridad suficiente sobre los bancos de inversión, habría podido y debido dirigirse al Congreso). En vísperas de la crisis, ante la probabilidad de que se formase una burbuja, la Reserva Federal debió de haber reducido al máximo las ratios del principal del préstamo sobre el valor del activo en lugar de permitir que aumentasen. Habría podido restringir las hipotecas de tipo variable. En lugar de eso, Greenspan las fomentó. Habría podido restringir los préstamos con amortización negativa y documentación insuficiente (créditos del mentiroso). Tenía muchos instrumentos a su disposición[54]. Quizás no habrían funcionado a la perfección, pero no cabe duda de que habrían sacado algo de aire de la burbuja.

Una de las razones por las cuales la Reserva Federal fue tan escéptica acerca de la burbuja era que sostenía otra teoría errónea: si aparecía un problema, sería fácil resolverlo. Una de las razones por las que creía que los problemas eran fáciles de resolver era su fe en el nuevo modelo de titulización: los riesgos se habían extendido a todo el mundo hasta tal punto que el sistema económico global podía absorberlos fácilmente. ¿Qué importaba entonces que se hundiera el mercado inmobiliario en Florida? Ese activo era una parte minúscula de la riqueza mundial. Aquí la Reserva Federal cometió dos errores: el primero es que, al igual que los bancos de inversión y las agencias de calificación, subestimó la magnitud de la correlación, no tuvo en cuenta que los mercados inmobiliarios dentro de Estados Unidos (y, de hecho, en la mayor parte del mundo) podían hundirse juntos, y por razones obvias. El segundo es que sobreestimó la extensión de la diversificación. No se percató de hasta qué punto los grandes bancos habían acumulado esos riesgos en sus propios libros. Subestimó los incentivos para asumir demasiados riesgos y sobrevaloró la competencia de los banqueros para gestionar dichos riesgos[55].

Cuando Greenspan dijo que el gobierno podía «arreglar» fácilmente la economía, no explicó que enfrentarse a los problemas les costaría a los contribuyentes cientos de miles de millones de dólares y a la economía todavía más. Era una idea extraña, ésa de que resultaba más fácil reparar el coche después de que se estrellara que prevenir el accidente. La economía se había recuperado de recesiones anteriores. Las crisis de Asia oriental y de América Latina no se habían extendido a Estados Unidos. Pero todas se habían cobrado su peaje: basta pensar en el sufrimiento de los que perdieron su empleo, su casa y la posibilidad de una jubilación decente. Desde una perspectiva macroeconómica, el coste de una recesión, aunque sea mínima, siempre es grande; pero esta vez los costes reales y presupuestarios de la Gran Recesión serán de billones. Greenspan y la Reserva Federal simplemente se equivocaron. La Reserva Federal se creó, en parte, para evitar accidentes como éste. No se creó sólo para ayudar a la reconstrucción. Olvidó cuál era originariamente su misión.

## La batalla de la economía de la innovación

La teoría económica al uso (el modelo neoclásico del que hemos tratado más arriba en este capítulo) ha tenido poco que decir acerca de la innovación, aunque la mayor parte de las mejoras del estilo de vida estadounidense durante los cien últimos años sean fruto del progreso técnico[56]. Como señalé antes, del mismo modo que la «información» no formaba parte de los viejos modelos, éstos tampoco incluían la innovación.

Cuando los economistas de la corriente principal se dieron cuenta de la importancia de la innovación, empezaron a desarrollar teorías para tratar de explicar su nivel y dirección[57]. Al hacerlo, revisaron algunas ideas que habían formulado dos grandes economistas de la primera mitad del siglo xx, Joseph Schumpeter y Friedrich Hayek y que en cierto modo la corriente dominante había dejado de lado.

Schumpeter, un austriaco que realizó algunos de sus trabajos más importantes en Harvard, se pronunció en contra del modelo competitivo al uso[58]. Insistió en la competencia por la innovación. Consideraba que todos los mercados estaban temporalmente dominados por un monopolio, pero que éste pronto era desplazado por otro más innovador, que se convertía a su vez en el nuevo monopolio. Lo que había era competencia *por* los mercados, no competencia *en* los mercados, y esa competencia se hacía *a través de* la innovación.

Ciertamente había mucho de verdad en el análisis de Schumpeter. Su insistencia en la innovación era un progreso respecto a los análisis económicos al uso (las teorías walrasianas del equilibrio general de las que hemos hablado en este capítulo y que ignoraban la innovación). Pero Schumpeter no se planteó las preguntas clave: ¿No tomarán medidas los monopolios para evitar que entren nuevos rivales? ¿No dirigirán su atención los innovadores a tratar de capturar la cuota de mercado de un competidor antes que a desarrollar una idea realmente nueva? ¿Se puede afirmar en algún sentido que ese proceso de innovación es eficiente?

Experiencias recientes demuestran que las cosas no son tan idílicas como pretenden los partidarios del mercado. Por ejemplo, Microsoft había basado su poder monopolístico en el sistema operativo para PC y en poder dominar así las aplicaciones como el procesador de textos, las hojas de cálculo y los buscadores. Su victoria sobre la eventual competencia tuvo un efecto devastador sobre la innovación de sus rivales potenciales. De hecho, un monopolio puede tomar muchas medidas para desanimar la entrada de posibles competidores y mantener su posición. Algunas de esas medidas pueden tener un valor social positivo, como innovar más deprisa que los competidores. Pero otras acciones no tienen ningún valor social. Naturalmente, en una economía dinámica, al final toda empresa dominante acaba teniendo competencia. Toyota le ganó la mano a GM; Google está poniendo en apuros a Microsoft en muchos ámbitos. Pero el hecho de que la competencia *al final* funcione no dice nada de la eficiencia general de los procesos en los mercados ni permite afirmar que la actitud del *laissez-faire*, no intervenir, sea deseable.

Hayek, al igual que Schumpeter, se apartó de la teoría del equilibrio que dominaba la corriente principal de la economía. Escribió en plena polémica suscitada por el comunismo, donde el gobierno asumía la dirección de la economía. En aquellos sistemas, la toma de decisiones estaba «centralizada» en un buró de planificación. Algunos de los que habían vivido la Gran Depresión y habían visto la mala asignación masiva de los recursos —y el enorme sufrimiento humano— creían que el gobierno debía asumir el papel principal a la hora de decidir cómo había que asignar los recursos. Hayek puso en cuestión esas opiniones, defendiendo no sólo las ventajas desde el punto de vista de la información de un sistema de precios descentralizado, sino también de forma más amplia la evolución descentralizada de las propias instituciones. Aunque tenía razón al afirmar que ningún planificador podía recoger y procesar toda la información relevante, esto no significa, como hemos visto, que el sistema de precios descontrolado sea en sí mismo eficiente.

Hayek estaba influido por la metáfora biológica de la evolución (a diferencia de Walras, que se inspiraba en la noción física del «equilibrio»). Darwin había hablado de la supervivencia de los más aptos, y el darwinismo social sostenía que la competencia despiadada haría sobrevivir a las empresas más aptas y por tanto implicaría una eficiencia siempre creciente de la economía. Hayek sencillamente se lo tomó como artículo de fe, pero el hecho es que los procesos de la evolución abandonada a su suerte no siempre conducen a la eficiencia económica. Por desgracia, la selección natural no necesariamente escoge las empresas (o las instituciones) mejores a largo plazo[59]. Una de las principales críticas a los mercados financieros es que cada vez son más miopes. Algunos cambios institucionales (como el hincapié que hacen en los rendimientos cuatrimestrales) hacen que sea más difícil para las empresas tener perspectivas a largo plazo. En esta crisis, algunas empresas dijeron que no querían asumir tanto apalancamiento, pues ya se daban cuenta del riesgo, pero que de no haberlo hecho, no habrían podido sobrevivir. Su retorno sobre el capital habría sido bajo, los agentes del mercado habrían malinterpretado ese retorno bajo como el resultado de un espíritu poco innovador y poco emprendedor, y el precio de sus acciones se habría derrumbado. Les pareció que no tenían más opción que seguir al rebaño, con efectos desastrosos a largo plazo, tanto para sus accionistas como para la economía.

Es interesante observar que, aunque Hayek se haya convertido en un dios para los conservadores, él (lo mismo que Smith) siempre reconoció que el gobierno tenía un importante papel que desempeñar. Dijo que «probablemente nada ha hecho tanto daño» a los partidarios del mercado como la «obstinada insistencia... en ciertas reglas generales que se aceptan sin discutir, como el principio capitalista del *laissez-faire*»[60]. Hayek decía que el gobierno debía cumplir un papel en diversas áreas, desde la regulación de la jornada laboral hasta la política monetaria, pasando por instituciones destinadas a hacer que la información circulase correctamente[61].

Las teorías económicas del pasado cuarto de siglo han permitido ver por qué muchas veces fracasan los mercados y qué se puede hacer para que funcionen mejor. Los ideólogos de la derecha y los economistas que les apoyaron

—respaldados por los intereses financieros a los que el movimiento de desregulación les iba muy bien— decidieron ignorar esos progresos teóricos. Decidieron seguir afirmando que Adam Smith y Friedrich Hayek tenían la última palabra sobre la eficiencia del mercado, tal vez puestos al día por algún extravagante modelo matemático que corroboraba sus resultados, pero ignoraron las advertencias de los académicos sobre la necesidad de que el gobierno intervenga en la economía.

El mercado de las ideas no es más perfecto que el mercado de los productos, del capital y de la mano de obra. Las mejores ideas no siempre prevalecen, al menos a corto plazo. Pero la buena noticia es que, mientras la teoría absurda de los mercados perfectos predominaba en algunos sectores de la profesión económica, había universitarios que estaban tratando de comprender cómo funcionan realmente los mercados. Ahora sus ideas están aquí, para que las usen aquellos que quieran construir una economía más estable, más próspera y más equitativa.

# Capítulo 10

## Hacia una nueva sociedad

Dicen que cuando uno ha tenido la experiencia de estar al borde de la muerte esto le hace revisar sus prioridades y valores. La economía global ha estado al borde de la muerte. La crisis ha puesto al descubierto no sólo errores en el modelo económico dominante sino también en nuestra sociedad. Demasiada gente se ha aprovechado de los demás. Se ha perdido la confianza. Casi cada día nos ha traído historias de conductas reprobables de los financieros: la pirámide de Ponzi, la información privilegiada, los créditos abusivos y toda una serie de triquiñuelas con las tarjetas de crédito para sacarle al pobre usuario el mayor jugo posible. Este libro, sin embargo, ha insistido no sobre los que infringieron la ley, sino sobre las legiones de aquellos que, dentro de la ley, originaron, empaquetaron, reempaquetaron y vendieron productos tóxicos y cometieron tales imprudencias que a punto estuvieron de llevarse por delante todo el sistema financiero y económico. El sistema se ha salvado, pero a un coste que todavía cuesta imaginar.

La tesis de este capítulo es que deberíamos aprovechar este momento para reflexionar y pensar qué tipo de sociedad queremos y para preguntarnos a nosotros mismos:

¿estamos creando una economía que nos ayude a realizar estas aspiraciones?

Hemos recorrido un largo trecho en la dirección contraria, creando una sociedad en la que el materialismo se impone al compromiso moral, en la que el crecimiento rápido que hemos alcanzado no es sostenible desde el punto de vista medioambiental ni social, en la que no actuamos juntos como una comunidad para satisfacer nuestras necesidades comunes, en parte porque el individualismo feroz y el fundamentalismo del mercado han erosionado cualquier sentido de comunidad y han llevado a la explotación rampante de los individuos incautos y vulnerables y a una división social cada vez más acentuada. Se ha quebrado la confianza, y no sólo en nuestras instituciones financieras. Pero no es demasiado tarde para cerrar esas fisuras.

## DE CÓMO LA ECONOMÍA MODELA LA SOCIEDAD Y LOS INDIVIDUOS

Una de las lecciones de esta crisis es que se necesita una acción colectiva y que el gobierno tiene un papel que jugar, como he señalado repetidamente. Pero hay otras: hemos permitido que los mercados modelasen ciegamente nuestra economía, y al hacerlo, también nos han modelado a nosotros y a nuestra sociedad. Ahora tenemos la oportunidad de preguntarnos si la forma como nos han modelado es lo que queremos.

*La mala asignación del recurso más escaso:*
*nuestro talento humano*

He descrito cómo nuestros mercados financieros asignaban mal el capital. Pero el coste real de nuestro desbocado sector financiero tal vez ha sido mucho más alto: ha asignado mal nuestro recurso más escaso, que es el talento humano. He visto cómo nuestros mejores estudiantes se dedicaban a las finanzas. No pudieron resistirse a ganar dinero a espuertas. Cuando yo era estudiante, los mejores se orientaban hacia la ciencia, la enseñanza, las humanidades o la medicina. Querían cambiar el mundo utilizando su cerebro. Recuerdo claramente el consejo de mis padres cuando, como todos los adolescentes, me pregunté qué quería ser de mayor. Me dijeron: «El dinero no es importante. Nunca te dará la felicidad. [Extraño consejo para un futuro economista]. Usa el cerebro que Dios te ha dado para ser útil a los demás. Eso es lo que te dará satisfacción».

Si los beneficios sociales guardasen proporción con los beneficios personales, las cantidades astronómicas que el sector financiero se ha embolsado reflejarían unos aumentos increíbles en la productividad social. A veces eso ha ocurrido, pero demasiadas veces no ha sido así, como en el periodo inmediatamente anterior al desastre.


*De cómo el mercado ha alterado nuestra forma de pensar y ha pervertido nuestros valores*

La teoría económica al uso supone que nacemos con unas determinadas preferencias innatas. Pero de hecho nos va moldeando lo que ocurre a nuestro alrededor, incluida quizás de manera decisiva la economía.

Fueron demasiados los que llegaron a creer en la teoría de que lo que les pagaban reflejaba su contribución a la sociedad, y llegaron a la conclusión de que los que recibían esas retribuciones tan altas debían de ser los que más contribuían a la mejora de la sociedad. Fueron demasiados los que llegaron a dar valor a lo que el mercado valoraba. Lo mucho que ganaban los banqueros significaba que la banca era importante.

La forma en que el mercado ha alterado nuestra manera de pensar se refleja en las actitudes hacia las primas. ¿Qué tipo de sociedad es aquélla en la que un consejero delegado dice: «Si me pagan sólo cinco millones de dólares, únicamente les daré una parte de mi esfuerzo. Si quieren recibir toda mi atención, me tienen que dar una participación en los beneficios»? Pues eso es exactamente lo que los consejeros delegados dicen cuando reclaman que se les incentive con primas que aumentan según el rendimiento.

Antes había un contrato social en lo tocante al reparto razonable de las ganancias que todos generaban actuando conjuntamente dentro de la economía. En las compañías, la paga del jefe solía ser cuarenta veces mayor que la del empleado medio, lo cual ya es mucho, y en todo caso es más que en Europa o en Japón. (Los ejecutivos en la mayor parte de esas empresas también son empleados, en el sentido de que la empresa no es suya. Pero están en situación de tomar decisiones, incluidas las decisiones sobre qué parte de los ingresos de la empresa irá a parar a los accionistas, a los empleados y a ellos mismos). Pero algo sucedió hace unos veinticinco años, cuando se entró en la era de Margaret Thatcher y Ronald Reagan. Cualquier sentido de equidad en las retribuciones fue reemplazado por cuánto creían los propios ejecutivos que debían cobrar.

Lo que sucede en los mercados y la política dice mucho sobre el poder económico y político. También envía mensajes rotundos a los que la juventud responde, y al hacerlo, modela nuestra sociedad. Cuando el tipo del impuesto que grava los beneficios de la especulación es más bajo que el que grava las rentas del trabajo, no sólo animamos a los jóvenes a dedicarse a la especulación, sino que estamos diciendo que, en efecto, como sociedad valoramos más la actividad especulativa.

## UNA CRISIS MORAL

Se ha escrito mucho sobre la insensatez de los riesgos que asumió el sector financiero, la devastación que las instituciones financieras han provocado en la economía y los déficits fiscales que esto ha supuesto; demasiado poco se ha escrito sobre el «déficit moral» que todo ello ha revelado, un déficit que puede ser mayor y más difícil incluso de corregir. La búsqueda incansable de beneficios y la persecución del propio interés quizás no han creado la prosperidad que se esperaba, pero sí han contribuido a crear el déficit moral.

Tal vez había una frontera sutil entre la contabilidad creativa y la contabilidad engañosa, una frontera sutil que el sector financiero ha cruzado una y otra vez, incluidos hace pocos años los escándalos de WorldCom y Enron. No siempre es posible distinguir entre incompetencia y engaño, pero no es probable que una empresa que proclama que tiene una red que vale más de cien mil millones de dólares se halle de pronto en números rojos sin saber que su contabilidad era engañosa. No es creíble que los creadores de hipotecas y los bancos de inversión no supieran que los productos que estaban emitiendo, adquiriendo y reempaquetando eran tóxicos y venenosos. Los bancos de inversiones quieren que nos creamos que los que les vendieron las hipotecas los engañaron. Pero no fue así. Ellos alentaron a los creadores de hipotecas a que entraran en el arriesgado mercado de las subprime porque sólo ampliando la oferta de hipotecas y transformando los activos dudosos en nuevos productos podían ganar las comisiones y generar los beneficios que, mediante el apalancamiento, les hacía parecer linces de las finanzas. Si fueron engañados, fue porque no quisieron saber. Es posible que algunos no supieran lo que estaban haciendo, pero entonces también son culpables de un delito distinto, el de falsedad documental, pues afirmaron que sabían el riesgo que corrían cuando manifiestamente lo ignoraban.

Exagerar las cualidades de la propia mercancía o presumir de competencias que no se tienen es algo que podíamos esperar de muchas empresas, aunque la magnitud del engaño esta vez fue desproporcionada, como también lo fueron los egos y las retribuciones. (Como dice el viejo adagio, *caveat emptor*). Pero más difícil de perdonar es la depravación moral, la explotación por parte del sector financiero de los estadounidenses pobres e incluso de los de clase media. Como ya he señalado, las instituciones financieras descubrieron que había dinero en la base de la pirámide e hicieron cuanto pudieron dentro de la ley (y algunos incluso fuera de ella) para llevarse ese dinero a la cúspide. Pero en vez de preguntar por qué los reguladores no detuvieron ese proceso, deberíamos habernos preguntado qué ocurrió con la conciencia moral de quienes se dedicaron a esas prácticas.

En el Capítulo 6 expliqué que la estafa Ponzi de Bernie Madoff no era para nada diferente de los planes de otros que hicieron apalancamientos elevadísimos. Los financieros sabían —o habrían debido saber— que los altos beneficios a corto plazo (acompañados de elevadas comisiones) probablemente irían seguidos de grandes pérdidas, lo cual según sus contratos no afectaría a sus bonos. Esos devotos de los mercados perfectos deberían haber sabido que el apalancamiento no puede ser nunca un cheque en blanco con altísimos beneficios y prácticamente sin riesgos. Un apalancamiento elevado genera grandes beneficios en los años de bonanza; pero también expone a los bancos a enormes riesgos de quiebra.

Si ganar dinero era el principal objetivo en la vida, cualquier comportamiento para conseguirlo era aceptable. Como en las demás crisis bancarias que hubo antes que ésta, cada episodio está marcado por una falta de escrúpulos morales que hubiera debido sonrojarnos, con unas cuantas personalidades ilustres que acabaron en la cárcel (pero que conservaron a menudo cientos de millones de dólares en sus cuentas, incluso después de pagar multas astronómicas): Charles Keating y Michael Milken en los años ochenta, y Kenneth Lay y Bernard Ebbers a principios de la presente década.

Madoff cruzó la línea entre «exageración» y «conducta fraudulenta». Pero cada día la lista de financieros «faltos de ética» es más larga. Angelo Mozilo, el consejero delegado de Countrywide Financial, el mayor creador estadounidense de hipotecas subprime, es otro ejemplo. Ha sido acusado por la SEC de fraude financiero y uso de información privilegiada: él mismo describió en privado las hipotecas que creaba como tóxicas, diciendo incluso que Countrywide estaba «volando a ciegas»; al mismo tiempo se vanagloriaba en público de la solidez de su empresa y decía ofrecer unas hipotecas de primera calidad que cumplían con los estándares más exigentes de las reaseguradoras[1]. Muchos emprendedores ganan mucho dinero vendiendo sus empresas. El sueño de todos es encontrar a un loco que quiera pagar un precio altísimo. Él lo consiguió: vendió su Countrywide con un beneficio de casi 140 millones de dólares.

Se mire como se mire, nuestros bancos y nuestros banqueros, tanto antes como durante la crisis, no observaron las normas morales que hubiera cabido esperar, especialmente en lo tocante a la explotación de la gente corriente que les pedía créditos. Las hipotecas subprime son sólo un ejemplo más de una larga lista de prácticas abusivas dentro de un abanico que incluye los préstamos a estudiantes, los anticipos de la paga (*pay day loans*), los *rent-a-centers*[2] y las tarjetas de crédito y de débito.

A veces, las compañías financieras (y otras entidades) dicen que no son ellas las que deben decidir lo que está bien y lo que está mal. Es el gobierno. Mientras el gobierno no haya prohibido la actividad, un banco tiene la obligación para con sus accionistas de prestar dinero si ello genera beneficios. Es lógico, no hay nada malo en ayudar a las compañías tabaqueras, cuando todo el mundo sabe que fabrican un producto cada vez más adictivo que mata[3].

Quienes sugieren que son libres de obrar como quieran mientras no infrinjan la ley están intentando salir del paso con demasiada facilidad. Al fin y al cabo, la comunidad empresarial se gasta grandes sumas tratando de conseguir que la legislación le permita dedicarse a esas prácticas inicuas. La industria financiera trabajó mucho para frenar una legislación que evitase los créditos depredadores, para dinamitar leyes estatales de protección del consumidor y para asegurarse de que el gobierno federal —con sus normas laxas durante los años de gobierno de Bush— impidiera actuar a los reguladores estatales. Y lo que es peor, muchas compañías trataron por todos los medios de hacer aprobar leyes que las eximieran de la responsabilidad ordinaria. El sueño de las compañías tabaqueras es tener una regulación tan *light* que no les impida hacer cualquier cosa que habrían hecho de todas formas, pero que les permita decir, para defenderse de las muertes que causen sus actividades, que ellas suponían que todo era correcto porque todo era legal y se atenía a las normas fijadas por el gobierno.

## *Asumir responsabilidades*

La economía, sin querer, dio pie a esa falta de responsabilidad moral[4]. Una lectura ingenua de Adam Smith pudo sugerir que eximía a los agentes del mercado de tener que plantearse cuestiones morales. Al fin y al cabo, si la persecución del interés propio comporta, a través de la mano invisible, el bienestar de la sociedad, basta con que uno esté seguro de que sigue su propio interés para actuar correctamente. Y el sector financiero aparentemente lo hacía. Pero es obvio que perseguir el propio interés —la codicia— no condujo al bienestar de la sociedad, ni en este episodio ni en los escándalos anteriores que afectaron a WorldCom y a Enron.

La teoría de los fallos del mercado que he presentado en capítulos anteriores ayuda a explicar por qué las cosas fueron tan mal; cómo fue que los banqueros, persiguiendo sus intereses privados, nos llevaron a tan desastrosas consecuencias sociales; y por qué la persecución del interés propio por parte de los banqueros no generó ningún bienestar social, ni siquiera el bienestar de los accionistas. Cuando hay fallos del mercado, como las externalidades, las consecuencias (los beneficios y costes marginales) de una acción no se reflejan totalmente en los precios (recibidos o pagados). He explicado que el mundo está lleno de externalidades. La quiebra de un banco tiene potencialmente efectos desastrosos sobre otros; la quiebra del sistema bancario —o incluso la quiebra potencial— ya ha tenido unos efectos devastadores sobre la economía, los contribuyentes, los trabajadores, los negocios y los propietarios de casas. La ejecución de una sola hipoteca hace bajar el valor de mercado de las casas vecinas, aumentando la probabilidad de que sus hipotecas también sean ejecutadas.

El modelo individualista del estadounidense rudo y aventurero, tan bien personificado por el presidente Bush con sus botas de *cowboy* y su andar arrogante, representa un mundo en el cual somos responsables de nuestros propios éxitos o fracasos y nos embolsamos el premio de nuestros esfuerzos. Pero, al igual que el *homo economicus* del Capítulo 9 y la empresa decimonónica dirigida por su dueño, este modelo es un mito. «Un hombre no es una isla»[5]. Lo que hacemos tiene importantes efectos sobre los demás; y si somos lo que somos es gracias, al menos en parte, a los esfuerzos de los demás.

Lo irónico ha sido que en la práctica el modelo del individualismo americano ha consistido en que la gente se ha apuntado los tantos de sus éxitos pero no se ha hecho en absoluto responsable de sus fracasos, cuyos costes han tenido que pagar otros. Cuando ha habido megabeneficios (en las anotaciones contables), los banqueros se han colgado las medallas, diciendo que era gracias a sus esfuerzos; pero cuando ha habido megapérdidas (reales), las han atribuido a unas fuerzas que ellos no podían controlar.

Estas actitudes se reflejaron en los planes de retribución de los ejecutivos; a pesar del énfasis en los incentivos, a menudo había poca relación entre la paga y el rendimiento. La paga *por incentivos* es alta cuando los resultados son buenos, pero cuando los resultados son malos, la diferencia se compensa con otros conceptos que llevan otros nombres, como «paga por retener talentos». Las entidades dicen: debemos pagarle mucho al empleado aunque los resultados no hayan sido buenos, porque otros podrían quitárnoslo. Cabría esperar que los bancos quisieran deshacerse de aquellos cuyo rendimiento había sido malo. Pero ellos dicen: los beneficios han sido pocos, no porque el rendimiento no haya sido el adecuado, sino a causa de acontecimientos que escapan a nuestro control. No obstante, lo mismo podía decirse cuando los beneficios eran elevados. Éste es uno de los muchos ejemplos de conflicto cognitivo, de la habilidad de los financieros para argumentar razonablemente por un lado pero no ver todas las implicaciones de su argumentación[6].

Mucho de lo que se dice a propósito de la responsabilidad también parece sólo un juego semántico: en la sociedad japonesa, un consejero delegado responsable de destruir la empresa, poniendo a miles de trabajadores en la calle, podía cometer haraquiri. En el Reino Unido, los consejeros delegados dimitían cuando sus empresas quebraban. En Estados Unidos, están luchando por mantener o aumentar sus primas.

En los mercados financieros actuales, casi todo el mundo proclama su inocencia. Todos se limitaban a hacer su trabajo. Y a fe que lo hacían. Pero su trabajo a menudo consistía en explotar a otros o en vivir del resultado de esa explotación[7]. Hubo individualismo pero no responsabilidad individual. A largo plazo, la sociedad no puede funcionar bien si la gente no asume la responsabilidad de sus actos. «Yo sólo hacía mi trabajo» no puede ser un argumento para la defensa.

Las externalidades y otros fallos del mercado no son la excepción sino la regla. Si esto es así, las implicaciones son importantísimas. Afectan a la responsabilidad individual y corporativa. Las empresas tienen que hacer algo más que simplemente maximizar su valor en el mercado. Y los individuos, dentro de las empresas, deben pensar más en lo que hacen y en las consecuencias que eso tiene para los demás. No pueden contentarse con decir que «simplemente» maximizan sus ingresos.

## LO QUE MIDES ES LO QUE VALES, Y VICEVERSA[8]

En una sociedad como la nuestra, donde lo que importa es el rendimiento, nos esforzamos por trabajar bien, pero lo que hacemos está influido por lo que medimos. Si a los alumnos se les examina de lectura, los maestros les enseñarán a leer, pero dedicarán menos tiempo a desarrollar destrezas cognitivas más amplias. Así mismo, los políticos y los economistas se esfuerzan por entender qué es lo que da un mejor rendimiento *tal y como lo mide el PIB*. Pero si el PIB es una mala unidad de medida para el bienestar social, entonces nos estamos esforzando por alcanzar un objetivo equivocado. De hecho, lo que hacemos puede ser contraproducente para nuestros verdaderos objetivos.

Medir el PIB en Estados Unidos no dio realmente una imagen fidedigna de lo que estaba ocurriendo antes del estallido de la burbuja. Estados Unidos pensó que estaba haciéndolo mejor de lo que en realidad lo hacía, y lo mismo sucedió en otros países. Los precios de la burbuja inflaron el valor de las inversiones en bienes inmobiliarios así como los beneficios. Muchos emularon a Estados Unidos. Los economistas hicieron estudios sofisticados relacionando el éxito con distintas políticas, pero como su forma de medir el éxito era errónea, las conclusiones de sus estudios también lo fueron[9].

La crisis demuestra lo muy distorsionados que pueden estar los precios del mercado, lo cual hace que nuestra medición del rendimiento se vea distorsionada a su vez. Aun sin la crisis, los precios de *todos* los bienes están distorsionados porque hemos tratado nuestra atmósfera (y demasiado a menudo también el agua) como si fuesen gratis, cuando de hecho son bienes escasos. La distorsión de cada mercancía concreta depende de la cantidad de «carbono» que implique su producción (incluyendo la producción de todos los componentes que se usan para obtenerla).

Algunos de los debates que tenemos respecto a los compromisos entre el medio ambiente y el crecimiento económico están fuera de lugar: si midiéramos correctamente la producción, no habría compromiso alguno. Si la forma de medir es correcta, la producción con unas buenas políticas medioambientales es más alta. Y también el medio ambiente es mejor. Nos percataríamos de que los aparentes beneficios (efímeros, por cierto) de los coches que engullen mucha gasolina, como el Hummer, son falsos; porque son a costa del bienestar futuro.

Nuestro crecimiento económico se ha basado demasiado en pedirle préstamos al futuro: hemos vivido por encima de nuestros medios. Una parte del crecimiento se ha basado, además, en el agotamiento de recursos naturales y la degradación del medio ambiente, una especie de préstamo tomado del futuro, tanto más odioso cuanto que son deudas que no se ven[10]. Estamos empobreciendo a las futuras generaciones, pero nuestro indicador, que es el PIB, no lo refleja.

Nuestra forma de medir el bienestar presenta otros problemas. El PIB per cápita mide lo que gastamos en atención sanitaria, no su resultado, es decir, nuestro estado de salud, reflejado por ejemplo en la esperanza de vida. Así, siendo nuestro sistema sanitario menos eficiente, puede parecer que el PIB aumenta, aunque los resultados en salud sean peores. El PIB per cápita de Estados Unido es aparentemente más alto que el de Francia o el del Reino Unido en parte porque nuestro sistema sanitario es menos eficiente. Gastamos mucho más para obtener resultados mucho peores.

Como último ejemplo (hay muchos más)[11] del carácter engañoso de nuestro sistema de medir, el PIB *medio* per cápita puede incrementarse incluso cuando la mayoría de individuos de nuestra sociedad no sólo creen que les va peor, sino que objetivamente les va peor. Eso ocurre cuando las sociedades se vuelven menos igualitarias (cosa que ha estado sucediendo en la mayoría de los países del mundo). Una tarta muy grande no significa que todos —o que la mayoría— obtengan un trozo mayor. Como señalé en el Capítulo 1, en Estados Unidos en 2008 la renta promedio de las familias fue un 4 por ciento más baja que en el año 2000, ajustada a la inflación, aunque el PIB per cápita (un indicador que se obtiene dividiendo el PIB por el número de habitantes) aumentó un 10 por ciento[12].

El objetivo de la producción social es aumentar el bienestar de los miembros de la sociedad, comoquiera que éste se defina. Nuestro sistema de medir no es bueno. Existen sistemas alternativos. No hay ninguno que pueda captar toda la complejidad de lo que ocurre en una sociedad moderna, pero el PIB falla de forma estrepitosa. Necesitamos indicadores que reflejen cómo le va al individuo medio (medir el promedio de ingresos es mejor que medir la renta per cápita); que reflejen la sostenibilidad (indicadores que tengan en cuenta, por ejemplo, el agotamiento de recursos y el impacto sobre el medio ambiente, así como el endeudamiento); y que reflejen también la salud y la educación. El Programa de Naciones Unidas para el Desarrollo (PNUD) ha diseñado un sistema mucho más global que incluye la educación y la salud, además de los ingresos. Según este indicador, los países escandinavos obtienen mejores resultados que Estados Unidos, que ocupa el decimotercer lugar[13].

Pero incluso cuando los indicadores *económicos* se amplían para incluir la salud y la educación, dejan fuera otros muchos factores que influyen en nuestra sensación de bienestar. Robert Putnam ha subrayado la importancia de nuestra conectividad con los demás. En Estados Unidos, ese sentido de conectividad se está debilitando, y la forma como hemos organizado nuestra economía contribuye a ello[14].

El reino budista de Bhután, en el Himalaya, ha intentado un enfoque distinto. Está tratando de crear un indicador de FNB (felicidad nacional bruta). La relación de la felicidad con los bienes materiales sólo es parcial. Algunos aspectos, como los valores espirituales, no se pueden, y probablemente no se deben, cuantificar. Pero hay otros que sí se pueden medir (como la conectividad social). Y aunque no los cuantifiquemos, hacer hincapié en esos valores ya es descubrir otra forma de plantearnos la orientación de nuestra economía y nuestra sociedad.

*Seguridad y derechos*

Un componente importante del bienestar social es la seguridad. La mayoría de los estadounidenses consideran que su nivel de vida y su sensación de bienestar se ha deteriorado más de lo que las estadísticas de la renta nacional y los promedios de ingresos de las familias sugieren, en parte porque ha aumentado la inseguridad. Se sienten menos seguros en su trabajo, sabiendo que si pierden su empleo también perderán su seguro de enfermedad. Con el aumento de las matrículas, también se sienten menos seguros de poder dar a sus hijos una educación que les permita cumplir sus aspiraciones. Con la baja de los planes de pensiones, se sienten menos seguros de tener una vejez confortable. Hoy día son muchos los estadounidenses que están preocupados también por si podrán o no conservar su casa. El colchón que representaba la propiedad de una casa, la diferencia entre el valor de la casa y la hipoteca, ha desaparecido. Unos quince millones de casas, que representan alrededor de un tercio de todas las hipotecas a nivel nacional, tienen una hipoteca cuyo valor supera el de la casa[15]. En esta recesión, 2,4 millones de personas han perdido su seguro de enfermedad porque han perdido su empleo[16]. Para ellos, la vida está al borde del precipicio.

La mayor seguridad puede tener incluso un efecto indirecto y positivo sobre el crecimiento: permite que las personas asuman mayores riesgos, sabiendo que si las cosas no salen como esperaban siempre habrá un nivel de protección social. Los programas que ayudan a la gente a pasar de un empleo a otro contribuyen a hacer que uno de nuestros recursos más importantes —el talento humano— se emplee mejor. Esos tipos de protección social también tienen una dimensión política: si los trabajadores se sienten más seguros, habrá menos demanda de proteccionismo. La protección social sin proteccionismo puede por tanto contribuir a crear una sociedad más dinámica. Y una sociedad y una economía más dinámicas —con el grado apropiado de protección social— pueden dar más satisfacción tanto a los trabajadores como a los consumidores.

Naturalmente puede haber una protección excesiva del empleo, en la que no haya sanciones si el rendimiento es malo y se incentive poco el trabajo bien hecho. Pero de nuevo irónicamente nos hemos preocupado más de ese riesgo moral de los incentivos sobre las personas que de sus consecuencias en las empresas, y eso ha distorsionado mucho las respuestas que se han dado a la crisis actual. Dificultó que la administración Bush diera respuesta a los millones de personas que estaban perdiendo sus casas y sus empleos. La administración no quiso dar la impresión de que se «recompensaba» a los que se habían endeudado de forma irresponsable. No quiso aumentar el seguro de desempleo porque ello habría podido desincentivar la búsqueda de un nuevo puesto de trabajo. Debería haberse preocupado menos de esos problemas y más de los incentivos perversos que representa la red de seguridad que se ha establecido para las empresas[17].

Las grandes empresas estadounidenses también hablan de la importancia de la seguridad. Insisten en la importancia de asegurar los derechos de propiedad, y en cómo sin esa seguridad no invertirían. Ellas —igual que los ciudadanos de a pie— son «reacias a asumir riesgos». Los políticos, especialmente los de derechas, han prestado mucha atención a esas preocupaciones por garantizar los derechos de propiedad. Pero irónicamente muchos han declarado que la seguridad individual debería reducirse, recortando la Seguridad Social y la seguridad en el empleo para esos ciudadanos de a pie. Es una curiosa contradicción, que corre pareja con las recientes discusiones sobre los derechos humanos[18].

Durante décadas después del comienzo de la guerra fría, Estados Unidos y la Unión Soviética se enzarzaron en una batalla por los derechos humanos. La Declaración Universal de los Derechos Humanos contenía derechos básicos tanto de carácter económico como político[19]. Estados Unidos sólo quería hablar de derechos políticos, y la Unión Soviética sólo de derechos económicos. Muchas personas en el Tercer Mundo, pese a ser conscientes de la importancia de los derechos políticos, consideraban que los derechos económicos eran prioritarios. ¿De qué le sirve el derecho al voto a alguien que se está muriendo de hambre? Ponían en cuestión que alguien sin educación pueda ejercer correctamente el derecho al voto cuando los temas que se barajan son complejos.

Finalmente, bajo la administración Bush, Estados Unidos empezó a reconocer la importancia de los *derechos económicos*, pero ese reconocimiento estaba sesgado: lo que reconoció fue el derecho del capital a moverse libremente dentro y fuera de los países, la liberalización del mercado de capitales. Otros derechos económicos en los que se insistió fueron los derechos de propiedad intelectual y los de propiedad en general. Pero ¿por qué deberían esos derechos económicos —derechos de las empresas— ser más importantes que los derechos económicos básicos de los individuos, como el derecho de acceso a la salud, a la vivienda y a la educación? ¿O el derecho a un mínimo nivel de seguridad?

Ésos son los temas básicos a los que todas las sociedades deben enfrentarse. Tratar exhaustivamente de los mismos nos llevaría más allá del objetivo que se ha fijado este libro. Pero lo que debería quedar claro es que esos temas de derechos no nos vienen dados por Dios. Son construcciones sociales. Podemos pensar en ellos como parte del contrato social que rige nuestra convivencia.

Existen otros valores que no quedan bien reflejados en nuestro indicador principal que es el PIB: valoramos el ocio, tanto si lo usamos para relajarnos como para estar con la familia, para la cultura o para el deporte. El ocio puede ser particularmente importante para los millones de personas cuyo empleo les ofrece pocas satisfacciones inmediatas, aquellos que trabajan para vivir y no viven para trabajar.

Hace setenta y cinco años, Keynes celebraba el hecho de que la humanidad, por primera vez en su historia, estaba a punto de liberarse del «problema económico»[20]. Durante toda la historia, el hombre había dedicado la mayor parte de su energía a procurarse comida, cobijo y vestido. Pero los avances de la ciencia y la tecnología significaban que esas necesidades básicas podían cubrirse con sólo unas pocas horas de trabajo a la semana. Por ejemplo, menos del 2 por ciento de la mano de obra estadounidense produce todos los alimentos que puede comer un país superconsumista y con una rápida tendencia a convertirse en obeso, y aún le queda suficiente a nuestro país para ser el mayor exportador mundial de trigo, maíz y haba de soja. Keynes se preguntaba qué haríamos con los frutos de esos avances. Viendo cómo las clases altas inglesas empleaban el tiempo, tenía mucha razón de estar preocupado.

No previó totalmente lo que ha sucedido, en particular durante los últimos treinta años. Estados Unidos y Europa aparentemente han respondido de forma distinta. Contrariamente a la predicción de Keynes, Estados

Unidos, en su conjunto, no ha disfrutado de más ocio. El número de horas trabajadas por familia de hecho se ha incrementado (en un 26 por ciento aproximadamente durante los últimos treinta años)[21]. Nos hemos convertido en una sociedad consumista y materialista: dos coches en cada garaje, iPods en cada oreja y ropa sin límites. Compramos y tiramos[22]. Europa tomó un camino muy distinto. Lo normal son unas vacaciones de cinco semanas y a los europeos les horroriza pensar que nosotros, en general, sólo tenemos dos. La producción francesa por hora es superior a la de Estados Unidos, pero el francés medio trabaja menos horas al año y tiene menos ingresos.

Las diferencias no son genéticas. Representan diferentes evoluciones de nuestras sociedades. La mayoría de franceses no se cambiarían por la mayoría de los estadounidenses; y la mayoría de los estadounidenses no se cambiarían por la mayoría de los franceses. La evolución, tanto en Estados Unidos como en Europa, no ha sido premeditada. Deberíamos preguntarnos si éste es el camino que debíamos escoger. Como científicos sociales, podemos tratar de explicar por qué cada uno escogió el camino que escogió.

Tal vez no seamos capaces de decir qué estilo de vida es el mejor. Pero el estilo de vida americano no es sostenible. Hay otros que lo son más. Si los habitantes de los países en desarrollo intentan imitar el estilo de vida americano, el planeta está perdido. No hay suficientes recursos naturales, y el impacto sobre el calentamiento global será intolerable. Estados Unidos tendrá que cambiar, y deberá hacerlo deprisa.

El modelo de feroz individualismo combinado con el fundamentalismo del mercado ha alterado no sólo la forma en que las personas se ven a sí mismas y sus preferencias, sino también su relación con los demás. En un mundo de feroz individualismo, hay poca necesidad de comunidad y no hay necesidad de confianza. El gobierno es un estorbo, es el problema, no la solución. Pero si las externalidades y los fallos del mercado están omnipresentes, la acción colectiva es indispensable, y el voluntarismo no será suficiente (sencillamente porque no hay «imposición» ni manera de asegurarse de que la gente se comporte como debe)[23]. Pero lo que es peor es que el individualismo feroz combinado con el materialismo rampante ha minado la confianza. Incluso en una economía de mercado, la confianza es el lubricante que hace funcionar la sociedad. La sociedad a veces puede prescindir de la confianza y recurrir a las disposiciones legales de los contratos, por ejemplo, pero no es la mejor de las alternativas. En la crisis actual, los banqueros han perdido nuestra confianza, y ni siquiera confían ya los unos en los otros. Los historiadores de la economía han insistido en el papel que la confianza desempeña en el desarrollo del comercio y las finanzas. La razón por la cual ciertas comunidades se desarrollaron como comunidades de mercaderes y financieros a nivel global estriba en que los miembros de esa comunidad confiaban unos en otros[24]. La gran lección de esta crisis es que, a pesar de todos los cambios de los últimos siglos, nuestro complejo sector financiero aún dependía de la confianza. Cuando la confianza se quebró, nuestro sistema financiero se paralizó. Pero hemos creado un sistema económico que favorece las conductas miopes, unas conductas de miras tan cortas que nunca tienen en cuenta los costes de la pérdida de confianza. (Esa miopía explica, como hemos visto, otros aspectos perturbadores de la actuación del sector financiero, y también explica la falta de voluntad social para enfrentarse a los problemas medioambientales que no desaparecerán de un plumazo).

La crisis financiera ha puesto de manifiesto y ha acelerado la erosión de la confianza. Dábamos la confianza por descontada, y el resultado es que se ha debilitado. En adelante, si no introducimos cambios fundamentales, no seremos capaces de recuperarla. Y entonces se verá alterada la manera como nos tratamos los unos a los otros, las relaciones mutuas se verán obstaculizadas y nuestra opinión sobre nosotros y sobre los demás ya no será la misma. Nuestro espíritu comunitario se resentirá aún más, e incluso la eficiencia de nuestra economía se verá afectada.

La titulización y el modo en que se abusó de ella ilustran este proceso por el cual los mercados pueden debilitar las relaciones personales y comunitarias. La relación «amistosa» dentro de una comunidad estable entre el banquero y el solicitante de un crédito, cuando el banquero conocía a la persona (y si tenía un problema sabía cómo y cuándo reestructurar el crédito), quizás en parte sea un mito. Pero, de todas formas, algo había de verdad: era una relación en parte basada en la confianza. Con la titulización, la confianza ya no tiene ningún papel; no hay ninguna relación personal entre el que presta y el que recibe el préstamo. Todo es anónimo, y toda la información relevante sobre las características de la hipoteca está resumida en datos estadísticos. Cuando las personas cuya vida está siendo destruida se convierten en meros datos, el único tema en la reestructuración es saber qué es legal, qué se le permite hacer al que concede la hipoteca y qué maximizará los beneficios que esperan los propietarios de la titulización. No sólo se ha destruido la confianza entre el que pide el préstamo y el que lo concede, sino que tampoco existe entre las demás partes: por ejemplo, el poseedor de las titulizaciones no tiene confianza en que el proveedor del servicio defienda sus intereses. Dada esta falta de confianza, muchos contratos restringen las posibilidades de reestructuración[25]. Enredados en una maraña legal, tanto el prestador como el prestatario sufren. Los únicos que ganan son los abogados.

Pero incluso cuando reestructurar es posible, se mantienen los mismos incentivos que hicieron que los prestadores se aprovecharan de los prestatarios. Si alguna vez los banqueros se apiadaron de los demás, no ha sido éste el caso en la crisis actual, ya que lo que les preocupa es el propio vencimiento al que están abocados. ¿Y cómo extrañarnos de que utilicen de nuevo las prácticas que tan bien han afilado para explotar a los propietarios de casas a fin de aumentar sus beneficios? Los medios y el gobierno parecieron sorprenderse cuando, caso tras caso, se fue descubriendo lo lentas que eran las reestructuraciones y el hecho de que muchas parecían perjudiciales para los prestatarios. Una reestructuración que simplemente distribuya los pagos durante un periodo más largo, aumentando las comisiones que se pagan a corto plazo (y que van directamente a la cuenta de resultados del prestador), es lo que las entidades quieren, porque saben que mucha gente que no puede pagar su cuota mensual es reacia a perder su casa y su sentido de la dignidad y por lo tanto caerá en la trampa.

La titulización no desaparecerá. Ya forma parte de la economía moderna. Pero implícitamente, a través de los rescates, la hemos subvencionado. Deberíamos crear al menos un terreno de juego nivelado, y quizás lo que habría que hacer es desincentivarla.

## Una casa dividida

Esta crisis ha puesto al descubierto algunas fisuras en nuestra sociedad, entre Wall Street y Main Street, entre los Estados Unidos ricos y el resto de los ciudadanos. He descrito cómo, mientras a los de arriba les ha ido muy bien durante los treinta últimos años, los ingresos de la mayoría de los estadounidenses se han estancado o han bajado. Las consecuencias se han ocultado; a los de abajo —e incluso a los de en medio— se les dijo que siguieran consumiendo *como si* sus ingresos aumentaran; se les instó a vivir por encima de sus posibilidades, mediante préstamos. Y la burbuja lo hizo posible. Las consecuencias de tener que volver a la realidad son muy sencillas: habrá que estrecharse el cinturón. Sospecho que la intensidad del debate sobre las primas de los banqueros se debe en gran parte a que la gente ha tomado conciencia de ello.

El país en su conjunto ha estado viviendo por encima de sus posibilidades. Tiene que haber un ajuste. Y alguien tendrá que pagar los rescates de los bancos. Incluso un reparto proporcional sería desastroso para la mayoría de estadounidenses. Con los ingresos familiares, de promedio un 4 por ciento más bajos que en 2000, no hay elección: si queremos preservar un mínimo de justicia, el precio del ajuste debe ir a cuenta de los de arriba, que se han embolsado tanto dinero durante las últimas tres décadas, y del sector financiero, que ha impuesto unos costes tan altos al resto de la sociedad.

Pero articular eso políticamente no será fácil. El sector financiero es reacio a reconocer sus fallos. Una parte del comportamiento moral y de la responsabilidad individual es aceptar la culpa cuando uno la tiene; todos los humanos son falibles, incluso los banqueros. Pero como hemos visto, ellos han hecho todo lo posible por echarles la culpa a otros, incluidas sus víctimas.

No somos los únicos en tener que hacer frente a duros ajustes. El sistema financiero del Reino Unido aún estaba más hinchado que el de Estados Unidos. El Royal Bank of Scotland, antes de quebrar, era el mayor banco de Europa y sufrió más pérdidas que ningún otro banco del mundo en 2008. Igual que Estados Unidos, el Reino Unido tenía una burbuja inmobiliaria que ahora ha estallado. El ajuste a la nueva realidad puede requerir una reducción del consumo de hasta un 10 por ciento[26].


*Eso que llaman visión*

Los gobiernos estadounidenses no se han comprometido conscientemente a pensar en estructurar o reestructurar la economía, con una excepción: lo que hubo que hacer para entrar y salir de una economía de guerra. En el caso de la II Guerra Mundial, se hizo bastante bien.

Pero el hecho de que la reestructuración no haya sido nunca consciente no significa que la política pública no haya modelado nuestra sociedad. El programa de superautopistas de Eisenhower creó los suburbios modernos, con sus defectos, incluidos los costes en términos de energía, emisiones y tiempo de desplazamiento. Conllevó la destrucción de algunas de nuestras ciudades, con todos los problemas sociales que ello supuso.

Como señalé en el Capítulo 7, nos guste o no, nuestra sociedad moderna exige la intervención del gobierno: desde fijar las reglas y hacerlas cumplir hasta construir infraestructuras, financiar la investigación, ofrecer educación y sanidad, así como otras muchas formas de protección social. Muchos de esos gastos son a largo plazo como también lo son sus efectos (valga el ejemplo del programa de superautopistas de Eisenhower). Si queremos que el dinero se gaste bien, hay que pensar en qué es lo que queremos y a dónde vamos.

A lo largo de este libro hemos visto una serie de cambios que, interactuando unos con otros, han alterado la naturaleza del mercado y nuestra sociedad; hemos abandonado una perspectiva más equilibrada entre individuo y comunidad (incluido el gobierno), una perspectiva más equilibrada entre las actividades económicas y las no económicas, un papel más equilibrado del mercado y el Estado, y hemos pasado de unas relaciones interindividuales basadas en la confianza a unas relaciones basadas en la aplicación de la ley.

También hemos visto que se ha impuesto una visión a corto plazo, tanto por parte de las personas como de las empresas y del gobierno. Tal como ya hemos observado, los problemas de muchos sectores de la economía estadounidense, incluido el sector financiero, se explican en parte por un excesivo cortoplacismo (que es una de las características del capitalismo gerencial). El éxito a largo plazo exige pensar a largo plazo —una visión—, pero hoy hemos estructurado los mercados de una forma que favorece lo contrario, y hemos desincentivado al gobierno para que colme esa brecha. El argumento que tiene el gobierno para pensar a largo plazo es mayor que el de las empresas, aunque los incentivos para que los políticos piensen en el corto plazo son tan poderosos o incluso más que los de los directivos empresariales.

Pensar a largo plazo significa tener una visión. Gilles Michel, máximo responsable del Fondo Estratégico de Inversión de Francia, lo ha dicho con contundencia: «El Estado tiene derecho a tener una visión [...]. Consideramos legítimo que los poderes públicos se preocupen de la naturaleza y evolución del tejido industrial de nuestro país»[27]. La teoría económica ofrece una parte de la explicación, y es que existen externalidades (para volver a un tema del que se ha hablado mucho en este libro). El desarrollo de una nueva industria o de un nuevo producto puede tener un efecto dominó sobre otros, unos beneficios que el emprendedor tal vez no ve o, aunque los vea, no puede capturar.

En cierto sentido, con el gobierno gastando tanto dinero como gasta, es difícil para él no tener una visión, una visión tanto en lo pequeño como en lo grande: un país más dependiente de los vehículos que consumen mucha gasolina o más dependiente del transporte público, del transporte aéreo o del ferrocarril; una economía basada en más investigación, más innovación y educación o en más industria manufacturera. El paquete de estímulo aprobado en febrero de 2009 nos muestra ejemplos de lo que puede ocurrir cuando no se tiene una visión: el país está construyendo nuevas carreteras en una época en que las comunidades se ven obligadas a despedir profesores y las universidades sufren recortes importantes. La reducción de impuestos incentiva el consumo, cuando el gobierno debería estar fomentando la inversión.

*La política, la economía y la sociedad.*
*La corrupción al estilo americano*

Hace tiempo que somos conscientes de gran parte de los problemas expuestos, y sin embargo se ha tardado mucho en hacerles frente. ¿Por qué un país con tanta gente de talento —un país que puede mandar a un hombre a la Luna— no es capaz de resolver estos problemas aquí en la Tierra?

El presidente Eisenhower advirtió de los peligros del complejo industrial militar[28]. Pero en el último medio siglo ese complejo se ha extendido: los grupos de presión que determinan la política económica y social estadounidense incluyen las finanzas, la industria farmacéutica, el petróleo y el carbón. Su influencia política hace que adoptar políticas racionales sea prácticamente imposible. En algunos casos, se comprende que los grupos de presión tengan un papel a la hora de interpretar fenómenos sociales y económicos complejos, naturalmente de forma sesgada. Pero en muchos temas clave, sus acciones han sido casi un atraco a mano armada, como en el reciente ejemplo de la industria farmacéutica pidiendo al gobierno, que es el mayor comprador de medicamentos, que no intente negociar con ella los precios. Pero el peor ejemplo, tanto antes como durante la crisis, lo ha dado el sector financiero.

Será difícil para Estados Unidos llegar a tener una visión de lo que quiere ser cuando pesan tanto las contribuciones a las campañas electorales y el sistema y las maniobras de los grupos de presión. Quizás seamos capaces de salir de este atolladero, pero ¿a qué precio para nosotros hoy y para las futuras generaciones mañana? Esta crisis debería ser una señal de alarma: los costes pueden ser altos, muy altos, más de los que el país más rico del mundo tal vez pueda permitirse.

## COMENTARIOS FINALES

Escribo este libro en medio de la crisis. Es cierto que la sensación de caída libre ha desaparecido y acaso cuando el libro salga también se haya desvanecido la sensación de crisis. Quizás habremos vuelto al pleno empleo, aunque es poco probable.

He sostenido que los problemas que tienen planteados nuestro país y el mundo en general suponen algo más que un pequeño ajuste del sistema financiero. Algunos han dicho que teníamos un pequeño problema de fontanería. Que se nos habían atascado las cañerías. Llamamos a los mismos fontaneros que habían hecho la instalación, puesto que eran los responsables de la avería y se suponía que eran los únicos que podían repararla. No importaba que nos hubiesen cobrado de más por la instalación, ni que nos cobrasen de más por la reparación. Debíamos estar agradecidos porque las cañerías funcionaban otra vez, pagar las facturas sin protestar y rezar por que esta vez hubiesen trabajado mejor que la vez anterior.

Pero lo que ha pasado es algo más que un problema de «fontanería»: los fallos de nuestro sistema financiero son señal de unos fallos más amplios en nuestro sistema económico, y los fallos de nuestro sistema económico reflejan problemas más profundos de nuestra sociedad. Empezamos los rescates sin tener una idea clara del sistema financiero que deseábamos tener al final del proceso, y el resultado ha sido modelado por las mismas fuerzas políticas que nos llevaron al desastre. No hemos cambiado nuestro sistema político y por consiguiente el resultado quizás no debería sorprendernos. Y a pesar de todo existía la esperanza de que fuese posible un cambio. No sólo posible, sino necesario.

Que habrá cambios como resultado de la crisis es indudable. No hay vuelta atrás y no volveremos a estar como antes de la crisis. Pero las preguntas son otras: ¿hasta qué punto serán profundos y fundamentales los cambios? ¿Irán siquiera en la buena dirección? Ahora mismo ya no tenemos la impresión de que los cambios sean urgentes, y lo ocurrido hasta el momento no augura nada bueno para el futuro.

En algunos ámbitos se mejorará la regulación, es casi seguro que se moderarán los excesos de apalancamiento. Pero en otros ámbitos, en el momento de dar a la imprenta este libro, el progreso ha sido mínimo, a los bancos demasiado grandes para quebrar se les permitirá seguir como hasta ahora, los derivados extrabursátiles que tanto les cuestan a los contribuyentes no disminuirán y los ejecutivos financieros seguirán cobrando primas astronómicas. En cada uno de estos ámbitos habrá alguna operación cosmética, pero se cambiará mucho menos de lo que se debería. Y en otras áreas, la desregulación avanzará a paso acelerado, por muy escandaloso que parezca: a menos que una protesta popular lo impida, la protección básica de los inversores corrientes se verá minada por una atenuación de la Ley Sarbanes-Oxley que aprobó, después de los escándalos de Enron y otras empresas puntocom, un Congreso de mayoría republicana y que promulgó un presidente republicano.

En algunas áreas importantísimas, en medio de la crisis, las cosas ya han empeorado. No sólo hemos alterado nuestras instituciones —favoreciendo una concentración aún mayor en las finanzas—, sino también las mismas reglas del capitalismo. Hemos anunciado que para las entidades beneficiadas debe haber poca o ninguna disciplina de mercado. Hemos creado un sucedáneo de capitalismo con reglas poco claras, pero con un resultado predecible: futuras crisis; asunción de riesgos indebidos a expensas públicas, a pesar de que se prometa un nuevo régimen regulatorio; y mayor ineficiencia. Hemos explicado la importancia de la transparencia, pero les hemos dado a los bancos más capacidad para manipular sus libros. En las crisis anteriores, había preocupación por el riesgo moral de los incentivos, por el efecto adverso que podían tener los rescates; pero la magnitud de esta crisis le ha dado un nuevo significado al concepto.

También a nivel mundial han cambiado las reglas del juego. El consenso de Washington y la ideología fundamentalista del mercado que lo sustentaba han muerto. En el pasado, pudo haber un debate sobre si había o no un terreno de juego nivelado entre los países desarrollados y los menos desarrollados; ahora no puede haber debate. Los países pobres sencillamente no pueden apoyar a sus empresas de la forma como lo hacen los ricos, y eso altera los riesgos que pueden asumir. Han visto los riesgos de gestionar mal la globalización. Pero la esperanza de introducir reformas en la gestión de la globalización aún parece un horizonte muy lejano.

Se ha convertido en un lugar común decir que los caracteres chinos que corresponden a crisis son «peligro» y «oportunidad». Hemos visto el peligro. La cuestión es si aprovecharemos la oportunidad para recuperar nuestro sentido del equilibrio entre el mercado y el Estado, entre el individualismo y la comunidad, entre el hombre y la naturaleza, entre los medios y los fines. Ahora tenemos la oportunidad de crear un nuevo sistema financiero que sirva para aquello que los seres humanos necesitan de un sistema financiero; la oportunidad de crear un nuevo sistema económico que genere empleos significativos, trabajo decente para todos los que lo quieran, un sistema en el que la brecha entre los que tienen y los que no tienen se estreche en vez de agrandarse; y, lo más importante de todo, la oportunidad de crear una nueva sociedad en la cual cada persona pueda realizar sus aspiraciones y desarrollar todo su potencial, en la cual los ciudadanos compartan ideales y valores, en la cual hayamos conseguido una comunidad que trate nuestro planeta con el respeto que sin duda a largo plazo exigirá. Éstas son las oportunidades. El peligro real ahora es que no las aprovechemos.

# Notas

## Prefacio

[1] Sharon LaFraniere, «China Puts Joblessness for Migrants at 20 Million», *New York Times*, 2 de febrero de 2009, p. A10. El Departamento de Asuntos Económicos y Sociales de la Secretaría de Naciones Unidas estima que entre 73 y 103 millones de personas más permanecerán o caerán en la pobreza en comparación con una situación en la que hubiera proseguido el crecimiento anterior a la crisis. Naciones Unidas, «World Economic Situation and Prospects 2009», mayo de 2009, disponible en http://www.un.org/esa/policy/wess/wesp2009files/wesp09update.pdf. La Organización Internacional del Trabajo (OIT) estima que el desempleo mundial podría aumentar en más de 50 millones de personas a finales de 2009, y aproximadamente 200 millones de trabajadores serán empujados a la pobreza extrema. Véase el Informe del Director General, «Tackling the Global Jobs Crisis: Recovery through Decent Work Policies», presentado en la Conferencia Internacional del Trabajo, junio de 2009, disponible en http://www.ilo.org/global/What_we_do/Officialmeetings/ilc/ILCSessions/98thSession/ReportssubmittedtotheConference/lang--en/docName--WCMS_106162/index.htm.

[2] A Alan Schwartz, que dirigió Bear Stearns, el primero de los grandes bancos de inversión que quebró —pero de una forma que

todavía le está costando miles de millones de dólares a los contribuyentes— el Comité del Senado para la Banca le preguntó si creía haber cometido algún error: «Puedo asegurarles que es una cuestión sobre la que he pensado mucho. Mirando hacia atrás y analizándolo retrospectivamente, diciéndome: "Si hubiera sabido exactamente las fuerzas que estaban aproximándose, ¿qué acciones habríamos podido emprender por anticipado para haber evitado esta situación?". Y sencillamente no he sido capaz de encontrar nada... que hubiera cambiado la situación a la que nos enfrentamos». Declaración ante el Comité del Senado para la Banca, la Vivienda y los Asuntos Urbanos, sesión sobre «Turmoil in U.S. Credit Markets: Examining the Recent Actions of Federal Financial Regulators», Washington, 3 de abril de 2008.

[3] Luc Laeven y Fabian Valencis, «Systemic Banking Crises: A New Database», International Monetary Fund Working Paper, WP/08/224, Washington, noviembre de 2008.

[4] George W. Bush sugería en una entrevista que «la economía está en recesión porque hemos construido demasiadas casas». Entrevista con Ann Curry en *Today Show*, NBC, 18 de febrero de 2008.

[5] Bob Woodward, *Greenspan: Alan Greenspan, Wall Street y la economía mundial*, Barcelona, Península, 2001.

[6] Hay otra explicación para las diferencias de políticas: Estados Unidos y Europa actuaron de formas que respondían a los intereses de sus electorados; las políticas que se endosaron a los países de Asia oriental habrían sido inaceptables para los estadounidenses y los europeos. Por la misma razón, en Asia oriental, el Fondo Monetario Internacional (FMI) y el Tesoro estadounidense estaban, por lo menos en parte, respondiendo a los intereses de sus «representados», los acreedores en sus mercados financieros, que se centraban en que se les devolviera el dinero que habían prestado a esos países, incluso si hacerlo implicaba socializar los compromisos privados.

Para un análisis más extenso de estos episodios, véase Joseph E. Stiglitz, *El malestar en la globalización*, Madrid, Taurus, 2003.

[7] Departmento de Trabajo de Estados Unidos, Agencia de Estadísticas Laborales, disponible en ftp://ftp.bls.gov/pub/special.requests/cpi/cpiai.txt.

[8] Véase Susan S. Silbey, «Rotten Apples or a Rotting Barrel: Unchallengeable Orthodoxies in Science», estudio presentado en la Facultad de Derecho de la Arizona State University, 19-20 de marzo de 2009. El porcentaje de personas que contribuyeron a la crisis, que cruzaron la línea y se dedicaron a conductas ilegales, es pequeño: fueron bien asesorados por sus abogados sobre cómo evitar ir a la cárcel, y sus *lobbyists* [agentes de los grupos de presión política] se esforzaron para asegurarse de que las leyes les concedieran una gran discrecionalidad. No obstante, la lista de los que se enfrentan a penas de cárcel va en aumento. Allen Stanford se enfrenta a 375 años de prisión si se le condena por veintiún cargos por fraude de varios miles de millones de dólares, blanqueo de dinero y obstrucción. Stanford contaba con la ayuda de su principal directivo financiero, James Davis, que se declaró culpable de tres acusaciones de fraude postal, conspiración para cometer fraude y conspiración para obstruir una investigación. Dos corredores de Credit Suisse fueron acusados de mentir a los clientes, dando lugar a pérdidas de 900 millones de dólares; uno fue condenado por un jurado y el otro se declaró culpable.

[9] Hay una respuesta evidente: las circunstancias son distintas. Si esos países hubieran llevado a cabo políticas fiscales expansionistas, los efectos habrían sido contraproducentes (así rezaba el argumento). Cabe destacar que a los países de Asia oriental que siguieron la receta keynesiana tradicional (Malasia y China) les fue mucho mejor que a aquéllos a los que se obligó a seguir los dictados del FMI. Con el fin de tener unos tipos de interés más bajos, Malasia tuvo

que imponer restricciones temporales a los flujos de capital. Pero la recesión de Malasia fue más corta y menos profunda que las de otros países de Asia oriental, y salió de ella con un legado de deuda menor. Véase Ethan Kaplan y Dani Rodrik, «Did the Malaysian Capital Controls Work?», en S. Edwards y J. Frankel, eds., *Preventing Currency Crises in Emerging Markets*, Boston, NBER, 2002.

[10] A la lista de rescates internacionales deberíamos añadir los rescates «nacionales», en los que los gobiernos han tenido que rescatar sus propios bancos sin poder acudir en ayuda de los demás. En esta larga lista cabe incluir las crisis de las cajas de ahorros en Estados Unidos en los años ochenta y los colapsos de bancos en Escandinavia a finales de los años ochenta y principios de los noventa.

[11] La estrecha cooperación entre el gobierno y el sector privado en Malasia llevó a muchos a referirse a ella como «Malasia, S.A.». Con la crisis, las discusiones sobre la cooperación entre el gobierno y el sector privado fueron etiquetadas como capitalismo entre amigos.

[12] Véase Nicholas Lardy, *China's Unfinished Economic Revolution*, Washington, Brookings Institution Press, 1998, para la interpretación estándar. La ironía de que fueran los bancos estadounidenses los que quebraran, no los de China, no ha pasado inadvertida a ambos lados del Pacífico.

[13] La producción del país cayó otro 10,9 por ciento en 2002 (en relación con 2001) sumado a una caída acumulada del 8,4 por ciento desde su anterior año de máximo (1998), para una pérdida de producción total del 18,4 por ciento y una disminución de la renta per cápita de más del 23 por ciento. La crisis también provocó un aumento del desempleo hasta el 26 por ciento como consecuencia de la enorme contracción del consumo, de la inversión y de la producción. Véase Hector E. Maletta, «A Catastrophe Foretold: Economic Reform, Crisis, Recovery and Employment in Argentina», septiembre de 2007, disponible en http://ssrn.com/abstract=903124.

¹⁴ Según un estudio de ocho economías norteamericanas y europeas (Reino Unido, Estados Unidos, República Federal de Alemania, Canadá, Noruega, Dinamarca, Suecia y Finlandia), Estados Unidos tenía la movilidad de ingresos intergeneracional más baja. La correlación parcial intergeneracional (una medida de la inmovilidad) de Estados Unidos es el doble que la de los países nórdicos. Sólo el Reino Unido se acerca a una inmovilidad parecida. El estudio concluye que la «idea de Estados Unidos como "la tierra de la oportunidad" persiste y claramente parece fuera de lugar». Véase Jo Blanden, Paul Gregg y Stephen Machin, «Intergenerational Mobility in Europe and North America», London School of Economics Centre for Economic Performance, abril de 2005, disponible en http://www.suttontrust.com/reports/IntergenerationalMobility. pdf. La movilidad en Francia también supera a la de Estados Unidos. Véase Arnaud Lefranc y Alain Trannoy, «Intergenerational Earnings Mobility in France: Is France More Mobile than the US?», *Annales d'Économie et de Statistique*, nº 78 (abril-junio 2005), pp. 57-77.

¹⁵ El Programa para la Evaluación Internacional de Estudiantes (PISA, en sus siglas en inglés) es un sistema de evaluaciones internacional que cada tres años mide las prestaciones de los alumnos de quince años en capacidad de lectura, de matemáticas y de ciencias. Como media, los estudiantes de Estados Unidos tuvieron una puntuación más baja que la media de la OCDE (la media de los treinta países de la Organización para la Cooperación y el Desarrollo Económico) en la escala combinada de capacidad en ciencias (489 frente a 500) y en la escala de capacidad en matemáticas (474 frente a 498). En ciencias, los estudiantes estadounidenses iban detrás de dieciséis de los veintinueve países restantes de la OCDE; en matemáticas iban detrás de veintitrés países de la OCDE. Véase S. Baldi, Y. Jin, M. Skemer, P. J. Green y D. Herget, *Highlights from PISA 2006: Performance of U.S. 15-Year-Old Students in Science and Mathematics*

*Literacy in an International Context* (NCES 2008-016), U.S. Department of Education, Washington, National Center for Education Statistics, diciembre 2007.

## Agradecimientos

[1] La lista de miembros de la Comisión está disponible en http://www.un.org/ga/president/63/PDFs/reportofexpters.pdf.

## Capítulo 1
## La gestación de una crisis

[1] Véase Milton Friedman y Anna Schwartz, *A Monetary History of the United States, 1867-1960*, Princeton, Princeton University Press, 1971; y Barry Eichengreen, *Golden Fetters: The Gold Standard and the Great Depression, 1919-1939*, Oxford, Oxford University Press, 1995.

[2] Desde 2000 hasta 2008, la mediana real de los ingresos de las economías domésticas (es decir, descontando la inflación) disminuyó casi en un 4 por ciento. Al final de la última expansión, en 2007, los ingresos eran todavía aproximadamente un 0,6 por ciento menores que el nivel alcanzado antes del final de la expansión precedente, en 2000. Véase U.S. Census Bureau, «Income, Poverty, and Health Insurance Coverage in the United States: 2008», *Current Population Reports*, septiembre de 2009, disponible en http://www.census.gov/prod/2009pubs/p60-236.pdf.

[3] James Kennedy, «Estimates of Mortgage Originations Calculated from Data on Loans Outstanding and Repayments» (no ajustadas trimestralmente), noviembre de 2008, disponible en

http://www.wealthscribe.com/wp-content/uploads/2008/11/equityextraction-data-2008-q2.pdf. Estimaciones actualizadas de Alan Greenspan y James Kennedy, «Estimates of Home Mortgage Originations, Repayments, and Debt on One-to-Four-Family Residences», Finance and Economics Discussion Series, Division of Research and Statistics and Monetary Affairs, Federal Reserve Board, Working Paper 2005-41, septiembre de 2005.

[4] La burbuja tecnológica en sí es otra historia, contada más por extenso en Joseph E. Stiglitz, *Los felices noventa*, Madrid, Taurus, 2003.

[5] El NASDAQ Composite Index (generalmente utilizado como medida del comportamiento de las acciones de las empresas tecnológicas) cerró con un máximo de 5.046,86 el 9 de marzo de 2000. El 9 de octubre de 2002, el índice NASDAQ cerró con un mínimo de 1.114,11. Google Finance, NASDAQ Composite Historical Prices, disponible en http://www.google.com/finance/historical?q=INDEXNASDAQ:COMPX.

[6] U.S. Energy Information Administration, base de datos «Petroleum Navigator», importaciones estadounidenses de petróleo crudo (miles de barriles diarios) [visitado el 28 de agosto de 2009], y Weekly All Countries Spot Price FOB Weighted by Estimated Export Volume (dólares por barril) [visitado el 2 de septiembre de 2009], disponible en http://tonto.eia.doe.gov/dnav/pet/pet_pri_top.asp.

[7] A Alan Greenspan se le atribuye a menudo el mérito de la era de baja inflación, pero muchos otros países por todo el mundo tuvieron baja inflación, no era un fenómeno característicamente estadounidense. El hecho de que China estuviera abasteciendo al mundo de bienes manufacturados con precios bajos e incluso en declive fue uno de los factores críticos corrientes.

[8] Cómo pudo ocurrir esto es objeto de un intenso debate. Parte del problema era que, al igual que cualquier firma comercial,

mantenían un «inventario». Además, parte del problema era que, en los complicados paquetes, puede que se vieran engañados por sus propios cálculos; mantuvieron en su poder algunos títulos y absorbieron parte del riesgo. Algunos títulos se mantuvieron al margen del balance —podían registrar los ingresos de los paquetes sin registrar los riesgos asociados con las partes que no se habían vendido—. Sus incentivos para dedicarse a estas actividades al margen del balance se examinan en capítulos posteriores.

[9] Véase Agencia de Análisis Económico, «National Income and Product Accounts Table», «Table 6.16D. Corporate Profits by Industry», disponible en http://www.bea.gov/National/nipaweb/SelectTable.asp.

[10] Uno de los argumentos estándar sobre por qué el mercado fijó un precio tan bajo por el riesgo era que al estar tan bajos los tipos de interés sobre los activos seguros, el mercado clamaba por activos con rentabilidades ligeramente mayores, haciendo subir el precio de los activos y reduciendo la rentabilidad. Algunos responsables de Wall Street alegaban un argumento paralelo: al reducirse el margen entre el tipo a largo plazo y el tipo a corto plazo, cuando la Reserva Federal elevó sus tipos de interés a partir de junio de 2004, muchos dijeron que «tenían» que asumir más riesgo para conseguir las ganancias que obtenían anteriormente. Eso es como si un ladrón dijera en su defensa, cuando desaparecen las formas de ganarse la vida honestamente, que no tuvo más remedio que dedicarse a la delincuencia. Independientemente del tipo de interés, los inversores deberían haber insistido en una compensación adecuada por el riesgo soportado. (La Reserva Federal elevó el tipo de interés diecisiete veces en una cuantía de un cuarto de punto entre junio de 2004 y junio de 2006, elevando el tipo deseado de los fondos federales desde el 1,25 por ciento hasta el 5,25 por ciento a lo largo de ese periodo. Reserva Federal, «Intended Federal Funds Rate, Change and

Level, 1990 to Present», 16 de diciembre de 2008, disponible en http://www.federalreserve.gov/fomc/fundsrate.htm. Durante ese periodo, el tipo de los bonos a diez años del Tesoro estadounidense cayó del 4,7 por ciento en junio de 2004 hasta un mínimo del 3,9 por ciento en junio de 2005, antes de subir al 5,1 por ciento en junio de 2006. Véase Treasury Note a 10 años, TNX, en finance. yahoo.com. Así pues, la curva de rentabilidad se aplanó significativamente, y de hecho se invirtió en junio de 2006).

[11] Alan Greenspan, «Understanding Household Debt Obligations», comentarios en la Conferencia de la Credit Union National Association 2004 Governmental Affairs, Washington, 23 de febrero de 2004, disponible en http://www.federalreserve.gov/boarddocs/speeches/2004/20040223/default.htm. Véase también la discusión en el Capítulo 4.

[12] Alan Greenspan, «The Fed Didn't Cause the Housing Bubble», *Wall Street Journal*, 11 de marzo de 2009, p. A15.

[13] Normalmente la Reserva Federal centra su atención en los tipos de interés a corto plazo del gobierno, permitiendo al mercado establecer los tipos de interés a largo plazo. Pero se trata de una limitación autoimpuesta: durante la crisis, la Reserva Federal mostró su capacidad y su disposición a establecer otros tipos de interés.

[14] Los créditos de la Community Reinvestment Act (CRA) tienen un comportamiento parecido al de otros créditos de alto riesgo. De hecho, los créditos originados bajo NeighborWorks America, un típico programa de la CRA, tenían un índice de morosidad menor que los créditos de alto riesgo. Véase Glenn Canner y Neil Bhutta, «Staff Analysis of the Relationship between the CRA and the Subprime Crisis», memorándum, Board of Governors of the Federal Reserve System, Division of Research and Statistics, 21 de noviembre de 2008, disponible en http://www.federalreserve.gov/newsevents/speech/20081203_analysis.pdf; y Randall

S. Kroszner, «The Community Reinvestment Act and the Recent Mortgage Crisis», discurso pronunciado en el Confronting Concentrated Poverty Policy Forum, 3 de diciembre de 2008, disponible en http://www.federalreserve.gov/newsevents/speech/kroszner20081203a.htm.

[15] Freddie Mac adquirió un total de 158.000 millones de dólares, es decir el 13 por ciento, de todos los títulos de alto riesgo y Alt-A [Alternative A-paper, categoría de hipotecas de riesgo medio] creados en 2006 y 2007, y Fannie Mae adquirió otro 5 por ciento. Entre los principales proveedores de títulos de Fannie y Freddie se incluían Countrywide Financial Corp., de Calabasas, California, así como Irvine, New Century Financial Corp., con base en California, y Ameriquest Mortgage Co., prestamistas que o bien fueron a la quiebra o se vieron obligados a venderse. Fannie y Freddie fueron los mayores compradores de créditos de Countrywide, según la compañía. Véase Jody Shenn, «Fannie, Freddie Subprime Spree May Add to Bailout», *Bloomberg.com*, 22 de septiembre de 2009.

[16] Una razón por la que puede que el sector financiero omitiera cumplir con sus funciones sociales esenciales es que los responsables del sector no comprendían cuáles eran. Pero en una economía de mercado que funcione bien, se supone que los mercados proporcionan los incentivos que llevan a los individuos a hacer lo que va en el interés de la sociedad, incluso si los participantes individuales del mercado puede que no comprendan cuál es.

[17] Adolf Berle y Gardiner Means destacaban la separación entre la propiedad y el control en su libro clásico *The Modern Corporation and Private Property*, Nueva York, Harcourt, Brace and World, 1932, hace setenta y ocho años, pero desde entonces las cosas han empeorado mucho, cuando una gran parte de los ahorros son generados por los fondos de pensiones. Quienes gestionan dichos fondos habitualmente ni siquiera intentan ejercer el control sobre el

comportamiento de la empresa. A John Maynard Keynes le preocupaba profundamente el comportamiento miope de los inversores. Sugería que eran muy parecidos a los jueces en un concurso de belleza, que intentan juzgar no quién es la persona más bella, sino quién pensarían los demás que lo es (Capítulo 12 de *Teoría general de la ocupación, el interés y el dinero*, Fondo de Cultura Económica, 1980). Una vez más con casi total seguridad las cosas han empeorado desde que Keynes lo escribió. Una parte de mi propia investigación contribuyó a situar la teoría de Berle y Means sobre un terreno teórico más sólido. Véase J. E. Stiglitz, «Credit Markets and the Control of Capital», *Journal of Money, Banking, and Credit*, vol. 17, nº 2 (mayo de 1985), pp. 133-152; y A. Edlin y J. E. Stiglitz, «Discouraging Rivals: Managerial Rent-Seeking and Economic Inefficiencies», *American Economic Review*, vol. 85, nº 5 (diciembre de 1995), pp. 1301-1312.

[18] La tasa ajustada trimestralmente de «Total de desempleados, más todos los trabajadores ligados de manera marginal al mercado laboral, más todos los empleados a tiempo parcial por razones económicas, como porcentaje de toda la mano de obra civil más todos los trabajadores ligados de manera marginal al mercado laboral» era del 17,5 por ciento en octubre de 2009. Agencia de Estadísticas Laborales, «Current Population Survey: Labor Force Statistics, Table U-6», disponible en http://www.bls.gov/news.release/empsit.t12.htm.

[19] Declaración de Ben S. Bernanke, Presidente, Consejo de Gobernadores del Sistema de la Reserva Federal, ante el Comité Económico Conjunto, Congreso de Estados Unidos, Washington, 28 de marzo de 2007.

[20] Los compradores y vendedores de hipotecas no fueron capaces de darse cuenta de que si subían los tipos de interés o si la economía entraba en recesión, la burbuja de la vivienda podría romperse, y la mayoría de ellos tendría problemas. Eso es precisamente

lo que ocurrió. Como señalo más adelante, la titulización también creó problemas de asimetrías de información, atenuando los incentivos para una buena evaluación del crédito. Véase Joseph E. Stiglitz, «Banks versus Markets as Mechanisms for Allocating and Coordinating Investment», en J. Roumasset y S. Barr, eds., *The Economics of Cooperation*, Boulder, Westview Press, 1992.

[21] En los años inmediatamente anteriores a la crisis, como se apuntaba anteriormente, la demanda interna también se había visto debilitada por unos altos precios del petróleo. Los problemas de esos elevados precios y de la creciente desigualdad —que reducían la demanda agregada interna— afectaron a muchos otros países. La desigualdad de ingresos amentó en más de las tres cuartas partes de los países de la OCDE entre mediados de los años ochenta y mediados de la década de 2000, y los últimos cinco años vieron aumentar la pobreza y la desigualdad en dos tercios de los países de la OCDE. Véase Organización para la Cooperación y el Desarrollo Económico (OCDE), *Growing Unequal? Income Distribution and Poverty in OECD Countries*, París, octubre de 2008.

[22] En *El malestar de la globalización (op.cit.)*, explico más por extenso las razones de este malestar: las políticas del FMI (a menudo basadas en el defectuoso fundamentalismo de mercado que he discutido en este capítulo) convirtieron las tendencias a la baja en recesiones, las recesiones en depresiones, e impusieron dolorosas (y a menudo innecesarias) políticas estructurales y macroeconómicas que impedían el crecimiento y contribuían a la pobreza y a la desigualdad.

[23] Daniel O. Beltran, Laurie Pounder y Charles P. Thomas, «Foreign Exposure to Asset-Backed Securities of U.S. Origin», Board of Governors of the Federal Reserve System, International Finance Discussion Paper 939, 1 de agosto de 2008. Al mismo tiempo, las compras por países extranjeros de hipotecas y productos basados en hipotecas estadounidenses alimentaron la burbuja.

²⁴ Como explico más adelante, la cuestión es más compleja, dado que la propia oferta de fondos extranjeros puede que alimentara la burbuja.

²⁵ Para ser justos, algunos otros países (como el Reino Unido en tiempos de Margaret Thatcher) se habían apuntado a la filosofía desreguladora por su cuenta. En el caso de los gobiernos británicos posteriores, la «regulación light» se utilizó como un instrumento competitivo para atraer empresas financieras. Al final, el país indudablemente perdió más de lo que ganó.

²⁶ «An Astonishing Rebound», *Economist*, 13 de agosto de 2009, p. 9.

²⁷ A pesar de sus esfuerzos, el crédito en el Reino Unido siguió siendo restringido. No es fácil determinar con precisión lo que significa «justo valor». Pero implica recibir una parte considerable de las acciones (derechos sobre los futuros ingresos de los bancos) para compensar al gobierno por el dinero aportado y por el riesgo asumido. Como señalo más adelante, un cuidadoso estudio del rescate estadounidense ha mostrado que el contribuyente estadounidense no obtuvo un justo valor.

²⁸ Véase Joseph E. Stiglitz, «Monetary and Exchange Rate Policy in Small Open Economies: The Case of Iceland», Central Bank of Iceland, Working Paper 15, noviembre de 2001, disponible en http://www.sedlabanki.is/uploads/files/WP-15.pdf.

²⁹ Willem H. Buiter y Anne Sibert, «The Icelandic Banking Crisis and What to Do about It: The Lender of Last Resort Theory of Optimal Currency Areas», Centre for Economic Policy Research (CEPR) Policy Insight 26, octubre de 2008, disponible en http://www.cepr.org/pubs/PolicyInsights/PolicyInsight26.pdf.

³⁰ El Reino Unido solicitó ayuda al Fondo Monetario Internacional (FMI) en 1976.

[31] Las deudas combinadas totales con el extranjero de los bancos de Islandia superaban los 100.000 millones de dólares, dejando pequeño el PIB del país, que asciende a 14.000 millones. «Iceland Agrees Emergency Legislation», *Times Online* (Reino Unido), 6 de octubre de 2008, disponible en http://www.timesonline.co.uk/tol/news/world/europe/article4889832.ece. El Parlamento de Islandia aprobó una legislación a finales de agosto de 2009 para devolver al Reino Unido y a los Países Bajos aproximadamente 6.000 millones de dólares que esos gobiernos habían dado a los depositantes que perdieron dinero en cuentas de ahorro islandesas durante la crisis financiera. Véase Matthew Saltmarsh, «Iceland to Repay Nations for Failed Banks' Deposits», *New York Times*, 29 de agosto de 2009, p. B2. No obstante, el Reino Unido y los Países Bajos objetaron a los términos de la ley que estipulaba que el aval de la devolución expiraba en 2024. Islandia accedió a un nuevo acuerdo en octubre de 2009 que decía que si el dinero no es devuelto para el año 2024, el aval se ampliará en bloques de cinco años. El desbloqueo de los fondos del FMI a Islandia se había suspendido por el desacuerdo sobre la devolución. Véase «Iceland Presents Amended Icesave Bill, Eyes IMF Aid», Reuters, 20 de octubre de 2009.

[32] La liberalización del mercado de capitales significaba permitir que el dinero a corto plazo fluyera libremente hacia y desde el país. No se pueden construir fábricas y escuelas con un dinero tan caliente; pero ese dinero tan caliente puede provocar el caos en una economía. La liberalización de los mercados financieros implica abrir la economía a las instituciones financieras extranjeras. Cada vez hay más indicios de que los bancos extranjeros conceden menos créditos a las pequeñas y medianas empresas y de que, en algunos casos, reaccionan más enérgicamente a las conmociones globales (como la crisis actual), con lo que generan más volatilidad. También hay indicios de que la integración del mercado de

capitales no condujo a una reducción de la volatilidad y a un mayor crecimiento, tal y como se esperaba. Véase Eswar Prasad, Kenneth Rogoff, Shang-Jin Wei y M. Ayhan Kose, «Effects of Financial Globalisation on Developing Countries: Some Empirical Evidence», *Economic and Political Weekly*, vol. 38, n° 41 (octubre de 2003), pp. 4319-4330; M. Ayhan Kose, Eswar S. Prasad y Marco E. Terrones, «Financial Integration and Macroeconomic Volatility», *IMF Staff Papers*, vol. 50 (número especial), 2003, pp. 119-142; Hamidur Rashid, «Evidence of Financial Disintermediation in Low Income Countries: Role of Foreign Banks», disertación de doctorado, Columbia University, Nueva York, 2005; y Enrica Detragiache, Thierry Tressel y Poonam Gupta, «Foreign Banks in Poor Countries: Theory and Evidence», International Monetary Fund Working Paper 06/18, Washington, 2006.

## Capítulo 2
### La caída libre y sus repercusiones

[1] Existe una historia apócrifa en la que a John Kenneth Galbraith, uno de los grandes economistas del siglo xx, y autor del libro clásico *El Crac del 29* (Barcelona, Ariel, 2005), una vez le preguntaron cuándo se produciría la siguiente crisis. Su respuesta profética: quince años después del primer presidente que hubiera nacido tras la Gran Depresión.

[2] Véase Richard Wolf, «Bush Mixes Concern, Optimism on Economy», *USA Today*, 23 de marzo de 2008, p. 7A.

[3] En un estudio para averiguar lo que iban a hacer los beneficiarios con sus rebajas de impuestos, sólo una quinta parte de los encuestados dijo que las bajadas les llevarían a aumentar el gasto; la mayoría de los encuestados dijo que o bien ahorrarían la mayor

parte de la rebaja o bien la emplearían para pagar deudas. Las estimaciones del estudio implican que sólo entre el 30 y el 40 por ciento de la bajada de impuestos se dedicó a un aumento del gasto. Véase Matthew D. Shapiro y Joel Slemrod, «Did the 2008 Tax Rebates Stimulate Spending?», *American Economic Review*, vol. 99, n° 2 (mayo de 2009), pp. 374-379.

[4] En ese momento Bear Stearns dijo que su valor contable era de más de 80 dólares por acción. Un año antes, en marzo de 2007, las acciones de Bear Stearns se habían vendido a 150 dólares cada una. Véase Robin Sidel, Dennis K. Berman y Kate Kelly, «J.P. Morgan Buys Bear in Fire Sale, as Fed Widens Credit to Avert Crisis», *Wall Street Journal*, 17 de marzo de 2008, p. A1.

[5] Citibank recibió una inyección de choque en efectivo de 25.000 millones de dólares en octubre de 2008 (junto con otros ocho bancos, como parte del Programa de Ayuda para Activos en Problemas, o TARP en sus siglas en inglés), fue rescatado de nuevo con otros 20.000 millones de dólares en efectivo más avales por valor de 306.000 millones en activos tóxicos en noviembre de 2008, y posteriormente recibió ayuda una tercera vez, cuando el gobierno convirtió 25.000 millones de sus acciones preferentes en acciones corrientes en febrero de 2009. AIG también recibió tres rescates, incluida una línea de crédito de 60.000 millones de dólares, una inversión nada menos que de 70.000 millones, y 52.500 millones para comprar activos asociados con hipotecas, propiedad de AIG o respaldados por ella.

[6] El decreto de estímulo que finalmente se aprobó en febrero de 2009, el American Recovery and Reinvestment Act [Ley de Recuperación y Reinversión Estadounidense] incluía más de 60.000 millones de dólares en inversiones en energías limpias: 11.000 millones para una red eléctrica más grande, mejor y más inteligente, que iba a trasladar la electricidad obtenida con energías renovables

desde los lugares rurales donde se produce hasta las ciudades, donde se emplea la mayor parte, así como para 40 millones de contadores eléctricos inteligentes para su instalación en los hogares estadounidenses; 4.500 millones para hacer más ecológicos los edificios federales y reducir la factura de energía del gobierno; 6.300 millones para proyectos estatales y locales de energías renovables y de eficiencia energética; 600 millones en programas de formación de empleos verdes; y 2.000 millones en subvenciones competitivas para desarrollar la siguiente generación de baterías para almacenar energía.

[7] Barack Obama, «Renewing the American Economy», discurso ante Cooper Union, Nueva York, 27 de marzo de 2008.

[8] Estadísticas de comercio del ministerio de Finanzas de Japón, estadísticas generales de comercio, datos anuales y mensuales del valor total de importaciones y exportaciones, septiembre de 2009, disponibles en http://www.customs.go.jp/toukei/srch/indexe. htm?M=27&P=0; y Oficina Estadística Federal de Alemania, «German Exports in June 2009: -22.3% on June 2008», comunicado de prensa n° 290, 7 de agosto de 2009, disponible en http://www.de statis.de/jetspeed/portal/cms/Sites/destatis/Internet/EN/press/ pr/2009/08/PE09__290__51,templateId=renderPrint.psml.

[9] Los precios de la vivienda empezaron a bajar a partir de julio de 2006 y hasta abril de 2009, pero incluso cuando se estabilizaron, no estaba claro en qué medida era el resultado de los programas temporales del gobierno —las intervenciones poco ortodoxas de la Reserva Federal para bajar los tipos de interés de las hipotecas y el programa para los compradores de su primera vivienda—. Cuarenta y ocho estados tuvieron que afrontar déficits presupuestarios, que ascendieron al 26 por ciento de los presupuestos estatales, lo que obligó a cuarenta y dos estados a despedir trabajadores y a cuarenta y un estados a reducir los servicios a los residentes. Véase Standard

& Poor's, «The Pace of Home Price Declines Moderate in April according to the S&P/Case-Shiller Home Price Indices», comunicado de prensa, Nueva York, 30 de junio de 2009; y Elizabeth Mc-Nichol y Nicholas Johnson, «Recession Continues to Batter State Budgets; State Responses Could Slow Recovery», Center for Budget and Policy Priorities, 20 de octubre de 2009, disponible en http://www.cbpp.org/files/9-8-08sfp.pdf.

[10] Tras el test de resistencia, se exigió a numerosos bancos que consiguieran capital, cosa que hicieron con éxito. Curiosamente, aunque el test de resistencia no fue muy exigente, al parecer sí restableció un cierto grado de confianza en el mercado.

[11] Agencia de Análisis Económico, «National Income and Product Accounts», «Table 2.1. Personal Income and Its Disposition (Seasonally adjusted at annual rates)», disponible en http://www.bea.gov/national/nipaweb/TableView.asp?SelectedTable=58&Freq=Qtr&FirstYear=2007&LastYear=2009.

[12] Chrystia Freeland, «"First Do No Harm" Prescription Issued for Wall Street», *Financial Times*, 29 de abril de 2009, p. 4.

[13] «New Citi Chair: Bankers Aren't "Villains"», *CBS News.com*, 7 de abril de 2009.

[14] Anónimo, «Confessions of a TARP Wife», Conde Naste Portfolio, mayo de 2009, disponible en http://www.portfolio.com/executives/2009/04/21/Confessionsof-a-Bailout-CEO-Wife/.

[15] Los rescates en países en vías de desarrollo tienden a producir una apreciación del tipo de cambio respecto al que habría en caso contrario. Una de las principales formas mediante las que se recuperan las economías es a través de un aumento en las exportaciones, pero unos tipos de cambio más altos dificultan las exportaciones y por consiguiente la recuperación. El rescate mexicano de 1994 puede que tuviera poco que ver con la recuperación del país y puede que lo dificultara. Véase D. Lederman, A. M. Menéndez,

G. Perry, y J. E. Stiglitz, «Mexican Investment after the Tequila Crisis: Basic Economics, "Confidence" Effects or Market Imperfections?», *Journal of International Money and Finance*, vol. 22 (2003), pp. 131-151.

[16] Elizabeth Mcquerry, «The Banking Sector Rescue in Mexico», *Federal Reserve Bank of Atlanta Economic Review*, tercer trimestre, 1999.

[17] También contribuyeron muchos otros factores al escaso progreso de México a lo largo de la década siguiente. Véase Lederman, Menéndez, Perry y Stiglitz, «Mexican Investment after the Tequila Crisis», *cit*; y el Capítulo 3, «Cómo hacer que el comercio sea justo», de Joseph E. Stiglitz, *Cómo hacer que funcione la globalización*, Taurus, 2006.

[18] Robert Weissman y James Donahue, «Sold Out: How Wall Street and Washington Betrayed America», Consumer Education Foundation, marzo de 2009, disponible en http://wallstreetwatch.org/reports/sold_out.pdf.

[19] En 1953, Charlie Wilson, presidente de GM, dijo acertadamente: «Durante años creí que lo que era bueno para el país era bueno para General Motors, y viceversa». Departamento de Defensa de Estados Unidos, biografía de Charles E. Wilson, disponible en http://www.defenselink.mil/specials/secdef_histories/bios/wilson.htm.

[20] Los mercados financieros habían hecho exactamente eso tras la crisis financiera mundial de 1997-1998. En aquel momento se habló mucho de reformar la arquitectura financiera global. Se siguió hablando hasta que se acabó la crisis y se desvaneció el interés por las reformas. En vez de introducir nuevas regulaciones, el gobierno siguió desregulando a todo ritmo. Es obvio que se hizo poco, demasiado poco, para evitar otra crisis.

[21] Ben Bernanke asumió el cargo en febrero de 2006, y la intensidad de los préstamos de alto riesgo (créditos de alto riesgo

originados como porcentaje de todos los créditos originados) siguió aumentando en los meses posteriores, y alcanzó su máximo
a mediados de 2006. Major Coleman IV, Michael LaCour-Little,
y Kerry D. Vandell, «Subprime Lending and the Housing Bubble:
Tail Wags Dog?», *Journal of Housing Economics*, vol. 17, nº 4 (diciembre de 2008), pp. 272-290.

[22] «Hay unas cuantas cosas que sugieren, como mínimo, que
hay algo de espuma en este mercado», dijo Greenspan. Aunque «no
percibimos que haya una burbuja nacional», Greenspan decía que
«no es difícil ver que hay muchas burbujas locales». Edmund L.
Andrews, «Greenspan Is Concerned about "Froth" in Housing»,
*New York Times*, 21 de mayo de 2005, p. A1.

[23] Citigroup, Quarterly Financial Data Supplement, 16 de octubre de 2008, disponible en http://www.citibank.com/citi/fin/
data/qer083s.pdf.

[24] Editorial, «Mr. Obama's Economic Advisers», *New York
Times*, 25 de noviembre de 2008, p. A30.

[25] Véase Joe Hagan, «Tenacious G», *New York Magazine*, 3 de
agosto de 2009, p. 28. Véase también Gretchen Morgenson, «Time
to Unravel the Knot of Credit-Default Swaps», *New York Times*, 24
de enero de 2009, p. A1.

[26] Cabe destacar que Mervyn King, gobernador del Banco
de Inglaterra, ha apoyado la idea de que si los bancos son demasiado grandes para quebrar, son demasiado grandes para existir,
o por lo menos es necesario imponer grandes restricciones a lo
que pueden hacer. Discurso pronunciado en el banquete del Lord
Mayor para banqueros y comerciantes del centro financiero de
Londres en la Mansion House, 17 de junio de 2009, disponible en
http://www.bankofengland.co.uk/publications/speeches/2009/
speech394.pdf; y discurso pronunciado ante las asociaciones esco-
cesas de negocios, Edimburgo, 20 de octubre de 2009, disponible

en http://www.bankofengland.co.uk/publications/speeches/2009/speech406.pdf.

[27] Los bancos estadounidenses que recibieron 163.000 millones de dólares de los fondos de rescate planeaban repartir más de 80.000 millones en dividendos durante los tres años posteriores, con permiso del gobierno. Algunos bancos pagaron más en dividendos de lo que recibieron del gobierno como ayuda. Binyamin Appelbaum, «Banks to Continue Paying Dividends», *Washington Post*, 30 de octubre de 2008, p. A1. Nueve bancos que recibieron ayudas del gobierno pagaron más de 33.000 millones de dólares en primas, incluyendo más de 1 millón de dólares cada uno a más de cinco mil empleados. Susanne Craig y Deborah Solomon, «Bank Bonus Tab: $33 Billion», *Wall Street Journal*, 31 de julio de 2009, p. A1.

[28] Había abundantes razones para preocuparse por el desplome económico, y dado que la economía se encontraba en terreno desconocido, nadie podía estar seguro de las consecuencias de cualquier actuación que pudiera emprender el gobierno. No es de extrañar que los bancos quisieran grandes cheques del gobierno, y alegaban que todo lo que no fuera eso suponía una amenaza de trauma. Pero, como explico por extenso más adelante en el texto, la justificación aducida para el enfoque del «cheque en blanco» no resultaba convincente, sobre todo porque al final el gobierno aportó avales para cualquiera que pudiera haber reaccionado de forma adversa (es decir, para los proveedores de fondos a corto plazo). Puede que los obligacionistas a largo plazo estuvieran descontentos, pero, por definición, no podían retirar su dinero. La administración Obama temía que si no se trataba con cautela a quienes proveían de capital a los bancos, en el futuro no iba a llegar financiación. Se trataba de una conclusión particularmente absurda; el capital va donde hay rentabilidad. Y si el sector privado no estaba dispuesto a proveerlo, el gobierno había más que demostrado su

capacidad de hacerlo. El sector privado había demostrado su incompetencia a la hora de gestionar el riesgo y el capital; el gobierno no podía hacerlo peor —y probablemente lo haría mejor—. El gobierno no tendría incentivos perversos, sino que se vería impedido de dedicarse a prácticas abusivas debido a su responsabilidad.

Había riesgos de litigios, riesgos que estarían presentes independientemente de lo que se hiciera. Puede que el riesgo de litigios fuera especialmente importante para explicar el manejo de los *credit default swaps*, aunque casi con total seguridad, la acción del Congreso lo habría limitado.

[29] Un juez de distrito estadounidense dio un plazo de cinco días a la Reserva Federal para entregar los registros que identifican a las compañías que recibían dinero a través de sus planes de crédito de emergencia. Mark Pittman, «Court Orders Fed to Disclose Emergency Bank Loans», *Bloomberg.com*, 25 de agosto de 2009, en http://www.bloomberg.com/apps/news?pid=20601087&sid=a7C C61ZsieV4. El 30 de septiembre de 2009, la Reserva Federal presentó una notificación anunciando que iba a recurrir la orden del juez. Véase Mark Pittman, «Federal Reserve Appeals Court Order to Disclose Loans», *Bloomberg.com*, 30 de septiembre de 2009, disponible en http://www.bloomberg.com/apps/news?pid=20601087& sid=aSab0xkcV8jc.

[30] No era el primer intento de eludir al Congreso para ayudar a Wall Street. Después de que el Congreso se negara a aceptar la solicitud de la administración Clinton para financiar a los inversores de Wall Street en bonos mexicanos (en lo que llegó a denominarse el rescate mexicano), Robert Rubin recurrió al Fondo de Estabilización Cambiaria, creado en 1934 con un propósito muy distinto. El Congreso creó ese fondo para estabilizar el valor del dólar durante un periodo inestable en las finanzas internacionales, cuando Gran Bretaña había renunciado al patrón oro y estaba depreciando la

libra a fin de obtener una ventaja competitiva en el comercio internacional. Véase J. Lawrence Broz, «Congressional Politics of International Financial Rescues», *American Journal of Political Science*, vol. 49, nº 3 (julio de 2005), pp. 479-496; y Anna J. Schwartz, «From Obscurity to Notoriety: A Biography of the Exchange Stabilization Fund», *Journal of Money, Credit and Banking*, vol. 29 (mayo de 1997), pp. 135-153.

[31] Un análisis del crecimiento del 3,5 por ciento del tercer trimestre de 2009 que marcó el fin de la recesión señala los problemas: el 1,6 por ciento, casi la mitad, se debió al ya vencido programa de «dinero por chatarra» (v. Capítulo 3); la mitad del 1,9 restante se generó a través de la reconstitución de inventarios.

[32] Véase *Economic Report of the President*, Washington, U.S. Government Printing Office, 1996.

[33] Basado en un estudio realizado por el consultor externo Johnson Associates. Mientras que se espera que las primas de los operadores aumenten un 60 por ciento, las de los banqueros de inversión se espera que aumenten sólo entre el 15 y el 20 por ciento. No obstante, los pagos a las siete compañías que recibieron ayudas extraordinarias del gobierno serán limitadas. Véase Eric Dash, «Some Wall Street Year-End Bonuses Could Hit Pre-Downturn Highs», *New York Times*, 5 de noviembre de 2009, p. B3.


# Capítulo 3
## Una respuesta fallida


[1] Algunos economistas argumentan que los multiplicadores pueden ser incluso mayores de lo que sugieren estas cifras, porque el aumento en el gasto se suma a la confianza de los consumidores (un «multiplicador de la confianza»). Si el gasto en estímulo reduce

el desempleo y la reducción del desempleo reduce la angustia de los trabajadores, puede que se animen a gastar más, y el efecto en su conjunto sobre la economía será aún mayor. Éste es uno de los argumentos a favor de una esmerada planificación en el tiempo y de elegir cuidadosamente los objetivos: si el estímulo resulta ser menos eficaz de lo prometido, puede haber un «multiplicador de la confianza negativo». Aunque los responsables de las finanzas ponen un gran énfasis en la «confianza», los modelos económicos estándar no lo hacen; éstos ponen el acento en las «variables reales», como el desempleo y los salarios reales. Además, la eficacia del estímulo fiscal es mayor cuando el tipo de interés está a punto de alcanzar su límite inferior de cero, como ocurre en Estados Unidos en la crisis reciente, y el multiplicador fiscal a corto plazo puede ser sustancialmente mayor que 1,6. Véase, por ejemplo, Christiano, M. Eichenbaum y Sergio Rebelo, «When Is the Government Spending Multiplier Large?». NBER Working Paper 15394, octubre de 2009, disponible en http://www.nber.org/papers/w15394.

[2] Algunas estimaciones sitúan el multiplicador de una ampliación de las prestaciones del seguro de desempleo en 1,6. Véase Martin Schindler, Antonio Spilimbergo y Steve Symansky, «Fiscal Multipliers», International Monetary Fund Staff Position Note, SPN/09/11, 20 de mayo de 2009.

[3] Entre 1999 y 2006, el año anterior a la ruptura de la burbuja, los ingresos medios para el 5 por ciento de estadounidenses con máximos ingresos aumentaron un 4,6 por ciento, mientras que la mediana de ingresos se redujo en un 1 por ciento. Agencia de Censos de Estados Unidos, «Historical Income Tables», Tablas H-3 y H-6, 2008, disponibles en http://www.census.gov/hhes/www/income/histinc/inch htoc.html.

[4] Las injusticias asociadas a los rescates bancarios que protegían a los obligacionistas son especialmente graves, ya que las

obligaciones y las acciones de los bancos pasaron a considerarse al-tamente arriesgadas —demasiado arriesgadas como para estar en la cartera de los fondos de pensiones y otras entidades que buscaban seguridad— y muchas de ellas fueron adquiridas por los *hedge funds* y otros especuladores.

[5] Christina Romer y Jared Bernstein, «The Job Impact of the American Recovery and Reinvestment Plan», Council of Economic Advisers, 9 de enero de 2009, disponible en http://otrans.3cdn.net/ ee40602f9a7d8172b8_ozm6bt5oi.pdf.

[6] Agencia de Estadísticas Laborales, «Employment Level (Seasonally Adjusted)», Labor Force Statistics, Current Popula-tion Survey, noviembre de 2009, disponible en http://data.bls.gov/ cgi-bin/surveymost?ln. Al cabo de algo más de seis meses de pro-grama, la administración afirmaba que sus programas de gasto ha-bían creado la modesta cifra de 640.000 empleos. Elizabeth Wi-lliamson y Louise Radnofsky, «Stimulus Created 640,000 Jobs, White House Says», *Wall Street Journal*, 31 de octubre de 2009, p. A5.

[7] Véase también Paul Krugman, «Averting the Worse», *New York Times*, 10 de agosto de 2009, p. A17. Como señalo más adelante, ello subestima la magnitud del problema, debido al gran número de personas que se han visto obligadas a aceptar un empleo a tiempo parcial porque no podían encontrar un empleo a tiempo completo.

[8] Federal Reserve Bank of Philadelphia, «Forecasters See the Expansion Continuing», Fourth Quarter 2009 Survey of Profes-sional Forecasters, 16 de noviembre de 2009, disponible en http:// www.phil.frb.org/research-and-data/real-time-center/survey-of-professional-forecasters/2009/survq409.cfm.

[9] Oficialmente la medida más amplia del desempleo se remon-ta a 1994, pero el *New York Times*, en colaboración con el departamen-to de Trabajo, amplió la serie hasta 1970. La tasa de octubre de 2009 fue la más alta «por lo menos desde 1970, y muy probablemente

desde la Gran Depresión». David Leonhardt, «Jobless Rate Hits 10.2%, with More Underemployed», *New York Times*, 7 de noviembre de 2009, p. A1.

Para octubre de 2009, la proporción de personas en edad de trabajar que o bien tienen un empleo o están buscando uno activamente era del 65,5 por ciento, la más baja en veintidós años. Bureau of Labor Statistics, Current Population Survey, «Table U-6. Total Unemployed, Plus All Marginally Attached Workers, Plus Total Employed Part Time for Economic Reasons, as a Percent of the Civilian Labor Force Plus All Marginally Attached Workers», septiembre de 2009, disponible en http://www.bls.gov/news.release/empsit.t12.htm.

[10] Encuesta sobre población activa, «Unemployment Statistics», Tabla A2, Bureau of Labor Statistics, 6 de noviembre de 2009, disponible en http://www.bls.gov/news.release/pdf/empsit.pdf, y Tabla 3, Civilian Labor Force and Unemployment by State and Selected Area (seasonally adjusted). Regional and State Employment and Unemployment, Labor Force Data, Bureau of Labor Statistics, 20 de noviembre de 2009, disponible en http://www.bls.gov/news.release/pdf/empsit.pdf.

[11] Véase Conor Dougherty, «The Long Slog: Out of Work, Out of Hope», *Wall Street Journal*, 23 de septiembre de 2009, p. A1.

[12] En octubre de 2009, el 35 por ciento de las personas desempleadas había estado sin trabajo durante veintisiete semanas o más, el porcentaje más alto desde la II Guerra Mundial. Junio de 2009 fue también el primer mes, desde que el gobierno empezó a recopilar datos, en 1948, en que más de la mitad de las personas desempleadas habían estado sin trabajo durante por lo menos quince semanas. Agencia de Estadísticas Laborales, «Table A-12. Unemployed Persons by Duration of Employment, seasonally adjusted», octubre de 2009, disponible en http://www.bls.gov/web/cpseea12.pdf.

Véase también Floyd Norris, «In the Unemployment Line, and Stuck There», *New York Times,* 11 de julio de 2009, p. B3.

[13] Agencia de Análisis Económico, «Industry Economic Accounts, GDP by Industry Accounts», «Value Added by Industry as a Percentage of GDP», 28 de abril de 2009.

[14] Agencia de Estadísticas Laborales, «Job Openings and Labor Turnover Survey», disponible en http://data.bls.gov/cgi-bin/surveymost?jt, and Labor Force Statistics Current Population Survey, disponible en http://data.bls.gov/cgi-bin/surveymost?ln.

[15] Agencia de Estadísticas Laborales, «Current Employment Statistics Survey», «Employment, Hours, and Earnings: Average Weekly Hours of Production Workers», disponible en http://data.bls.gov/cgi-bin/surveymost?ce.

[16] Para los trabajadores privados, la participación en programas de aportación fija aumentó hasta el 43 por ciento en 2009, desde el 36 por ciento en 1999, mientras que la participación en los programas de prestaciones fijas permaneció estable en torno a un 20 por ciento. La participación general en algún tipo de plan de jubilación aumentó hasta el 51 por ciento en 2009 desde el 48 por ciento en 1999 (obsérvese que algunos trabajadores participan en ambos tipos de programas de jubilación). Agencia de Estadísticas Laborales, «National Compensation Survey of Employee Benefits», «Table 2. Retirement Benefits: Access, Participation, and Take-up Rates, Private Industry Workers, National Compensation Survey», marzo de 2009, disponible en http://www.bls.gov/ncs/ebs/benefits/2009/ownership/private/table02a.pdf.

[17] Un estudio de Pew Research informaba de que casi el 40 por ciento de los trabajadores mayores de sesenta y dos años habían pospuesto su jubilación debido a la recesión. Entre los trabajadores de edades comprendidas entre cincuenta y sesenta y un años, el 63 por ciento dice que podría tener que posponer su fecha esperada

de jubilación debido a las condiciones económicas actuales. Pew Research Center, «America's Changing Workforce: Recession Turns a Graying Office Grayer», Social and Demographic Trends Project, Washington, 3 de septiembre de 2009.

[18] Yo había instado a un estímulo mucho mayor, al igual, que, al parecer, Christina Romer, presidenta del Consejo de Asesores Económicos de Obama (que sugería más de 1,2 billones). El equipo económico del presidente le planteó sólo dos opciones: el paquete de 890.000 millones de dólares o uno que era bastante menor, en torno a los 550.000 millones. Ryan Lizza, «Inside the Crisis», *The New Yorker*, 12 de octubre de 2009, disponible en http://www.new-yorker.com/reporting/2009/10/12/091012fa_fact_lizza.

[19] Elizabeth McNichol e Iris J. Lav, «New Fiscal Year Brings No Relief from Unprecedented State Budget Problems», Center on Budget and Policy Priorities, Washington, 3 de septiembre de 2009, disponible en http://www.cbpp.org/files/9-8-08sfppdf.

[20] Jordan Rau y Evan Halper, «New State Budget Gap Is Forecast», *Los Angeles Times*, 14 de marzo de 2009, p. A1.

[21] Casa Blanca, Office of the Press Secretary, «New Recipient Reports Confirm Recovery Act Has Created Saved over One Million Jobs Nationwide», comunicado de prensa, 30 de octubre de 2009, disponible en http://www.whitehouse.gov/the-press-office/new-recipient-reports-confirm-recovery-act-has-created-saved-overone-million-jobs-.

[22] Agencia de Estadísticas Laborales, «All Employees (Sector: Government), Employment, Hours, and Earnings from the Current Employment Statistics survey (National)», 10 de noviembre de 2009, disponible en http://data.bls.gov/PDQ/outside.jsp?survey=ce.

[23] Con estas medidas excepcionales, más las prestaciones básicas a nivel estatal de 26 semanas, las prestaciones totales por

desempleo oscilaban entre 60 y 99 semanas a finales de 2009, dependiendo de la tasa de desempleo a nivel estatal. Véase National Employment Law Project, «Senate Extends Jobless Benefits 14-20 Weeks», Washington, 4 de noviembre de 2009, disponible en http://www.nelp.org/page/-/UI/PR.SenateExtensionVote.pdf?nocdn=1.

[24] Pese a las ampliaciones por parte del Congreso, si el American Recovery and Reinvestment Act no se prorroga en diciembre de 2009, un millón de desempleados perderán sus prestaciones a lo largo de enero de 2010, y tres millones se quedarán sin prestaciones federales entre enero y marzo de 2010. National Employment Law Project, «NELP Analysis: 1 Million Workers Will Lose Jobless Benefits in January if Congress Fails to Reauthorize ARRA», Washington, 18 de noviembre de 2009, disponible en http://nelp.3cdn.net/596480c76efd6ef8e3_pjm6bhepv.pdf.

[25] La administración Obama intentó diseñar la rebaja de impuestos a fin de fomentar un aumento del gasto. Lejos de hacer una rebaja de una vez, se redujeron las retenciones, esperando que con ese truco las economías domésticas, al ver algo más de dinero en la paga que llevaban a casa, gastarían más. El gasto aumentó un poco, pero menos de lo que habían esperado los defensores de la rebaja de impuestos. Véase también John Cogan, John B. Taylor y Volker Weiland, «The Stimulus Didn't Work», *Wall Street Journal*, 17 de septiembre de 2009, disponible en http://online.wsj.com/article/SB10001424052970204738045743852338670306444.html.

[26] Véase, por ejemplo, Amity Shlaes, *The Forgotten Man: A New History of the Great Depression*, Nueva York, HarperCollins, 2007; y Jim Powell, *FDR's Folly: How Roosevelt and His New Deal Prolonged the Great Depression*, Nueva York, Crown Forum, 2003.

[27] La teoría económica keynesiana ha sido puesta a prueba en repetidas ocasiones, y, en general, se ha demostrado correcta. Las

pruebas más drásticas fueron las efectuadas por el Fondo Monetario Internacional (FMI) en Asia oriental y en otros lugares, donde, en vez de responder a las crisis mediante políticas monetarias y fiscales expansionistas, el FMI hizo justo lo contrario. Las acusadas contracciones en la economía fueron exactamente las que preveía la teoría económica keynesiana.

[28] Los activos de la Reserva Federal (que incluyen tenencia de hipotecas, bonos del Tesoro, etcétera) aumentaron desde los 900.000 millones de dólares en agosto de 2008 hasta más de 2,2 billones en diciembre de 2008. Normalmente, la Reserva Federal compra sólo bonos del Tesoro (deuda del gobierno a corto plazo). A medida que la Reserva Federal intentaba influir en los tipos de interés a largo plazo y en los tipos hipotecarios, adquirió un amplio espectro de productos, en lo que a veces se denomina alivio cuantitativo.

[29] Como ha quedado claro a estas alturas, los mercados no son siempre tan inteligentes. Muchos responsables de los mercados financieros parecen fijarse sólo en el lado del pasivo del balance del gobierno, nunca en el lado del activo.

[30] Véase el Capítulo 8 para una discusión más extensa del sistema mundial de reservas y de cómo debe ser reformado.

## Capítulo 4
## El fraude de las hipotecas

[1] Más de cuatro millones de personas se convirtieron en propietarios de viviendas durante la fiebre de la vivienda, pero para el tercer trimestre de 2009, el porcentaje de quienes poseían una casa (el 67,6 por ciento) era muy poco diferente de lo que era en 2000 (el 67,4 por ciento). Agencia de Censo de Estados Unidos, Sección de Estadísticas Inmobiliarias y de Economía Doméstica, «Housing

Vacancies and Homeownership: Table 14, Third Quarter 2009»,
disponible en http://www.census.gov/hhes/www/housing/hvs/
historic/index.html.

[2] Entre 2001 y 2007, sólo el número de economías domésticas
con cargas graves (que pagaban por la vivienda más del 50 por ciento de sus ingresos) aumentó en más de 4 millones. Joint Center for
Housing Studies of Harvard University, *The State of the Nation's
Housing 2009*, 22 de junio de 2009, disponible en http://www.jchs.
harvard.edu/son/index.htm.

[3] Joe Weisenthal, «Dick Parsons: Don't Just Blame the Bankers», *Business Insider*, 7 de abril de 2009, disponible en http://
www.businessinsider.com/dick-parsons-dont-just-blame-the-
bankers-2009-4.

[4] Abby Aguirre, «The Neediest Cases: After a Nightmare of
Refinancing, Hope», *New York Times*, 8 de noviembre de 2008, p. A47.

[5] Peter J. Boyer, «Eviction; The Day They Came for Addie
Polk's House», *The New Yorker*, 24 de noviembre de 2008, p. 48.

[6] RealtyTrac, «US Foreclosure Activity Increases 75 Percent
in 2007», comunicado de prensa, 29 de enero 2008; y «Foreclosure
Activity Increases 81 Percent in 2008», comunicado de prensa, 15 de
enero de 2009, disponible en http://www.realtytrac.com/content-
management/.

[7] Sonia Garrison, Sam Rogers y Mary L. Moore, «Continued
Decay and Shaky Repairs: The State of Subprime Loans Today»,
Center for Responsible Lending, Washington, enero de 2009, disponible en http://www.responsiblelending.org/mortgage-lending/
research-analysis/continued_decay_and_shaky_repairs.pdf; editorial,
«Holding Up the Housing Recovery», *New York Times*, 24 de abril
de 2009, p. A26; y Credit Suisse, «Foreclosure Update: Over 8 Million Foreclosures Expected», Fixed Income Research, 4 de diciembre de 2008, disponible en http://www.chapa.org/pdf/Foreclosure

UpdateCreditSuisse.pdf. A fecha de marzo de 2009, 5,4 millones de propietarios de viviendas estadounidenses titulares de una hipoteca, casi el 12 por ciento, llevaban como mínimo un retraso de un mes en sus pagos o estaban en ejecución de hipoteca a finales de 2008, según la Mortgage Bankers Association. FBI, *2008 Mortgage Fraud Report*, «*Year in Review*», disponible en http://www.fbi.gov/publications/fraud/mortage_fraud08.htm, pp. 11-12.

[8] Matt Apuzzo, «Banks Torpedoed Rules That Could Have Saved Them», Associated Press, 1 de diciembre de 2008. Otros también vieron lo que estaba ocurriendo y no podían apoyarlo, pero eran una pequeña minoría.

[9] Se pudo disponer de los datos únicamente gracias a los esfuerzos del fiscal general de Nueva York, Andrew Cuomo. No fueron revelados por el Tesoro de Estados Unidos, que era responsable del rescate. Susanne Craig y Deborah Solomon, «Bank Bonus Tab: $33 Billion», *Wall Street Journal*, 31 de julio de 2009, en online.wsj.com/article/SB124896815094085.html.

[10] De hecho, Alan Greenspan bloqueó una propuesta para aumentar la vigilancia sobre los prestamistas de alto riesgo en virtud de la amplia autoridad de la Reserva Federal. Greg Ip, «Did Greenspan Add to Subprime Woes?», *Wall Street Journal*, 9 de junio de 2007, p. B1.

[11] Esta lista de los cometidos de la normativa no pretende ser exhaustiva. La normativa también está diseñada para garantizar el acceso a la financiación, evitar la discriminación, promover la macroestabilidad e incrementar la competencia. Algunas de estas otras regulaciones siguieron vigentes.

[12] No todas las hipotecas estadounidenses son sin garantía personal, pero en la práctica, la inmensa mayoría sí lo son.

[13] No obstante, los críticos del seguro de depósitos se equivocan en su creencia de que sin seguro de depósitos todo estaría

bien, dado que los depositantes tienen un incentivo para asegurarse de que los bancos emplean bien sus fondos. Ha habido quiebras de bancos tanto en países con seguro de depósito como en países carentes de él. De hecho, ¿cómo podrían los depositantes evaluar el riesgo de un banco importante como Citibank, cuando incluso su directivas y los reguladores daban tasaciones sensiblemente distintas de un día para otro?

[14] Si el prestatario se daba cuenta de que el corredor hipotecario había falseado sus ingresos y manifestaba su preocupación, se le hacía callar rápidamente (se trataba de una mera formalidad).

[15] Agencia de Censo de Estados Unidos, «Current Population Survey», Historical Income Tables, Table H-6, http://www.census. gov/hhes/www/income/histinc/inchhtoc.html.

[16] Robert J. Shiller, *Exuberancia irracional*, Madrid, Ediciones Turner, 2003.

[17] The Federal Housing Finance Board Monthly Interest Rate Survey, Table 36, disponible en http://www.fhfa.gov/Default. aspx?Page=252.

[18] Alan Greenspan, discurso en la Credit Union National Association 2004 Governmental Affairs Conference, Washington, 23 de febrero de 2004. Con su habitual estilo intrincado (a veces llamado «*fedspeak*» [jerga de la Reserva Federal]), se cubrió a sí mismo frente a futuras críticas: «Los cálculos por los analistas del mercado del diferencial ajustado por opciones (OAS en sus siglas en inglés) sobre las hipotecas sugieren estos beneficios aportados por las hipotecas de tipo fijo pueden oscilar entre el 0,5 por ciento y el 1,2 por ciento, lo que eleva los pagos hipotecarios anuales después de impuestos de los propietarios de viviendas en varios miles de dólares». No obstante, Greenspan señalaba que esos ahorros no habrían existido «en caso de una abrupta tendencia alcista de los tipos de interés».

[19] Véase, por ejemplo, James R. Hagerty y Michael Corkery, «How Hidden Incentives Distort Home Prices», *Wall Street Journal Online*, 20 de diciembre de 2007.

[20] Véase también Aubrey Cohen, «Rules Set to Cut Off Mortgage Originators from Appraisers This Week», *Seattle Post-Intelligencer Online*, 29 de abril de 2009, disponible en http://www.seattlepi.com/local/405528_appraisal25.html. (Wells Fargo no era la única).

[21] A medida que aumentaba el crédito de alto riesgo, un estudio de quinientos tasadores en cuarenta y cuatro estados revelaba que el 55 por ciento informaban de que habían recibido presiones para sobredimensionar los valores de los inmuebles, y de que el 25 por ciento había recibido presiones por lo menos en la mitad de las tasaciones que les encargaron realizar. «Home Insecurity: How Widespread Appraisal Fraud Puts Homeowners at Risk», Borrowing to Make Ends Meet Briefing Paper n° 4, marzo de 2005, disponible en http://www.cheatingculture.com/home_insecurity_v3.pdf. El FBI vigila el fraude hipotecario, que incluye el fraude en la tasación, e informó de un aumento del 36 por ciento en el número de casos de ese tipo de fraude en 2008, y los estados con más casos incluían aquéllos donde las cifras de impagos y ejecuciones de hipotecas son más altas. FBI, *2008 Mortgage Fraud Report (op.cit)*. Es probable que haya una avalancha de litigios, ejemplificados por la demanda civil colectiva en nombre de los compradores de títulos respaldados con activos de Bear Stearns, que alegan, por ejemplo, afirmaciones falsas y/u omisiones sobre la tasación de las propiedades subyacentes al crédito hipotecario. «Cohen Milstein and Coughlin Stoia Announce Pendency of Class Action Suits...», *Market Watch*, 11 de septiembre de 2009, disponible en http://www.marketwatch.com/story/cohen-milstein-and-coughlin-stoia-announce-pendency-of-class-actionsuits-involving-mortgage-

pass-through-certificates-of-structured-asset-mortgageinves-tments-ii-inc-and-bear-stearns-asset-backed-2009-09-11.

[22] Keith Ernst, Debbie Bocian y Wei Li, «Steered Wrong: Brokers, Borrowers, and Subprime Loans», Center for Responsible Lending, 8 de abril de 2008, disponible en http://www.responsiblelending.org/mortgage-lending/research-analysis/steered-wrong-brokers-borrowers-and-subprime-loans.pdf.

[23] Dado que un aumento en los tipos de interés plantearía problemas por todo el país, los riesgos de impago estarían muy correlacionados. Para un análisis más completo de los problemas asociados a la titulización, véase, por ejemplo, Stiglitz, «Banks versus Markets as Mechanisms for Allocating and Coordinating Investment», op.cit.

[24] Algunos han argumentado lo contrario: dado que la demanda extranjera de hipotecas estadounidenses contribuyó a la burbuja empeoró las cosas. Lo que a mí me parece claro es que había suficiente demanda nacional de hipotecas malas y una suficiente mala valoración del riesgo, y que Estados Unidos habría tenido una burbuja sin esta demanda extranjera. No se puede echar la culpa a los extranjeros, como suelen hacer algunos. Sin la demanda extranjera, la prima de riesgo por los activos de riesgo habría sido más alta, lo que habría atraído más adquisiciones en Estados Unidos.

[25] Ésa es la razón de que una de las «reformas» defendidas por algunos partidarios del libre mercado —aumentar el número de agencias de calificación y por consiguiente la competencia entre ellas— podría empeorar aún más las cosas, a menos que hubiera otras reformas.

[26] Los modelos que empleaban los bancos de inversión y las agencias de calificación habitualmente asumían lo que se denominan distribuciones log-normal, una variante de la familiar curva en forma de campana. De hecho, deberían haber utilizado las denominadas distribuciones «de cola gruesa» («*fat tailed*»), donde

los sucesos relativamente raros ocurren con mayor frecuencia que en la distribución log-normal.

[27] Mark Rubinstein, «Comments on the 1987 Stock Market Crash: Eleven Years Later», en *Risks in Accumulation Products*, Schaumburg, Society of Actuaries, 2000.

[28] Estos modelos empleaban, por ejemplo, distribuciones de probabilidad, que subestiman la ocurrencia de sucesos «infrecuentes». Pero no sólo eran defectuosas tales suposiciones técnicas, sino que también lo era la teoría económica que había detrás. Ignoraban la posibilidad del tipo de crisis de liquidez que han sido un rasgo de los mercados financieros a lo largo de la historia; ese tipo de crisis están vinculadas a los problemas de información imperfecta y asimétrica, que esos modelos ignoraban.

[29] Eric Lipton, «After the Bank Failure Comes the Debt Collector», *New York Times*, 17 de abril de 2009, p. B1.

[30] Que la titulización hiciera más difícil renegociar las hipotecas es otro ejemplo de algo de lo que deberían haber sido conscientes tanto los participantes en el mercado como los reguladores: por culpa de la titulización había sido mucho más difícil renegociar y reestructurar las deudas en la crisis de Asia oriental a finales de los años noventa que en la crisis de la deuda latinoamericana a principios de los ochenta. En el segundo caso, se podía reunir a los principales acreedores en torno a una mesa; en el primero, no había una sala lo suficientemente grande para todos los demandantes.

[31] Véase la declaración de Sheila C. Bair, presidenta de la Federal Deposit Insurance Corporation, «Possible Responses to Rising Mortgage Foreclosures», Committee on Financial Services, U.S. House of Representatives, Washington, 17 de abril de 2007.

[32] En el Capítulo 5 explico cómo el modo en que la administración Obama diseñó los rescates bancarios vació de contenido los incentivos para reestructurar ulteriormente las hipotecas.

[33] Más de 15,2 millones de hipotecas estadounidenses, casi un tercio de todos los inmuebles hipotecados, estaban «sumergidas» con fecha de 30 de junio de 2009. First American CoreLogic, «Negative Equity Report, Q2 2009», 13 de agosto de 2009, disponible en http://www.facorelogic.com/uploadedFiles/Newsroom/RES_in_the_News/FACL%20Negative%20Equity_final_081309.pdf.

[34] El plan aportaba la misma cantidad de dinero a los corredores hipotecarios que a los inversores y al prestatario: para las «modificaciones con éxito», en las que el prestatario permanecía al día durante cinco años, el plan pagaba al prestamista el 50 por ciento del coste de la reducción de los pagos desde el 38 por ciento hasta el 31 por ciento de los ingresos del prestatario, y daba 4.000 dólares a los corredores y 5.000 dólares al prestatario. (Consideremos, por ejemplo a una persona con uná hipoteca de 400.000 dólares, que paga algo más del 38 por ciento de sus ingresos en una hipoteca en la que sólo se pagan intereses. A los cinco años, el prestamista conseguiría más de 11.000 dólares, más que el corredor y que el prestatario juntos). El plan básicamente no proporcionaba ayuda a los desempleados. Unos pocos estados, como Pennsylvania, dieron un paso al frente para proporcionarles créditos.

[35] Las acciones directas de la Reserva Federal bajaron los tipos de interés hipotecarios y facilitaron en gran medida las modificaciones que efectivamente se produjeron. También se redujeron las cuotas mediante la extensión de los términos de la hipoteca hasta los cuarenta años desde la fecha de la modificación, y convirtiendo las hipotecas en hipotecas en las que sólo se pagan los intereses, lo que a la larga conducía a cuotas estratosféricas. Esas cuotas estratosféricas contribuyeron en gran medida a la crisis y significaban que los potenciales problemas se estaban trasladando al futuro.

[36] U.S. Department of Treasury, «Making Home Affordable Program: Servicer Performance Report through October 2009»,

noviembre de 2009, disponible en http://www.financialstability. gov/docs/MHA%20Public%20111009%20FINAL.PDF.

[37] Véase U.S. Department of Treasury, «Making Home Affordable Program: Servicer Performance Report through July 2009», agosto de 2009, disponible en http://www.treas.gov/press/releases/docs/MHA_public_report.pdf.

[38] Financial Accounting Standards Board, «Determining Fair Value When the Volume and Level of Activity for the Asset or Liability Have Significantly Decreased and Identifying Transactions That Are Not Orderly», FSP FAS 157-4, 9 de abril de 2009, disponible en http://www.fasb.org/cs/BlobServer?blobcol=urldata&blobtable=MungoBlobs&blobkey=id&blobwhere=1175818748755&blobheader=application%2Fpdf.

[39] Los bancos alegaron que las dificultades en el caso de muchas hipotecas eran sólo temporales, justificando su negativa a hacer una quita en el valor de las hipotecas. Pero desde un punto de vista estadístico se trataba de un sinsentido: la probabilidad de que cualquier hipoteca con dificultades, incluso las hipotecas clasificadas como con dificultades sólo temporales, no fuera devuelta era significativamente mayor que la de una hipoteca sin dificultades, y una buena contabilidad lo habría reflejado. Esto era especialmente cierto en esta profunda recesión, e incluso en mayor medida en el caso de hipotecas que estaban «sumergidas».

[40] Cuando se embargan los salarios (como pago por una deuda), el empleador entrega el dinero directamente al acreedor.

[41] Un agente de presión política *[lobbyist]* que trabajaba para varias asociaciones de la banca declaró al *New York Times* que los republicanos recurrirían a «donantes y *lobbyists* profesionales para que los consideraran bajo una luz diferente» si demuestran que pueden influir en las medidas de política. Editorial, «Holding Up the Housing Recovery», *New York Times*, 24 de abril de 2009, p. A26.

⁴² La tasa de *charge-offs* (el porcentaje anualizado de créditos y *leasings* eliminados de los libros de los bancos y cargados a las reservas por pérdidas, descontando las recuperaciones) de los créditos inmobiliarios residenciales aumentó desde el 0,08 antes de abril de 2005, cuando se aprobó el Decreto de Prevención del Abuso de la Quiebra y de Protección al Consumidor, hasta el 2,34 en el segundo trimestre de 2009. Véase Federal Reserve, «Charge-Off Rates: All Banks, SA», Federal Reserve Statistical Release, disponible en http://www.federalreserve.gov/releases/chargeoff/chgallsa.htm.

⁴³ David U. Himmelstein, Elizabeth Warren, Deborah Thorne y Steffie Woolhandler, «Illness and Injury as Contributors to Bankruptcy», *Health Affairs*, vol. 24 (enero-junio de 2005), p. 63.

⁴⁴ Puede que haya ulteriores criterios para determinar qué economías domésticas cumplen los requisitos para las medidas de alivio, es decir, restricciones a la proporción entre las cuotas de la hipoteca y los ingresos.

⁴⁵ Hay otras formas de proporcionar alivio a las economías domésticas. Cualquier estrategia tiene que repartir las pérdidas entre los bancos, los propietarios de viviendas y el gobierno. Si el gobierno hubiera rebajado las hipotecas, aprobado un «impuesto» que hubiera captado una gran parte de las plusvalías procedentes del valor rebajado y utilizado lo obtenido para ayudar a compensar a los bancos, proporcionándoles financiación en el ínterin, el resultados habría sido muy parecido. Los principios básicos son: (i) es importante permitir que los propietarios se queden en sus hogares, siempre y cuando puedan permitírselo, con un valor rebajado y un mínimo de ayuda; las ejecuciones son caras tanto para las familias como para las comunidades, y exacerban las presiones hacia abajo de los precios; y (ii) la mayor parte del coste de una mala política crediticia debería ser soportada por los bancos y otros prestamistas.

⁴⁶ Departamento del Tesoro de Estados Unidos, «Homeowner Affordability and Stability Plan Fact Sheet», comunicado de prensa, 18 de febrero de 2009, disponible en http://www.ustreas. gov/press/releases/20092181117388144.htm.

⁴⁷ Como se señalaba en la nota 1, p. 366, en el tercer trimestre de 2009 la tasa de propietarios de viviendas era aproximadamente igual que en 2000, pero dado que uno de cada cuatro prestatarios se encontraba «sumergido» a mediados de 2009, era probable que muchos de ellos perdieran sus viviendas en los meses y años posteriores. (Véase, por ejemplo, Ruth Simon y James R. Hagerty, «One in Four Borrowers Is Underwater», *Wall Street Journal*, 24 de noviembre de 2009, p. A1).

⁴⁸ En el sistema danés, siempre que se contrata una hipoteca por el originador hipotecario se crea un bono hipotecario, y el propietario de la vivienda puede devolver el crédito (con su correspondiente reducción en el bono hipotecario). En el sistema estadounidense, cuando suben los tipos de interés, con el riesgo concomitante de un descenso de los precios de la vivienda, hay un gran riesgo de capital negativo (como hemos visto). En el sistema danés, cuando bajan los precios de la vivienda, el bono hipotecario se reduce de valor simultáneamente, de modo que el propietario de la vivienda puede devolver más fácilmente lo que se debe. Ello evita el capital negativo. En efecto, el bono hipotecario danés fomenta la refinanciación cuando suben los tipos de interés; los estadounidenses sólo lo hacen cuando bajan los tipos de interés.

⁴⁹ Martin Feldstein, «How to Stop the Mortgage Crisis», *Wall Street Journal*, 7 de marzo de 2008, p. A15.

⁵⁰ Los prestamistas que participen en este programa de recompra tendrían que pasar por alto cualquier penalidad por pago anticipado.

# Capítulo 5
## El gran atraco estadounidense

[1] Tal vez el único error de una magnitud comparable por sus consecuencias económicas fue la decisión de Estados Unidos de declarar la guerra contra Irak. Véase Joseph E. Stiglitz, *La guerra de los tres billones de dólares*, Madrid, Taurus, 2008.

[2] Mark Pittman y Bob Ivry, «Fed's Strategy Reduces U.S. Bailout to $11.6 Trillion», Bloomberg News, 25 de septiembre de 2009.

[3] Cuando alguien presta a un tipo de interés cero, pueden producirse todo tipo de milagros. Un banco central podría, por ejemplo, conseguir la recapitalización de los bancos. El banco central presta dinero al Banco A, que presta dinero al Fondo Alfa, que invierte el dinero en acciones del Banco A: de repente tenemos un banco bien capitalizado, y podemos celebrar los milagros del mercado. Éste es un truco demasiado transparente. Pero el Banco A puede prestar dinero al Fondo Alfa, que invierte en el Banco B, y el Banco B presta dinero al Fondo Beta, que invierte en el Banco A. El efecto es muy parecido, sin los evidentes conflictos de intereses. De hecho, la recapitalización de los bancos (es decir, por los fondos de pensiones) puede basarse simplemente en la exuberancia racional o irracional, la creencia de que las acciones de los bancos estaban infravaloradas. En cualquier caso, la provisión de liquidez se notará en algún punto del sistema, aunque no sea en el crédito. Puede, por ejemplo, alimentar otro conjunto de burbujas de activos.

[4] También la política jugó su papel. Como he señalado, la forma en que se hicieron los rescates —y el propio comportamiento de los bancos— significaba que probablemente era imposible volver a acudir al Congreso para solicitar más fondos. Robert Johnson y Tom Ferguson argumentan que las subvenciones ocultas a través

de varios organismos del gobierno fueron una parte importante del intento por la administración Bush de ocultar el problema (y las subvenciones) en los meses anteriores a las elecciones, con la esperanza de que pudieran evitar que estallara una crisis real hasta después de las elecciones. El intento casi tuvo éxito. Véase Robert Johnson y Tom Ferguson, «Too Big to Bail: The "Paulson Put", Presidential Politics, and the Global Financial Meltdown, Part I: From Shadow Banking System to Shadow Bailout», *International Journal of Political Economy*, vol. 38, nº 1 (2009), pp. 3-34; y Robert Johnson y Thomas Ferguson, «Too Big to Bail: The "Paulson Put", Presidential Politics, and the Global Financial Meltdown, Part II: Fatal Reversal-Single Payer and Back», *International Journal of Political Economy*, vol. 38, nº 2 (verano de 2009), pp. 5-45.

[5] Edward M. Liddy, «Our Mission at AIG: Repairs, and Repayment», *Washington Post*, 18 de marzo 2009, p. A13.

[6] Como he señalado anteriormente, hace casi veinte años, en los comienzos de la era de la titulización, predije que había bastantes probabilidades de que acabara en desastre, ya que los inversores subestimaban los problemas planteados por las asimetrías de información, los riesgos de las disminuciones de precios y la medida en que se correlacionan los riesgos.

[7] Los bancos tienen unas estructuras jurídicas complejas, que se suman a la complejidad de la reestructuración, ya que algunos pertenecen a compañías bancarias de tipo *holding*. Actualmente, el gobierno tiene autoridad para poner a un banco en tutela, pero una capacidad limitada para influir en la compañía *holding*. Las limitaciones en su autoridad para «resolverla» se ha aducido como excusa para la incapacidad de manejar mejor algunas de las instituciones problemáticas (Lehman Brothers, Bear Stearns). Existe un amplio consenso en que una de las reformas necesarias consiste en fortalecer los poderes de gobierno en esta área.

⁸ A veces los activos financieros del banco son menores de lo que debe a sus depositantes, pero un nuevo banco está dispuesto a pagar por su fondo de clientes. Puede que el banco tenga un valor como una organización en funcionamiento, incluso si el banco no ha realizado un trabajo estelar a la hora de la valoración del crédito.

⁹ En una entrevista en el programa *Nightline*, de ABC News, Obama argumentaba que la nacionalización de los bancos no era una buena opción en Estados Unidos, aunque hubiera funcionado bien en Suecia, en parte porque «tenemos tradiciones diferentes en este país». Entrevista de Terry Moran al presidente Obama, *Nightline*, ABC News, transcripción, 10 de febrero de 2009.

¹⁰ Los bancos pasan por este proceso casi cada semana, sin que apenas se produzcan sobresaltos. A finales de noviembre, 124 bancos habían entrado en quiebra, sólo en 2009. Federal Deposit Insurance Corporation, «Failed Bank List», 20 de noviembre de 2009, disponible en http://www.fdic.gov/bank/individual/failed/banklist.html. Incluso los grandes bancos pueden ir a la quiebra. En 1984, el que a la sazón era el sexto mayor banco de Estados Unidos, Continental Illinois, fue puesto en curaduría («nacionalizado»), de una forma ordenada. Varios años después fue reprivatizado.

¹¹ Hay una cuestión crucial sobre cómo valorar los activos y el pasivo de un banco. Los principios están claros, pero la práctica es compleja, porque puede ser especialmente difícil valorar los activos en una época de crisis.

¹² Dado que el gobierno se ha involucrado con tanto dinero, debe asumir un papel activo a la hora de gestionar la reestructuración; incluso en el caso de la quiebra de una compañía aérea, habitualmente los tribunales nombran a alguien para que supervise la reestructuración, a fin de garantizar que se defiendan los intereses de los acreedores. Normalmente el proceso se lleva a cabo suavemente.

[13] Hay algunas complicaciones que surgen de los impuestos. Y, por supuesto, una vez que los obligacionistas se convierten en los nuevos accionistas, soportan más riesgo. Pero si no quieren asumir tanto riesgo, pueden cambiar sus acciones por un activo más seguro.

[14] Los defensores de esta nueva noción de «demasiado grande para reestructurarse» argumentan que permitir que quiebre otra gran institución podría crear una perturbación similar. Sin embargo, el problema fue la forma desordenada en que se manejó el caso de Lehman Brothers. La primera excusa que se dio para su quiebra era que el mercado había tenido tiempo suficiente para adoptar las medidas adecuadas. Al fin y al cabo, el colapso de Lehman Brothers se anticipaba de forma generalizada por lo menos desde la primavera. Se repetía la antigua fe en los mercados, incluso si los mercados claramente no estaban funcionando de la forma que había esperado el gobierno. Más adelante, la excusa fue que el gobierno no tenía autoridad legal para hacer nada, una excusa que se volvió vacua tras las enérgicas actuaciones emprendidas algunos días después para nacionalizar en la práctica, y rescatar, a AIG, la mayor aseguradora de Estados Unidos. Eso fue sin duda una extensión (la Reserva Federal supuestamente tenía poderes sobre los bancos comerciales, no sobre las compañías de seguros). Pero la crítica más reveladora es que *la Reserva Federal y el Tesoro* tuvieron mucho tiempo para determinar qué autoridad legal necesitaban. Si no tenían la autoridad legal para proteger la estabilidad financiera de la economía estadounidense, y la del mundo, entonces tenían la responsabilidad de solicitarle esa autoridad al Congreso. Curiosamente, mientras que aparentemente el Tesoro ha aprendido la lección equivocada de la experiencia con Lehman Brothers, parece que no prestó ninguna atención a una experiencia anterior en Indonesia, en la que el Tesoro, junto con el FMI, contribuyeron a echar abajo la economía indonesia. Tras cerrar dieciséis bancos, anunció que

iban a cerrarse más, y que a lo sumo habría un seguro de depósitos limitado. No es de extrañar que a continuación se produjera el pánico, y el dinero huyó de la banca privada a la pública. El pronóstico de que otros bancos iban a tener problemas se autocumplió.

Las semejanzas entre el cierre de los bancos de Indonesia y Lehman Brothers son sorprendentes. Por ejemplo, en ambos casos, hubo una falta de transparencia: nadie podía decir qué empresas iban a ser rescatadas (Bear Stearns se salvó, pese a ser más pequeña que Lehman Brothers) y a cuáles iban a dejar que se hundieran. En ambos casos, las consecuencias económicas de estos errores financieros fueron enormes.

Las perturbaciones financieras que siguieron al colapso de Lehman Brothers fueron, en parte, el resultado de una mayor incertidumbre sobre el ámbito de la garantía del gobierno. El problema subyacente —que tantos bancos estuvieran de hecho en graves dificultades— había quedado oculto por la suposición generalizada de que iba a haber rescates del gobierno. (Algunos, como John Cochrane y Luigi Zingales, han argumentado que fue el TARP lo que «asustó» al mercado; al ver la magnitud del rescate del gobierno, los participantes en el mercado supusieron que los problemas eran profundos. Para apoyar esta idea, citan la cronología de los aumentos en los márgenes de los tipos de interés. Véase John H. Cochrane y Luigi Zingales, «Lehman and the Financial Crisis», *Wall Street Journal*, 15 de septiembre de 2009, p. A21). Pero tanto el TARP como los aumentos en los márgenes eran consecuencias del problema subyacente: el deterioro de los balances de los bancos y las incertidumbres que lo rodeaban. Y una ojeada a un conjunto más amplio de indicadores del crédito revela la medida en que se congeló el mercado en cuanto quedó claro que no iba a haber un rescate automático del gobierno. Véase Thomas Ferguson y Robert Johnson, «The God That Failed: Free Market

Fundamentalism and the Lehman Bankruptcy», *Economists' Voice* (de próxima publicación).

[15] Aunque puede que el público no fuera consciente de los problemas (tal vez en parte debido a las actuaciones para ocultarlos por parte del secretario del Tesoro, Hank Paulson, descritas en otro apartado), había, en realidad, una crisis en marcha en el sector financiero desde principios de 2007. Las primeras sacudidas públicas se vieron en agosto de 2007, después de la quiebra de un par de grandes fondos. A medida que los inversores se daban cuenta de los problemas con los títulos respaldados por hipotecas, esos mercados empezaron a tener problemas; y era sólo cuestión de tiempo que los problemas reverberaran de vuelta hasta los bancos. La economía estaba en recesión a finales de 2007, nueve meses antes del colapso de Lehman Brothers.

[16] Con la reestructuración financiera, puede incluso añadirse un edulcorante: dar garantías a los accionistas existentes que les permitan conseguir algo del potencial positivo si el banco consigue recuperarse.

[17] Fannie Mae comenzó como una empresa patrocinada por el gobierno pero fue privatizada en 1968. Nunca hubo un aval del gobierno para sus obligaciones; si lo hubiera habido, éstas habrían obtenido una rentabilidad más baja, acorde con los bonos del Tesoro estadounidenses.

[18] David Herszenhorn, «Bailout Plan Wins Approval; Democrats Vow Tighter Rules», *New York Times*, 3 de octubre de 2008, p. A1.

[19] Entre las subvenciones incluidas en la ley que finalmente se aprobó había una exención de un impuesto de treinta y nueve centavos sobre las flechas de madera para los niños (introducida por los senadores de Oregón, de una cuantía de 200.000 dólares, para un fabricante de flechas de Oregón); un periodo de recuperación de costes de siete años para los circuitos de carreras NASCAR,

menos de la mitad de lo que el IRS [Hacienda] consideraba apropiado (por valor de 109 millones de dólares); un cambio en una disposición referente a los impuestos directos sobre el ron en Puerto Rico y las Islas Vírgenes (por valor de 192 millones); incentivos para las películas que se rodaran en Estados Unidos, incluyendo las películas para adultos (por valor de 478 millones en el plazo de diez años); y un aumento de la financiación al Wool Research Trust Fund, que concede subvenciones a fabricantes de lana y a ganaderos de ovino. Véase «Spoonful of Pork May Help Bitter Economic Pill Go Down», *CNN.com*, 4 de octubre de 2008; y Paul Waldie, «Bill Larded with "Goodies" for All», *Globe and Mail*, 3 de octubre de 2008, p. B1.

[20] Véase Edward J. Kane, *The S&L Insurance Mess: How Did It Happen?*, Washington, Urban Institute Press, 1989; y Edward J. Kane, «Dangers of Capital Forbearance: The Case of the FSLIC and "Zombie" S&Ls», *Contemporary Economic Policy*, Western Economic Association International, vol. 5, n° 1 (1987), pp. 77-83.

[21] Véase George Akerlof y Paul M. Romer, «Looting: The Economic Underworld of Bankruptcy for Profit», *Brookings Papers on Economic Activity*, vol. 2 (1993), pp. 1-73.

[22] En aquel momento, el coste de la debacle de las cajas de ahorros se estimó en 160.000 millones de dólares (lo que a la sazón parecía ser una suma increíble, que en dólares actuales supone aproximadamente 313.000 millones). Al final, el gobierno consiguió recuperar una cantidad sustancial como resultado de la recuperación económica de 1993, pero las cantidades que habitualmente se mencionan no contabilizan adecuadamente los plenos costes de oportunidad de los fondos. Federal Deposit Insurance Corporation, «An Examination of the Banking Crises of the 1980s and Early 1990s», Washington, 1997, disponible en http://www. fdic.gov/bank/historical/history/.

[23] Buffett aportó 5.000 millones de dólares, y a cambio obtuvo 5.000 millones en acciones preferentes perpetuas con una rentabilidad del 10 por ciento, *más* garantías para comprar 5.000 millones de dólares en acciones corrientes de Goldman Sachs a 115 dólares por acción, un 8 por ciento por debajo del precio del mercado. En noviembre de 2009, cuando las acciones de Goldman Sachs se vendían a 170 dólares, Buffett había conseguido una alta rentabilidad por el dinero que había dado a la firma hacía poco más de un año (incomparablemente más alta que la rentabilidad obtenida por el gobierno estadounidense).

[24] El sector financiero empleó el «miedo» para persuadir a la administración de que no impusiera controles, al igual que utilizó el miedo para idear los planes de protección de los obligacionistas y los accionistas. El argumento era que si se adoptaban esas medidas, los bancos no serían capaces de atraer dinero privado, como si el dinero «privado» de alto coste fuera un tipo especial de dinero que iba a garantizar que los mercados financieros funcionaran bien. Pero la negativa del gobierno a imponer esos controles dio como resultado unos bancos más débiles —donde gran parte del capital se distribuyó en forma de primas y dividendos— y eso hizo que los bancos estuvieran en una situación más precaria y fueran menos atractivos.

Uno de los argumentos, señalado anteriormente, para exigir que los bancos estuvieran adecuadamente capitalizados es que mejora los incentivos: con más capital, tienen más que perder si asumen excesivos riesgos. Pero aparentemente las administraciones de Bush y de Obama cometieron un error básico: puede que a los propietarios *privados* de los bancos les preocupara poco imponer pérdidas al gobierno. No era su capital lo que estaba en peligro. Por tanto, sin que el gobierno tuviera voz en ello, era predecible que los bancos actuaran de la forma irresponsable en que lo hicieron, repartiendo dinero en dividendos y primas, aunque estuvieran en un precario estado financiero.

[25] Aunque debido a la gravedad de los problemas a los que hacía frente el Reino Unido, el crédito en ese país siguió siendo débil.

[26] Mike McIntire, «Bailout Is a Windfall to Banks, if Not to Borrowers», *New York Times*, 18 de enero de 2009, p. A1.

[27] Panel de Supervisión del Congreso, «Valuing Treasury's Acquisitions», February Oversight Report, 6 de febrero de 2009, disponible en http://cop.senate.gov/documents/cop-020609-report.pdf.

[28] Oficina de Presupuestos del Congreso, «A Preliminary Analysis of the President's Budget and an Update of CBO's Budget and Economic Outlook», marzo de 2009, disponible en https://www.cbo.gov/ftpdocs/100xx/doc10014/03-20-PresidentBudget.pdf.

[29] Congressional Budget Office, «The Troubled Asset Relief Program: Report on Transactions through June 17, 2009», junio de 2009, disponible en http://www.cbo.gov/ftpdocs/100xx/doc10056/06-29-TARP.pdf.

[30] Un banco (o cualquier otra empresa) es «solvente» pero está «falto de liquidez» si sus activos son mayores que su pasivo, pero a pesar de ello no dispone de fondos. Por supuesto, si resultara evidente a simple vista que los activos son mayores que el pasivo, el banco normalmente no tendría problema para acceder a fondos. Los bancos creían que eran solventes porque querían creer que sus activos (en particular, las hipotecas) valían más que lo que el «mercado» decía que valían.

El problema con los bancos es que la mayor parte de lo que deben está en forma de «depósitos sobre demanda», dinero que debe ser devuelto si se solicita. Los bancos toman ese dinero y lo invierten en inversiones a más largo plazo (como las hipotecas), en la creencia de que *casi nunca* un gran número de depositantes pediría que le devolvieran el dinero al mismo tiempo. Si todo el mundo pidiera que se le devolviera su dinero a la vez, el banco tendría que vender rápidamente sus activos, y si lo hiciera puede que no fuera capaz de obtener el «valor total» del activo. En ese sentido, un banco podría ser solvente si se le concediera tiempo para vender, pero no si tuviera que vender sus activos de hoy para mañana. Se supone que la Reserva Federal interviene en ese desfase —se supone que debe evaluar si el banco realmente puede vender los activos por el valor que afirma, a condición de disponer de un poco más de tiempo—. Si (y sólo si) la Reserva Federal determina que la respuesta a esa pregunta es «sí», le proporciona al banco la liquidez que necesita.

[31] Fondo Monetario Internacional, «Global Financial Stability Report», Washington, octubre de 2009.

[32] Véase Departamento del Tesoro de Estados Unidos, «Treasury Department Releases Details on Public Private Partnership Investment Program», 23 de marzo de 2009, disponible en http://www.treas.gov/press/releases/tg65.htm.

[33] El argumento a favor del programa era «hacer limpieza» en los balances de los bancos. Pero si un banco le compraba el activo a otro, ello implicaría que el segundo banco quedaría «manchado», mientras que el primero quedaba limpio. Eso sugiere que el verdadero motivo para el Public-Private Investment Program (PPIP) pudo ser la transferencia oculta de dinero a los bancos.

[34] El PPIP tenía un par de ventajas adicionales: por ejemplo, podía inmunizar directamente al gobierno de las acusaciones de pagar demasiado por algún activo, y al mismo tiempo podía dar dinero a los bancos sin ningún control gubernamental (un objetivo curioso, pero que aparentemente era muy importante en el concepto de Obama). El programa, sin embargo, tenía otros inconvenientes, que se vieron exacerbados a medida que la administración y la Reserva Federal se esforzaban por sacar adelante la economía. Unos

tipos de interés hipotecario más bajos, diseñados para estabilizar el mercado hipotecario, tuvieron un efecto indirecto de agravar el problema de la «selección adversa»: las antiguas hipotecas que todavía debían ser adquiridas por el PPIP incluían una gran proporción de hipotecas tóxicas, las que no podían refinanciarse.

[35] Obviamente, el dinero que entraba en los bancos y volvía a salir inmediatamente en forma de dividendos y primas no permitía a éstos reanudar el crédito. Pero puede que los fondos restantes ayudaran —aunque el crédito no se expandió—, puede que de lo contrario se hubiera contraído *aún más*. Unos programas mejor diseñados habrían tenido un «efecto por dólar» mucho mayor.

[36] Resulta evidente que las personas que estructuraron estos programas de rescate no reflexionaron mucho (o por lo menos no lo suficiente) sobre los factores determinantes de los flujos de crédito. De hecho, esas cuestiones deberían estar en el centro de cualquier teoría monetaria. Otros factores también afectan al crédito (entre ellos el riesgo, que no ha hecho sino empeorar a medida que los males de la economía se han hecho más profundos). Éste es uno de los temas centrales en mi libro anterior: B. Greenwald y J. E. Stiglitz, *Towards a New Paradigm in Monetary Economics*, Cambridge, Cambridge University Press, 2003.

[37] Véase Mary Williams Marsh, «AIG Lists Firms to Which It Paid Taxpayer Money», *New York Times*, 16 de marzo de 2009, p. A1. Quedaba claro por qué el gobierno era tan reacio a revelar adónde había ido a parar el dinero de AIG. El mayor beneficiario individual estadounidense fue Goldman Sachs, que afirmaba (tal vez engañosamente) que habría sobrevivido perfectamente por su cuenta, que no había riesgo sistémico, aunque naturalmente estaba bastante dispuesta a recibir una donación de 13.000 millones de dólares del gobierno. Entre los demás grandes beneficiarios había varios bancos extranjeros. Si la quiebra de esos bancos representaba un problema

sistémico, sus gobiernos probablemente los habrían rescatado. En realidad, Estados Unidos estaba dando ayuda exterior a otros países ricos (Francia, Alemania) en vez de a los países pobres que lo necesitaban mucho más. Y la magnitud de esta ayuda era de hecho mayor que la que se prestó a toda África. (La ayuda al desarrollo estadounidense oficial a toda África fue de 6.500 millones en el año fiscal 2008, la mitad de la cantidad que fue a parar a una única empresa, Goldman Sachs, a través del rescate de AIG. Véase Departamento de Estado de Estados Unidos, «The US Commitment to Development», Fact Sheet, Bureau of Economic, Energy and Business Affairs, 7 de julio de 2009, disponible en http://www.state.gov/e/eeb/rls/fs/2009/113995.htm.).

[38] Dado que las obligaciones y las acciones de los bancos están constantemente comprándose y vendiéndose, los auténticos ganadores de los rescates son aquellos que resultan estar en posesión de esos títulos en el momento que se anuncia el rescate (o que llega a ser algo que todo el mundo espera). Los fondos de pensiones que vendieron las obligaciones por ser demasiado arriesgadas, cuando se hundieron los precios de las acciones, no se beneficiaron.

[39] Federal Reserve Bank, Table H.4.1, «Factors Affecting Reserve Balances», Washington, disponible en http://www.federalreserve.gov/releases/h41/.

[40] Véase Banco Central Europeo, Boletín Mensual, septiembre de 2007, p. 33, disponible en http://www.ecb.int/pub/pdf/mobu/mb200709en.pdf; y Federal Reserve Bank, Table H.4.1, «Factors Affecting Reserve Balances», Washington, 16 de agosto de 2007, disponible en http://www.federalreserve.gov/releases/h41/20070816/.

[41] El hecho de que la Reserva Federal ampliara su función de prestamista de último recurso justo después de dejar que se hundiera Bear Stearns ha sido objeto de críticas: si la función se hubiera ampliado un par de días antes, tal vez la empresa se habría salvado.

⁴² Técnicamente, la Reserva Federal es una institución independiente. Pero la confianza en la Reserva Federal no deriva de su propio capital, sino del hecho de que todo el mundo asume que el gobierno estadounidense respalda a la institución. Todos los beneficios de la Reserva Federal van a parar al Tesoro, y está claro que cualquier pérdida saldría del Tesoro.

⁴³ Hace setenta y cinco años, Keynes había examinado un fenómeno similar, que denominaba la trampa de la liquidez. Inundar de dinero la economía no funcionaba, porque las economías domésticas simplemente se aferrarían al dinero. En este caso, se estaba dando dinero a los bancos y éstos simplemente se aferraron a él.

⁴⁴ Sin embargo, la Reserva Federal ha conseguido poner gran parte de las hipotecas insolventes del país en su balance. Aunque gran parte del riesgo crediticio está en manos del gobierno (las hipotecas que se refinanciaron a medida que se reducían los tipos de interés fueron suscritas por la Federal Housing Administration, por Fannie Mae y por Freddie Mac), la Reserva Federal se hizo cargo del riesgo del tipo de interés. Como señalo más adelante, al final, todo el riesgo es soportado por el contribuyente.

⁴⁵ En realidad no es tan fácil reducir mediante la inflación gran parte de la deuda del gobierno: la mayor parte de lo que el gobierno pide prestado es a corto plazo, y a medida que aumenta la preocupación por la inflación, también lo hará el tipo de interés que tiene que pagar el gobierno. Existe el riesgo de que los tipos de interés suban debido a la preocupación por la inflación, y que no obstante la inflación en sí no se materialice. Entonces habríamos pagado por la inflación sin conseguir sus ventajas en términos de reducción de la deuda; nuestra deuda será mucho mayor como consecuencia de un tipo de interés más alto.

⁴⁶ La Reserva Federal pronosticaba, por ejemplo, que la economía estaba en el camino de la recuperación en la primavera de

2008, tan sólo unos meses antes del desplome. Un año antes, había afirmado que los problemas de las hipotecas de alto riesgo se habían contenido plenamente.

[47] La Reserva Federal alegará, tal vez, que al conservar las hipotecas hasta su vencimiento, habrá evitado sufrir pérdidas (excepto por las hipotecas que resulten impagadas). Pero estará obteniendo un bajo tipo de interés por esos activos, lo que supone un coste de oportunidad. El bajo tipo de interés es la razón de que los inversores privados paguen menos por esos activos. Si la Reserva Federal tuviera que emplear una contabilidad ajustada al valor razonable de mercado, *(mark-to-market)*, tendría que reconocer esa pérdida. Pero no lo hace, y la rentabilidad perdida vinculada al coste de oportunidad pasará generalmente desapercibida. Pero todos los beneficios de la Reserva Federal se transfieren al Tesoro. Unos menores beneficios de la Reserva Federal significan impuestos más altos y/o una mayor deuda nacional en el futuro.

[48] Hay un argumento en sentido contrario: que la Reserva Federal, al reconocer su papel primordial en la creación de la crisis, no querrá dar la sensación de que está empujando a la economía a otra recesión justo cuando está recuperándose.

[49] Parte de la razón de que los bancos tengan en cartera obligaciones del estado a largo plazo son defectos en la normativa sobre contabilidad y sobre la banca. La normativa de la banca considera seguras esas obligaciones, aunque existe un riesgo de una disminución de valor, si, digamos, suben los tipos de interés, lo que podría producirse si aumentan las expectativas de inflación. Se permite a los bancos contabilizar el tipo de interés a largo plazo como «ingreso», sin establecer ninguna provisión para el riesgo de pérdida asociado con la caída del precio de la obligación. (Si los mercados funcionan bien, la diferencia entre el tipo a corto plazo y el

tipo a largo plazo es la expectativa de una disminución de precio). Véase Stiglitz, *Los felices noventa, op.cit.*

[50] Lo que cuenta, por supuesto, es cómo responde la inversión de las empresas, que dependerá tanto de sus creencias sobre los tipos de interés reales (es decir, un aumento en los tipos de interés tendrá menos importancia si creen, al mismo tiempo, que la inflación está aumentando) como de las limitaciones del crédito. Es fácil ver cómo el proceso descrito en el texto da lugar a fluctuaciones. El mercado reacciona a las expectativas inflacionistas, lo que provoca que suban los tipos de interés a largo plazo y que la economía se ralentice. A medida que la Reserva Federal suaviza las medidas, las expectativas de inflación empeoran aún más. Actualmente los participantes en el mercado financiero tienen poca confianza en que la Reserva Federal sea capaz de gestionar con suavidad todo el proceso, pero en la prensa financiera y entre los responsables de Wall Street parece que hay más miedo a que la Reserva Federal reaccione de forma insuficiente —un repentino aumento de la inflación— que a una reacción excesiva (aunque, en el momento en que se imprime este libro, las expectativas de inflación que revelan los precios de los títulos TIPS siguen sin aparecer).

[51] Para una descripción y una evaluación excelentes y detalladas de las medidas de la Reserva Federal, véase David Wessel, *In Fed We Trust: Ben Bernanke's War on the Great Panic*, Nueva York, Crown Business, 2009.

[52] El rescate de Bear Stearns fue particularmente complejo: la Reserva Federal prestó dinero (en un crédito con garantía personal, con garantías de valor dudoso) a JPMorgan Chase para que comprara Bear Stearns. Parece que la Reserva Federal sufrirá cuantiosas pérdidas por esas garantías. A fecha de 4 de noviembre de 2009, la Reserva Federal ya había registrado una pérdida de casi el 10 por ciento. Véase Informe Estadístico de la Reserva Federal H.4.1.,

«Factors Affecting Reserve Balances», disponible en http://www.federalreserve.gov/releases/h41/Current/.

[53] Como he señalado anteriormente, la Reserva Federal alegaba que estaba exenta de la Freedom of Information Act. El 26 de febrero de 2009, Ron Paul presentó un proyecto de ley al Congreso que exigía más transparencia en el funcionamiento de la Reserva Federal. Véase Declan McCullagh, «Bernanke Fights House Bill to Audit the Fed», *CBS News.com*, 28 de julio de 2009. Desde entonces, el apoyo a esa auditoría ha ido en aumento. El 19 de noviembre de 2009, el Comité de Servicios Financieros Inmobiliarios votó en abrumadora mayoría a favor de tal auditoría.

[54] JPMorgan Chase se benefició a través del rescate de Bear Stearns. En otro caso más de gobierno cuestionable, Stephen Friedman se convirtió en presidente del Banco de la Reserva Federal de Nueva York en enero de 2008, siendo simultáneamente miembro del consejo de administración de Goldman Sachs y con una gran participación en acciones de Goldman. Dimitió en mayo de 2009 tras la controversia sobre los evidentes conflictos de intereses (que incluían adquisiciones de acciones, lo que le permitió ganar 3 millones de dólares). Véase Hagan, «Tenacious G», *op.cit.*, y Kate Kelly y Jon Hilsenrath, «New York Fed Chairman's Ties to Goldman Raise Questions», *Wall Street Journal*, 4 de mayo de 2009, p. A1.

[55] El monetarismo sostenía que la oferta de dinero debería aumentarse en una tasa fija; el establecimiento de un objetivo de inflación sostenía que los bancos centrales deberían aumentar los tipos de interés siempre que la tasa de inflación superara el objetivo.

[56] Véase en particular Wessel, *In Fed We Trust, op.cit.*

# Capítulo 6
## La avaricia rompe el saco

[1] La Comisión Pecora fue creada por el Comité de Moneda y Banca del Senado el 4 de marzo de 1932 para establecer las causas del crac bursátil de 1929. La comisión descubrió una serie de prácticas abusivas por parte de los bancos y sus filiales, y como resultado de esos descubrimientos, el Congreso de Estados Unidos aprobó la Ley Glass-Steagall Banking de 1933, la Securities Act de 1933 (que penalizaba la presentación de informaciones falsas sobre oferta de acciones), y la Security Exchange Act de 1934 (que creaba la U. S. Exchange Commission, o SEC, para regular las transacciones bursátiles). Siguiendo este ejemplo, en mayo de 2009 el Congreso creó la Comisión de Investigación de la Crisis Financiera para investigar la crisis actual.

[2] Ver Manuel Roig-Franzia, «Credit Crisis Cassandra», *Washington Post*, 26 de mayo de 2009, p. C1.

[3] Muchos se sorprendieron de que Alan Greenspan, cuya filosofía económica parecía tan distinta de la de Bill Clinton, fuese nombrado de nuevo presidente de la Reserva Federal. Sus valedores dentro de la administración Clinton (muchos aún lo reverenciaban) utilizaron el miedo a que la confusión en los mercados comprometiese la recuperación económica para obtener el apoyo del presidente, a pesar de que dentro del equipo económico algunos se oponían.

[4] Cuando fui presidente del Consejo de Asesores Económicos durante la administración Clinton, también formé parte de un comité en el que estaban los principales reguladores financieros federales, un grupo que incluía a Greenspan y al secretario del Tesoro, Robert Rubin. Ya entonces estaba claro que los derivados eran un peligro. Y sin embargo, a pesar del riesgo, los desreguladores

encargados del sistema financiero —incluida la Reserva Federal— decidieron no hacer nada, pues les preocupaba muchísimo que cualquier acción pudiese interferir con la «innovación» en el sistema financiero. Parecían creer que valía más reparar el desastre después de que se hubiera producido que «estrangular» la economía. Es el mismo argumento que se usó para no pinchar la burbuja inmobiliaria.

[5] El 4 de noviembre de 2009, el Comité de Servicios Financieros de la Cámara aprobó una enmienda a la Ley de Protección del Inversor para eximir a las pequeñas y medianas empresas (con capitalizaciones de menos de 75 millones de dólares) del artículo 404 de la Ley Sarbanes-Oxley. El artículo 404 exigía que las empresas informasen de la efectividad de sus controles financieros internos, lo cual es esencial para la confianza del inversor. Arthur Levitt, el ex presidente de la SEC, denominó a esta disposición el «santo grial» de la protección del inversor. Después de la votación, Levitt dijo: «Todos los que hayan votado a favor llevarán grabada la marca de Caín del inversor». Ver Floyd Norris, «Goodbye to Reforms of 2002», *New York Times*, 5 de noviembre de 2009, p. B1.

[6] Antes del informe presentado a la Cámara Baja por el Comité para la Supervisión y la Reforma Gubernamental sobre «La crisis financiera y el papel de los reguladores federales», el 23 de octubre de 2008, Alan Greenspan dijo: «Me equivoqué al suponer que el propio interés de las organizaciones, especialmente de los bancos y similares, protegería a los accionistas y su participación en las empresas».

[7] Greenspan ni siquiera pensó que se necesitasen leyes antifraude. Brooksley Born, la ex presidenta de la Comisión del Comercio de Futuros sobre Mercancías, cuenta que Greenspan dijo que «no se necesitaba ninguna ley antifraude porque si un agente de bolsa cometía un fraude el cliente lo averiguaría y dejaría

de hacer negocios con él». Citado en Roig-Franzia, «Credit Crisis Cassandra», *op. cit.*

[8] Esas pagas tan altas sin relación alguna con los resultados quedaron de manifiesto con las primas que los bancos abonaron en 2008, un año récord en pérdidas y casi récord en primas (unos 33.000 millones de dólares). Seis de los nueve grandes bancos pagaron más en primas de lo que recibieron de beneficios. Ver Craig y Solomon, «Bank Bonus Tab: $33 Billion», *op. cit.*

[9] Los ejecutivos que defendían sus prácticas contables engañosas afirmaban que los accionistas se beneficiaban de que los bancos hicieran constar beneficios elevados en sus cuentas. Pero aunque algunos accionistas ganaron, otros perdieron, especialmente los que habían confiado en las cifras amañadas y conservaron sus acciones con unas expectativas que no se cumplieron. Cuando por fin se descubrió la verdad, los precios cayeron, a veces (como en el caso de Citibank) de forma dramática.

[10] En el caso de los nueve mayores bancos, los beneficios desde principios de 2004 hasta mediados de 2007 se elevaron a 305.000 millones de dólares. Pero desde julio de 2007, esos bancos han contabilizado sus préstamos y otros activos justo por encima de esa cantidad. Ver Louise Story y Eric Dash, «Banks Are Likely to Hold Tight to Bailout Money», *New York Times*, 16 de octubre de 2008, p. A1.

[11] Existen mecanismos que limitan la capacidad de los directivos para abusar de su posición, una posición que ocupan por delegación. Pero hay una extensa bibliografía económica que explica por qué la eficacia de esos mecanismos es limitada.

[12] Ver Stiglitz, *Los felices noventa*, *op. cit.*

[13] Arthur Levitt, el respetado ex presidente de la SEC, llegó al convencimiento de que uno de sus principales errores fue no haber sabido manejar las stock options (según la Ley Sarbanes-Oxley).

Ver Arthur Levitt, *Take On the Street: How to Fight for Your Financial Future*, Nueva York, Random House, 2002.

[14] Tal vez los inversores no enviaron ninguna advertencia porque muchos de ellos participaban de la misma mentalidad de la «burbuja» que imperaba en Wall Street. Además, no hay por qué esperar que la mayoría de inversores sepan más de riesgos que los denominados expertos de Wall Street. Confiaban en Wall Street. Será interesante ver cuánto tarda en recuperarse esa confianza.

[15] Una de las consecuencias imprevistas de una disposición fiscal de 1993, que gravaba con un impuesto especial las retribuciones elevadas que no guardasen relación con el rendimiento, pudo haber sido fomentar la farsa de la paga según resultados. No estableció criterios apropiados para evaluar si la retribución correspondía efectivamente al rendimiento.

[16] El conflicto sobre si hay que rendir cuentas o no de las stock options es un ejemplo de la disparidad de intereses. A los accionistas les gustaría saber hasta qué punto pierden valor sus acciones con la emisión de las stock options. Pero las empresas (entiéndase sus directivos) se han resistido a mejorar la transparencia de esas emisiones porque se han percatado de que si los accionistas comprenden hasta qué punto sus acciones pierden valor, se opondrán a esas colosales retribuciones.

[17] La Shareholder Vote on Executive Compensation Act (ley del voto del accionista para determinar la retribución de los ejecutivos) fue aprobada en la Cámara de Representantes y pasó al Senado en abril de 2007; en el Senado se atascó y nunca entró en vigor. Ver Tomoeh Murakami Tse, «"Say-on-Pay" Movement Loses Steam», *Washington Post*, 6 de mayo de 2008, p. D1.

[18] Ver Jonathan Weil, «Lehman's Greatest Value Lies in Lessons Learned», *Bloomberg.com*, 11 de junio de 2008, y Jeffrey McCracken

y Alex Frangos, «Lehman Considers Spinoff of Remnants», *Wall Street Journal*, 14 de mayo de 2009, p. C1.

[19] Lo que importa son los incentivos de los ejecutivos bancarios y, como hemos visto, éstos no se corresponden con los intereses de los accionistas. A los ejecutivos les interesa mucho que no haya transparencia. Ver Edlin y Stiglitz, «Discouraging Rivals: Managerial Rent-Seeking and Economic Inefficiencies», *op. cit.*

[20] Me sentí muy decepcionado hace unos quince años cuando tanto los miembros de la administración Clinton (incluido Robert Rubin) como los congresistas (incluido el senador Joseph Lieberman) presionaron políticamente al supuesto independiente Financial Accounting Standards Board (Consejo de Normas de Contabilidad Financiera) (FASB) para que no obligara a las empresas a rendir cuentas de sus stock options. Pero lo que ha ocurrido en la presente crisis es más terrible aún, ya que algunos miembros del Congreso han amenazado con disolver el FASB a menos que consintiera que los bancos modificaran a la baja las normas de contabilidad.

[21] El FASB votó la aprobación del cambio el 2 de abril de 2009. Ver Floyd Norris, «Banks Get New Leeway in Valuing Their Assets», Financial Accounting Standards Board, Summary of Board Decisions, 2 de abril de 2009. Disponible en http:// www.fasb.org/action/sbd040209.shtml.

[22] Hacer más difícil la concesión de créditos en épocas de vacas gordas y más fácil en épocas de vacas flacas es lo que denominamos políticas contracíclicas de adecuación de capital. Esas regulaciones se llaman muchas veces regulaciones macroprudenciales.

[23] En este caso, la contabilidad totalmente *mark-to-market* puede dar alguna indicación sobre el beneficio medio que pueden esperar los accionistas, reconociendo que, en general, estarán pagando menos a los obligacionistas de lo que habían prometido.

[24] Hay otros problemas contables que pueden distorsionar los comportamientos. Después de la crisis de los ahorros y los créditos, se exigió naturalmente a los bancos que tuvieran más capital (algo que ya está volviendo a ocurrir); pero como los bonos del Estado a largo plazo eran considerados seguros, los bancos no necesitaban tener tanto capital si tenían bonos. En aquella época esos bonos a largo plazo dieron un beneficio mucho más alto que el tipo de interés de los depósitos o las letras del tesoro a corto plazo, y así los bancos pudieron contabilizar esos rendimientos como beneficios, pese a que los elevados rendimientos reflejaban una expectativa de caída de los precios de los bonos (una pérdida de capital). Esa contabilidad favorable hizo que las carteras de los bancos se orientasen hacia los bonos del Estado a largo plazo, más que hacia la concesión de créditos, contribuyendo así a la caída de 1991. Ver Stiglitz, *Los felices noventa*, *op. cit.*

[25] De hecho, las antiguas normas contables (antes de abril de 2009) no eran tan estrictas. No obligaban a los bancos a contabilizar a un valor razonable todos los activos, sino sólo, como ya señalé, algunos activos «dañados», es decir, créditos morosos. Eso era acertado, mucho más acertado que permitir que los bancos dijesen: «Bueno, quizás si los conservamos el tiempo suficiente acaben pagando». La verdad es que todo indicaba que aún habría más hipotecas impagadas a menos que el rescate fuese masivo. El programa de hipotecas del gobierno fue una ayuda, pero no fue suficiente, en todo caso no tanto como para justificar el nuevo sistema de ajuste a la esperanza.

[26] Los administradores hipotecarios, que son los responsables de gestionar la reestructuración, tienen unos incentivos especialmente distorsionados. Posponiendo la ejecución hipotecaria, pueden embolsarse determinadas comisiones, un dinero que al final paga el acreedor de la primera hipoteca. Ver Capítulo 4.

[27] Hay más problemas: no utilizar la contabilidad *mark-to-market* expone a la economía a unos riesgos indecibles. Es un incentivo para que todos los bancos se dediquen a la especulación. Supongamos que un banco pudiera tener los activos en sus libros al precio al que los ha adquirido hasta que los vendiera, y que entonces anotara el precio al cual los ha vendido. Un banco tendría un incentivo para comprar activos de alto riesgo, algunos de los cuales subirían y otros bajarían. Entonces podría fácilmente distorsionar el valor aparente de sus activos vendiendo aquellos que habían subido y reteniendo los que habían bajado todo el tiempo posible. Si se le dice al banco que sólo tiene que contabilizar al precio razonable los activos más negociados, entonces el banco tiene un incentivo para comprar activos que no sean los más negociados, lo cual le da más discrecionalidad para emplear una contabilidad no transparente. No sólo es que el propio valor que consta en los libros sea un indicador distorsionado del valor real, sino que, como consecuencia, los sistemas de contabilidad erróneos distorsionan la concesión de créditos y la inversión, fomentando la asunción excesiva de riesgos y las adquisiciones de activos difíciles de valorar.

[28] Oficina de Contabilidad del Gobierno de Estados Unidos (GAO en sus siglas en inglés), «Cayman Islands: Business and Tax Advantages Attract US Persons and Enforcement Challenges Exist», Report to the Chairman and Ranking Member, Committee on Finance, U.S. Senate, GAO-08-778, julio de 2008.

[29] Ha habido progresos en cuanto a la reducción del secreto bancario en los centros bancarios *offshore*, y las recientes reuniones del G-20 sugieren que habrá más. En un tema clave, el intercambio automático de información, se ha hecho demasiado poco. Y mientras se insiste en la evasión fiscal, se hace poco para evitar otras prácticas nefastas del secreto bancario (como los paraísos para el dinero robado por los dictadores corruptos). Además, mientras se

hace hincapié en el secreto bancario de las islas *offshore*, el reciente índice del secreto bancario confeccionado por la Tax Justice Network [Red por la Justicia Fiscal] señala que Estados Unidos, Reino Unido y Singapur figuran entre los peores infractores. Ver Michael Peel, «Leading Economies Blamed for Fiscal Secrecy», *Financial Times online*, 30 de octubre de 2009, y Tax Justice Network, «Financial Secrecy Index», 2009, disponible en http://www.financialsecrecyindex.com.

[30] La imposibilidad de planificar una central que realizara esos cálculos fue uno de los principales temas de mi libro *Whither Socialism* (Cambridge, MA, MIT Press, 1994), escrito en la época del hundimiento del sistema soviético.

[31] Como presidente del Consejo de Asesores Económicos de 1995 a 1997, me opuse enérgicamente a la revocación de la Ley Glass-Steagall. Como economista confiaba naturalmente, y era sano que así fuera, en el poder de los incentivos económicos. Señalé que si los que propugnaban la revocación de la Ley Glass-Steagall realmente construían murallas chinas, la mayoría de «economías de gama», los supuestos beneficios de juntar los bancos comerciales y los bancos de inversión, se perderían.

[32] Corporación Federal de Seguros de Depósitos, *Summary of Deposits*, 15 de octubre de 2009, disponible en http://www2.fdic.gov/SOD/sodSummary.asp?barItem=3.

[33] Algunos, como el ex directivo de la SEC Lee Pickard, consideraron que la causa principal del fracaso había sido el cambio que en 2004 se introdujo en la norma de 1975. La SEC argumentó que su nueva norma «hacía más estricto el control». Retrospectivamente, y vistos los problemas que tuvieron tantos bancos de inversiones, la afirmación no resulta muy convincente. Ver Julie Satow, «Ex-SEC Official Blames Agency for Blow-up of Broker-Dealers», *New York Sun online*, 18 de septiembre

de 2008. Para la posición contraria, ver el discurso de Erik R. Sirri, director de la División de Comercio y Mercados de la SEC, disponible en: http://www.sec.gov/news/speech/2009/spch040909ers.htm

[34] Algunos han defendido una visión extrema de esa llamada «banca estrecha» *(narrow banking)* en la que las instituciones de depósito sólo estarían autorizadas a invertir, por ejemplo, en pagarés del Tesoro *(T-bills)*. Las funciones de los bancos comerciales corrientes, como los créditos a las pequeñas y medianas empresas, son esenciales para el buen funcionamiento de una economía de mercado. Me parece que la combinación de estos créditos con el sistema de pago produce unas sinergias naturales.

[35] Discurso del 17 de junio de 2009, *op. cit.*

[36] Group of Thirty, *Financial Reform: A Framework for Financial Stability*, 15 de enero de 2009, disponible en http://www.group30.org/pubs/recommendations.pdf.

[37] No tiene sentido obligar a los bancos que han estado realizando labores propiamente bancarias a pagar los costes de las pérdidas de los bancos demasiado grandes para quebrar. No es ni justo ni eficiente. Con bonos garantizados por la Corporación Federal de Seguros de Depósitos, todos los depositantes, incluidos los que tienen su dinero en bancos buenos, se ven obligados en efecto a sufragar al menos algunos de los costes de los errores de aquellos bancos que asumieron excesivos riesgos. Esos bancos demasiado grandes para quebrar deberían pagar los costes, por ejemplo a través de un impuesto especial sobre los beneficios, el reparto de dividendos, las primas y los pagos de intereses de las obligaciones. (Si fuéramos capaces de comprometernos en serio a no rescatar a los obligacionistas —permitiendo que los actuales aceptasen un recorte— esos grandes bancos deberían estar exentos. Pero dada la situación actual, no deben estarlo).

En este momento, los grandes bancos se resisten a que se les penalice. Dicen que se portarán bien, que no necesitarán pedir ayuda al gobierno y que no sería justo hacerles pagar por los errores que han cometido los que no han sabido gestionar el riesgo. Una propuesta es penalizar a los bancos que tienen que ser rescatados. Pero, por lo general, en el momento en que se produce el rescate el gobierno tiene que poner dinero; y pocas veces hay suficiente luego para recuperarlo, como vemos ahora con las pérdidas que el gobierno sufrirá a causa del rescate. Como he señalado, el gobierno ha tenido que salvar varias veces a los bancos, y hasta que imponga regulaciones lo bastante estrictas como para que estos fallos sean cosa del pasado, hay que poder penalizar a esos bancos demasiado grandes para quebrar. Forma parte, evidentemente, del coste de funcionamiento del sistema financiero. La equidad y la eficiencia exigen que sean los bancos y no los contribuyentes los que corran con los gastos.

[38] No se debería permitir que nadie tuviera actividades no contabilizadas. Más adelante, en este capítulo, describo un producto particularmente arriesgado, los llamados *credit default swaps*, y hablo de cómo deberían regularse.

[39] Propuestas de «testamentos vitales», planes concretos de cómo se deberían prohibir las transacciones y suspender las actividades de los bancos, constituyen una iniciativa en la buena dirección pero seguramente no bastarán: la situación puede variar mucho en pocas horas, y un plan que parece haber funcionado antes de la crisis es probable que durante la crisis no funcione.

[40] Este libro no puede entrar en el detalle de todos los instrumentos complejos que el sector financiero creó y de los fallos que tuvieron. Un producto financiero que llamó mucho la atención fueron los títulos fijados vía subasta, cuyo tipo de interés se determina cada semana en una subasta. Pero a principios de 2008, las

subastas dejaron de funcionar, y un mercado de 330.000 millones de dólares quedó bloqueado. Aunque existen pruebas de mala práctica por parte de las empresas de Wall Street que los vendieron, la reparación a través del sistema legal, especialmente a través de una acción legal colectiva, es en el mejor de los casos lenta y cara, y los inversores individuales se ven forzados a sufragar las pérdidas. Gretchen Morgenson, «A Way out of the Deep Freeze», *New York Times*, 8 de noviembre de 2009, p. B1.

[41] Como señalé, eso no es cierto para las ejecuciones hipotecarias. Las compañías de seguros muchas veces excluyen ese tipo de riesgos correlacionados.

[42] Existe otra diferencia fundamental entre comprar un seguro contra la muerte de una persona y un seguro contra la muerte de una empresa, por la importancia que tiene la asimetría de la información. En el caso de un seguro de vida, tanto la compañía de seguros como el asegurado tienen acceso a la misma información sobre la esperanza de vida. La persona puede tener una ligera ventaja en el sentido de que puede saber si observa o no conductas de riesgo que pueden acortar su esperanza de vida. En el caso de la muerte de una empresa, lo más probable es que la empresa tenga más información sobre sus perspectivas de negocio que la compañía de seguros, y por lo tanto no comprará el seguro si la aseguradora fija una prima que refleja una sobreestimación de las probabilidades de quiebra. Es lo que se llama el problema de la selección adversa.

[43] Como tantas otras cosas que hicieron los mercados financieros, sus intentos por gestionar el riesgo no sólo fallaron sino que a veces resultaron contraproducentes; de hecho, al crear una compleja red de conflictos de intereses y de marañas legales, aumentaron el riesgo. Cuando el gobierno puso dinero para que un banco comprase otro, en realidad los estaba rescatando a los dos, pues el

primero habría tenido que hacer grandes pagos a terceros en el caso de que el segundo quebrase.

[44] Los mercados financieros —y los reguladores gubernamentales— deberían haber sido conscientes de los riesgos, que ya se vieron en la crisis del Asia oriental diez años atrás. Los bancos de Corea creían estar cubiertos frente a muchos de los riesgos a los que se enfrentaban, por ejemplo, a causa de las variaciones de los tipos de cambio; creían que tenían cobertura contra el riesgo cambiario de una empresa de Hong Kong. Pero la empresa a la que le habían comprado el seguro quebró, y ellos tuvieron que hacer frente al riesgo.

[45] Uno puede evaluar la probabilidad de impago implícitamente, por el precio del mercado de obligaciones. Si los mercados de capital fueran tan eficientes como dicen sus partidarios, habría poca necesidad de *credit default swaps* de impago, y sería difícil justificar los miles de millones de dólares de comisiones que se han embolsado los que los emitieron. Lo que hace el mercado de *swaps* es permitir que los que quieran dedicarse a la evaluación de riesgos lo hagan, sin tener que asumir la tarea de proveer fondos. Esto es en sí mismo potencialmente importante, pero, como hemos visto, conlleva un riesgo considerable, especialmente porque invita a especular con las diferencias en la evaluación de riesgos.

[46] Tras la publicación de la crítica mordaz que hizo Upton Sinclair de los corrales americanos en 1906 en su libro ya clásico *La jungla*, los estadounidenses desconfiaron tanto de la carne en Estados Unidos que la industria se vio obligada a pedir inspecciones al gobierno. Los clientes no confiaban en la certificación de las empresas privadas. Así mismo es imposible para el ciudadano de a pie evaluar la situación financiera de un banco, saber si es lo bastante seguro como para que uno ponga en él su dinero. Tiene buenas razones para no creerse lo que digan las agencias privadas de valoración,

especialmente si están pagadas por los bancos. Ese tipo de información es lo que los economistas llaman un bien público, para indicar que está justificado que el gobierno la regule.

[47] La administración Obama ha propuesto la creación de una comisión para los productos financieros. En el momento de llevar este libro a imprenta, el Congreso aún no la ha aprobado, pero el Comité de Servicios Financieros de la Cámara ha anulado disposiciones clave y ha declarado exentos a la gran mayoría de los bancos.

[48] En 1980, el 56 por ciento de los estadounidenses adultos tenía al menos una tarjeta de crédito. En 2001, ya era un 76 por ciento. «Debt Nation», *NewsHour with Jim Lehrer*, PBS, 18 de abril de 2001, disponible en http://www.pbs.org/newshour/extra/features/janjune01/credit_debt.html.

[49] Visa y MasterCard son distintas de otras tarjetas de crédito (como American Express y Diners Club) porque son efectivamente propiedad de los bancos. Su uso está tan extendido que las tiendas no se atreven a rechazarlas, por miedo a perder clientes.

[50] Naturalmente los comerciantes revierten los costes a los clientes, pero a todos los clientes, tanto si pagan al contado como si pagan con tarjetas de débito, de crédito o con una *premium card*. El mercado de estos medios de pago (la opción entre esas alternativas) está totalmente distorsionado.

[51] La idea clave que hay detrás de un sistema de pago eficiente es que la eficiencia exige separar la función de pago de la función de crédito pagando cada cosa por separado. Los que quieran una forma barata de efectuar la transacción deberían poder tener esa opción, pero también debería haber una forma eficiente y barata de «ampliar» esa opción a una opción de crédito. El coste de una transacción de «débito» (sumando lo que paga el cliente y lo que paga el comerciante) sería mucho menor de lo que es hoy.

Australia ha introducido recientemente una modesta reforma, permitiendo que los comerciantes cobren para reflejar lo que les cuesta la tarjeta, reduciendo al mismo tiempo las comisiones abusivas que tienen que pagar las tiendas, con unos resultados tan beneficiosos como se esperaba. Ver Reserve Bank of Australia, Media Release, «Reform of Credit Card Schemes in Australia», 27 de agosto de 2002, disponible en http://www.rba.gov.au/MediaReleases/2002/mr_02_15.html. Para un resumen de los beneficios, ver Reserve Bank of Australia, «Reform of Australia's Payments System: Conclusions of the 2007/2008 Review», Sydney, Australia, septiembre de 2008.

[52] Banco Mundial, Indicadores del Desarrollo Mundial 2008, PIB per cápita, Paridad del Poder Adquisitivo (es decir, ajustados según las diferencias del coste de la vida), edición revisada, Washington, DC, 16 de abril de 2008.

[53] Sólo veinticuatro estados han fijado un máximo en las comisiones por cobro de cheques. Matt Fellowes y Mia Mabanta, «Banking on Wealth: America's New Retail Banking Infrastructure and Its Wealth-Building Potential», Metropolitan Policy Program at Brookings Institute, Washington, DC, enero de 2008.

[54] Para lograr que los bancos prestasen en esas zonas mal abastecidas, el Congreso tuvo que aprobar la Community Reinvestment Act [Ley de Financiación Comunitaria]. Una vez obligados a dar créditos, los bancos descubrieron que podía ser un negocio, con tasas de impago, como señalé en el Capítulo 1, comparables a las de otras zonas donde ya estaban dando créditos.

[55] Ver Oficina de Presupuestos del Congreso, «Cost Estimate: H.R. 3221 Student Aid and Fiscal Responsibility Act of 2009», 24 de julio de 2009, disponible en http://www .cbo.gov/ftpdocs/104xx/doc10479/hr3221.pdf.

[56] Karen W. Arenson, «Columbia to Pay $1.1 Million to State Fund in Loan Scandal», *New York Times*, 1 de junio de 2007, p. B1.

[57] Existe una amplia literatura económica y política sobre cómo los reguladores a menudo son «captados» por aquéllos a los que se supone que deben regular. En el caso de la autorregulación, la captación es obvia y, como vimos en el último capítulo, la regulación del Banco de la Reserva Federal de Nueva York es muy parecida a la autorregulación. Pero el problema es también una cuestión de mentalidad (les tienen lavado el cerebro). Se supone que los reguladores no deberían pensar de la misma forma que los que están sometidos a su regulación. Se supone que piensan en lo que puede ir mal. Y se supone que actúan cuando las cosas empiezan a ir mal, especialmente porque deberían saber que son otros (y en particular los contribuyentes) los que tendrán que arrostrar las consecuencias del desastre.

[58] Tenemos controles tanto privados (a través de la jurisdicción civil) como públicos; tenemos controles a nivel federal y a nivel estatal. A nivel federal, el control es responsabilidad del Departamento de Justicia y de la Comisión Federal de Comercio.

[59] Hay otros muchos ejemplos de mercados financieros que rechazan las innovaciones; unos años atrás, algunos economistas descubrieron una forma mejor de vender bonos del Tesoro mediante subastas que reducían los costes de las transacciones, hacían las ventas más transparentes y le aseguraban al gobierno un retorno más alto por los bonos que vendía. De nuevo, Wall Street se opuso. La razón era obvia: Wall Street no quería maximizar las rentas públicas. Lo que quería maximizar eran sus propios ingresos, y de nuevo pudo ganar más dinero con el antiguo sistema menos transparente.

# Capítulo 7
## Un nuevo orden capitalista

[1] Estas cifras corresponden al endeudamiento público respecto al PIB. Según un escenario más realista ofrecido por la Oficina de Presupuestos del Congreso, la ratio deuda/PIB se estima que aumentará hasta el 87 por ciento en 2019. Si se incluye todo el endeudamiento (y no sólo la deuda pública), en el escenario más optimista de la administración Obama la ratio deuda/PIB en 2019 superará el 100 por ciento. Ver Office of Management and Budget, «Budget of the US Government, Fiscal Year 2010, Updated Summary Tables, Mayo de 2009»; Budget of the United States Government: Historical Tables Fiscal Year 2010, «Table 7.1—Federal Debt at the End of Year: 1940— 2014», Washington, DC, disponible en http://www.gpoaccess.gov/USbudget/fy10/index.html; and Congressional Budget Office, «The Long-Term Budget Outlook», junio de 2009, disponible en http://www.cbo.gov/ftpdocs/102xx/doc10297/06-25-LTBO.pdf.

[2] De 1950 a 1973, el ingreso promedio per cápita aumentó un 59 por ciento, y el ingreso medio per cápita —la renta de los de en medio— aumentó un 41 por ciento. U.S. Census Bureau, Historical Income Tables-People, «Table P-4. Race and Hispanic Origin of People (Both Sexes Combined) by Median and Mean Income: 1947 to 2007», disponible en http://www.census.gov/hhes/www/income/histinc/p04html.

[3] Ver Julia B. Isaacs, «Economic Mobility of Men and Women», en R. Haskins, J. Isaacs e I. Sawhill (eds.), *Getting Ahead or Losing Ground: Economic Mobility in America*, Washington, DC, Brookings Institution, 2008.

[4] Carmen DeNavas-Walt, Bernadette D. Proctor y Jessica C. Smith, «Income, Poverty, and Health Insurance Coverage in the

United States: 2008», U.S. Census Bureau, septiembre de 2009, disponible en http://www.census.gov/prod/2009pubs/p60-236.pdf.

[5] Roy Walmsley, «World Prison Population List. 7th edition», International Centre for Prison Studies, School of Law, King's College London, 2007.

[6] Los resultados de los estudiantes de quince años estadounidenses fueron más bajos que la media según la Organización para la Cooperación y el Desarrollo Económico (OCDE) en la escala de alfabetización científica (22 de 57 países obtuvieron mejores notas) y en la escala de alfabetización matemática (31 países obtuvieron mejores notas y sólo 20 las obtuvieron peores). Estados Unidos obtuvo los porcentajes más altos de estudiantes que no alcanzaron el nivel más bajo (Nivel 1) y se situó por debajo de la media de la OCDE en alfabetización científica. Baldi, Jin, Skewer, Green y Herget, *Highlights from PISA 2006, op. cit.*

[7] La generación del *baby boom* está formada por los 79 millones de estadounidenses nacidos entre 1946 y 1964. Se prevé que el número de personas de más de sesenta y cinco años en Estados Unidos haya aumentado en más de un 50 por ciento en 2030, pasando del 13 por ciento de la población en 2010 al 20 por ciento en 2030, y se mantenga alrededor del 20 por ciento al menos durante varias décadas. A partir de 2010, el envejecimiento de la generación del *baby boom* incrementará drásticamente el gasto público: se prevé que el gasto anual de la Seguridad Social se acelere desde un 5,1 por ciento en 2008 a un 6,4 por ciento en 2018. El gasto de Medicare y Medicaid aumentará más deprisa aún, en un 7 u 8 por ciento anualmente. El total del gasto por Medicare y Medicaid en 2018 será previsiblemente de más del doble de lo que es en 2009, en tanto que la previsión es que el PIB crezca a la mitad de esa velocidad. U.S. Census Bureau, Population Division, «National Population Projections-Projections of the Population by Selected Age Groups

and Sex for the United States: 2010 to 2050», 14 de agosto de 2008, y Peter Orszag, «The Budget and Economic Outlook: Fiscal Years 2008 to 2018», Informe presentado ante el Comité presupuestario del Senado de Estados Unidos, Washington, DC, 24 de enero de 2008.

[8] Los gastos energéticos fueron de un 8,8 por ciento del PIB en 2006. Ver Energy Information Agency, «Annual Energy Review 2008, Table 1.5: Energy Consumption, Expenditures, and Emissions Indicators, 1949-2008», 26 de junio de 2009, disponible en http://www.eia.doe.gov/emeu/aer/overview.html. Entre las mayores empresas estadounidenses figuran ExxonMobil (nº 1), Chevron (3), ConocoPhillips (4), y Valero Energy (10). «Fortune 500», *Fortune Magazine online*, 2009, disponible en http://money.cnn.com/magazines/fortune/fortune500/.

[9] Ver Agencia de Análisis Económico, «National Income and Product Accounts Table», «Table 6.16D. Corporate Profits by Industry», disponible en http://www.bea.gov/National/nipaweb/SelectTable.asp. Además de esos elevados beneficios, una cantidad enorme se pagó en bonus (en el caso de algunos bancos, las cantidades son casi iguales).

[10] Organización Internacional del Trabajo, «Global Employment Trends Update, May 2009», Oficina Internacional del Trabajo, Ginebra, 2009, disponible en http://www.ilo.org/wcmsp5/groups/public/---dgreports/---dcomm/documents/ publication/wcms_106504.pdf.

[11] El déficit de la balanza de pagos por cuenta corriente de Estados Unidos era de 804.000 millones de dólares en 2006. Desde entonces se ha reducido un poco (727.000 millones y 706.000 millones en 2007 y 2008 respectivamente). Agencia de Análisis Económico, «U.S. International Transactions Accounts Data», tabla 1, 14 de septiembre de 2009, disponible en http://www.bea.gov/international/xls/table1.xls.

[12] Las familias pasaron de unos préstamos netos de más de un billón de dólares en 2006 a unos ahorros de 279.000 millones en el último trimestre de 2008. Entretanto, el endeudamiento del gobierno se ha incrementado en el mismo periodo de 335.000 millones a casi 2,2 billones. Reserva Federak, «Flow of Funds Accounts of the United States», tabla F.1, Washington, DC, 12 de marzo de 2009, disponible en http://www.federalreserve.gov/releases/z1/Current/data.htm.

[13] Alentar el consumo en China es un error desde otro punto de vista: aunque China incrementase su consumo interno, ello tendría poca repercusión en las importaciones de bienes procedentes de Estados Unidos. Tendrían, y estaría bien que tuviesen, prioridad los servicios como la educación y la salud. La falacia de pensar que el aumento del consumo en China resolvería el enorme déficit comercial de Estados Unidos es como afirmar que también tendría ese efecto la apreciación de su moneda. Estados Unidos no empezaría a producir ropa y textiles; simplemente dejaría de comprarlos en China para comprarlos a otros países en desarrollo. El problema planteado por el déficit de la balanza comercial puede agravarse: mientras que China está dispuesta a represtar su superávit a Estados Unidos, otros países en desarrollo podrían no hacerlo.

[14] Los efectos en los países desarrollados son obvios: los trabajadores no cualificados tienen que competir con la mano de obra barata del resto del mundo. Ver Stiglitz, *Cómo hacer que funcione la globalización, op. cit.*

[15] Por ejemplo, si se lograra un compromiso mundial para fijar un precio alto por las emisiones de carbono (pongamos 80 dólares la tonelada), ahora y en el futuro, esto sería un fuerte incentivo para que las empresas y las familias invirtieran en aumentar su eficiencia.

[16] La parte representada por el 1 por ciento y el 5 por ciento de los ingresos salariales más altos ya había superado sus máximos

anteriores a finales de los años ochenta, y en 1998 alcanzó nuevos récords absolutos. Thomas Piketty y Emmanuel Saez, «Income Inequality in the United States, 1913-1998», *Quarterly Journal of Economics*, vol. 118, n° 1 (febrero de 2003), pp. 1-39, tabla IX.

[17] En 2006, China superó a Estados Unidos como primer emisor. Ver Elisabeth Rosenthal, «China Increases Lead as Biggest Carbon Dioxide Emitter», *New York Times*, 14 de junio de 2008, p. A5.

[18] Ver Wallace E. Tyner, «The US Ethanol and Biofuels Boom: Its Origins, Current Status, and Future Prospects», *BioScience*, vol. 58, n° 7 (julio/agosto 2008), pp. 646-653. Existe un amplio consenso en que hay pocos beneficios medioambientales que esperar del etanol a base de maíz. Los críticos también señalan que subvencionar el etanol fabricado con maíz puede hacer aumentar el precio de los cereales destinados a la alimentación.

[19] Cuba ha reducido su ya baja tasa de mortalidad infantil a 7,2 muertos por 1000 nacidos vivos, que es lo mismo que la media estadounidense, y la mitad que la tasa de Washington, DC. Molly Moore, «The Hemorrhaging of Cuba's Health Care; Doctors without Data, Patients without Drugs: U.S. Embargo, Economic Crisis Cripple a Showcase System», *Washington Post*, 23 de febrero de 1998, p. A12.

[20] Por ejemplo, los mejores estudiantes de quince años en Corea puntuaron por encima de la media de la OCDE en el test PISA, mientras que los estudiantes del mismo nivel en Estados Unidos puntuaron por debajo de la media. Organización para la Cooperación y el Desarrollo Económico, «OECD Briefing Note for the United States», PISA 2006: Science Competencies for Tomorrow's World, 4 de diciembre de 2007, disponible en http://www.pisa.oecd.org/dataoecd/16/28/39722597.pdf. Ver también la nota 6 de este capítulo.

²¹ Ver Mamta Murthi, J. Michael Orszag y Peter R. Orszag, «The Charge Ratio on Individual Accounts: Lessons from the U.K. Experience», Birkbeck College Working Paper 99-2, University of London, marzo de 1999.

²² Ver Yao Li, John Whalley, Shunming Zhang y Xiliang Zhao, «The Higher Educational Transformation of China and Its Global Implications», National Bureau of Economic Research Working Paper 13849, Cambridge, MA, marzo de 2008, disponible en http://www.nber.org/papers/w13849.

²³ El «indicador del desarrollo humano» del Programa de Naciones Unidas para el Desarrollo (IDH) combina indicadores de renta per cápita con indicadores de educación y salud. Según el Informe de Desarrollo Humano de 2009, Suecia ocupaba el séptimo puesto en IDH mientras que Estados Unidos ocupaba el decimotercero.

²⁴ Herbert Simon, «Organizations and Markets», *Journal of Economic Perspectives*, vol. 5, nº 2 (1991), p. 28.

²⁵ En ambas formas de organización se puede considerar la gestión como un bien público, en el sentido de que todos los accionistas se benefician si la empresa está bien gestionada. En ambas formas de organización existe el riesgo de falta de control de ese bien público. Quizás porque el problema es más obvio en las empresas gestionadas por el Estado, se han creado a menudo mecanismos institucionales para hacer frente a ese problema y para evitar abusos.

²⁶ Las instituciones privadas que se dedican sobre todo a la formación profesional han destacado por sus prácticas engañosas. Los estudiantes que se han graduado en esas escuelas se han sentido a menudo tan decepcionados que no han querido devolver los préstamos de estudios que les habían concedido. La administración Clinton intentó descalificar a las escuelas con tasas muy altas de estudiantes que no reembolsaban los préstamos, pero las escuelas

privadas hicieron lobby contra esa iniciativa, porque sabían que si el gobierno no avalaba los préstamos tendrían que cerrar.

[27] Ver Environmental Working Group, «Farm Subsidy Database», disponible en http://farm.ewg.org/farm/progdetail.php?fips=00000&yr=2006&progcode=cotton&page=conc. En agosto de 2009, un comité de apelaciones de la Organización Mundial del Comercio autorizó a Brasil a imponer hasta 800.000 millones de dólares de aranceles como represalia a Estados Unidos por quebrantar la ley. Organización Mundial del Comercio, «WTO Issues Arbitration Reports in US-Brazil Cotton Dispute», 31 de agosto de 2009, disponible en http://www.wto.org/english/news_e/news09_e/267arb_e.htm.

[28] «Statement of Senator McCain on the Energy Bill», 19 de noviembre de 2003, http://mccain.senate.gov/public/index.cfm?FuseAction=PressOffice.Speeches& ContentRecord_id=9259EB94-5344-435F-B4D8-37F7BF6DAA77.

[29] Cuando era miembro y presidente del Consejo de Asesores Económicos, hicimos una lista de los programas de asistencialismo corporativo, y comparamos nuestra lista con la que habían confeccionado otros, incluidos los *think tanks* conservadores. Fue interesante observar que las ayudas a los bancos a través del FMI, que está teniendo un papel determinante en el rescate de los bancos, ocupaba el primer o uno de los primeros puestos en muchas listas. Y eso fue antes de que el FMI proporcionase suculentas ayudas a los bancos de Asia, Rusia y América Latina.

[30] Si la razón de que el mercado infravalore el riesgo tiene que ver con incentivos distorsionados, el gobierno puede intentar influir en las estructuras de los incentivos, y con ello influir indirectamente en la valoración del riesgo.

[31] Por eso intentar que sean los mercados los que produzcan conocimiento puede resultar muy ineficiente. En algunos casos,

se puede conseguir (por ejemplo, a través del sistema de patentes), pero los costes sociales de emplear los mecanismos del mercado pueden ser altos.

[32] Los economistas han dedicado muchos desvelos a entender la ausencia de mercados para los seguros clave. Tiene mucho que ver con los problemas de información, y sobre todo con las asimetrías en la información. Ver M. Rothschild y J. E. Stiglitz, «Equilibrium in Competitive Insurance Markets: An Essay on the Economics of Imperfect Information», *Quarterly Journal of Economics*, vol. 90, nº 4 (noviembre de 1976), pp. 629-649.

[33] La lista de prácticas explotadoras de las empresas es larga. Una compañía de seguros vendía pólizas de seguros de vida contra enfermedades que la gente temía especialmente; sabía que sus vendedores, describiendo el caso de una desconsolada viuda que se había quedado desamparada a causa de la muerte del marido por una de esas enfermedades espantosas, podían vender fácilmente pólizas que costaban 25 centavos diarios, a pesar de que el riesgo actuarial era mínimo. El ex director de la Food and Drug Administration David Kessler da varios ejemplos de la industria de alimentos y bebidas. Ver David Kessler, *The End of Overeating: Taking Control of the Insatiable North American Appetite*, Emmaus, PA, Rodale, 2009, y *A Question of Intent: A Great American Battle with a Deadly Industry*, Nueva York, PublicAffairs, 2001.

[34] Adam Smith reconoció estos peligros, y las modernas leyes antitrust están destinadas a mantener un mercado competitivo y a evitar las prácticas abusivas contra la competencia.

[35] Claude Henry, *Patent Fever in Developed Countries and Its Fallout on the Developing World*, París, Prisme nº 6 Centre Cournot for Economic Studies, mayo de 2005, y Andrew Pollack, «Patent on Test for Cancer Is Revoked by Europe», *New York Times*, 19 de mayo de 2004, p. C3.

[36] El sistema de patentes puede dificultar incluso la innovación. Aumenta, por ejemplo, el precio del componente más importante de la investigación (el conocimiento), y puede crear una maraña de patentes, con cada innovador preocupado por no pisar las patentes de otros. Ver Capítulo 4 en Stiglitz, *Cómo hacer que funcione la globalización, op. cit.*

[37] Bureau of Economic Analysis, Industry Economic Accounts, GDP by Industry Accounts, «Value Added by Industry as a Percentage of GDP», 28 de abril de 2009, disponible en http://www.bea.gov/industry/xls/GDPbyInd_VA_NAICS_1998-2008.xls.

[38] Si el gobierno exigiese a las cadenas de radio y televisión que pusieran gratuitamente más tiempo a disposición de los candidatos, habría menos necesidad de financiar las campañas. El sistema de Australia, donde el voto es obligatorio, reduce la necesidad de gastar dinero para que la gente vaya a votar.

[39] Los datos de la Comisión Federal de Elecciones (Federal Election Commission), recogidos por el Centro para la Política Responsable (Center for Responsive Politics) revelaron que los comités de acción política y los empleados de empresas de valores e inversión aportaron 156 millones de dólares en contribuciones a las campañas de 2008. Goldman Sachs, Citigroup, JPMorgan Chase, Bank of America y Credit Suisse dieron 22,7 millones y gastaron más de 25 millones en actividades de *lobbying* durante el mismo periodo. Center for Responsive Politics, «Lobbying Database», disponible en http://www.opensecrets.org/lobby/index.php y «Heavy Hitters», disponible en http://www.opensecrets.org/orgs/list.php?order=A. El representante Collin C. Peterson, que preside el Comité de Agricultura de la Cámara, que es el encargado de controlar las transacciones de los mercados de futuros (dado que las transacciones de futuros empezaron con las materias primas agrarias), lo dijo bien claro: «Los bancos dominan el cotarro.

Y les diré cuál es el problema: dan tres veces más dinero que el mayor grupo que les sigue en el *ranking*». Gretchen Morgenson y Don Van Natta Jr., «Even in Crisis, Banks Dig in for Battle against Regulation», *New York Times*, 1 de junio de 2009, p. A1.

## Capítulo 8
## De la recuperación mundial a la prosperidad mundial

[1] Inicialmente la idea de reunir el G-20 fue del presidente francés Nicolas Sarkozy, que tenía la esperanza de celebrar la reunión en Nueva York bajo los auspicios de la ONU. El presidente George W. Bush, probablemente viendo que si no actuaba pronto Europa tomaría la delantera, convocó la reunión en Washington.

[2] Fondo Monetario Internacional, World Economic Outlook, Washington, DC, abril de 2008, p. 24.

[3] Éstos son ejemplos de externalidades en los distintos países. Como he señalado repetidamente, las externalidades son omnipresentes y muy importantes, y cuando están tan extendidas los mercados no pueden funcionar bien.

[4] El ministro de Defensa de Irlanda llegó a decir: «Desde el punto de vista de Irlanda, los mejores estímulos fiscales son los que establecen nuestros socios comerciales. En última instancia fomentarán la demanda de nuestras exportaciones sin que ello nos cueste un céntimo. Lo que tenemos que hacer es asegurarnos de estar bien posicionados para aprovechar las oportunidades generadas por lo que hagan nuestros socios comerciales», Willie O'Dea, ministro de Defensa, «Why Our Response to Crisis Isn't Wrong», *Sunday Independent* (Irlanda), 4 de enero de 2009.

[5] Acerca de estas disposiciones y su efecto potencialmente distorsionador sobre el comercio de las ayudas a los bancos y otras

empresas en crisis, ver Trade Policy Review Body, «Overview of Developments in the International Trading Environment-Annual Report by the Director-General», World Trade Organization, WT/TPR/OV/12, 10 de noviembre de 2009, disponible en http://www.wto.org/english/thewto_e/minist_e/min09_e/official_doc_e.htm.

[6] Elisa Gamberoni y Richard Newfarmer, «Trade Protection: Incipient but Worrisome Trends», Trade Notes nº 37, International Trade Department, World Bank, Washington, DC, 2 de marzo de 2009.

[7] Un factor clave que contribuyó a la crisis del Asia oriental de 1997-1998 fue la liberalización del mercado de capitales, que permitió que el dinero caliente que entraba en un país saliera al día siguiente con la misma rapidez, dejando la economía devastada. Yo fui especialmente crítico con la liberalización del mercado de capitales porque mientras los costes, es decir los altos riesgos, eran clarísimos, no había aparentemente beneficios. No se podían construir fábricas con un dinero que podía entrar y salir de un día para otro. Finalmente, el FMI dio marcha atrás cuando su economista jefe, Ken Rogoff, reconoció que, por lo menos en muchos casos, había pocas pruebas de que la liberalización del mercado de capitales hubiese traído más crecimiento, y sí de que había incrementado la inestabilidad en algunos países. Ver Prasad, Rogoff, Wei y Kose, «Effects of Financial Globalization on Developing Countries», *op. cit.*

Uno de los argumentos clave para liberalizar el mercado financiero, permitiendo que los bancos extranjeros operasen libremente dentro de las fronteras de los distintos países, fue que los bancos estadounidenses «enseñarían» prácticas bancarias a los países en desarrollo y eso les traería más crecimiento y más estabilidad. Pero no fue así. Lo más gracioso es que, hasta que llegó la era de la liberalización, Estados Unidos se había resistido incluso a la idea de tener bancos nacionales con sucursales en todo el país. La preocupación era que los grandes bancos de Nueva York y de otros centros financieros se llevasen todos los ahorros del centro en vez de invertirlos localmente. Prestar tiene que ver con la información, los buenos prestadores conocen a sus prestatarios, y si los prestadores están en Nueva York es más probable que presten a empresas neoyorquinas, no exclusivamente, pero sí de forma desproporcionada. Las restricciones generaron ese carácter tan particular del sistema financiero estadounidense, donde hay infinidad de bancos locales y comunitarios; aún hoy son más de siete mil. Esos bancos no sólo prestan a las pequeñas y medianas empresas locales, sino que son una de las fuentes del dinamismo estadounidense.

[8] Como condición para dar dinero, el FMI insiste en que el país que lo recibe haga determinadas cosas. Cada banco impone ciertas condiciones a los prestatarios para aumentar las probabilidades de que el crédito sea reembolsado, pero las condiciones que impone el FMI reducen a veces la probabilidad de este reembolso, y a menudo tienen muy poca relación con el propio crédito. Pueden ser «macrocondiciones» (por ejemplo, exigir que el banco central aumente sus tipos de interés o que se reduzca el déficit), condiciones estructurales (por ejemplo, exigir que el gobierno privatice sus bancos) o condiciones políticas (por ejemplo, exigir que el gobierno conceda total independencia al banco central). Globalmente, las condiciones reducen el margen de las decisiones políticas independientes. Muchos países en desarrollo ven esas condiciones como una forma de arrebatarles la soberanía económica.

[9] También hubo protestas y motines contra las políticas del FMI en Argentina, Brasil, Colombia, Kenia, Corea del Sur y Zimbabue. Ver Mark Ellis-Jones, «States of Unrest II: Resistance to IMF and World Bank Policies in Poor Countries», World Development Movement Report, Londres, abril de 2002, disponible en http://web.archive.org/web/20050130125648/www.wdm.org.uk/cambriefs/debt/Unrest2.pdf.

¹⁰ Por ejemplo, el FMI hizo presión sobre Paquistán para que aumentase los tipos y los impuestos (James Melik, «Pakistan Business Fighting on All Fronts», BBC News, 22 de mayo de 2009). El FMI también fijó un objetivo para el déficit presupuestario de Paquistán, que el país corría el riesgo de superar (ver Khaleeq Ahmed y Khalid Qayum, «Pakistan's Budget Deficit May Exceed IMF Target, Tarin Says», *Bloomberg.com*, 10 de junio de 2009). El FMI utilizó sus tácticas habituales para aumentar los recortes presupuestarios en Letonia con la amenaza de retrasar el próximo plazo de su crédito, lo cual habría precipitado al país en la bancarrota (ver Aaron Eglitis, «Latvia Faces Bankruptcy by June If IMF Loan Delayed», *Bloomberg.com*, 9 de marzo de 2009). En cada caso existe un debate para saber si las políticas del FMI son apropiadas: ¿es el país capaz de tener una política más expansionista que la que habría tenido sin el programa del FMI? ¿Son apropiados los compromisos para equilibrar la inflación y el desempleo? Sin embargo, el debate hoy es muy distinto de lo que era hace diez años.

¹¹ Yo propugnaba esta reforma y muchas otras en mi libro *El malestar de la globalización, op. cit.*

¹² La ayuda del gobierno de Estados Unidos sólo representa el 0,18 por ciento del PIB, lo cual es menos de la cuarta parte de las contribuciones de Dinamarca (0,82 por ciento), Países Bajos (0,8 por ciento), Noruega (0,88 por ciento) y Suecia (0,99 por ciento). Organización para la Cooperación y el Desarrollo Económico, OECD.Stat, «ODA by Donor», 30 de marzo de 2009, y «Gross Domestic Product», disponible en http://stats.oecd.org.

¹³ Estados Unidos incluso se mostraba reacio a igualar el apoyo de Europa y Japón al FMI. Su primera respuesta fue ofrecer generosamente que el FMI invitase a China, Arabia Saudí y otros países a prestarle más dinero, para así poder otorgar créditos a los países más pobres. Finalmente la administración Obama se comprometió

a ofrecer un préstamo de 100.000 dólares al FMI, lo cual es poco en comparación con lo que ofreció Japón, teniendo en cuenta el tamaño de Estados Unidos y lo que el gobierno de Estados Unidos había dado a sus propios bancos, y sobre todo es poco teniendo en cuenta su culpabilidad en el desencadenamiento de la crisis y el daño causado a esos países. (Y a diferencia de la mayor parte del dinero dado a los bancos, éste era un préstamo que sería reembolsado). Pero el Congreso se oponía incluso a esa suma, y la administración Obama, hay que reconocerlo, puso toda la carne en el asador y consiguió que se aprobara.

[14] El G-20 pidió que la OCDE publicase unas listas donde figurasen por orden los países cuyas autoridades se consideraban totalmente comprometidas con los estándares internacionales de intercambio de información. La OCDE puso cuatro países (Uruguay, Costa Rica, Malasia y Filipinas) en una lista negra, más de treinta en una lista gris y unos cuarenta en una lista blanca. Los cuatro países de la lista negra ascendieron a la lista gris al cabo de una semana. Organización para la Cooperación y el Desarrollo Económico, «Four More Countries Commit to OECD Tax Standards», OCDE comunicado de prensa, 7 de abril de 2009, disponible en http://www.oecd.org/document/0/0,3343, en_2649_33745_42521280_1_1_1_1,00.html.

[15] El tema de la corrupción figuraba en el orden del día de la reunión que el G-20 celebró en Pittsburg.

[16] Francis Fukuyama, *El fin de la historia y el último hombre*, Barcelona, Planeta, 1992.

[17] Angus Maddison, *The World Economy: A Millennial Perspective*, París, Organización para la Cooperación y el Desarrollo Económico, 2007.

[18] Luc Laeven y Fabian Valencia, «Systemic Banking Crises: A New Data-base», *op. cit.*

[19] Los países industrializados avanzados (y especialmente Estados Unidos) justificaron esa conducta aparentemente hipócrita. En primer lugar, dijeron, Estados Unidos era lo bastante rico como para derrochar sus recursos en el asistencialismo corporativo, y los países pobres no. Los miembros del gobierno podían reconocer privadamente que era un error, pero añadieron que no tenían otra opción, que vivimos en una democracia y nuestras instituciones políticas lo exigen. Les parecía difícil admitir la idea de que las democracias de los países en desarrollo pudiesen tener opiniones igualmente contundentes y que, de hecho, esa evidente hipocresía era un balón de oxígeno para los que se oponían a esos acuerdos internacionales.

[20] Esas personas talentosas desempeñan un importante papel en los países industriales avanzados, por ejemplo en el éxito de Silicon Valley. El personal del British National Health Service está formado hoy día en gran parte por médicos y enfermeras formados en el extranjero. La llegada masiva de profesionales de la salud procedentes de países en desarrollo al Reino Unido, a Estados Unidos y otros países industriales avanzados contribuye a la calidad de la asistencia en estos países, pero priva al sistema de salud de los países en desarrollo de un personal esencial. Naturalmente hay otros factores (como la falta de financiación) que también agravan los problemas del sector sanitario en muchos de esos países en desarrollo. Ver Tikki Pang, Mary Ann Lansang y Andy Haines, «Brain Drain and Health Professionals», *British Medical Journal*, vol. 324 (2 de marzo de 2002), pp. 499-500, disponible en http://www.bmj.com/cgi/content/full/324/7336/499.

[21] Ver también George Soros, *El nuevo paradigma de los mercados financieros: para entender la crisis actual*, Madrid, Taurus, 2008.

[22] Al cambio actual, el PIB de China es de 7.916 billones de dólares, y el de Estados Unidos de 14.462 billones de dólares. El PIB

per cápita de China, 5.962 dólares, es un octavo del de Estados Unidos, que es de 46.859 dólares. Fondo Monetario Internacional, World Economic Outlook database, abril de 2009, disponible en http://www.imf.org/external/pubs/ft/weo/2009/01/weodata/index.aspx.

[23] Ver Peter Marsh, «China to Overtake US as Largest Manufacturer», *Financial Times online*, 10 de agosto de 2008, disponible en http://www.ft.com/cms/s/0/2aa7a12e6709-11dd- 808f-0000779fd18c.html, y «China to Surpass Japan in Auto Production in '09», iSuppli Corp., comunicado de prensa, 26 de marzo de 2009.

[24] Ver Rosenthal, «China Increases Lead as Biggest Carbon Dioxide Emitter», *op. cit.*

[25] En noviembre de 2008, China anunció un paquete de estímulo de 586.000 millones de dólares, aproximadamente el 14 por ciento del PIB de China. Un estímulo de un tamaño equivalente en Estados Unidos representaría 2 billones. Ver Xinhua News Agency, «China's 4 Trillion Yuan Stimulus to Boost Economy, Domestic Demand», 9 de noviembre de 2008, disponible en http://news.xinhuanet.com/english/2008-11/09/content_10331324.htm.

[26] Dos senadores, Charles Schumer de Nueva York y Lindsey Graham de Carolina del Sur, habían planeado presentar un proyecto de ley para imponer unos aranceles altísimos (27,5 por ciento) a las mercancías chinas a menos que China apreciase su moneda, pero en marzo de 2009 decidieron no hacerlo. La interdependencia entre Estados Unidos y China se refleja en la oposición a ese proyecto de ley de la Asociación Nacional de Manufactureros, que estimó que una cuarta parte de todos los productos manufacturados de China vienen de empresas filiales estadounidenses. Edmund L. Andrews, «Trade Truce with China in the Senate», *New York Times*, 29 de marzo de 2006. La imposición por parte de Estados Unidos de aranceles sobre los neumáticos chinos de baja

calidad, en septiembre de 2009, es un ejemplo de la forma curiosa en que se producen las tensiones comerciales. El caso fue suscitado por United Steel Workers, pero la industria, que ya hacía tiempo que había dejado de fabricar esos neumáticos de baja calidad, no se sumó. China, como otros países que entraron tarde en la Organización Mundial de Comercio, tuvo que cumplir una serie de exigencias para entrar que iban mucho más lejos que las que se impusieron a los antiguos miembros, una práctica que Oxfam ha denominado «extorsión en la entrada». China aceptó que durante unos años después de su entrada Estados Unidos pudiese proteger sus industrias contra una oleada de exportaciones chinas, a pesar de que China simplemente jugaba con las reglas de la economía de mercado. Las ventas de China habían aumentado, pero sobre todo a expensas de las ventas de otros productores *low-cost* de esos neumáticos de baja calidad. No era a costa de los fabricantes estadounidenses, ya que estos últimos no los producían. El perjuicio para los consumidores de Estados Unidos, que tendrían que pagar precios más altos, seguramente sería mayor que el beneficio que podrían obtener los eventuales fabricantes.

[27] Ver discurso de Zhou Xiaochuan, gobernador del Banco Popular de China, «Reform the International Monetary System», 23 de marzo de 2009, disponible en http://www.pbc.gov.cn/english/detail.asp?col=6500&id=178.

[28] Ver John Williamson, «Keynes and the Postwar International Economic Order», en Harold L. Wattel (ed.), *The Policy Consequences of John Maynard Keynes*, Armonk, NY, M. E. Sharpe, 1985.

[29] Informe de la Comisión de Expertos del Presidente de las Naciones Unidas sobre las Reformas del Sistema Financiero y Monetario Internacional, septiembre de 2009, disponible en http://www.un.org/ga/president/63/PDFs/reportofexpters.pdf.

[30] Ver Dani Rodrik, «The Social Cost of Foreign Exchange Reserves», *International Economic Journal*, vol. 20, n° 3 (septiembre de 2006), pp. 253-266, y Stiglitz, *Cómo hacer que funcione la globalización, op. cit.*

[31] El gobierno compensa el déficit de la balanza comercial con un déficit fiscal, excepto cuando hay una exuberancia inversora irracional, como durante la burbuja tecnológica de las puntocom a finales de los años noventa.

[32] En mayo de 2008, los ministros de finanzas de ASEAN+3 (Asociación de Naciones del Asia oriental más tres) acordaron establecer un fondo monetario común de 80.000 millones de dólares. En diciembre de 2008, propusieron aumentarlo a 120.000 millones. Dicha propuesta fue ratificada en mayo de 2009. Ver C. R. Henning, «The Future of the Chiang Mai Initiative: An Asian Monetary Fund?». Washington, DC, Peterson Institute for International Economics Policy Brief 09-5, febrero de 2009, y «Asian Nations Unveil $120 Billion Liquidity Fund», *Wall Street Journal*, 4 de mayo de 2009, p. A10.

[33] Un acontecimiento político que podría amenazar la fortaleza del euro sería que ganase las elecciones alguna formación euroescéptica en alguno de los países más importantes de la Unión, o incluso en uno de los pequeños.

[34] Hay una solución natural: que los países industriales avanzados transfieran las asignaciones de derechos especiales de giro (SDR en sus siglas en inglés) que no necesitan a los países en desarrollo que sí los necesitan. Pero el abuso del fondo de igualación de cambios por el secretario Robert Rubin para facilitar el rescate mexicano —saltándose al Congreso— indignó tanto a los congresistas que ahora resulta difícil hacer esas transferencias Ver J. Lawrence Broz, «Congressional Politics of International Financial Rescues», *American Journal of Political Science*, vol. 49, n° 3 (julio de 2005), pp. 479-496.

[35] Para un desarrollo más amplio de las distintas formas de organizar el sistema mundial de reservas monetarias y para ver cómo gestionar la transición del sistema actual al nuevo sistema, ver el Informe de la Comisión de Expertos del Presidente de las Naciones Unidas sobre las Reformas del Sistema Financiero y Monetario Internacional, *op. cit.*

## Capítulo 9
## Reformar las ciencias económicas

[1] Esta opinión de que el *New Deal* de Franklin Roosevelt empeoró la situación económica es, en su mayor parte, el puro fruto del periodismo conservador, como el libro de Amity Schlaes *The Forgotten Man: A New History of the Great Depression*, Nueva York, HarperCollins, 2007. Pero algunos economistas académicos también la han apoyado. En plena crisis actual, el Consejo para las Relaciones Exteriores celebró una conferencia el 30 de marzo de 2009, saludando el fracaso de la economía keynesiana, titulada «A Second Look at the Great Depression and New Deal» («Una segunda mirada a la Gran Depresión y al *New Deal*»).

[2] Ver E. Cary Brown, «Fiscal Policy in the Thirties: A Reappraisal, *American Economic Review*, vol. 46, nº 5 (diciembre de 1956), pp. 857-879, y Peter Temin, *Lecciones de la Gran Depresión*, Madrid, Alianza Editorial, 1995.

[3] En 1936, el gasto público total era el 10,5 por ciento del PIB, pero cayó al 8,6 por ciento en 1937 y al 7,7 por ciento en 1938. Durante el mismo periodo, el déficit presupuestario fue, respectivamente, el 5,5 por ciento, el 2,5 por ciento y el 0,1 por ciento del PIB. Office of Management and Budget, Budget of the United States Government: Historical Tables Fiscal Year 2010, «Table 1.2:

Summary of Receipts, Outlays, and Surpluses or Deficits (-) as Percentages of GDP: 1930-2014», disponible en http://www.gpoaccess.gov/USbudget/fy10/sheets/hist01z2.xls.

[4] Como dijo Keynes con contundencia: «El largo plazo es una guía engañosa para los asuntos del presente. En el largo plazo todos estaremos muertos. El trabajo de los economistas es demasiado fácil y demasiado inútil si en un periodo de turbulencias lo único que nos dicen es que cuando haya pasado la tormenta el océano volverá a estar en calma». De John Maynard Keynes, «The Theory of Money and the Foreign Exchanges», capítulo 3, en *A Tract on Monetary Reform*, Nueva York, Macmillan, 1923.

[5] Charles Kindleberger, *Manías, pánicos y cracs: historias de las crisis financieras*, Barcelona, Ariel, 1991, y Carmen M. Reinhart y Kenneth S. Rogoff, *This Time Is Different: Eight Centuries of Financial Folly*, Princeton, Princeton University Press, 2009.

[6] Franklin Allen y Douglas Gale, *Understanding Financial Crises*, Oxford, Oxford University Press, 2007.

[7] Léon Walras, *Éléments d'économie politique pure, ou théorie de la richesse sociale [Elementos de economía política pura*, Madrid, Alianza, 1987], 1874.

[8] Kenneth J. Arrow, «An Extension of the Basic Theorems of Classical Welfare Economics», en J. Neyman (ed.), *Proceedings of the Second Berkeley Symposium on Mathematical Statistics and Probability*, Berkeley, University of California Press, 1951, pp. 507-532, y Gerard Debreu, «Valuation Equilibrium and Pareto Optimum», *Proceedings of the National Academy of Sciences*, vol. 40, n° 7 (1954), pp. 588-592, y *Teoría del valor. Un análisis axiomático del equilibrio económico*, Madrid, Bosch, 1973.

[9] Esta noción de eficiencia se denomina óptimo o eficiencia de Pareto, por Vilfredo Pareto, el economista italiano que fue el primero en formular la idea, en su libro *Manual of Political Economy* en 1906.

[10] Debreu, *Teoría del valor, op. cit.*

[11] Ver en especial Bruce Greenwald y Joseph E. Stiglitz, «Externalities in Economies with Imperfect Information and Incomplete Markets», *Quarterly Journal of Economics*, vol. 101 (1986), pp. 229-264.

[12] Estas circunstancias, en las que pequeños cambios en los parámetros pueden generar grandes cambios en los resultados, se dan a menudo en las ciencias físicas. Los economistas simplemente supusieron que en economía eso no pasaba. Como dijo Alfred Marshall, uno de los grandes economistas de finales del siglo XIX y principios del XX: «Natura non facit saltum» («La naturaleza no da saltos»). Ver *Principios de economía*, Madrid, Síntesis, 2005. Eso sería verdad en determinados supuestos matemáticos, pero estos supuestos no se dan normalmente cuando se trata de analizar los mercados con información endógena o innovación.

En realidad, incluso las pequeñas imperfecciones de información pueden influir en las conclusiones sobre si existe o no equilibrio. Ver Michael Rothschild y Joseph E. Stiglitz, «Equilibrium in Competitive Insurance Markets: An Essay on the Economics of Imperfect Information», *Quarterly Journal of Economics*, vol. 90, nº 4 (noviembre de 1976), pp. 629-649.

[13] El término de economía neoclásica se utiliza para distinguirla de la economía clásica asociada a David Ricardo y Adam Smith. Hace hincapié en las valoraciones marginales de los diferentes productos por parte de la gente.

[14] Una de las cosas que tuve que hacer como presidente del Consejo de Asesores Económicos fue despedir a un macroeconomista. La macroeconomía se ocupa de las grandes evoluciones de la producción y el empleo. Como explico más adelante, los modelos dominantes que se enseñaban en la mayoría de las facultades se inspiraban en la economía neoclásica. Yo me preguntaba cómo el

presidente, que había sido elegido con un programa que prometía
«¡Empleo! ¡Empleo! ¡Empleo!» respondería a uno o una de nuestros mejores y más brillantes economistas jóvenes, cuando él o ella le explicaran que no había desempleo.

[15] El supuesto de que a la gente se le conceden créditos con facilidad significa, naturalmente, que el perjuicio causado por el desempleo es menor.

[16] Franco Modigliani y Merton Miller publicaron un artículo ya clásico: «The Cost of Capital, Corporation Finance and the Theory of Investment», *American Economic Review*, vol. 48, nº 3 (1958), pp. 261-297. También sostenían que daba lo mismo que las empresas abonasen dividendos o retuvieran acciones. Su análisis original ignoraba el impacto de la fiscalidad, pero estudios posteriores descubrieron una «paradoja del dividendo». Según la teoría de Modigliani-Miller, las empresas podían reducir los impuestos individuales y corporativos combinados volviendo a comprar las acciones en vez de abonar dividendos. Parecía como si pagasen voluntariamente cientos de miles de millones de impuestos por encima de lo exigido. Ver Joseph E. Stiglitz, «Taxation, Corporate Financial Policy and the Cost of Capital», *Journal of Public Economics*, vol. 2 (1973), pp. 1-34. Esa paradoja del dividendo ha hecho correr mucha tinta. No me ha convencido ninguna de las explicaciones basadas en modelos de racionalidad.

[17] Los consejeros delegados del Índice Standard & Poor's 500 cobraron de media 10,5 millones de dólares el año pasado, 344 veces el salario del trabajador estadounidense medio. Los niveles de compensación para los gestores de fondos de inversión privados aún se dispararon más en la estratosfera de las retribuciones. El año pasado, los 50 gestores mejor pagados de los fondos de inversión libre y capital riesgo se embolsaron una media de 588 millones de dólares cada uno, más de 19.000 veces lo que cobra un trabajador

estadounidense medio. Sarah Anderson *et al.*, «Executive Excess 2007: How Average Taxpayers Subsidize Runaway Pay», 15th Annual CEO Compensation Survey, Institute for Policy Studies and United for a Fair Economy, Washington, DC, y Boston, 25 de agosto de 2008, disponible en http://www.faireconomy.org/files/executive_excess_2008.pdf.

[18] Ver, por ejemplo, Gary Becker, *The Economics of Discrimination*, University of Chicago, Chicago Press, 1957. Becker recibió el Premio Nobel en 1992. Otros ganadores del Premio Nobel, Kenneth Arrow, Edmund Phelps y yo formulamos críticas muy duras a la teoría de Becker. Ver, por ejemplo, Joseph E. Stiglitz, «Approaches to the Economics of Discrimination», *American Economic Review*, vol. 63, nº 2 (1973), pp. 287-295, y «Theories of Discrimination and Economic Policy», en George M. von Furstenberg, Bennett Harrison y Anne R. Horowitz (eds.), *Patterns of Racial Discrimination*, vol. II: *Employment and Income*, Lexington, Lexington Books, 1974, pp. 5-26; Edmund S. Phelps, «The Statistical Theory of Racism and Sexism», *American Economic Review*, vol. 62, nº 4 (1972), pp. 659-661; y Kenneth Arrow, «The Theory of Discrimination», en Orley Ashenfelter y Albert Rees (eds.), *Discrimination in Labor Markets*, Princeton, Princeton University Press, 1973.

[19] En mí tuvieron especial influencia las conversaciones que sostuve con George Akerlof, que compartió conmigo el Premio Nobel de Economía en 2001.

[20] Una de las teorías principales de la economía moderna es la teoría de los juegos, que analiza las interacciones estratégicas, especialmente entre grupos pequeños de «jugadores». La teoría de los juegos ha sido muy útil para analizar los mercados no competitivos. Pero también ha servido para explicar la persistencia de la discriminación. Incluso los que tal vez no tengan prejuicios raciales pueden ser penalizados por otros si se desvían de la

norma discriminatoria, y los que no penalizan pueden ser ellos mismos penalizados. Esos modelos se pueden emplear para explicar la persistencia de las políticas segregacionistas de Jim Crow y otras formas de discriminación. Ver Dilip Abreu, «On the Theory of Infinitely Repeated Games with Discounting», *Econometrica*, vol. 56, n° 2 (marzo de 1988), pp. 383-396, y George A. Akerlof, «Discriminatory, Statusbased Wages among Tradition-Oriented, Stochastically Trading Coconut Producers», *Journal of Political Economy*, vol. 93, n° 2 (abril de 1985), pp. 265-276.

[21] Ver, por ejemplo, Robert H. Frank, Thomas Gilovich y Dennis T. Regan, «Does Studying Economics Inhibit Cooperation?», *Journal of Economic Perspectives*, vol. 7, n° 2 (primavera de 1993), pp. 159-171. Es interesante señalar que Adam Smith, en su otro gran libro *La teoría de los sentimientos morales* (1759), trató de todas esas cualidades humanas.

[22] Ver el Informe de la Comisión de Medida del Desarrollo Económico y del Progreso Social, disponible en http://www.stiglitz-sen-fitoussi.fr, así como el «Overview» de Jean-Paul Fitoussi, Amartya Sen y Joseph E. Stiglitz. La comisión fue nombrada por el presidente de Francia Nicolas Sarkozy, yo la presidí y Amartya Sen fue su consejero.

[23] Desde la publicación de *Solo en la bolera: colapso y resurgimiento de la comunidad norteamericana*, Barcelona, Círculo de Lectores, 2002, Robert Putnam ha lanzado una iniciativa, llamada «Saguaro Seminar: el compromiso cívico en Estados Unidos», para desarrollar ideas que incrementen la conectividad de los estadounidenses entre sí y con las instituciones comunitarias. Los treinta participantes son universitarios, artistas, sacerdotes, hombres de negocios y políticos de alto nivel de los dos principales partidos. El libro resultante, *Better Together*, y la página web, www.bettertogether.org, propone estrategias para que Estados Unidos vuelva a comprometerse

cívicamente. Ver Lewis M. Feldstein, Don Cohen y Robert Putnam, *Better Together: Restoring the American Community*, Nueva York, Simon and Schuster, 2003.

[24] Sin embargo, existe una vasta y creciente literatura sobre el tema. Ver, por ejemplo, Richard Layard, *La felicidad: lecciones de una nueva ciencia*, Madrid, Taurus, 2005, y el Informe de la Commission on the Measurement of Economic Performance and Social Progress, *op. cit.*

[25] Ver Dan Ariely, *Las trampas del deseo: cómo controlar los impulsos irracionales que nos llevan al error*, Barcelona, Ariel, 2008.

[26] Ver, por ejemplo, Shiller, *Exuberancia irracional, op. cit.*, y Robert J. Shiller, *El estallido de la burbuja: cómo se llegó a la crisis y cómo salir de ella*, Barcelona, Gestión, 2009.

[27] Si se sabe que una burbuja estallará, pongamos, dentro de veinte años, entonces nunca se formará; nadie querría tener el activo en el momento justo antes del colapso. Pero esto significaría que el colapso se produciría entonces. Y, a su vez, si eso se supiera, el colapso se produciría un momento antes. Es fácil ver cómo la burbuja se desactiva. También es interesante ver que, contrariamente a lo que mucha gente cree, las expectativas racionales no bastan para descartar la posibilidad de que se formen burbujas. Las burbujas pueden existir con expectativas racionales siempre que diferentes personas tengan diferente información (que es obviamente lo que ocurre). Cuando los fundamentalistas del mercado en la Reserva Federal suponían que con mercados omniscientes no podía haber burbuja, iban mucho más allá de lo que la teoría económica había establecido. Ver, por ejemplo, Markus K. Brunnermeier, «Bubbles», en Steven N. Durlauf y Lawrence E. Blume (eds.), *The New Palgrave Dictionary of Economics*, 2ª ed., Nueva York, Palgrave Macmillan, 2008; Dilip Abreu y Markus K. Brunnermeier, «Bubbles and Crashes», *Econometrica*, vol. 71, nº 1 (enero de 2003),

pp. 173-204; y Roger Guesnerie, *Assessing Rational Expectations: Sunspot Multiplicity and Economic Fluctuations*, vol. 1, Cambridge, MIT Press, 2001.

[28] Pero también pueden existir modelos de gregarismo «racional», en los cuales la gente hace inferencias a partir del comportamiento de los demás. Ver, por ejemplo, Andrea Devenow e Ivo Welch, «Rational Herding in Financial Economics», *European Economic Review*, vol. 40, n° 3-5 (1996), pp. 603-616.

[29] Jared Diamond, *Colapso: por qué unas sociedades perduran y otras desaparecen*, Barcelona, Debate, 2006.

[30] El argumento a favor de la intervención del Estado se ha visto reforzado por la investigación que demuestra que sistemáticamente la gente subestima determinadas probabilidades de bajo riesgo. La mayoría tiene dificultades para enjuiciar acontecimientos inciertos, especialmente los hechos que tienen pocas probabilidades de producirse. Comprarán seguros —lo cual demuestra que tienen un alto nivel de aversión al riesgo— y al mismo tiempo jugarán, creyendo de alguna forma que tienen posibilidades de ganar.

[31] Saber lo que uno entiende por «mejor» en estos contextos es un tema filosófico complejo. En última instancia, lo que quiere la gente es estar razonablemente segura de que los ahorros y las políticas de inversión no le obligarán más adelante a recortar mucho el nivel de consumo ni el tren de vida. Ver Richard H. Thaler y Cass R. Sunstein, *Un pequeño empujón (Nudge): el impulso que necesitas para tomar las mejores decisiones en salud, dinero y felicidad*, Madrid, Taurus, 2009.

[32] John Maynard Keynes, *Teoría general de la ocupación, el interés y el dinero*, Madrid, Fondo de Cultura Económica, 1980.

[33] También es posible que influyera en la administración Obama un libro publicado en ese momento por George A. Akerlof

y Robert J. Shiller: *Animal spirits: cómo influye la psicología humana en la economía*, Barcelona, Gestión, 2009.

[34] Ver, por ejemplo, Greenwald y Stiglitz, *Towards a New Paradigm of Monetary Economics, op. cit.*

[35] George Soros, en su teoría de la reflexividad, subrayó que el comportamiento y las expectativas dependen de las expectativas y creencias de los demás. Pero esa interdependencia no significaba simplemente que uno pudiese pasar de un equilibrio a otro anunciando que había «brotes verdes». Ver Soros, *El nuevo paradigma de los mercados financieros, op. cit.*

[36] Paul Samuelson fue uno de los economistas más importantes del siglo xx. Desempeñó un papel fundamental en la introducción de las ideas keynesianas en Estados Unidos, especialmente a través de su manual, *Economics: An Introductory Analysis*, que fue la biblia para los estudiantes de economía durante un cuarto de siglo a partir de 1948, fecha de la primera edición. Intentó reconciliar los enfoques microeconómicos y macroeconómicos mediante lo que él llamó la síntesis neoclásica: había dos regímenes, un régimen de desempleo y uno de pleno empleo. Una vez que el gobierno restauraba la economía de pleno empleo, se podía hablar de resultados estándar de los mercados eficientes. La síntesis neoclásica de Samuelson fue una afirmación que los creyentes aceptaron como artículo de fe durante años, pero no se apoyaba en ninguna base teórica. Ver más adelante los argumentos para una crítica de esa teoría.

[37] Muchos economistas de la Universidad de Chicago no suscriben uno o varios dogmas de la Escuela de Chicago. Como en todas las escuelas de pensamiento en economía hay muchas variantes. Una de las más influyentes es la llamada teoría del *real business cycle*, porque trata de explicar las subidas y bajadas de la economía no en términos de política monetaria sino como resultado de los

choques «reales» de la economía, como los asociados con los desarrollos de las nuevas tecnologías.

[38] El axioma de los mercados perfectos, sin embargo, tiene un importante papel en muchas de las conclusiones. Implica que no hay restricción del crédito ni desempleo. El axioma del agente representativo (cuya vida es infinita) significa que uno no puede analizar las consecuencias de redistribuir ingresos de los jóvenes a los viejos o de los ricos a los pobres. También significa que las personas que gozan de las prestaciones del gasto público hoy son las mismas que tendrán que pagar los impuestos mañana.

[39] Los que critican que el gobierno gaste dinero público para estimular la economía se fijan en los efectos sobre la oferta y sostienen que los impuestos inducirán menos ahorros y menos trabajo. Pero a corto plazo menos ahorros significan más consumo y esto es positivo; al mismo tiempo, cuando lo que faltan son puestos de trabajo, una menor oferta de mano de obra no tiene consecuencias negativas. El argumento de que los impuestos *futuros* desincentivan el trabajo y de que eso es malo para la sociedad es otro ejemplo de la incoherencia intelectual que caracteriza el trabajo de la Escuela de Chicago: si todo el mundo fuese idéntico, el gobierno pondría impuestos de suma fija *(lump sum taxes)*, unos impuestos que no dependerían de la renta ni de ninguna otra acción de los trabajadores. Esos impuestos no serían en absoluto distorsionadores, y efectivamente fomentarían el trabajo.

[40] Ver, en particular, Bruce Greenwald y Joseph E. Stiglitz, «Keynesian, New Keynesian and New Classical Economics», *Oxford Economic Papers*, vol. 39 (marzo de 1987), pp. 119-133.

[41] Esta teoría, que se remonta a John Hicks, un economista de Oxford (uno de mis predecesores en la cátedra Drummond de Política Económica en el All Souls College), que recibió el Premio

Nobel en 1972, prevaleció de hecho durante la mayor parte de la segunda mitad del siglo xx.

[42] El padrino intelectual de esta segunda tendencia es Irving Fisher, con su artículo clásico de 1933 «The Debt Deflation Theory of Great Depressions», *Econometrica*, vol. 1, pp. 337-357, y en su reencarnación más moderna ha sido desarrollada por Hyman Minsky, *John Maynard Keynes*, Nueva York, Columbia University Press, 1975, *Can It Happen Again?*, Armonk, M. E. Sharpe, 1982, *Stabilizing an Unstable Economy*, New Haven, Yale University Press, 1986, y por Bruce Greenwald y yo mismo en una serie de artículos desde principios de los años ochenta, incluido «Financial Market Imperfections and Business Cycles», *Quarterly Journal of Economics*, vol. 108, n° 1 (febrero de 1993), pp. 77-114, hasta *Towards a New Paradigm of Monetary Economics, op. cit.*

[43] La idea era que había una tasa «natural» de desempleo y que por tanto los intentos de disminuirlo bajando los tipos de interés estaban destinados al fracaso. Lo único que hacían era aumentar aún más la inflación. Hay algo de verdad en esa teoría: las expectativas de la gente acerca de la futura inflación pueden depender de sus experiencias, y esas expectativas pueden influir en las demandas salariales para el futuro y en las tasas de inflación. Pero sigue abierto el debate para saber si hay una relación estable entre los tipos de cambio cuando hay inflación y la tasa de desempleo; ni siquiera sabemos el nivel de desempleo por debajo del cual la inflación empieza a aumentar, como apuntábamos antes. Ver, por ejemplo J. E. Stiglitz, «Reflections on the Natural Rate Hypothesis», *Journal of Economic Perspectives*, vol. 11, n° 1 (invierno de 1997), pp. 3-10.

[44] El nivel exacto de inflación en el cual los problemas empiezan a aumentar es un tema controvertido, y puede cambiar de vez en cuando. Hay un amplio consenso en decir que las tasas de inflación por debajo del 8 al 10 por ciento no tienen efectos negativos

importantes, y algunos países, como Turquía, han conseguido crecer con tasas mucho más altas. Al mismo tiempo, debido a la rigidez de los precios para bajar, cuando la tasa de inflación es demasiado baja, puede haber problemas de ajuste. Ver George A. Akerlof, William R. Dickens y George L. Perry, «The Macroeconomics of Low Inflation», *Brookings Papers on Economic Activity*, vol. 27, nº 1 (1996), pp. 1-76.

[45] Yo digo en broma que la Reserva Federal estaba decidida a demostrar que existía ese efecto adverso significativo de una inflación baja o moderada sobre el crecimiento económico, pero pese a tener entre el personal a muchos econometristas excelentes, ninguno pudo reclamar el premio que sin duda le habría correspondido a cualquiera que lo hubiese demostrado.

[46] Había otra crítica a la inflación: a causa de ella, la gente ahorra menos dinero de lo que hubiese sido «eficiente», menos del que hubiese ahorrado en un mundo con precios estables. Aunque tuviera su importancia en el pasado, en el mundo moderno, donde la mayor parte del dinero genera intereses, esta preocupación ya no tiene sentido. Cuando la inflación aumenta, también aumenta el interés (nominal) que reciben los ahorros. Esta insistencia en que los bajos niveles de inflación pueden provocar una pérdida de eficiencia económica induciendo a la gente a ahorrar un poco menos y el desdén mostrado al mismo tiempo por la burbuja en los precios de los activos capaz de hundir toda la economía resultan ilustrativos de hasta qué punto algunas escuelas económicas universitarias habían perdido el contacto con el mundo real.

[47] Si uno se focaliza en una cosa corre el riesgo de desatender otras. De hecho, existe una proposición general: estabilizar los precios provoca inestabilidad en las cantidades, y viceversa. No sólo la insistencia en la inflación no aseguró una estabilidad real, sino que también dificultó el crecimiento a largo plazo, contrariamente a lo

que sostienen los partidarios del *inflation targeting*. La experiencia de la mayoría de los demás países en las crisis es que casi nunca recuperan el tiempo perdido. Al final vuelve el crecimiento, pero incluso después de quince años, la producción es menor que si no hubiera habido la crisis.

[48] Un ejemplo aún más sencillo, que se cita a menudo, es que el precio de una botella de 32 onzas de ketchup en un mercado totalmente eficiente es dos veces el de una botella de 16 onzas. Hay costes de transacción (embotellado y transporte), que hacen que en realidad una botella de 32 onzas cueste muchas veces menos del doble que una de 16.

[49] Según la teoría de los mercados eficientes, el valor de una acción se supone que iguala el valor actual descontado de los flujos de fondos futuros. Por eso una baja de un 20 por ciento en el valor de mercado implicaría que, de algún modo, las expectativas de futuros dividendos de pronto han disminuido en esa cantidad. Simplemente no hay noticias que puedan explicar «racionalmente» este cambio en las expectativas. Para una excelente explicación divulgativa de la teoría de que no se puede vencer al mercado, ver Burton G. Malkiel, *Un paseo aleatorio por Wall Street: la estrategia para invertir con éxito*, Madrid, Alianza, 2008. Para un argumento de peso contra la hipótesis de los mercados eficientes, ver Shiller, *Exuberancia irracional, op. cit.*

[50] Los miles de millones que han ganado algunos bancos de inversión y algunos fondos de inversión libre por tener información privilegiada acerca de las órdenes de compra-venta *(flash trading)* es otro ejemplo. Naturalmente, si los perdedores fuesen racionales, se percatarían de que el juego era tramposo, y se retirarían. Algunos de los beneficios de estos bancos de inversión son a costa de los agentes irracionales del mercado que quieren creer que también ellos son los primeros de la clase; pero algunos de esos beneficios

tal vez sean a expensas de los gobiernos cuando intervienen en los mercados, por ejemplo, cuando intentan estabilizar las tasas de interés en una crisis monetaria, como ya señalé en *El malestar de la globalización, op. cit.*

[51] Existe otra forma de *aparentar* que uno vence al mercado: asumir más riesgos, pero de una forma que no sea totalmente clara. Ver el tratamiento del tema en el Capítulo 6.

[52] Ver Sanford Grossman y Joseph E. Stiglitz, «On the Impossibility of Informationally Efficient Markets», *American Economic Review*, vol. 70, n° 3 (junio de 1980), pp. 393-408. También demostrábamos que los mercados no podían agregar perfectamente informaciones por completo heterogéneas de distintos agentes. Ver Grossman y Stiglitz, «Information and Competitive Price Systems», *American Economic Review*, vol. 66, n° 2 (mayo de 1976), pp. 246-253.

[53] Esta distinción radical entre el valor social y el valor privado de la información fue establecida por Jack Hirshleifer en «The Private and Social Value of Information and the Reward to Inventive Activity», *American Economic Review*, vol. 61, n° 4 (septiembre de 1971), pp. 561-574, y por Joseph E. Stiglitz, «The Theory of Screening, Education and the Distribution of Income», *American Economic Review*, vol. 65, n° 3 (junio de 1975), pp. 283-300.

[54] Tal vez la razón por la cual la Reserva Federal pretendió hipócritamente no tener instrumentos para desinflar la burbuja, o incluso no haber detectado burbuja alguna, fue que no quería hacer nada. Sin duda consideró que eso sería interferir en el mercado, aunque evidentemente, como hemos visto, fijar los tipos de interés también es interferir en los mercados.

[55] Alan Greenspan lo admitió en el célebre *mea culpa* que pronunció ante el Comité de Supervisión de la Cámara presidido por Henry Waxman el 23 de octubre de 2008. Ver el comentario más arriba.

[56] Según algunas estimaciones, más del 80 por ciento del incremento de la renta per cápita fue debido a la innovación, y no a la acumulación de capital o a la mejora de las capacidades de los trabajadores. Otras estimaciones hacen algo más de énfasis en la acumulación de capital. Ver Robert M. Solow, «Technical Change and the Aggregate Production Function», *Review of Economics and Statistics*, vol. 39, nº 3 (1957), pp. 312-320.

[57] Esas teorías se llamaron *endógenas* porque las explicaciones de la innovación estaban dentro de la teoría, contrariamente a las *exógenas*, que no las incluían. La teoría endógena del crecimiento se remonta al trabajo de Hirofumi Uzawa, Ken Arrow, Nicholas Kaldor y Richard Nelson, y toda una serie de estudiantes suyos (incluidos William Nordhaus, Karl Shell y yo mismo) a finales de los años cincuenta y en los años sesenta. Ver, por ejemplo, Hirofumi Uzawa, «Optimum Technical Change in an Aggregate Model of Economic Growth», *International Economic Review*, vol. 6, nº 1 (1965), pp. 18-31; Kenneth J. Arrow, «The Economic Implications of Learning by Doing», *Review of Economic Studies*, vol. 29 (1962), pp. 155-173; Nicholas Kaldor, «A Model of Economic Growth», *Economic Journal*, vol. 67 (1957), pp. 591-624; y Richard R. Nelson y Edmond S. Phelps, «Investment in Humans, Technological Diffusion and Economic Growth», *American Economic Review*, vol. 56, nº 1/2 (marzo-mayo de 1966), pp. 69-75. En colaboración con Sir Partha Dasgupta de Cambridge, yo amplié ese trabajo y lo integré en la moderna teoría de la organización industrial a finales de los años setenta. Ver, por ejemplo, Partha Dasgupta y Joseph E. Stiglitz, «Industrial Structure and the Nature of Innovative Activity», *Economic Journal, Royal Economic Society*, vol. 90, nº 358 (junio de 1980), pp. 266-293. Más recientemente, Paul Romer siguió desarrollando esas ideas: Paul Romer, «Increasing Returns and Long-Run Growth», *Journal of Political Economy*, vol. 94, nº 5 (1986), pp. 1002-1037.

[58] Joseph A. Schumpeter, *Capitalismo, socialismo y democracia*, Barcelona, Folio, 1984.

[59] La selección natural no funciona bien, sobre todo cuando los mercados de capital son imperfectos, que es lo que son siempre. Ver J. E. Stiglitz, «Information and Economic Analysis», en J. M. Parkin y A. R. Nobay (eds.), *Current Economic Problems: The Proceedings of the Association of University Teachers of Economics, Manchester, 1974*, Cambridge University Press, Cambridge, 1975, pp. 27-52.

[60] Friedrich Hayek, *Constitution of Liberty*, Chicago, University of Chicago Press, 1960, pp. 502-503.

[61] Pero en su obra posterior manifestó algún recelo respecto al papel de los bancos centrales.

## Capítulo 10
## Hacia una nueva sociedad

[1] Si Angelo Mozilo se hubiese guardado esos sucios secretos, probablemente se habría ido de rositas; el autoengaño no es un crimen, ni lo es persuadir a otros para que lo compartan. En 2002, varios analistas de inversiones fueron pillados en un engaño similar: el delito no fue que les pagasen más por su habilidad para conseguir nuevos contratos que por lo acertado de sus análisis, o que su valoración estuviese sesgada y casi siempre su consejo fuese «comprar». Se les pilló en uno de los raros momentos que tuvieron de honradez, al enviar correos electrónicos calificando las compras que públicamente aconsejaban como «chungas», «basura», «porquería». La lección para los futuros financieros es sencilla: no compartáis vuestras más íntimas dudas. Ver comunicado de prensa de la SEC, «SEC Charges Former Countrywide Executives with Fraud», 4 de junio de 2009; Deborah Lohse, «Probe Finds Analysts Pushing

Stocks They Privately Bad-Mouthed», *San Jose Mercury News*, 2 de abril de 2002; y Stiglitz, *Los felices noventa, op. cit.*

[2] Para evitar la más mínima limitación en cuanto a intereses y comisiones, las compañías *rent-a-center* venden muebles «a plazos». Pero en el contrato se describen a sí mismas como empresas que alquilan los muebles hasta que se acaban de pagar. Con las comisiones por retraso en el pago y otros cargos ocultos, las cantidades que abona el cliente a menudo son varias veces el precio inicial. Conocí el caso de un sofá de 150 dólares que aún no estaba pagado cuando el comprador ya le había dado a la empresa 2.000 dólares en el plazo de varios años. Muchos estados han ilegalizado esas empresas, pero ellas han intentado valerse de la prioridad de la legislación federal para saltarse la ley estatal. Para ayudarle a conseguirlo, la más importante de ellas incluso tenía a un ex congresista en el consejo de administración.

[3] Igual que no hay nada malo en financiar la esclavitud mientras sea legal (como hicieron los predecesores de JPMorgan; «JP Morgan Admits US Slavery Links», BBC News, 21 de enero de 2005), o en apoyar el apartheid en Suráfrica (como hizo el Citibank; Barnaby J. Feder, «Citibank Is Leaving South Africa; Foes of Apartheid See Major Gain», *New York Times*, 17 de junio de 1987, p. A1).

[4] Algunos dirán que los economistas deberían ocuparse de sus asuntos, y que los temas morales no son de su incumbencia. Deberíamos recordar que Adam Smith era profesor de filosofía moral. La economía como disciplina se ocupa de cómo tomamos las decisiones para utilizar los recursos y de cómo esas decisiones afectan a los demás. Cualquier indagación sobre las acciones que tienen impacto sobre otras personas conduce necesariamente a un discurso moral.

[5] John Donne, «Meditation XVII», en *Devotions upon Emergent Occasions*, 1624.

⁶ Otro ejemplo de conflicto cognitivo es la reacción visceral contra la contabilidad *mark-to-market* que muchos en el sector financiero, como he señalado en el Capítulo 6, consideran culpable de los problemas de la industria. Durante años proclamaron la importancia de la función de los mercados para «descubrir los precios» (*«price discovery»*, ver Capítulo 9). Pero ahora que los precios inmobiliarios son más bajos de lo que desearían, han perdido temporalmente su fe en los precios de mercado. Dicen que hay un pesimismo irracional. Pero el pesimismo irracional es exactamente el espejo de la exuberancia irracional de los años anteriores al estallido de la burbuja. Si los precios son erróneos, ello significa que los bonos que obtuvieron, basados en una lectura falsa de los beneficios, fueron excesivos. Si los banqueros actuasen con coherencia intelectual, estarían ofreciendo devolver una parte de esos bonos para demostrar su buena fe al decir que realmente no creen en los precios *mark-to-market*. Pero hasta la fecha no he oído que ningún crítico de la contabilidad *mark-to-market* lo haya hecho, pese a que sería la consecuencia lógica de su crítica.

⁷ Como he señalado más arriba, hubo muchos héroes que, al ver lo que estaban haciendo, dijeron que no podían continuar. Asumieron la responsabilidad de sus actos. Pero fueron muchos más los que no lo hicieron.

⁸ Este apartado se apoya mucho en el Informe de la Comisión de Medida del Desarrollo Económico y del Progreso Social, *op. cit.* Ver también Layard, *La nueva felicidad, op. cit.*

⁹ No es la primera vez que la utilización del PIB como indicador del bienestar ha planteado problemas. A finales de los años noventa, Argentina, según los indicadores del PIB, iba maravillosamente bien. El FMI alababa el país e invitó a Carlos Menem, el presidente que muy pronto sería depuesto, a su reunión anual en Washington poniéndolo como modelo para otros países. Pero los

resultados de Argentina, como los de Estados Unidos, eran un castillo de naipes. Las similitudes son muchas: ambos se basaban en un boom del consumo que se alimentaba de una enorme deuda externa. Un indicador correcto debería haber mostrado ese incremento del endeudamiento, que ofrecía claros indicios de que el crecimiento futuro corría peligro.

[10] Estados Unidos no es el único país que tiene problemas con la utilización del PIB para medir el bienestar. En países que dependen mucho de la minería, del petróleo, de la madera o de otros recursos naturales, gran parte del consumo actual es a costa del bienestar de las generaciones futuras. El resultado es que el nivel de vida actual no es sostenible. El Reino Unido, por ejemplo, ha agotado el tesoro de su petróleo del mar del Norte al tiempo que permitía que su industria manufacturera se debilitase, apostando su futuro a un sistema financiero vibrante. Unos pocos países, como Chile y Noruega, han reconocido este problema y han ido reservando fondos para que, a medida que su riqueza subterránea disminuyese, pudieran con estos ingresos aumentar su riqueza sobre el suelo.

[11] Si nuestra sociedad se vuelve más disfuncional, con más gasto público destinado a prisiones, el PIB aumenta, pero no podemos decir que esto sea un éxito. Ese gasto se contabiliza como «gasto defensivo». Ver, por ejemplo, William D. Nordhaus y James Tobin, «Is Growth Obsolete?», *Economic Research: Retrospect and Prospect*, vol. 5: *Economic Growth*, Nueva York, Columbia University Press, para la Oficina Nacional de Investigación Económica, 1972.

[12] Agencia de Análisis Económico, «National Income and Product Acccounts Table», «Table 7.1. Selected Per Capita Product and Income Series in Current and Chained Dollars», 27 de agosto de 2009, comunicado, disponible en http://www.bea.gov/national/nipaweb/TableView.asp?SelectedTable=264&Freq=Qtr&FirstYear=200 7&LastYear=2009, y U.S. Census Bureau, Current

Population Survey, «Table P-7. Regions-People (Both Sexes Combined) by Median and Mean Income», disponible en http://www.census.gov/hhes/www/income/histinc/incpertoc.html.

[13] Programa del Desarollo de Naciones Unidas, Índice de Desarrollo Humano, 2008. Islandia ocupaba el número uno en 2008, antes de la crisis financiera, Noruega el número dos, Suecia el número tres y Finlandia el número doce.

[14] Putnam, *Solo en la bolera, op. cit.*

[15] El número de casas cuya hipoteca supera el valor de la propiedad podría aumentar aún más si los precios siguen bajando. No se sabe cuánto más pueden bajar aún, pero una estimación sugiere que el porcentaje de las hipotecas sobrevaloradas *(underwater mortgages)* llegará al 48 por ciento, alcanzando 25 millones de casas en el primer trimestre de 2001 si los precios siguen bajando. Jody Shenn, «"Underwater" Mortgages to Hit 48 Percent, Deutsche Bank Says», *Bloomberg.com*, 5 de agosto de 2009.

[16] Nayla Kazzi, «More Americans Are Losing Health Insurance Every Day: An Analysis of Health Coverage Losses during the Recession», Center for American Progress, 4 de mayo de 2009, disponible en http://www.americanprogress.org/issues/2009/05/pdf/healthinsurancelosses.pdf.

[17] Como ya he dicho en otro lugar de este libro, la mayoría de los estadounidenses quiere trabajar; el problema no era que fuesen perezosos, sino que había pocos puestos de trabajo. La mayoría de los estadounidenses hace lo que puede para no perder su casa; el problema era que les vendieron unas hipotecas que no podían pagar. Han aprendido la lección, con gran sufrimiento por su parte, y no es probable que la mayoría vuelva a caer en el mismo error.

[18] Estoy en deuda con el profesor David Kennedy de la Universidad de Harvard en lo que atañe a la explicación de estos temas de «derechos».

[19] La Declaración Universal de Derechos Humanos fue aprobada por la Asamblea General el 10 de diciembre de 1948.

[20] «Economic Possibilities for Our Grandchildren (1930)», *Essays in Persuasion*, Harcourt, Brace and Company, 1932, pp. 358-373. [«Las posibilidades económicas de nuestros nietos (1930)»], en John Maynard Keynes, *Ensayos de persuasión*, Madrid, Síntesis, 2009. Un libro reciente, *Revisiting Keynes: Economic Possibilities for Our Grandchildren*, editado por Lorenzo Pecchi y Gustavo Piga, Cambridge, MA, MIT Press, 2008, ofrece una explicación de las distintas interpretaciones sobre por qué la predicción de Keynes no se cumplió. Ver, en particular, mi capítulo, «Toward a General Theory of Consumerism: Reflections on Keynes's Economic Possibilities for Our Grandchildren» (pp. 41-87).

[21] Olivier Blanchard, «The Economic Future of Europe», National Bureau of Economic Research Working Paper 10310, febrero de 2004, disponible en http://www.nber.org/papers/w10310.

[22] Los estadounidenses saben que deberían ahorrar más para la educación de sus hijos, para hacer frente a un despido o para una urgencia médica; pero la «necesidad» inmediata de bienes materiales es aplastante. En una sociedad materialista, uno se juzga a sí mismo por comparación con los bienes que poseen y consumen sus vecinos y sus amigos. Es una competitividad feroz entre amigos. Para mantenerte al mismo nivel que los Fulanitos —y no digamos para ser ellos— tienes que tener más ingresos. En este ambiente, las opciones están claras. Éste puede ser otro aspecto erróneo del modelo «neoclásico»: supone que la sensación de bienestar de cada persona depende sólo de su propio consumo, no del de los demás. Pero está demostrado que a las personas les preocupa su posición relativa. Ver, por ejemplo, Robert H. Frank y Cass R. Sunstein, «Cost-Benefit Analysis and Relative Position»,

*University of Chicago Law Review*, vol. 68, nº 2 (2001), pp. 323-374, y Erzo F. P. Luttmer, «Neighbors as Negatives: Relative Earnings and Well-Being», *Quarterly Journal of Economics*, vol. 120, nº 3 (agosto de 2005), pp. 963-1002.

[23] El politólogo Elinor Ostrom, que en 2009 recibió el Premio Nobel de Economía, ha estudiado hasta qué punto las sanciones sociales y económicas en las pequeñas comunidades pueden ser un instrumento de control social.

[24] Ver Avner Greif, «Contract Enforceability and Economic Institutions in Early Trade: The Maghribi Traders' Coalition», *American Economic Review*, vol. 83, nº 3 (junio de 1993), pp. 525-548, y Avner Greif, Paul Milgrom y Barry Weingast, «Coordination, Commitment, and Enforcement: The Case of Merchant Guild», *Journal of Political Economy*, vol. 102, nº 4 (agosto de 1994), pp. 745-776.

[25] Hay buenas razones para esta falta de confianza: existen conflictos de intereses, que se agravan cuando el proveedor de servicios es propiedad del segundo acreedor hipotecario. Entonces las diferentes formas de reestructurar la deuda tienen distintos efectos sobre el primer y el segundo acreedor hipotecario. Es sorprendente lo poco conscientes que muchos de los operadores financieros parecían ser de estos potenciales conflictos de intereses.

[26] Dieter Helm, «Britain Must Save and Rebuild to Prosper», *Financial Times*, 4 de junio de 2009, p. 9.

[27] Citado en Peggy Hollinger, «Dirigisme de rigueur», *Financial Times*, 4 de junio de 2009, p. 7.

[28] En su «Farewell Address to the Nation», el 17 de enero de 1961, Eisenhower dijo: «Esta conjunción de un inmenso poder militar y una gran industria armamentística es nueva en la experiencia americana. Su enorme influencia —económica, política e incluso espiritual— se nota en cada ciudad, en la cámara de

cada estado y en cada departamento del gobierno federal. Reconocemos la necesidad de este fenómeno. Pero no debemos olvidar sus graves consecuencias. Afecta a nuestro trabajo, nuestros recursos y nuestra forma de ganarnos la vida; así es la estructura misma de nuestra sociedad».

Ensayo

PREMIO NOBEL DE ECONOMÍA

JOSEPH E.
STIGLITZ

El precio de
la desigualdad

El 1% de la población
tiene lo que el 99% necesita

DEBOLSILLO

«Stiglitz escribe de forma clara y provocadora. Y no escribe solo sobre las personas que se ven perjudicadas por la desigualdad, escribe también sobre cómo el sistema está en peligro y lo que se necesita hacer para arreglarlo.»

*The Washington Post*

Una contundente crítica a las ideas del libre mercado y a la dirección que Estados Unidos y muchas otras sociedades han tomado durante los últimos treinta años, demostrando por qué no es solo injusta sino además insensata. Stiglitz ofrece esperanza con un conjunto de reformas que contribuirían a crear una sociedad más justa y equitativa, además de una economía más sólida y estable. Nos muestra cómo los mercados por sí solos no son ni eficientes ni estables y tienden a acumular la riqueza en manos de unos pocos, contribuyendo a debilitar la democracia.

*Caída libre* de Joseph E. Stiglitz
se terminó de imprimir en abril de 2018
en los talleres de
Impresora Tauro S.A. de C.V.
Av. Plutarco Elías Calles 396, col. Los Reyes,
Ciudad de México